# 日本のいちばん醜い日

8・15宮城事件は偽装クーデターだった

鬼塚英昭
Hideaki Onizuka

SEIKO SHOBO

# 日本のいちばん醜い日

# 序として

この本は一九四五年（昭和二十年）八月十四日から十五日の二日間に発生した宮中事件、世にいう「日本のいちばん長い日」を描いたものである。徹底抗戦を叫ぶ陸軍少壮将校たちが昭和天皇の玉音盤の奪取を謀って皇居を占拠したとされるクーデターで、森赳《もりたけし》近衛師団長が惨殺される。この惨殺はなぜ決行されたのか？　いつ、どこで殺害されたのか？　遺体はどう処理されたのか？　等を追求することから、このノンフィクションは出発する。膨大な史料と格闘しながら事件の真相を追っていくうちに私は、いわゆるこの「八・一五宮城《きゅうじょう》事件」が巧妙なシナリオにのっとった偽装クーデターであることを発見した。「日本のいちばん長い日」は実は、「日本のいちばん醜い日」だったのである。そしてその背景、登場人物の思惑を検証していくと、筆はついに明治維新のころまで遡る結果となってしまった。私自身が予期していた内容と大幅に変化したが、これでよしとする。私自身が思っていることを、考え続けてきたことを、心かくさず書いた。この本を書いていて思ったことを一つだけ記して「序」としたい。それは、この日本という国に、依然として巨大な〝タブー〟が残っているということである。私はその〝タブー〟に挑戦した。このうるわしき大和を心から愛するがゆえである。この本を書きつつ強く思った。もう一度、この美しき国土を愛したいと……。

鬼塚英昭（おにづか ひであき）

装幀————フロッグキングスタジオ
カバー写真————共同通信社

目次

引用文中の（　）内は引用書のままであり、〔　〕内は引用者の補足や注をさす。

尚、引用文中の難読人名、難読語には引用者が読み仮名を配し、あるいは既出にはこれを省いた。

また、旧漢字での表記（例、近衛聯隊）はこれを現代当用漢字に改めた。

# 悲の章

# 悲の章

## かくて「神聖悲劇」の幕が上がった

ポツダム宣言が米中英三国により共同宣言として発表されたのは一九四五年七月二十六日であった。その日、塚本誠《つかもとまこと》憲兵中佐を日本に呼び戻す命令が台湾に打電された。塚本誠は『ある情報将校の記録』（一九七一年私家版・一九七九年芙蓉書房刊）の中で次のように書いている。

> 私は東京転勤のため、七月二十六日午後、海軍機に便乗、台湾飛行場を福岡へ飛びたった。いよいよ本土決戦参加である。飛行場には辜振甫、辜偉甫兄弟、松井貫之、川口頼好の四君が見送ってくれた。途中飛行機のエンジン故障のため、上海で一泊させられた。この日早朝にポツダム宣言が放送されることを、私は終日知らずじまいであった。上海では燈火管制の下、東和洋行で森政一さんと夜を徹して話し合った。〔略〕翌二十七日夕、福岡に着き、ポツダム宣言を知った。米中英三国首脳が連名で、日本に無条件降伏を要求しているが、この宣言は軍をゆさぶるに違いないと思った。

塚本誠憲兵中佐はさりげなく書いているが、彼はある目的をもって帰国命令を受けたのであった。彼は特別任務を与えられての帰国であることを知っていた。敗戦直前、台湾から本国へ行く飛行機はなかった。彼は広東へ、それから中国海岸をあがって上海へ、そこで東京行きの陸軍機を待つこと一週間。八月四日上海を離陸した。途中で給油のため大阪・八尾《やお》の大正飛行場に着陸し、そのままそこに二泊せざるをえなかった。彼は東京に着いた模様を次のように書いている。

六日午後、私たちの搭乗小型機は、米軍機飛来の合間を縫って、飛行場でない東京代々木練兵場に着陸した。飛行機が私共をおろすと即刻逃げるようにして、どこかへ飛び去ったのには驚いた。このところ十日間というものは、米軍機制空下の本土上空を飛ぶことの至難さを、私はしみじみと味わわされた。しかし、とにかく東京へたどり着けたので、ほっとした。その夜は芝西久保巴町の知人宅に泊った。

どうして、かくも危険なまでの東京帰還を塚本中佐がしたのであろうか。この理由を知る必要がある。

七日午前、塚本は同期生で総務部長の大越兼二《おおこしけんじ》大佐に会うべく憲兵司令部へ出頭した。しかし、大越大佐はなぜ塚本が内地帰還を命ぜられたのかに関しては、全く関知していないと告げたのである。大越は塚本に「新ポストは十一日までに決めておくから疎開先の家族にひとまず会ってこい」と言った。以下はデイヴィッド・バーガミニの『天皇の陰謀』(一九七二年)からの引用である。

〔憲兵隊の最高司令官は〕なぜ塚本が内地帰還を命ぜられたかに関しては全く訳が分らないと告げたが、付け加えてこう言った。

「ここにいるからには、一時的な任命を受けることができる。過日、阿南《あなみ》陸相が彼の部下達の中の不穏な動きについて心配していたことがあった。彼はクーデタの噂に注意するように命じた」

塚本はこの会談の後で、福田篤泰《とくやす》情報局課長の肝煎《きもい》りで、岡崎英城《えいじょう》内務省保安課長、上村《かみむら》健太郎警視庁特高部長、丹羽喬四郎《きょうしろう》警視庁官房主事たちと情報局の一室で会っている。塚本は「一同から無事帰国を祝福され、昼食を共にした。話題は前日の六日に広島へ投下された新型爆弾（原爆）に集中し、私は耳を傾けるだけであった。日米間の戦力格差がますます大きくなったことを、改めて痛感させられた」と書いている。彼はこの日、栃木駅近くに疎開している家族のもとに帰る。

八月十五日を中心とする終戦秘史を書いた本は多い。しかし、塚本誠に注目し、彼の行動について書いた本は皆無に近い。どうしてか。彼がポツダム宣言の発表直後に帰国命令を受けた意味を知ろうとしないからである。この件について具体的に追求したのは、私の知るかぎりにおいて、デイヴィッド・バーガミニとレスター・ブルークス。バーガミニは次のように書いている。少し長いが引用することにしよう。何かが見え

塚本誠憲兵中佐

てくるからだ。

陸軍大臣阿南の自殺計画は七月二七日、日本がポツダム宣言を受け取った数時間後に公的な立場を獲得した。その日、阿南が署名した。塚本誠中佐を日本に呼び戻す命令が台湾に無電された。塚本は、一九三四年に、陸軍大学における北進派即ち征露派の陰謀を暴露するのに、宮廷の密偵を助けたことで、天皇の注意を惹いた。彼はそれから一九三五年の間じゅう、大阪で皇叔東久邇宮《ひがしくにのみや》の下で様々な秘密計画に携わった。その一つは、裕仁の防空室を描いた鈴木記念館の絵のなかで時代錯誤の幽霊となって現れているあの永田軍務局長の殺人であった。憲兵としては高い位である大尉の位に累進していた。一九三七年、塚本はもう一人の皇叔である朝香宮《あさかのみや》を南京強奪で助けるために赴任した。今や、塚本中佐が台湾で命令を受けとった時、彼はその命令が特殊な任務のために待機せよという、ある種の公務解除を含んでいることを看て取った。命令が届いた時、京都に照会したが、東京に報告するように彼は言われた。その上、彼らは彼に最高の輸送優先の便を与えた。

塚本は九日、家族たちを栃木から近村の農家の一室に移した。十日、東京に戻った。彼はその夜、朝日新聞の中村正吾のはからいで、親しい表町グループの新聞記者による築地の料亭での宴席に迎えられる。彼はこの席でポツダム宣言について記者たちと話し合う。次のように彼は記している。

先着の諸君からは、この日の午前二時半頃までつづいた御前会議において、ポツダム宣言には「天皇の国家統治の大権を変更する要求を包含しおらざること」の了解の下に、同宣言を受諾することに決った旨のニュースを聞いた。その後の主な話題は、当日午後四時半発表の情報局総裁談と、同時刻頃新聞社に配られた陸軍大臣訓示とに集中した。

前者は、ポツダム宣言受諾を前提として、「国体の護持のためにあらゆる困難を克服して行く」ことを、一億国民に呼びかけたものであった。後者は、「仮令《たとえ》、草を喰《は》み土を噛《かじ》り野に伏すとも断じて戦ふところ死中自ら活あると信ず」「全国将兵宜しく一人を余さず楠公精神を具現すべし」と徹底抗戦を訓示したものであった。陸相がなぜ政府の方針に反する、このような訓示を出したかについては、同席の記者諸君は一様に不可解といった面持であった。私はこの夜の話題を通じて、陸軍のポツダム宣言反対の強い空気を、察知することができた。

新聞記者から情報を聞き出した塚本は酒を飲みつつ、阿南惟幾《あなみこれちか》陸軍大臣の心情を察したのである。すでに、塚本が台湾で帰還命令を受けたとき、ある儀式が進行していたのである。

もう一度、バーガミニの『天皇の陰謀』から引用する。

古い陰謀家の塚本は直ちに了解した。彼は阿南の幕僚の旧友と親交を更《ふか》め、彼を通じて阿南の他の部下達に友人を作って行った。

塚本の到着によって、阿南の幕僚の狂信者達は、公式の見届人が与えられた。このことは彼らにとっては、彼らの行為が記録されて、死んだ場合には霊界で祖先から嘉《よみ》せられることを意味しているが故に、重要なことだった。

バーガミニは日本の歴史を勉強し、日本の暗殺がなにゆえに行なわれ、どのような方法で後世にその暗殺が伝えられるかについて考察し、記録にとどめた稀有の学者でもあった。

「日本の緊密に組織された同質的な家族社会では、政治的陰謀家達が彼らの秘密会合を地方の交番への通報によって終わらせるのが普通だった。他の国における牧師や精神分析家と同様、警察はそのような特別の交信としての自白を取扱うのに頼りにされていた」とバーガミニは書いている。私たちが「日本のいちばん長い日」として知っている、あの森赳《もりたけし》近衛師団長惨殺事件こそが、「記録されて、死んだ場合には、霊界で祖先から嘉せられることを意味しているが故に、重要なことだった」のである、とバーガミニは書くのである。あの森師団長惨殺事件と、森を惨殺した畑中健二《はたなかけんじ》少佐が自決するクーデター未遂事件は一つの聖なる〝儀式〟であった、とバーガミニは書いている。彼の論理は非常にまわりくどい。だが、仕方がない。彼は儀式の意味するところを自ら模索するからである。『天皇の陰謀』を続けよう。

阿南惟幾陸軍大臣

自白とその生涯にわたる記録とは、それ自体聖なる終末と考えられた。犯罪と刑罰は運命の神によって命ぜられたものであり第二義的であった。自白が事の以前になされるならば、それは誠実さの証しであり、通常減刑を考慮された。自白が事の後になされたとしても、それは満足すべきことであり、彼に再び先祖の家族の中での所を与えた。しかしながら、もしも自白が自発的になされないならば、彼はそれが死ぬまでの拷問を意味しようとも拷問にかけられなければならなかった。日本の最良の警察は、中世ヨーロッパの教会の審問官と同じ態度をとり、同じ重たい責任を以《もっ》て任じていた。

バーガミニの書く文章の意味が、私がこれから描く事件の経緯のなかで判然としてくるであろう。塚本は「日本の最良の警察」の役割をすべく、宮中の偽装クーデターの見届人として登場するのである。見届人である塚本憲兵中佐の行動を見てみよう。

十一日、塚本は憲兵隊司令部に行く。彼は東部憲兵隊司令部高級部員兼憲兵参謀という課命を受ける。東部憲兵隊は本土決戦に備えて内地憲兵隊が三月に改編された。隊司令部、地区憲兵隊、それに東京都所在の直轄憲兵分隊からなっていた。隊司令部は東京憲兵隊本部を基幹として編成された。隊司令官は大谷敬次郎大佐。その直轄の特別高等警察隊の隊長は、塚本の同期生の藤野鸞丈中佐であった。塚本は新任報告のために憲兵司令室に行く。そこで大城戸三治《おおきどさんじ》中将から指示を受ける。「阿南大臣の最大の懸念は、大臣の意図に反する陸軍中央部少壮幕僚の越軌《えつき》行動である。この点に十分注意せよ」

警察の見届人塚本が加わったがゆえに、陸軍の愛国的な少佐や中佐が急速にクーデターに熱中していくのである。このクーデターが

森赳近衛師団長

秘密の会合から誕生したものでないことを何よりも証している。大城戸中将からクーデターの概要を知らされた後で、塚本は市ヶ谷の陸軍参謀本部に行き、真っ先に陸軍省軍務局の軍事課員室へ入っていく。大城戸中将が、この軍務局に行くように指示したからである。塚本はクーデターを計画しているといわれる井田正孝《いだまさたか》中佐に会見する。

予定されたメンバーが塚本にクーデター計画について語る。井田中佐とは台湾軍司令部で机を並べた仲である。塚本は「私の東京転勤の陰の推進者はどうやら彼（井田中佐）だったようである」と書いている。だが、真の推進者が誰であったのかについては書いていない。一介の陸軍省軍務局の中の軍事課員にすぎぬ一人の中佐が、塚本憲兵中佐を台湾から強制的に帰還させることはできない。彼の帰還命令の背後には大いなる実力者がいなければならない。この大いなる実力者が真のクーデターの実行者であるはずである。この物語は真の実力者が暗躍する過程を描くことになろう。塚本の本からの引用を続けよう。

　やがて二人の見知らぬ佐官が、井田中佐の横の両脇に座った。彼の紹介によると、一人は椎崎二郎中佐（45期）、もう一人は畑中健二少佐（46期）、共に軍務課員ということであった。私の向こう側に三人が揃ったところで、井田中佐が、「鈴木内閣はイタリア降伏時のバドリオ内閣と同じである。陛下は今かれらの虜《とりこ》になっておられる。軍が立ち上がって君側《くんそく》の奸《かん》を取り除き、本土決戦、国体護持《ごじ》に邁進《まいしん》すべきである」と説いた。つづいて、私の見解を求めたので、「何事をなすにも挙軍一体であらねばならぬ。また聖断が下ればそれに従わねばならぬ」と答えた。彼は重ねて、「聖断が下れば、従わねばならぬか」とききかえした。私は改めて、「従うべきである」と強く答え、その日はそれで三人と別れた。

この最初の会見は、バーガミニが書いているように「塚本の到着によって、阿南の幕僚の狂信者たちは、公式の見届人が与えられた。このことは彼らにとっては、彼らの行為が記録されて死んだ場合には霊界で祖先から嘉せられることを意味しているが故に、重要なことだった」のである。

彼らの計画を塚本は書きとめた。「降伏が最後になる前に、宮城を占拠し、天皇に不名誉を受け入れるよう助言した君側の奸から天皇を救い出すべくクーデターを決行する。もし、彼らの陰謀が失敗した時には自殺する。私たちは、阿南と直接に幾度も討論した。阿南は終始加担しなかったが、彼らの大義に同情を示した。私たちは近衛師団長と東部軍司令官にも進言した。二人の将軍は、軍隊の規律についての適当な見解を開陳して応えたにとどまり別に私たちを止めようとしなかった」

塚本はこの三人からクーデター計画の内容を聞き出し、自分の仕事が何であるかを知った。この後、彼は着任の挨拶をかねて陸軍省と参謀本部を回る。彼は次のように書きとめている。

市ヶ谷台を一巡してみたところでは、いわゆる「台風の目」は、軍務局少壮課員若干名のように思った。井田中佐らがポツダム宣言受諾に反対し、徹底抗戦せんとする意図を、憲兵の私にまで話しかけたことから推測すれば、彼らは阿南陸相も同意

畑中健二少佐

志と思い込んでいたのかも知れない。陸相義弟の軍務課員竹下正彦中佐（42期）は、彼らと陸相とのパイプ役だったようである。

この物語は、塚本中佐が台湾から帰還し、竹下正彦中佐、椎崎二郎中佐、畑中健二少佐の三人の軍務局少壮課員に会った時をもって始まる。塚本が指摘する竹下中佐が、彼らと陸相のパイプ役であった。バーガミニは次のように書いている。

> 八月十二日の日曜日、合衆国の回答が届いた時、陰謀家達は来るべき夜に決起する最後の計画を立てた。塚本憲兵中佐は直ちにその全計画を彼の直属上官たる憲兵司令官に報告した。決められた夕方がやってきた時、反乱者は阿南陸相のもとにやって来て、その夜決行するつもりだと告げた。彼らは彼に加わるように乞うた。阿南は彼らの企画を再点検して、皇居の電話線を切断する手配が欠けていることを発見した。彼は彼らにもう一日待つように勧め、彼らはそれに同意してそうするだろうと言った。

この十二日、日本政府はポツダム宣言受諾に対する連合国側の非公式回答の解釈をめぐってもめていた。「天皇および日本国政府の国家統治の権限は、降伏条項の実施のため、その必要と認める措置をとる連合軍総司令官に subject to する」というところが論争の的となった。陸軍は「隷属する」と訳した。外務省は「制限の下に置かれる」と訳した。梅津美治郎《うめづよしじろう》参謀総長と豊田副武《とよだそえむ》軍令部総長は、午前八時三十分ごろ、相携えて天皇に即時受諾は危険であると上奏《じょうそう》した。塚本は次のように書いている。

午後三時からの閣議では、阿南陸相は天皇大権が保全されるか否かを再照会すべきで、もしそれが連合国側に聞かれざる場合には、戦争を継続することもやむをえないと強硬に主張した。これに対して東郷外相は、再照会は交渉の決裂を意味し、平和を求められる聖断の御意図に反するとして譲らなかった。ところが、この日の夜半近くに連合国側の正式回答がとどいたので、日本政府は速やかな態度決定を迫られるに至った。

十三日には、日本政府の態度決定のため、午前九時から首相、外相、海相、陸相、参謀総長、軍令部総長の六巨頭会議が、また午後四時から閣議がそれぞれ開かれた。しかしながら、結論に到達しえず、結局、改めて聖断を仰ぐことになった。

十二日そして十三日と続く内閣の閣議は〝儀式〟である。すべてが天皇の聖断を仰ぐための準備工作であった。戦争を始めた天皇が聖断によって戦争を終了することを「鶴の一声」といった。それではもう一つの本、レスター・ブルークスの『終戦秘話』（一九七八年）を見ることにしよう。終戦にいたる約一週間ほどの出来事を記した大作である。この本もバーガミニの『天皇の陰謀』とともに私の本の中に多く登場する。しかし、この大作は、従来の日本人が書いた終戦史に一部酷似する。

内閣が論争の儀典の泥沼にはまりこんでいると、四角頭の骨ばった陸軍将校塚本誠中佐がすべての日本人によって知られ、恐れられていたずんぐりした石造の建て物——東京ケンペイタイの本部にやってきた。

塚本は命令された通りに、その新しい任務について最初の報告をするつもりだった。中佐は台湾の日本駐屯軍から本州中部の東部軍管区ケンペイタイの幹部将校として勤務するため転任したのだった。熱心で、おしゃべりで、人なつっこい塚本は、おとりの鳩として申し分なかった。

ブルークスは〝おとりの鳩〟としての塚本に注目する。ここまではバーガミニの説と似ていないこともない。しかし、誰の何のための〝おとりの鳩〟なのかについては、少しずつバーガミニの説と異なってくる。続ける。

八月十二日は中佐の最初の勤務日で、大本営を漁り歩き、陸軍軍務局軍事課の井田正孝中佐のような知人と会うことに一日を費やした。若い井田もまた台湾に駐屯していたが、数カ月前に東京に勤務を命じられたのである。

十三日のその午後、塚本はまっすぐ頂上に、全ケンペイの司令官である大城戸三治中将に直接報告した。

「十三日の朝」と密告者は舌を舐めずりながら口を切った。「井田中佐は私に〝いままでは陸軍と海軍の間の衝突はなくなった。海軍は二派にわかれて、海軍軍令部は市ヶ谷台（そこに陸軍参謀本部があった）に移った。われわれは鈴木内閣を打倒して、阿南大将を首班とする急進的内閣を作る計画を持っている。さらにまた、そのために、戒厳令を布告する計画も進められている〃といいました」

自分の話に熱中した塚本は、さらに興奮してあとをつづけた。「(青年将校たちの間では)〃鈴木内閣はバドリオのような内閣で、アメリカやイギリスといっしょになって、秘かに陰謀を企てている。その首謀者は内閣書記官長迫水《さこみず》〔久常《ひさつね》〕である。天皇は内閣の裏切り行為によって騙されている。この内閣を倒して、国体を護持しなくてはならない〃という感情が圧倒的です。私はその話を参謀将校井田から聞きました」塚本はしばし、言葉を切って、この情報と彼の勤勉な仕事振りが当然それに値すると確信していた、何かの称賛の意思表示があるものと待っていた。むずかしい顔をしたケンペイ司令官は机の上の裸の短剣をもてあそびながら、その目は塚本を穴があくほど凝視していた。

バーガミニの説とブルークスの説がわかれる分岐点がこのあたりにある。バーガミニはこの日(十三日)から始まるクーデターを最初から偽装クーデターと認識し、塚本憲兵中佐をこのクーデターの記録係とし、井田正孝中佐を誘導及び報告係とする点である。なお、「バドリオのような内閣」とは、第二次世界大戦で敗北、逃亡したイタリアのムッソリーニに替わり内閣を組織したバドリオがアメリカとイギリスに操られた傀儡《かいらい》内閣を作った、ということから来ている。この鈴木内閣の性格も後章で解説する。「その首謀者は内閣書記官長迫水である」とする見方はとても鋭い。この点も後述する。ブルークスの本の引用を続ける。

中佐はつばを呑みこんで、さらに先をつづけた。「それにまた、井田は〝天皇に助言して、国体を維持するようにしなくてはならない。阿南はそのために全力を尽くしている。……しかし、さなきだに悪い事態がさらに悪くなって、天皇を保護しないと、天皇はバドリオになる危険がある。……それはまた近衛師団長森（赳）中将が問題で、中将は天皇のいいつけ通りをするおそれがある〟といっていました。

「そこで、私は」とケンペイタイの手先は謙遜していった。「自重して、〝陸軍はいつでも、一つになって行動しなくてはならない。天皇がその意志を表明されたら、陸軍はそれに従わねばならない〟といいました。

井田はそれに耳をかさず、さらに言葉をつづけ、〝陸軍はわれわれと同じように感じているが、梅津参謀総長が大事をとっているので、まだ問題が解決できないでいる〟といいました。

そこで、私が〝きみたちはどうして陸相の意図を知っているのか〟と聞きますと、井田は、〝竹下中佐がしょっちゅう陸相と接触している〟と答えました」

ブルークスは井田正孝が塚本憲兵中佐に語った言葉を信じている。バーガミニは疑っている。後述することになるが、バーガミニは八月十四日の昼すぎから起きるクーデターを宮廷がらみの偽装クーデターであり、首謀者とされる井田正孝以下の将校たちは、宮廷グループ（この人々については、ゆっくりと説明していく）の面々により誘導されたと見る。その最大のイベントが森近衛師団長の惨殺事件であったと。それゆえ、大城戸も塚本も井田も、宮廷グループのスパイであり、彼らが若手将校や近衛師団の歩兵たちを操って事件を起こしたとみる。この点がブルークスの考えと多少異なる点である。

私が書く〝森近衛師団長惨殺事件〟と、あの〝玉音盤奪取事件〟は、ほぼ（一部の点で異なるが）バーガミニの書いた『天皇の陰謀』という本の内容と一致する。しかし、あの宮中事件について書いた他の本はすべて、あの八・一四及び八・一五の事件は真実のクーデターであった、という点で一致をみている。さて、ブルークスは次のように書くのである。

大城戸中将は拳を机の上においた。そして「陸相には、陸軍をあげてのクーデターを実行する考えはない」と雷を落とした。

密告中佐の報告は、大城戸がいままで耳にしていた狂気じみた風説をすべて裏書きするのだった。「事態がここまで来たいまになって、いったい、みなのものは何を考えているのか」と中将は吠えたてた。「陸相とわたしは、その問題をあらゆる角度から考慮してみた。しかし、われわれ（日本）はまな板の上の鯉のようなものだ。いまさらじたばたするときではない」

（これはつい数時間前、迫水に食ってかかった大城戸のおどし文句とは似ても似つかぬ叫びだった。そのとき、大城戸は降伏するよりもむしろ一億の生命をいけにえにすることを支持した。このあとまた七時間もたてば、彼はいったいどんな立場を取るのだろうか）

ブルークスは憲兵司令官大城戸三治中将の存在をご存知ないらしい。彼は宮廷の飼い犬である。すべての彼の行動は内大臣木戸幸一の指示のもとに動いている。従って大城戸は政治への参与をゆるされない。塚本中佐も陸軍省に入り込んだ井田中佐も内大臣木戸幸一の手先である。内大臣木戸はこの憲兵隊のデータを天皇に報告する義務がある。

『木戸幸一日記』には、この憲兵隊司令官がたびたび登場する。情報を知り、その情報を天皇に伝奏する様子が書かれている。しかし、終戦直前の記録から、この「憲兵隊」という言葉がかなり消える。木戸は意識して憲兵隊の名を伏せているとしか思えない。

木戸幸一内大臣

塚本誠の『ある情報将校の記録』には、「新任申告のため憲兵司令官に行ったさい、私は大城戸中将から、『阿南大臣の最大の懸念は、大臣の意図に反する陸軍中央部少壮幕僚の越軌行動である。この点に十分に注意せよ』」とある。この点は正しい。しかし、真実は「井田中佐を使い、陸軍中央部少壮幕僚が越軌行動を起こすよう行動せよ」であった。

どうしてか。八月十四日から十五日のクーデターがそのようなものであったからである。この点を私は、バーガミニの本を引用しつつ、私が集めてきた数多くのデータを基にして書き進めていく。バーガミニは書いている。もう一度引用して、次項へと移ることにする。

塚本の到着によって、阿南の幕僚の狂信者達は、公式の見届人が与えられた。このことは彼らにとっては、彼らの行為が記録されて、死んだ場合には霊界で祖先から嘉せられることを意味しているが故に、重要なことだった。

私はバーガミニの本を読んだとき、この意味するものを理解できなかった。しかし、このクーデターといわれた事件を解明しようと努力していく過程で、やっとバーガミニが書いたことの意味を理解できるようになった。

そして、私は、はた！　と思った。若手将校たちによって惨殺された森近衛師団長と白石中佐は霊界でどのような存在となっているのかと……思うようになった。森近衛師団長と同じように惨殺された多数の軍人たち、空襲で命を失った数多くの民間人たちは霊界でどうなっているのか……。答えのない答えを求めているとき、「神聖悲劇」という言葉が私の脳裡にあるとき突然浮上してきた。

「……そうだったのか、神聖とされるあるタブーによって悲劇はもたらされたままになっている。たとえ何が起こってくるにしろ、封印されている霊界の蓋《ふた》を開けてみる以外に、彼らを救い出す方法はないのではないのか……真実は封印されたままになっている……」

まわりくどい言い方を止めよう。私はこれから〝天皇タブー〟に挑戦する。この本はそのためにのみ書かれたものである。

この本の中にブルークスの『終戦秘話』がたびたび登場する。彼は間接的手法で、この八月十四日～十五日の事件の首謀者を描いてみせる。バーガミニはもっと直接的にこの事件の首謀者を描くのである。しかし、この二人のアメリカの学者の狙いは、完全に一致する。私の狙ったこの事件の首謀者も二人の追求する首謀者と同一である。

## 某中佐の行動の中に真実が見える

半藤一利《はんどうかずとし》の『日本のいちばん長い日』(決定版)から引用する。八月十二日のことが書かれている。

午後三時から宮中では皇族会議が、首相官邸では閣議が、それぞれひらかれた。御文庫防空壕に参集した十三名の各宮は皇族の順位にしたがって、左から高松宮、三笠宮、閑院宮《かんいんのみや》、賀陽宮《かやのみや》……、そして最後が竹田宮、李王垠《りおうぎん》、李鍵公《りけんこう》の順に天皇を囲むようにして、弧形の長い机を前にして坐った。誰もが天皇と会うのが久し振りであった。

高松宮も三笠宮も、バーンズ回答受諾に賛成する旨をいったが、閑院宮はちょっと考える風で、「陛下のご決心がかくある以上、意見はございませんが、はたしてわが国の存立が維持できるものかどうか、まことに心配でございます」

とだけいった。久邇宮が、同じように国体護持について懸念をもらしたが、この二人をのぞけばすべて無条件賛成である。李王垠と李鍵公は「うけたまわりました」とだけいったのが各皇族には印象的であった。会議が終ってアイスティと洋菓子がでると、天皇を囲んでしばらく談笑がつづいた。それぞれの近況や見聞が語られ、天皇もときには微笑むことさえあった。

もう一度、『日本のいちばん長い日』から引用する。三笠宮が出ている。十四日の出来事である。「午後三時－四時」の中に登場する。

三時二十分、三笠宮が木戸をたずねてきて懇談した。四十分、木戸は蓮沼侍従武官長と会った。木戸を中心にこれらの人々が憂えていたのは、軍の反抗である。そのため、いかにして軍に終戦を納得させ、一滴の流血もみずして矛《ほこ》をおさめたらいいか、そのためのうまい方策はないか、ということを話しあった。

この『日本のいちばん長い日』の中に、三笠宮は二回ほどしか登場しない。しかも「これらの人々が憂えていたのは、軍の反抗である」と書かれている人物は三笠宮と蓮沼蕃《はすぬましげる》侍従武官長である。私はこの重要人物が故意に書かれざる存在であると思えてならないのである。どうしてか。答えは塚本憲兵中佐の台湾帰還を命じた人物こそ、三笠宮か、三笠宮に近い皇族の東久邇宮ではないかと思えるからである。塚本が、誰が自分を直接に命令を出して帰還させたかを全く書いていないのも不条理であろう。彼はその人物を知っていた。そして、その人物から直接に命令を受けた、と私は考える。なぜなら、彼は〝儀式〟の見張り役を命じられたのである。いわば、このクーデターの進行係のような行動をとるからである。彼の『ある情報将校の記録』を再度引用する。

十四日午前十時半頃、私は井田中佐を軍事課員室に訪ねた。彼は緊張した面持で、御前会議が午前十時三十分から開かれること、東京の第一総軍司令官杉山元《はじめ》元帥と広島の第二総軍司令官畑俊六《はたしゅんろく》元帥らが、参謀本部に来ていることなどを話してくれた。

正午やや過ぎ、阿南陸相が御前会議から帰ってきた。井田、椎崎両中佐、畑中少佐らは、他の将校と共に、一斉に大臣室へ駆け出して行った。取り残された私は、彼らの帰ってくるのを待っていた。やがて井田中佐らは、がっかりした格好で戻ってきた。

しかし、『日本のいちばん長い日』には、この場面が書かれていない。ただ、聖断の後に閣僚たちが一室に集まり、いっしょに鯨肉と黒パンだけの食事をとった場面が描かれている。「字義どおり、〝砂をかむ想い〟である。阿南陸相だけが少し離れたところにある一室で竹下中佐にあった」と書かれている。そこで竹下中佐は再度の聖断による降伏決定を受け入れて空々としている阿南陸相に会う。

『日本のいちばん長い日』から引用する。

竹下中佐は陸相の前に立って、報告をはじめた。中佐も泰然たる陸相を前にしては冷静さをとりもどし、辛うじて興奮をおさえる。彼は計画どおり陸軍大臣のもっている〝治安維持のための兵力使用権〟の行使を請い、結論としていった。

「閣議の席上、それを行使していただきます。すでに考えを変えられ、総長も同意であります」

陸相は即座に答えた。

「最後の御聖断が下ったのだ。悪あがきするな。軍人たるものは聖断にしたがうほかない」

これは陸軍大臣室の模様ではない。もう一度『日本のいちばん長い日』を引用する。阿南が陸軍省に帰ってきた場面である。

そうした陸相を迎えたのは、血気の青年将校たちの集団である。陸相帰るの知らせを聞くと、大臣が椅子に腰をおろして休む暇もなく、軍事課、軍務課の中・少佐クラス二十名あまりが、それほど広くない大臣室をうめた。〔略〕軍刀をはずし、うしろの壁に立て掛けた陸相は、自分の方から御前会議の模様を淡々と語った。

「陛下は国体護持に自信があるといわれた。それゆえに無条件にポツダム宣言を受諾することに御聖断あらせられた。この上はただただ大《おお》御心《みこころ》のままにすすむほかはない。陛下がそう仰せられたのも、全陸軍の忠誠に信をおいておられるからにほかならない」

塚本は、「陸軍大臣室での模様については、終戦直後に井田中佐から直接聞いたことがある」と書いている。しかし、終戦直後とはいつの日なのか。八月十四日を終戦とする説があるのだ。私は、塚本は陸軍大臣室に入り、ペンを執って模様を写していたと見ている。彼は陸軍大臣とその部下たちのもとにへばりついていたからである。

竹下正彦中佐

塚本の本を引用する。クーデター計画に対処する準備が描かれている。

午後三時頃、憲兵司令部の講堂に、司令部および隊司令部の将校全員が集合した。憲兵司令部本部長石田乙五郎《おとごろう》中将は、ポツダム宣言受諾の聖断が下り、陛下は国体の護持には確信を持っていると仰せられた旨を伝え、将校各位は承詔必謹《じようしようひつきん》であらねばならぬと諭した。そのさい、私の頭には一瞬ひらめくものがあった。それは「朕《ちん》と一心になりて力を国家の保護に尽くさば我が国の蒼生は永く太平の幸を受け日本国の蒼生挙りて喜びなん」という軍人勅諭《ちよくゆ》の前文にある御言葉である。軍人が陛下と一心になることを、国民はこぞって喜んでくれるに違いないと思った。また、軍人たるものは軍人勅諭に生き、軍人勅諭に死するのが、その生き方であるとも考えた。その瞬間から、私の気持は定まり、承詔必謹を心に誓った。

この文章を読んで、読者は憲兵司令部本部長石田乙五郎中将の指揮下、反乱分子を徹底的に取り締まったのであろう、と思ったに違いない。しかし、塚本が考えたのは全くの逆である。石田中将も塚本も、少佐・中佐たちの反乱に一切の取り締まりをせずに傍観するのである。どうしてか？　それは陛下の御心であると憲兵たちが一致して考えたからである。読者は塚本の次の文章を読めば私の言わんとすることを納得するはずである。

十四日の夜、万一の事態を慮《おもんぱか》って、私は東部憲兵隊司令部に泊ることにした。自分としては承詔必謹を固く決意したためか、精神が安定し、いつの間にか、ぐっすり寝込んでしまった。ところが突然、隊司令官大谷大佐に起こされた。大佐は私に近衛第一師団長が殺害されたとの情報を知らせると同時に、隊に非常呼集を命じた。夜中の二時頃だったと記憶する。ただちに私は伊藤憲兵中尉を師団長の殺害された現場確認のため、近衛師団司令部へ急派した。

ぐっすり寝込んだ後なのに、どうして塚本は石田中将に連絡をし、反乱分子を逮捕するという行動に出なかったのであろうか。憲兵は、ただただ平静を保つのみであった。次の文章の中にその姿が描かれている。

やがて彼〔伊藤憲兵中尉〕が帰隊して報告したところによると、「竹橋《たけばし》には歩哨が立っていて、部隊長の許可なき者の通行を一切許さない。折から通りかかった一台の自動車に同乗を求めたところ、車内の参謀から、『貴官は誰の部下か』と質されたので、『塚本大佐《ママ》の部下である』旨を答えたところ、同乗を許され、歩哨線を通って師団司令部へ着くことができ森師団長の遺骸を確認した」とのことであった。そうして、その車内の参謀は井田中佐であった、と彼は付け加えた。

私はこの文章を読んで、バーガミニが書いているごとく、塚本が儀式の記録者であり、憲兵としての仕事は、ひたすら、ある上官から与えられた指令を忠実に守ることであると信じるにいたったのである。読者も塚本の次の文章を読んでもらえば私の説明をある程度は納得してもらえると思うのであるが、いかがであろうか。

私は井田中佐の名前を耳にするや、しばし嘆息を禁じえなかった。と同時に、椎崎中佐、畑中少佐らも加わり、森近衛第一師団長を擁して決起せんとしたが、同師団長が応じなかったため、殺害したのではないかと判断した。

私は事件取鎮めの第一段としては、憲兵が前面に出ることは避ける方がよいと考えた。

十四日正午から十五日正午にかけての二十四時間を、『日本のいちばん長い日』という設定で、半藤一利は物語を進めている。十四日の聖断とこれに続く玉音盤事件については次の章で詳述することにし、『日本のいちばん長い日』の中の、ある〝気になる文章〟のことを書いてみる。私は半藤のミスかと思ったが、そうでもないらしい。故意であろうと確信するにいたったのである。

一九六五年に、『日本のいちばん長い日』が出た。このときの編者は大宅壮一《おおやそういち》である。半藤は一九九五年に自らの名前で、『決定版　日本のいちばん長い日』を出版した。この本の〝あとがき〟を引用する。三十年前、彼は「文藝春秋」編集部次長の職にあった。

当時はいろいろな事情から、大宅壮一編と当代一のジャーナリストの名を冠して刊行された。そのお蔭もあり、翌年に東宝の映画化もあり、多くの人によく読まれた。こんど決定版として再刊行するにさいし、社を退いてもの書きとして一本立ちした記念にと、亡き大宅先生の夫人大宅昌さんのお許しに甘えて、わたし名儀に戻させていただいた。長いこと別れていた子供に「俺が親父なんだ」と名乗ったような酸っぱい気分を味わっている。

そんな感傷的なことではなく、最初の刊行が三十年前のことゆえ幾つかの誤りがあったことは否めない。不注意によるものもあるが、近衛師団長惨殺の実行者など、当時の情勢で差障りがあり隠蔽せざるをえなかったものもあった。それらをすべて正し、新しい事実も加えた決定版をだすにさいして、名儀者としての責任を明らかにしておかねばと思ったゆえもある。

以下、大宅壮一編になる『日本のいちばん長い日』を「大宅本」とし、半藤一利著なる本を「半藤本」または「決定版」としたい。また、角川文庫より一九七三年に出た「大宅本」を「角川文庫本」としたい。角川文庫本も森師団長惨殺事件で微妙に異なるからである。では、「大宅本」の九八ページから一〇〇ページにかけてを見ていくことにする。（十四日の「午後八時－九時」の章の終わり近くが書かれている。

天皇が玉音放送する詔書が八時半に木戸内府（内大臣）侍立《じりつ》のもとに鈴木首相より差し出された。その詔書に「裕仁」の御名《ぎょめい》が署され、御璽《ぎょじ》がおされた。その後の出来事を「大宅本」に見ることにしよう。

その計画の内容についてはいま語るときではないが、彼らは手わけして近衛師団の大隊長クラスを説得し、近衛師団における勢力を浸透させようと試みている。彼らは叛乱のプログラムの冒頭で、とりあえず森近衛師団長の名の上に×を印さざるを得なかった。しかし、参謀長水谷一生大佐は森師団長の意向如何でどうにでもなる。△印。参謀は古賀、石原がすでに加盟しこれは○印、もう一人の参謀溝口昌弘中佐は軽井沢に出張中ゆえ考慮に入れる必要はなく、これで第一、第二連隊長を同意させ、大隊長クラスが数人参加、こうして○印を多くしていけば、難物の森師団長も計画にやむなく同意することになるであろう、とそんな風にプランの進行を予想するのだった。短時間のうちに計画を樹て、準備を整え、遂行しようとする場合、多少の疎漏と無理は已むも得まいと彼らは考えていた。〔略〕いまや陰謀の中心的存在になりつつある近衛師団歩兵第二連隊の曽我副官ですらが、ちょうど苦心の詔書の清書が終ったころ、「宮城中心に不穏な動きがあって、なんでも近衛師団命令が出るかも知れぬが、それはニセ命令だそうだ。そっちにはそんな情報が入っていないか」という近衛師団歩兵第四連隊の副官からの電話を受け、冗談も休み休みいえぐらいに思ったほど、師団の情勢になんらの異状は見られなかったのである。

八時半ごろの情勢を「大宅本」は「師団の情勢になんらの異状も見られなかった」と書いている。「大宅本」が出た八年後に「角川文庫本」が出た。この引用文の初頭に書いた「その計画の内容についてはいま語ることができないが」がカットされている。この程度は別に問題なしとしたい。では、その後の文章を見ることにしよう。「大宅本」による。

だが、計画は夜の闇にまぎれて着々と整っていった。それは抗命行為であり、国家に対する叛逆であった。クーデターといっても、二・二六事件のように単に一つの政治体制に対する叛逆というより、国家全体に対する叛逆なのである。彼らの背後には彼らを支持する別の体制があったわけではない。いわば、黒幕的な将軍もなく徒手空拳で歴史の流れを逆行させようというのだ。回天の大事業を、万死の勇気をもって実行しようというのだった。

「角川文庫本」も、「大宅本」から三十年後に出た「決定版・半藤本」も、一字も変化なしである。しかし、この文章には大いなる歴史上の間違いがある。どうして、〝黒幕的〟な将校がいなくてクーデターが成就《じょうじゅ》する可能性があるのだろうか、という単純な疑問である。

もう一つの疑問点は、「二・二六事件のように単に一つの政治体制に対する叛逆というより……」と書いている点である。二・二六事件とこのクーデターの類似性は後章で詳述することとし、次の文章を見ることにしよう。まずは、「大宅本」からの引用文を見てほしい。

とまれ、彼らは作戦をたて、第二段階ともいうべき布石をようやく終ろうとしていた。曽我副官が四連隊副官よりの奇妙な電話を受けた後、宮城内に入り、二重橋ぎわの衛兵司令所についたとき、副官はそこに見知らぬ三人の将校の姿を認めた。通常近衛兵以外は入れないことになっている宮城内に、しかも夜も八時を十分か十五分過ぎたころになって、中佐が二人、少佐が一人やすやすと入れたということは、副官のそれまでの常識にはない経験であった。よくよく注意すればそこに事件の匂いをかぎとることができたかも知れない。しかし廟議の終戦決定を未だ知らされていない曽我副官にとって、戦争末期の苛烈な敵の爆撃による凄じい破壊と劫火にくらべれば、大抵のことが、それほど異常とはその眼に映じなかったのである。日本人全体が麻痺していたのである。〔傍点は引用者〕

次に、八年後に出た「角川文庫本」から——。

とまれ、彼らは作戦をたて、第二段階ともいうべき布石をようやく終ろうとしていた。曾我副官が四連隊副官よりの奇妙な電話をうけたのち、宮城内に入り、二重橋ぎわの衛兵司令所についたとき、副官はそこに見知らぬ三人の将校の姿をみとめた。通常近衛兵以外は入れないことになっている宮城内に、しかも夜も八時をとっくに過ぎたころになって、中佐がひとり、少佐がふたりやすやすと入れたということは、副官のそれまでの常識にはない経験であった。〔以下略すが前文と全く同じ。傍点は引用者〕

私がつけた傍点に注目してほしい。「大宅本」では「中佐が二人、少佐が一人」となっているが、「角川文庫本」では「中佐がひとり、少佐がふたり」となっている。決定版たる半藤本も角川文庫本と同じである。大宅本では「夜も八時を十分か十五分過ぎたころになって」とあるが、角川文庫本と半藤本では「八時もとっくに過ぎたころになって」とある。これは別に問題なし、としよう。

このちょっとした文章の故意としかおもえないところに、大きな問題が含まれているのだ。大宅本には「※」（注のこと）がついている。

曽我音吉氏のはっきりした記憶から類推すると、少佐は畑中、中佐の一人が椎崎であることは間違いない。しかし、もう一人の中佐が誰であるかわからない。他に事件関係者の中佐といえば、竹下正彦氏と井田正孝氏ということになるが、両氏とも後に述べる事情からすればこれは該当しないのである。従ってここでは不明としておく。

角川文庫本には「注」がついていない。曽我音吉氏は少佐の畑中と中佐の椎崎を記憶し、もう一人の中佐を思い出せないとは、不可解以上の何かを思わせる。

では、この〝某中佐〟について半藤一利本人はどのように考えていたのであろうか。『昭和史が面白い』（一九九七年）の中で、半藤一利は高木俊郎（作家）とともに岩田（旧姓・井田）正孝と会談している。この中で〝某宮様〟が登場する。

高木　このときの青年将校は判明しているのが、畑中少佐、椎崎中佐のほか、近衛師団参謀の古賀秀正、石原貞吉の両少佐、それに窪田兼三少佐、上原重太郎大尉の六名です。しかし本当にこの人たちだけであったのか。実は明らかにされていない影があるのではないか。

椎崎二郎中佐

岩田　何もありません。立ち上がったのはその六名だけです。それに私が森近衛師団長説得のため、手を貸した。
半藤　実は『日本のいちばん長い日』を書いたあと、妙な話を耳にした。あの夜、宮城内の近衛師団の「守備隊大隊本部」に、参謀懸章をつった中佐、それも某宮様によく似た人がいた、と言うのです。確証はありません。確証はないが、とすると、国体護持のため弱気の陛下ではなく、別の天皇陛下をいただいて、という計画がひそかにあったのではないか。
岩田　驚きましたね、そんな話は。今はじめて聞きました。六人以外に同志はいなかったですよ。椎崎中佐を見間違えたと思いますよ。それに天皇陛下が弱気だからなんて考えたこともない。弱気だったのは外務大臣ですよ。
半藤　しかし、事実は、宮城占拠の近衛兵たちは御文庫に機関銃を向けているんですよ。
岩田　これは想像ですけどね。暗くて、どっちに御文庫があるかわからなかったのでは。
半藤　いや、いつも警備任務についている近衛兵ばかりなんですよ、占拠しているのは。
岩田　御文庫にいた侍従や女官たちの恐怖にかられた想像、いや妄想ですよ。近衛兵は泣いていますよ。

半藤一利は「大宅本」の中で〝某中佐〟を登場させ、「角川文庫本」「半藤本」の中でカットした。そして彼は「実は『日本のいちばん長い日』を書いたあとで妙な話を耳にした……」と、しらじらと嘘をつく。しかし、彼は〝某中佐〟を〝某宮様〟と喋っている。ここに注目してほしい。

作家高木俊郎は戦時中に陸軍報道班員として、中国、ジャワ、ビルマ戦線に従軍している。また、『インパール』『抗命』『全滅』『憤死』『陸軍特別攻撃隊』などの作品を書いている。その高木が、「本当にこの人たちだけであったのか、実は明らかにされていない影があるのではないか」と語るのである。彼の疑問は当然であり正しい。五、六人の少佐や中佐に何ができるのか、と私は読者に疑問を投げる。その答えは自然にわかってくる。半藤が洩らした「あの夜、宮城内の近衛師団の『守備隊大隊本部』に、参謀懸章をつった中佐、それも某宮様によく似た人がいた、というのです」の言葉の中にある。

半藤は「確証はありません。確証はないが、とすると、国体護持のため弱気の陛下でなく、別の天皇をいただいて、という計画があったのではないか」とも語る。ここから、近衛兵たちが（後に詳述するが）わけもわからず、宮中のそれも天皇の住まいである御文庫《おぶんこ》まで「行け！」と命じられるのである。多くの軍人たちがその某宮様の指示、否、命令で動いたのである。しかし、つねに無名という名を与えられているのだ。岩田正彦はこの某宮様（この本では某中佐）と行動を共にしていたのである。時は流れ過ぎゆくも、この某中佐の存在すら否定して、偽証の生き証人として彼は生きてきたのである。

私は、この〝某中佐〟の行方を追ってみようと思う。どうしてか？　私は〝天皇のタブー〟に果敢に挑戦し、このタブーを打ち破る以外に、日本の未来への道は開けないと確信するからである。

## 三笠宮の終戦工作

ここでは某中佐ではなく、三笠宮がいかに終戦工作にかかわってきたかを、記録された文書を通じて見てみる。

外務省編『終戦史録(4)』(一九七七年版)から引用する。「第五十一篇・皇族会議と三笠宮」である。

十二日午後三時より宮中において皇族会議が開かれた。高松宮、東久邇宮の終戦への御働きかけについてはすでに記したが、ここには、三笠宮の御動静についてふれておこう。

その頃、陸軍の抗戦派中堅幹部は、自分らの後楯として、若き直宮《じきのみや》であり陸軍の軍籍にあられた三笠宮に期待し、かつ働きかけた。皇族会議に出席される同宮を、同期生の参謀が門前に待ちうけて、宮を説得しようとした。宮は断乎《だんこ》としてこれを斥《しりぞ》け、かえって陸軍の反省を促されたと言われている。

これよりさき、同宮は十日夜、木戸内府を呼ばれて、事態の経緯につき説明を求めておられる。また十一日午後には、高松宮邸の皇族の集まりにおいて、東郷外相より約二時間にわたって、事態の説明をきかれている。

十二日の皇族会議においては、天皇御自ら説明され、各皇族の協力を求められた。三笠宮は、この席上においても、強く陸軍の反省を要望する発言をせられたと伝えられている。阿南陸相は、その夜同宮邸に伺候《しこう》し、天皇に御翻意をお願いしていただきたいと宮に訴えた。このとき三笠宮は陸軍のやり方を強く叱責《しっせき》された模様である。そのとき陸相に随行していた林三郎秘書官手記は、次のように記している。「会議後の彼（阿南陸相）は竹下中佐の『切腹勧告』のあとと同じように自動車が走り出しても、しばらくは無言であった。官邸に着く少し前になって漸《ようや》く『三笠宮から陸軍は満州事変いらい大御心に副《そ》わない行動ばかりしてきたとお叱りをうけたが、そんなひどいことを仰《おおせ》られなくてもよいのに』と、ただそれだけを低い声で語った。三笠宮のお叱りも、ひどくこたえたようであった」。さらに高木惣吉手記は、同宮は、「翌十三日朝に軍務局にまで来られて、『陸軍の若い連中の態度はよろしくない。阿南はじめ皆の行動は聖旨《せいし》にそはないいじやないか』と詰問された」と伝えている。編者はここで、十三日午後から十四日にかけて、同宮が高松宮と協力されて、終戦の円滑なる進捗に努められたことについて、安東義良手記をかりておく。「十三日午後高松宮から直接私の処《ところ》に電話がかかり『君の方が仲々手ごわいそうだが陸軍との関係を注意してやつてくれ給え』との主旨の御言葉であつた。三笠宮からの情報で御憂慮になつたものと拝した。十四日の夕刻にも高松宮から直接電話があり軍令部に来られないかとのお話しで参上すると、座に三笠宮と竹田宮の御三方がおられ色々とお尋ねになつたので、希望条件については善処しておることを申上げ御安堵の様に見受けられたが軍の動向には御不安の色が濃かつた」

なお、三笠宮は、かつて東条内閣時代、天皇の御意図を体して、在支那派遣軍付として対華新政策の推進に努力しておられ、また十二日の皇族会議前には、御殿場《ごてんば》に秩父宮を訪問して、皇族会議の打合せをなさっている。ここに追記しておく。

十日の陸相布告が示すように、抗戦派は、楠公精神を叫び、時宗《ときむね》の闘魂をもって、醜敵を撃滅すべしと強いている。宮を擁して、相闘った南北朝の歴史が想起される。

［補註］

（一）三笠宮崇仁《たかひと》　大正四年、大正天皇の第四皇子として生れる。陸士、陸大を経て、陸大研究部員、昭和十八年支那派遣軍参謀（少佐）、翌年大本営参謀。戦後はオリエント史学の発展に尽力している。

この第五十一篇「皇族会議と三笠宮」は、皇族会議の模様を詳述する。ここでは中断し、三笠宮の、昭和十八年支那派遣軍参謀（少佐）時代の一面を見ることにしよう。三笠宮の人格、思想の一面を知るためである。

柴田紳一の『昭和期の皇室と政治外交』（一九九五年）からの引用である。

三笠宮崇仁親王は、昭和十六年十二月に陸軍大学校を御卒業の後、陸軍大学校研究部員を経て、十八年一月九日、支那派遣軍参謀に御転補になり、一月十三日東京発、十四日南京着、支那派遣軍総司令部参謀部第一課に「若杉参謀」の別名で勤務されることとなった。（八月任少佐）。一月九日はまた、「対支新政策」の具体的第一歩というべき「戦争完遂に付ての協力に関する日華共同宣言」と「租界還付及治外法権撤廃等に関する日本国中華民国間協定」の署名が、南京において、大使重光《しげみつ》と行政院長汪兆銘《おうちょうめい》によってなされた日でもある。

三笠宮（若杉参謀）は、昭和十九年一月五日、南京の支那派遣軍総司令部（元国民政府外交部）高等官食堂に大、中、少尉、百二、三十名を召集して教育を行なった。その演説のごく一部を前掲書から引用する（カタカナをひらがなにした）。

> 日本が彼等の唱える表面的親日に誤魔化された連中であるのは当然の事実である。
> 右の如き政府に民衆の信頼なきは当り前である。
> 然《しか》し出来たものは致し方がない。一輪咲いても花は花、一夜添っても妻は妻である。特に右の中にあって汪主席閣下は稀に見る廉潔の士であり真に東亜を思う熱情の人である。陛下の御信頼も亦《また》至《いた》って大であり陛下には有難い大御心を以って国府に対する日本の信義を完一せんとの新方針を御允裁遊ばされている。〔略〕
> 現に日本人を動かして居るものは実に陸軍である事より事変未解決の原因は日本人軍人の「内省」「自粛」の欠除と断ずる。

三笠宮は小、中、大尉の陸軍エリートに対し、中国での軍の行動のいたらないところの責任を彼らに全面的におしつけた。それも数時間にわたってである。しかも彼は二十九歳という若き参謀である。

三笠宮崇仁親王

三笠宮が汪兆銘政府を全面的に支持し、天皇がこの政府を三笠宮同様に支持していることがこの演説を読めば理解できよう。南京政府を全面的に支持する三笠宮、天皇の姿の一端が、彼の演説から見てとれるのである。中国人の反乱、騒動のすべては、皇族や政府のやり方でなく、すべて陸軍軍人の不真面目《ふまじめ》にあると彼は説き続けたのである。

もう一度、『終戦史録』を見ることにする。この中に五冊の本からの抜粋が引用されている。戦後初の皇族内閣の首班となった東久邇宮稔彦《なるひこ》の著書『私の記録』も引用されている。

その日〔十一日〕の午後、高輪の高松宮邸で、在京の皇族方が集まられ、東郷外務大臣からいろいろの説明を、約二時間にわたつて聞いた。

――広田元総理の対英米和平交渉を駐日ソ連大使に話したこと、近衛公のソ連派遣を交渉したこと、ソ連が対日宣戦布告をしたこと、最近の閣議及び最高戦争指導会議の情況、それから御前会議で御裁決を経た情況、連合国に対してわが回答を通告した経緯などについて、話があつた。

十二日午後三時に、在京皇族方が、陛下のお召で宮中に参集した。そして陛下から、今日までになつた事情を、お話になり――この国難に当つて、皇族が、自分に協力してくれるように、との御諚を下された。

御説明の後で、梨本宮が、一同を代表して

――私共一同、一致協力して、陛下をおたすけ申し上げます。

と御返事申し上げた。

そのお部屋は、新らしく出来た防空壕の一室で、日本の運命を決する御前会議に聖断を下されたその部屋であつた。

私は、陛下には、戦争中ながい間お会い出来なかつた。私ばかりではない。太平洋戦争がはじまつて以来、皇族は、陛下の御耳に雑音を入れないためにというので拝謁できないことになつていた。

当時の陸軍中将参謀次長であった河辺正三《かわべまさかず》の日記に、三笠宮と阿南陸軍大臣のことが書かれている（カタカナをひらがなにした）。

八月十二日　日曜　晴

夕刻近く再度（この朝御不在）三笠宮（当時航空総軍参謀）に伺候す。昨夜来、旅行及び会議等にて御疲労に拘らず、焼け残りの一屋縁側にて謁を賜う。予より時局の推移並びに軍情に関する所要の言上を聴取せられたる後、嘗《かつ》て見ざる極めて深刻なる御面持にて、和平問題と陸軍首脳の動きとについて深き憂情を洩らされたるは恐懼《きょうく》至極なり。即ち和平の議は五月以来のことにして陸海軍両長官は事の経緯を十分承知しながら、今に至りて状況の愈々《いよいよ》非なる現実を省みず、何かと之に反向する加工を敢てせんとするものと観ての御不満なり。その内容については予の関知せざる節多きため御返事は差控え、主として所管航空総軍の現指導計画に変更なきことのみを申上て、退下す。

八月十三日　月曜　晴

午前八時過ぎ官邸に陸軍大臣を訪う。大臣に対し時局に関連する航空総軍当面の戦況を報告の後、附けたりとして（実は之が訪問の主目的なりしが、大臣の心事を察して話の内容も実際よりもやや緩和することに努む）前日三笠宮殿下より洩れ承りたる御言葉の大要を通告すれば、〔略〕前者〔三笠宮の戦局憂慮の発言〕については全く困難なる事態に直面しつつあることを述べ、敵機動部隊に対する大戦果でも掲《あが》らざる限り情勢は挽回し得ずとの嘆声あり。後者〔三笠宮の苦言〕については、昨夜殿下に謁してその間の事情を申上げ置きたりとの説明ありて予はいささか安堵し得たり。

——何れにせよ本朝の大臣の顔色にて大体事態の推移は判定せられたり。

次に、レスター・ブルークスの『終戦秘話』（一九七八年）を見ることにする。木戸幸一の『木戸幸一日記』の八月十日に、「八時半、御召にて三笠宮邸に伺候。殿下に拝謁。今日に至りたる事情につき言上す」とある。このときの模様が書かれている。

その間、内大臣木戸は天皇の弟三笠宮から呼び出しを受けた。木戸は大急ぎで三笠宮邸に行き、その後の事態の発展について報告した。木戸は三笠にくわしい話をするのに骨が折れた。殿下は陸軍士官で、陸軍は裕仁を退位させて、三笠をもってこれに代える計画を企てる可能性があったからである——もしも三笠が彼らと協力したら。しかし、木戸は兄にたいする三笠の根本的忠誠心を頼りにした。事態についての偽りのない事実は、殿下がそのような道をとることは阻止するだろう。

ここには、三笠宮を擁立して天皇を退位させる動きがあったことを木戸は憂えている。しかし、この点のデータが今一つ私は発見できていない。しかし、なきにしもあらず、としておく。十二日の時点で陸軍参謀総長、陸軍大臣、近衛師団長、東部軍司令官の四者合意による偽装クーデター計画は確実に存在した。この計画が三笠宮の擁立を狙った点が考えられるのである。なお翌日の八月十一日の三笠宮について、ブルークスは次のように書いている。

裕仁の二番目の弟高松宮の邸では、午後一時、血につながる宮殿下たちが集まっていた。東郷外相は現在の情勢のあらましを説明し、質問に答えた。海軍大佐だった高松《ママ》は、終始一貫して平和論者だった。天皇の三番目の弟三笠宮は陸軍将校で、閑院宮は戦前陸軍参謀長を勤めたことがあった。東久邇宮は、天皇の叔父で、とくに軍部によって絶えず首相候補に挙げられていた。従ってこれらの人々が、この重大時期にさいして事実を知り、裕仁の努力を支持することは、死活的に重要だった。

殿下たちと二時間を過ごしたあと、東郷は「私が辞去したときには、殿下たちは事態を完全に理解された」と感じた。

次に有末精三《ありすえせいぞう》著『終戦秘史　有末機関長の手記』を見ることにする。有末精三は終戦当時、参謀本部第二部長であった。若杉参謀として支那にいた三笠宮は一九四四年一月に大本営陸軍参謀となる。三笠宮が陸軍参謀になった頃（日付は明記されていない）の様子が書かれている。

これより先き、わたしは第二部長として小磯内閣成立後、戦況の不振にかんがみ部下の第五及至第八課（ソ連、米英、中国、綜合）および第十六課（独・伊）の課長と高級課員、それに当時当部に在任中の三笠宮少佐を加えた十二名で極秘裡に戦争終末についての情勢判断、和平問題を討議研究した。

三笠宮を中心に情勢判断、和平問題を討議し研究するということは、終戦をいかに迎えるかの研究に他ならない。終戦工作に三笠宮が深く関わっていることが分かる。

終戦前夜の八月十三日の様子を有末精三は克明に書いている。

午後、三笠宮が来部せられたので、別室でお眼通りをお願いした。

かねて第二部ご在勤当時、和平問題秘密討議の折、わたしの受けた印象ではどちらかといえば硬いご意見のようにも拝していたので、心安すだてに、

「降伏条件の過酷なことについて、何とかならぬものでしょうか」

とわれわれの心配をお訴え申し上げた。

ところが殿下は、従来のご態度とは全然反対で、

「有末中将!!」

従来はよくお使い下さった「閣下」というお言葉など全然ない。

「この度の陸軍の態度は実にけしからぬ。この度のことについては、何も言いたくない」とのきついお言葉。ちょうどその時、扉をノックして第八課の高倉盛雄中佐（陸士第43期、第八課課員として殿下とご一緒に勤務していた）が覚紙を差し出した。例のサブジェクト・ツーという単語（天皇および日本政府の国家統治の権限は連合軍最高司令官の制限の下におかれる）の解釈、訳語についての不審、不満の意見であった。

わたしが席に帰るや否や、とたんに殿下は、

「今出された覚紙、そんなことが第一けしからん。近時ことに満洲事変以来の陸軍のやり方は皆この調子、大いに反省されねばなりません」

とキツイお言葉。そして御気色を和らげられて穏やかに、

「実は今朝、陛下から直々に『おたのみ』のお言葉があった」

ことを話された。

わたしは午前の総長拝謁の時のお嗜めのお言葉と思い合わせ、「汗の如き倫言」、ほんとうの大御心をしみじみと拝察して、誠に恐懼に堪えなかった次第であった。

この十三日の朝になり、米・英・中国側からの日本政府宛ての正式回答が来た。その中にサブジェクト・ツーという単語が入っていた。有末精三が〝制限の下におかれる〟と書いているのは外務省が訳したもの。陸軍省はこれを〝隷属する〟と訳した。軍人たちは国体が守れないとして大反対する。この時点で天皇はアメリカ側から、あるルートを通じて確証をとっていた。それゆえ、この正式回答を受け入れたのである。しかし、軍人たちは、このルートを知らされ

ていない。これから私が書く〝真夏の夜の悪夢〟はその葛藤劇である。

この有末がなにげなく書いている文章に気になる部分がある。三笠宮の言葉である。

「実は今朝、陛下から『おたのみ』のお言葉があった」

陛下からの「おたのみ」とは終戦工作にちがいない、と私は思っている。この本は三笠宮の終戦工作と某中佐の終戦工作が並行し、あるいは複雑にからんで進行していく。昭和天皇の「おたのみ」の言葉が何であったのかが一つの鍵となるだろう。

この八・一五宮城事件ともよばれるものは、後述するけれども八月十一日ごろからすでに始まっている。この十三日の三笠宮の発言は、天皇が「今朝、ある具体的な計画を私に話した。私はその天皇の申し出、ないしは計画を承知した。有末よ、今からこの計画にのっとり、具体的に行動に移すつもりだ。お前も協力せよ。軍部は満州事変以来、好き勝手なことをしてきた。私も天皇も、それを甘く黙認していた。しかし、今度は甘くないぞ……」という意味がこめられていよう。


三笠宮崇仁（終戦当時二十九歳）が雑誌「文藝春秋」（二〇〇五年九月号）の「特集・運命の八月十五日」に「玉音放送までの苦しかった日々」を寄稿している（傍点は引用者）。

昭和二十年八月十五日といえば、中高年の日本人にとって忘れられない日であろう。もちろん私もその一人である。それから六十年経った今、頭に何が浮かぶかと聞かれれば、それは、いわゆる玉音放送をラジオで聞いた時の、「やっと辿り着いたなぁ、という安堵感」と答えるしかない。

私は昭和十九年一月に、支那派遣軍総司令部参謀から大本営陸軍参謀に転勤を命ぜられ、中国から日本に戻って来た。南京と違って東京では敵といえば航空機だけだったから、軍刀は吊ったが、拳銃は携帯しなかった。

翌二十年五月二十五日の夜に、東京は大空襲を受けた。私と家族たちは防空壕に入って助かったが、家も、樹木も、すべてが灰燼《かいじん》に帰した。

そうこうするうちに、日本軍は降伏するかもしれないという噂が飛び交うようになった。私は陸軍の中央部に勤務していたから、彼我の差が分かっていたので、降伏止む無しと考えざるを得なかった。ところが一方では、本土決戦によってあくまで抗戦しようとする人たちもいた。あまりに騒がしくなったので、しまっておいた拳銃をだしてきて、傍に置くようにした。

当時、私は航空総軍参謀として勤務していたが、私の部屋に来て、目の色を変えて抗戦の決意を述べる将校もいた。また自宅——といっても家は焼失したので、防空壕の前に置かれた椅子と卓——に来られた将校もおり、話しているうちにやがて大激論となった。後になって聞いたが、防空壕の中からハラハラしながら聞いていた妻は、いざとなれば飛んで出て、命がけで二人の間にわけいって止めようと考えていたそうである。

また、要職にある某将軍が前記の自宅にみえたことがあった。話の要点は、「大元帥陛下が、降伏の御決心を翻して、戦争を継続していただくよう」陛下に申し上げてくれとのことであった。私は、その温厚な顔つきや話し方を聞きながら、将軍が以前、侍従武官をしていたことを思いおこして、陛下（昭和天皇）を、かわいい我が子のごとく想っているのではないかという印象を受けた。

　しかしこの要請を、私はどうしても受け入れることが出来なかった。はっきりとお断りした。将軍は肩を落として退出された。防空壕は低地にあったので、坂道を上らねばならなかった。妻は将軍の後姿を見て、感傷に堪えなかったという。

　そのすぐ後、将軍は自決された。大元帥陛下と、血気にはやる陸軍将校たちとの間にたって、苦悶されたであろう将軍の心の内を思いはかると、あまりにも悲壮な出来事であったというしかあるまい。

　あんな戦争は今後あってはならない。


三笠宮崇仁の『オリエント史と私』（一九八四年）から引用する（傍点は引用者）。


　阿南氏はまことに温厚な、あい対しているとあたかも慈父のごとき感じをいだかせる方でしたから、八月十四日夜に武将らしく自決されたことを伺ったときは感慨無量なるものがありました。その日はまた、少尉任官早々戦死されたご次男の命日だったそうです。

　明けて八月十五日。日本は有史以来はじめて敗戦を体験しました。そもそもの戦いの発端は一九三一年でしたから、まさに十五年戦争だったわけです。それは、坂をころがる大石にも似ていました。途中なにもかもを押しつぶして、無条件降伏という大きな穴にはまってやっと止まったのでした。

三笠宮は「阿南氏はまことに温厚な……あたかも慈父のような」と書く一方で、そっけなく、「某将軍」と書くのである。それにしても不思議なことだ。某将軍と書くのはいかがなものか。何人《なんぴと》もが知っている阿南惟幾を、某将軍ということだ。三笠宮の心のどこかに何かが引っ掛かっているのか、たかが陸軍大臣と思っているのか、そのどちらかであろう。

三笠宮と陸軍大臣阿南惟幾を終戦工作で結びつける資料は非常に少ない。しかし、最後の最後まで三笠宮が阿南を動かしていたと思われるのである。

大森実『戦後秘史（2）天皇と原子爆弾』（一九七五年）の中に「大森実直撃インタビュー」が入っている。そこで大森は阿南綾《あや》（陸軍大臣阿南惟幾大将未亡人）をインタヴューしている。タイトルは「沖縄で戦死したがっていました」である。沖縄での戦死を望んでいたのは、もちろん阿南である。

阿南　はあ、そうでございます。ちょうど三鷹〔阿南の私邸：引用者注〕の方には、折りも折り、十四日の午後、戦死した次男の同期生の松山さんという方が、その状況を自分の口から話したいというので豊橋から出ておいでになりました。
大森　その方も軍人ですか。
阿南　はあ、その方は朝鮮人なんですが、日本名にして松山ということになっておられます。位《くらい》は少尉でした。
大森　次男の方は陸軍士官学校を出て、すぐ……

阿南　はあ、十八年の三月に学校を出まして、すぐそのまま参りまして、十一月に亡くなりました。
大森　少尉で亡くなられたわけですね。
阿南　はあ、それで松山さんとは士官学校時代から仲良しで、しょっちゅう家にみえておりました。それでご一緒に行って、最期をよく見ててくださいましてね、骨などやはり拾ったりしてくださった方なんです。それで実況を両親に話したいというので、十四日に豊橋から出てらっしゃいましてね。ところが主人がどこにいるかわからないんでございます。
大森　電話かけられても？
阿南　はあ、十四日は、三笠宮様のところに伺《うかが》ったり、あちこちおりましたらしいんでございますよ。どうしても電話でつかめませんで、それから夜までずっと待っておられますけれども、とうとう会えません。電話でもいいということだったんでございますけど。で、一応私にだけお話しになって、そして十五日の朝はもう豊橋に帰らなきゃならないというので。それで……十五日の朝早く、主人のことを聞きましたの、たしか電話で。
大森　何時ごろお聞きになりました？
阿南　七時でございましたかね。
大森　電話がかかってきたわけですね。
阿南　はあ。
大森　どなたが電話口に？
阿南　私の弟が陸軍省におりまして、竹下正彦と申しますが、中佐で、軍務課におりました。それがもう主人をずっと世話しておりましたし、子どものときから特別可愛がってくれておりましたし。

大森　七時ごろに弟さんから、正彦さんから……

阿南　電話がかかりまして、「お兄さん自決した」と。

このなにげない大森と阿南夫人の対談は、八月十四日に起きた事件が、今までに考えられていた事件とは全く様相の異なったものであることを暗示している。

その第一の点は、十四日、三笠宮と阿南が何かの目的のためにかなりの長時間会っていたことを示している。陸軍省にも陸軍大臣官邸にも、阿南のいそうな場所に阿南夫人はたびたび電話している。要件も彼の部下に話しているにちがいない。自分の息子の死を知らせる息子の友人の話を、せめて電話を通してでも聞きたいと思わない親がどこにいようか。しかし阿南夫人が「はあ、十四日は、三笠宮様のところに伺ったり、あちこちおりましたらしいんでございますよ……」と語るように、その居場所さえはっきりしないのである。

後述するけれども、森近衛師団長も同じようにはっきりしない時間帯がある。ひょっとすると二人は監視下におかれていたのかもしれないのだ。少佐、中佐クラスの下級将校数名の反乱に反対したためかもしれないのである。

三笠宮の「玉音放送までの苦しかった日々」と同じような文章が、

陸軍大臣官邸（三宅坂の仮官舎）

安藤良雄の『昭和史への証言』(一九九三年)の中に見うけられる。以下は安藤と三笠宮の対談場面の一部である。

三笠宮　八月十五日でしたかしら、私がうちの防空壕にいたときです。いまでも覚えていますが、参謀本部の課長とか課員四、五人見えましてね、大声の議論になりました。私の家は焼けちゃったので防空壕に住んでいたのです。その防空壕の前にトタン屋根で雨をしのぐ場所をつくってそれが面会場になっていたのです。そこで話したんですが、だんだん声が大きくなって激論になるものだから、家内は防空壕のなかで、いざとなったら私を助けに飛び出そうと思って、たいへん悲痛な面持で議論を聞いていたと、あとでいっていましたけれども。私は戦争中も内地では軍刀だけでピストルは携帯していなかったのですが、終戦のころは日本軍人に対して、万一に備えてピストルを忍ばせるようになりました。

「玉音放送までの苦しかった日々」とこの『昭和史への証言』は同じ場面を描いていることは間違いない。十数年経って、「参謀本部の課長とか課員、四、五人」が「某将軍」、すなわち阿南陸軍大臣となったのであろう(三笠宮邸は赤坂にあり、青山東御殿と呼ばれていた)。ほんの少しだけとすれば、阿南夫人がいくら居場所を探しても分からないのは当然である。ほんの少しだけ陸軍省に戻るか、御前会議に出席するか、首相官邸での最後の閣僚会議に出る以外、彼は三笠宮の防空壕の中にいたことにならないか。

そこへ、畑中、椎崎、井田、窪田、上原ら五人ほどの叛乱将校がやってくる。たぶん、森師団長を殺害した後であろうか。彼らと阿南が三笠宮をはさんで大激論をする。自決を決めた阿南が陸相官邸に強引に帰り、あるいは、強制的に連れ込まれた。そして、森近衛師団長が惨殺されたのと同じやり方で、自決を強要されたのかもしれない。義弟の竹下正彦が傍についていたのだ。この場面は後述することにしよう。

三笠宮は間違いなく、十四日から十五日にかけて宮廷内に出没している。

木戸幸一(当時内大臣)は戦後戦犯となり巣鴨プリズンに収監された。彼はこのプリズンの中でも「日記」を書いたが、『木戸幸一談話』が残っている。その中で木戸は奇妙なことを語っている。「極東国際軍事裁判に関する談話」から引用する。彼とは阿南陸相をさす。

(十)阿南惟幾
よく識《し》っている。立派な人で終戦も彼が陸相でよかった。我々の立場もよく諒解してくれた。彼の自決の八月十五日の朝、私のところに来て「もう一度考え直してもらえないか」と云うので、私は「事情でも大きく変ったら兎《と》に角《かく》、既定の線で押切る外ない」と答えると、「君の立場はよく判る」と笑って辞去した。

なんとも不思議な文章ではないか。木戸ははっきりと〝自決の八月十五日の朝〟と書いている。三笠宮も〝十五日〟と書いている。

以下は私の推理である。

八月十五日の早暁（夜中の零時〜一時ごろ）に、三笠宮邸の防空壕の中にいたのは、木戸内大臣、阿南陸相、畑中、椎崎、上原たちではなかったか。阿南は畑中たちの命を救ってやりたい。それで、「もう一度考え直してもらえないか」と三笠宮と木戸内大臣を説得した。その激しいやりとりを見ていて、三笠宮夫人が仲に入ろうかとしたのではなかったか。

阿南は十四日午後十一時三十分、鈴木首相に最後の言葉を告げるために残っている。それから阿南は踵《きびす》を返して去った。鈴木は秘書官に「彼はさよならを言いに来たのだ」と言っている。首相官邸を辞した後に、三笠宮の防空壕に行くと十二時をすぎ、十五日となるだろう。そこで重大な論議を、三笠宮と木戸をはさんで阿南陸相がしたのであろう。結論は出なかったに違いない。三笠宮が有末に語った〝陛下のおたのみ〟が論議されたと私は考える。三者は口論となり、話はまとまらず別れたにちがいない。午前一時すぎに、近衛師団長室の二階に向かって暗闇のなかを車が走った。そして、某中佐と畑中、椎崎、上原が二階に向かってかけよった。そこに銃剣を持った井田中佐がいた……。

某中佐は畑中が森師団長をピストルで撃った後、暗闇に消えた。そして、どこへ行ったのか。それを暗示する文章がある。下村海南《しもむらかいなん》の『終戦秘史』（一九五〇年）を引用する。前後の記述から推測すると十五日午前二時半の出来事である。

四階の内大臣室も侍従武官長室も、蚊帳《かや》が張ってあり、電灯がついていたが、中はもぬ

東京裁判で証言する木戸幸一

けのからであった。そこから電灯の明々としている室の前へ出た。〔玉音放送の〕録音をした謁見室《えつけんしつ》の前にある侍従職の事務室である。四人の職員がおり、一人の侍従は上衣を脱いでいた。大隊長は何思いけん、手をあげ合図して一同を後へさがらしている。矢部理事のもとへ兵士がかけて来て、

「あなたもこちらへ」

という。何事が起ったかと引返し、将校の前に出ると、大隊長は、

「今あの室の入口に上衣をぬいでいた人は高松宮殿下ではないかと思うがどうだ」

と聞く。この深夜に高松宮様が宮内省の一室に宿直しているなどとは飛んでもない錯覚《さっかく》だが、たずねられるままに茶目気を出した矢部理事は、

「そういえばいかにも似ていますね」

と答えた。大隊長はまじめな顔で、

「○○中尉、あのお方のところに行って伺《うかが》って来い、失礼のないように」
○○中尉は「ハイ」と答え、帽子を直したり、ボタンをかけたりして、あわただしく走っていった。すぐ引きかえして、
「高松宮殿下でないそうであります」

高松宮は十四日午後五時に近衛公とともに宮中に来ている。「クーデターの噂があるが、大丈夫か」と木戸に言っている。木戸は空とぼけている。そして宮中を去っていく。

大隊長は、後述するが、おそらく北畠暢男《きたばたけのぶお》近衛歩兵第二連隊の第一大隊長である。どうして

彼が直宮《じきのみや》の顔を間違えることがあろうか。もしかすると佐藤好弘《よしひろ》第三大隊長かもしれない。この二人が古賀参謀から命じられて、御文庫周辺に近衛兵を配したのである。後述の「近歩二第一大隊長の手記を読む」の中に詳述しておいた。

では、どうして下村海南（本名宏《ひろし》、当時情報局総裁）は、こんな妙な文章を挿入したのであろうか。下村の本を読むと（これも後述する）、この本は森赳に捧げられているような気がするのである。彼は真実を残したいという、やむにやまれぬ気持ちを後世に伝えるために、一見意味不明のこうした文章を入れたと私は信じている。

ここにはもう一つ、暗示が入っている。それは、「四階の内大臣室も侍従武官室も、蚊帳が張ってあり、電灯がついていたが、中はもぬけのからであった」の中にある。

高松宮に間違えられた直宮は服をきがえると内大臣に会うべく、あるいは内大臣と天皇に向かうべく去ったのであろう。それは大事件の報告を一刻も早くするためである。三笠宮が有末に語った「陛下の〝おたのみ〟が出たぞ」の結果報告であろうと私は推測する。

後世の史家は、戦後すぐに出たこの名著（講談社学術文庫に入っている）をあまり参考にせず、もっぱら井田正孝元中佐の手記や談話によって書くのである。『日本のいちばん長い日』はその代表である。名著は時を経れば経るほどにその価値を増す。

ブルークスの『終戦秘話』の中の一文を引用したい。十五日午前三時ごろの〝ひとりの将校〟のことが書かれている。たぶん、ブルークスは某中佐のことを書いていると思うのだ。しかし、確証がない。それでも引用する。

午前三時ごろ、ひとりの将校が御文庫の入り口に現われて、側衛隊長に、その五人の部下の武装を解除をするように要求した。側衛隊長は狼狽して、その要求を入江《いりえ》（相政《すけまさ》）侍従に告げた。入江、保科（武子）夫人（皇后の女官長）その他のお付添いたちは、この脅迫的要求にびっくり仰天して、どう返事すべきかを相談した。

彼ら皇宮警察官は皇宮警察部長の命令によって武器——サーベル——を帯びている。部長の命令による以外は武装を解くわけにはいかないと、将校に答えることにした。側衛隊長はその言葉を伝え、職員たちは将校が考えこんでいる間息をこらしていた。やがて将校はその説明で納得して立ち去った。将校が向かって行った彼方のくら闇のざわめきが、いるのは彼ひとりではないことを示していた。

いまではすっかり不安にかられた職員たちは、こっそりと、すべての窓や出入り口の鉄扉を締め、いかなる乱入をも阻止するようにした。それから万一にも反乱兵たちがやって来たら、陛下をどこに隠すかについて、周章狼狽した何のまとまりもつかない論議が行なわれた。結局、陛下は起こさないことに決めた——さしあたりは。

ブルークスは姓名をすべてつけて記述している。このように〝ひとりの将校〟と書くのは例外である。しかも天皇が住む御文庫の入り口である。下村海南が書いているごとく高松宮によく似たある将軍が二時半ごろに登場する。それは間違いで別人となる。しかし私は、この人物と三時すぎの〝ひとりの将校〟は同一人物に思えてな

下村宏（海南）情報局総裁

らない。

この〝ひとりの将校〟は皇宮警察の側衛隊の武装解除を要求する。この皇宮警察の部長の上官として、侍従武官長の蓮沼蕃大将がいる。それを承知の上で、武装解除を要求できるのは、皇位に非常に近い〝某中佐〟以外にいないと思う。高松宮によく似たとされる某中佐は森殺害現場から去り、宮中で服を着がえ、侍従武官長と木戸内大臣に会い、それから外に出て、いろいろと武装解除について皇宮警察部長に指摘したのであろう。「すべての窓や出入り口の鉄扉を締めろ。偽装クーデターの近衛兵がやってくるが、彼らを取り締まらずに見て見ぬふりをしろ……」と言い残して、消えるのだ。それも「将校が向かって行った彼方のくら闇のざわめきが、いるのは彼ひとりではない」という闇の中へだ。

次に、戦後の三笠宮の一面を見ることにしよう。里見岸雄の『天皇?』(一九五三年)から引用する。


宮様が、去年〔一九五二年〕の十二月の「文藝春秋」に御発表になったミュリエル・レスター女史との対談の中で、日本には今でも陛下に対し「気をつけ、最敬礼」と号令をかける団体もあるという事を指摘なさり、それが軍隊と同じ具合であるといわれた後、「敬礼という、個人の人格を最大限に自由に発揮すべき場合にも指揮者があって、それの号令でなくちゃ敬礼ができないということは非常に情けない」とおっしゃり、敬礼などは各自の判断にまかすべきもので、「その結果がたまたま頭を下げる人もあれば、手を振る人もあり、あるいは知らん顔をしていたり、最悪の場合にはアカンベをしても、ちっともかまいません」とお話になって居ります。これは世人をいたく刺戟したと見え、一月の中央公論の「京大事件白書」というものの中にも「アカンベ」の処が引用してあります。

さて、この項の最後に、「This is 読売」(一九九七年五月号)での三笠宮崇仁殿下と平山郁夫画伯の対談「大戦の芽は明治建軍の時代にあり」から、アカンベ宮様の思想の一面を紹介したい。

この狭い島国における共同生活では、伝統的な風習を守らないと村八分にされるおそれがある。そこでふだんから目立たない言動をし、控え目にふるまうことが身に付いてしまったのですね。それを端的に表しているのは「腹芸」でしょう。日本人のコミュニケーションには、言葉以外のコミュニケーションが非常に多いでしょう。

戦時中、中国には、心から中国人のために良かれと活動していた日本人もたくさん居ました。ところが、中国人側からみると、不愉快に感じたことが少なくなかったのです。誠に残念でした。

三笠宮は「そこでふだんから、控え目にふるまうことが身に付いてしまったのですね」とひとごとのように語っている。私はこう言いたい。

「三笠宮崇仁殿下、現代史家たちが、ただひたすらに控え目にふるまって、いまだに某中佐や某宮様のことを書く勇気を持ちえないのは、村八分にされるおそれがあるからです。だから、彼らは『腹芸』に徹し、『日本のいちばん長い日』のようなノンフィクションとは名ばかりの、心情葛藤模様劇であるような『真夏の夜の夢』のみを書くのです。私は殿下の言葉に甘えてアカンベ精神で、某中佐、某宮様の行方を追求する覚悟であります。従って、私の書く八月十四日から十五日にかけての物語は『真夏の夜の悪夢』であります」

この三笠宮の発言の「村八分」には注が特別についている。

村八分　村社会の中で、村人が決まり事やしきたりに違反した行為をした場合、村をあげてその家との交際や取引を断つ私的制裁のこと。江戸時代以降の慣習とされ、転じて「仲間はずれ」の意味にも使われる。

三笠宮殿下には申しわけないが、私は村八分を少しも恐れない。文筆稼業の人々は、妙なことを書いて飯が喰えなくなるのではと思っている。即ち、〝天皇タブー〟をよけて飯を喰っている。私は貧乏の底をはいつくばって生きてきた。それでも生きてペンを執っている。村八分にしたけりゃ、それでよし。そんな連中にめぐり合ったら、〝アカンベ〟をするだけだ。

この項の最後に木戸幸一内大臣の『木戸幸一日記』（一九四五年八月十四日）を記しておく。三笠宮が登場する。

八月十四日（火）晴
敵飛行機は聯合国の回答をビラにして撒布しつつあり。此の情況にて日を経るときは全国混乱に陥るの虞《おそれ》ありと考へたるを以て、八時半より同三十五分迄拝謁、右の趣を言上す。御決意の極めて堅きを拝し、恐懼感激す。

八時四十分より同五十二分迄、鈴木首相と共に拝謁す。十時半より閣僚、最高戦争指導会議員聯合の御前会議召集を仰出さる。

九時十五分より同三十七分迄、拝謁。

九時五十分及十時四十分に首相と面談、御詔勅につき打合す。

十時五十分より同五十二分迄拝謁。

十一時、三笠宮に皇族休所にて拝謁。

正午、御前会議終了後、御召により拝謁、御涙を浮ばせられての御話に真に頭を上げ得ざりき。

一時半、侍従長、一時五十分、武官長と面談、軍に親しく御示論云々につき相談す。

二時より三時五分迄、拝謁す。

三時二十分、三笠宮御来室、時局収拾につき御打合す。

三時四十分、武官長と打合す。軍に御示論云々は陸海軍共其必要を認めずとの結論なり。

三時五十分、石渡宮相と面談。

四時二十分、町村総監来室、治安の実情を聴く。

五時、高松宮御来室、近衛公同断。

五時半、東郷外相、鈴木首相参内、拝謁、面談。
八時より八時十分迄、拝謁。
八時半、鈴木首相拝謁、御詔書案を奉呈、御允裁を得たり。

# 某中佐の行方を追う

「某中佐」に触れた本はただ一冊の本以外にない。私はこの例外的な本を紹介しつつ、この近衛師団長惨殺事件の真相を読者の前に明らかにしたいと思う。

まず、私がどうして『日本のいちばん長い日』の内容がどうも不可思議だと思うようになったかを書くことから始めよう。

十数年前、私は大宅壮一編なる『日本のいちばん長い日』を読み、前に記した「中佐が二人、少佐が一人」とその「注」を読み、率直に「そんな馬鹿な！」と思ったのである。そして、この不明の人物こそ、「黒幕的な将軍」ではないかと思っていた。それから十年ほど前に、角川文庫本を読み、重要な箇所が故意に書きかえられていることに気づいた。〝決定版〟の半藤本が出たと知り、さっそく読んでみた。予想通りであった。私はこの〝消えた中佐〟を探し出そうと思った。その過程でバーガミニの『天皇の陰謀』にめぐり合った。この本を読み納得した。私の「八月十五日」を捜す旅はいろんな分野の本を読むことを強いたのである。では、十数年に及んだ私の旅について書くことにしよう。

大宅本の中に「二重橋ぎわの衛兵司令所についたとき、副官はそこに見知らぬ三人の将校の姿を認めた」という文章があった。

「二重橋」とは何か。原武史の『皇居前広場』（二〇〇三年）から引用する。

〔一九〕二八年十二月に宮城前広場で二つの親閲式が行われたが、明治・大正期と昭和期の広場を分ける第一のエポックだとすれば、第二のエポックは三三年十二月の皇太子（現天皇）誕生に伴う命名の儀で、天皇が初めて二重橋（正門鉄橋）付近に立ち、広場を埋める人々を見下ろしたことである。〔略〕

いわゆる二重橋には、正門と正門鉄橋がある。現在の二重橋は六四年に架け替えられたものだが、石橋と鉄橋という組み合わせは変わっていない。はしがきでも触れたように、このうち正式の二重橋は広場から向かって奥の鉄橋の方で、石橋よりも高いところにある。〔略〕藤森照信は「橋は通過するもので、のぼりつめた先にあるもんじゃない」と述べていた。確かにこの橋は、天皇が外出する際に通るためのものであった。しかしそこを天皇が通過せず、立ち止まるということは、橋が本来とは別の価値を帯び始めたことを意味するはずである。〔略〕

天皇の立つ二重橋は、『古事記』や『日本書紀』に描かれた「高天原《たかまのはら》」を象徴しているといえないだろうか。

二重橋は天皇が通過するか、立ち止まって民草《たみぐさ》を見下ろすために使用されてきた。二重橋上の天皇は「神」であり続けた。ここに某中佐が畑中少佐、椎崎中佐を連れて立っていたのである。とすると、某中佐こそは、皇位に連なる人物といわざるをえないであろう。大宅本に書かれた某中佐が角川文庫本と〝決定版〟半藤本で消されたことは、たんなるミスではなく、深い意味がこめられているということになるのではなかろうか。

では、バーガミニの『天皇の陰謀』を引用する前に、読売新聞社編『天皇の終戦』（一九八八年）の中の第十二章「聖断」から引用する。三笠宮が登場する。十二日の出来事である。

この閣議が開かれていたころ、午後三時から宮中では皇族会議が開かれ、天皇から軍不信のお言葉と和平への強い決意が述べられた。それが終わったのは午後五時。阿南陸相が皇族会議から宮邸に戻られた三笠宮を同七時すぎごろ訪ねた。同行した陸相秘書官林三郎大佐の『陳述録』によると、陸相は、陸軍少佐《ママ》の三笠宮を通じて、もう一度天皇に戦いを続行するよう、気持ちを変えていただこうということをもうしあげるためだったようだ。

その帰りの車中で陸相は林大佐に言った。

「宮様はひどいことを言って私を叱られた。陸軍は満州〔事変〕以来一度も大御心に副うような行動をしなかった。こういう時期に及んでまだ抗戦を続行するのはもっての外だと」

当時、三笠宮は機甲本部付、かつて支那派遣軍参謀（十八－十九年）のとき、在中国の日本軍の軍規の低下をまのあたりにして、「皇軍」は「蝗軍」（イナゴ）になってしまったと嘆かれたことがある。硬骨の三笠宮の言葉は、ひときわ皇室への尊敬

皇居・二重橋

の念の強い陸相にずっしりと響いたであろう。

「――三笠宮殿下、木戸共に動かず。殿下は大臣に対しても相当強く言われし模様なり。されど大臣は、この憂慮に拘らず、余（竹下中佐）を見るや、いつもの微笑を以って迎え――」（『終戦機密日誌』十三日の項）

この『終戦機密日誌』には、阿南陸相の配下の竹下、椎崎、畑中たちの軍務課の連中がクーデター計画を真剣に検討していた様子が書かれている。十三日の午後四時ごろの様子を『終戦機密日誌』から引用する（カタカナをひらがなにした）。

今や吾人は御聖断と国体護持の関係に付き、深刻なる問題に逢着せり。計画においては、要人を保護し、お上《かみ》を擁し、聖慮の変更を待つものにして、この間国政は戒厳によりて運営せんとす。

十三日夜、軍務課はクーデター計画を固めるにいたった。再び『天皇の終戦』から引用する。

計画参加者は軍務課員竹下中佐をはじめ同課員畑中健二少佐、同椎崎二郎中佐、軍事課員稲葉正夫中佐、同井田正孝中佐、同南清志中佐、東条英機大将の女婿で近衛師団参謀古賀秀正少佐、同石原貞吉少佐を中心に、通信学校教官窪田兼三少佐、航空士官学校教官上原重太郎大尉らだった。

この中で、森近衛師団長惨殺事件に直接登場するのは、畑中少佐、椎崎中佐、窪田少佐、上原大尉らである。これらの軍人が奇妙な行動をとるのである。以下の記事は『終戦機密日誌』から私がダイジェストしたものである。

クーデターの方法
一、陸相、参謀総長、東部軍司令官、近衛師団長に対する説得、根回し工作の分担
二、使用兵力、東部軍及び近衛師団
三、使用方針、天皇を宮中に軟禁す。その他木戸、鈴木、外相、海相を隔離し戒厳に入る
四、方法、陸相の権限内にある局地的、臨機の警備的応急出兵権をもって発動す
五、条件、陸相、総長、東部軍司令官、近衛師団長の四者一致の上であること
「──依って明朝、大臣、総長まず協議し、意見の一致を見たる上、七時より東部軍管区司令官、近衛師団長を招致し、その意向を質し、四者完全なる意見の一致を見たる上、立つべく、もし一人にても不同意なれば、潔く決行を中止すること。決行は時刻を十時とすること」

私は『終戦機密日誌』を読んであきれてしまった。こんな調子のクーデターはありえない、と正直思った。「四者完全なる一致」は最初から不可能な計画が存在したことになる。この日誌の中に「偽装クーデター」なる言葉さえ発見できる。阿南もこの計画が不可能であることを

知っていた。

では、どうして一度は完全に消えてしまった計画が再び甦ったのであろうか。それは、前述した塚本憲兵中佐が記録係として、このクーデター計画の詳細を井田正孝中佐から得て克明に記録していたことにより半分は解明できる。後に塚本は電通の重役となり、岩田と名前を変えた井田を部下にするからである。井田＝塚本の線で、このクーデター計画は作られ、某中佐のもとへ流れていったのである。このクーデター計画の中から、役に立つ人物が選ばれた。その人物こそが、森中将惨殺に加わる畑中、椎崎、窪田、上原の面々であった。

三笠宮は阿南を責めた。「宮様はひどいことを言って私を叱られた……」。私はこのときにクーデター計画について二人は話し合い、意見の不一致があったと思う。後に、畑中、椎崎、上原が自殺することになる。阿南は自分一人の自殺で事を処理しようとしたと思えてならない。上司たる者、部下を無駄死にさせたくないからである。確証はない。しかし、私は「どうか、自分一人の切腹で終わらせてください」と阿南は三笠宮に哀願したと思う。

では、バーガミニの『天皇の陰謀』を見ることにしよう。読者はこの本を奇異に思うであろう。しかし、私はこの本の内容が「日本のいちばん長い日」の真相に迫った、たった一つの本であることを後に証明しようと思う。バーガミニも意識して、この事件を扱うに際して「一番長かった夕」とのタイトルをつけている。

その八月十四日の火曜日の朝、裕仁の防空室における会合の前に、阿南陸相は彼の部下達にクーデタ計画を放棄するように説いた。しかしながら、会合の間に、内大臣木戸は、裕仁の皇弟である二十九歳の陸軍中佐三笠宮（崇仁）の訪問を受けた。そして会合後、陰謀の古参のメムバーがクーデタ計画にかかわることを拒否した時、陸軍大学で三笠宮の親友であった一人の少佐が計画を生き返らせようとしていた。彼は午後の残りを、支持を集めるために重要な将軍の勤務先めぐりをやっていた。

まさに『日本のいちばん長い日』の物語は、「十四日正午－午後一時」から始まっている。八月十四日早朝七時、阿南陸相は荒《あら》尾《お》興功《おきかつ》軍事課長を伴って参謀総長室に入る。三人でクーデター計画について話し合う。だが海津参謀総長は「宮城内に兵を動かすことを難じ、次いで全面的に同意を表せず。ここにおいて計画崩れ、万事去る」（『終戦機密日誌』）となる。三笠宮の親友であった一人の少佐とは畑中少佐である。この日、最後の御前会議が開かれ、閣僚全員が天皇の聖断に従う意向を示した。御前会議が午前十時十五分に始まり正午をやや回って終わる。午後一時から閣議が開かれ、天皇が玉音放送する詔書案の草稿の検討に入る。

この間の事情は、塚本憲兵中佐の『ある情報将校の記録』を紹介しつつ書いた。要するに、阿南も、梅津参謀総長も森師団長も、クーデター計画には反対したのである。だからクーデターは消えたのである。それが甦ったのだ。そこに〝黒幕の将軍〟が登場したからである。

バーガミニはそのことを書いている。某中佐の登場である。『天皇の陰謀』を続けて見ることにする。

荒尾興功軍事課長

その午後遅く、近衛公もクーデタの風聞を聞きつけ、「第一近衛師団の不穏」の噂を論議するために、内大臣木戸候を訪問した。近衛師団長森赳中将は近衛公の友人、被保護者、遠い親戚の者であった。彼は叛乱者達によって呼びかけられ、叛乱を支持せよと頼まれた一人であった。

塚本憲兵中佐が台湾から誰によって呼び戻されたかが、ここにおいて重要なポイントとなる。憲兵司令部とは何ら関係がなかった。彼を歴史の記録証人に仕立て上げたのは、軍人ではなかったと思われる。クーデターを最初から計画した人物が某中佐であったと思えるのである。この計画が挫折した後も新しい方法でクーデターを実行に移しているからである。

「内大臣木戸は、裕仁の皇弟である二十九歳の陸軍中佐三笠宮（崇仁）の訪問を受けた」に注目したい。私の推理を書こう。確信はない。しかし、間違っていないと思う。

三笠宮は木戸内府にクーデター計画の失敗を説明した。そして宮中の侍従たちに新しい計画を説明するように頼んだ。その主要な計画は、森師団長の殺害と玉音盤奪取事件のでっち上げであった。偽装であれ何であれ、宮中において事件を起こし、これを鎮圧することにより、天皇の御聖断による終戦工作を見事にやり通すためであった。これが私の結論である。

私は自ら下した結論の責任を取らないといけない。このような重大な歴史について、いい加減なことを書いてはいけない。

それでは、証明への道を進んでみよう。『天皇の陰謀』の核心部分へと進むことにする。それは大宅本、角川文庫本、半藤本でもすでに紹介した、あの二重橋での〝某中佐〟の場面である。バーガミニは「一番長かった夕」という項の中で、『日本のいちばん長い日』に挑戦してこのエピソードを書いている。

クーデタ計画を再生させそれを疑似クーデタ計画に向け変えた最大の責任者は或る某中佐であったが、この将校はその夜の仕事のすべての証人によって常に氏名不詳として語られる男であった。某中佐は一番初め、午後八時半に二重橋の所で近衛師団の若手将校達と話しているのを、見られた。二重橋は国家的必要の場合に天皇によってだけ使われる皇居の神聖な入口である。彼は、阿南陸相がかあいがった熱血漢の畑中（健二）少佐を伴っていたが、彼は続いて行なわれる電線切断作業の指揮者である。

今や、いかなる軍人といえども自分の氏名を名乗り証明書を提示することなしには、皇居の門、就中《なかんずく》少くとも二重橋には、姿を現わすことはできなかった。つまり、某中佐なる人物は、近衛師団の将校に全く知られていなかったのでもなければ、それ以後彼について書いている生き残りの近衛兵のメムバーにも知られていなかったのでもないということになる。

大宅本に登場する〝某中佐〟についてのバーガミニの描写は微妙である。しかし、バーガミニは真実を書かねばならないという精神の持ち主なのだ。その点は私も彼の精神を共有する。だから、私は彼の文章を紹介し、その真実を証明せんとするのである。続けよう。

ゴシップの多い日本では、天皇の血族の成員の私的な行為に無名性を与える天皇タブーだけが、日本歴史上のかかる危機的瞬間にかかる氏名不詳の人物が内宮の構内にいたことを、説明しうる。推測では、某中佐とは天皇の末弟である三笠宮中佐であったというのが強い。三笠宮は、その夜クーデタに参加した若手将校達の級友であった。三笠宮は、裕仁と彼の最高顧問木戸をその午後二度にわたって訪問した。三笠宮の級友達のその夜の達成は、演ずることができない程に気味悪いまでに現実的でなければならなかったので、最高の宗教的な御裁可がなければ、望みなきサムライの名誉のゼスチュアでさえありえなかったろう。

バーガミニは大宅本を読んで氏名不詳の某中佐に興味を抱き真相を追求したのだろう。そして天皇制のもつ「気味悪いまでに現実的でなければならない」最高の宗教的な御裁可について触れるのである。それは、正直に書くならば、天皇の御裁可である。従って、三笠宮はこの日、木戸と天皇に二回会うのである。なにゆえか。御裁可をもらうためである。

某中佐の名が登場する本はバーガミニの『天皇の陰謀』しか発見できない。しかし、某中佐の影がちらつく本はある。それは、前に一度引用したレスター・ブルークスの『終戦秘話』である。十三日の夜の出来事を次のように書いている。この中に〝陰謀者たち〟という将校たちが登場する。ゼロ・アワーとは十四日朝の十時のクーデター計画をさす。

しかし、閣議があり、ゼロ・アワーが十時と定められているからには、彼らは速やかに行動を起こさねばならないだろう。彼らにはまだ近衛師団と東部軍の司令官を必要とした。陰謀者たちは、この二人の士官とケンペイタイの司令官に電話をかけ、阿南が梅津と会談したすぐあと、陸相の事務所に来て将軍と会うようにさせることに定めた。そうすれば、阿南は彼らに協力を命令できる。そしてむろん、彼が参加をためらえば、簡単に始末をつけて、適当な命令を司令官代理に伝えることができよう。

陰謀者たちは、陸軍省からだと見せかけて、東部軍司令官田中（静壱）大将と、近衛師団長森（赳）中将と、憲兵隊司令官大城戸（三治）中将に、午前七時十五分、阿南大将の事務所に出頭するように伝えた。その一方、陰謀者たちは軍隊に与える必要な命令と指示の準備に取りかかった。

ついに彼らは行動を開始した。半日でもって、彼らは完全な支配権を握り、怪しからぬ罰当たりの平和派をこれ以上見逃しておく必要はなくなろう。それからいよいよ戦争だ。敵が妥当な条件——軍部の条件に同意するまで。

ブルークスは〝陰謀者たち〟を阿南陸相の義弟とその仲間たちとしている。これらの連中は中佐、少佐クラスである。私は幾度も書くことになるが、階級が存在する軍隊の世界において、中佐、少佐クラスは、大佐、少将、中将、大将に背を向ける行動が一切とれないのである。「そしてむろん、彼らが参加をためらえば、簡単に始末をつけて、適当な命令を司令官代理に伝えることができる」というのは偽りである。

では、どうしてブルークスは、このように書くのであろう。ブルークスは終戦史の大作

（『日本のいちばん長い日』よりもはるかに分量も多い）を書く過程で"某中佐"に確かに気づいている。しかし、バーガミニと違い、彼は"某中佐"の名前を出さず、陰謀者たちの中に封印したとみられるのである。

ブルークスは続いて次のように書く。

一九四五年八月十三日、日本陸軍大臣は政府を接収し、彼の名において戦争を継続することを決定した六名の陰謀者の訪問を受けた。なぜ陸相が彼らを暖かく迎えて（陸相がしたように）激励（陸相がしたように）しなくてはならなかったのか、その理由は無限に遠くさかのぼることができる。

阿南の行動の根源は、日本の——あの孤立した国土で成育した奇妙な制度の精神的起源に見いだし得る。天皇と支配者の分離、驚異的な明治維新、侵略的な軍国主義者の台頭——そして最近の第二次世界大戦における日本の歴史に見いだし得る。しかしながら、彼の行動は、それに先立つ四日間——一九四五年八月九日以来の出来事を顧みることによって、いくぶんかいっそう明確に理解できる。

「現在、ものごとは自然のままのとりとめのない状態にある。民のこころは素朴である。彼らは巣にとまり、ほら穴に住んでいる。彼らの風習はただ単にいつものしきたりどおりである」一九四五年八月の日本人がそうであり、西暦紀元前六六〇年、いまから二千六百年の昔、神武天皇が観察したときとそのままだった。

ブルークスは何を言いたいのか？　私は彼が「混乱を創造したのも、それを鎮圧するのも、すべて天皇の一存による。このやり方は神武天皇以来、何ら変わることがない」と主張していると思っている。だから、天皇とその一族がどんなやり方で偽装クーデターを起こしたかを、今までの日本人は考えもしないし、疑いもしないのだ。

ブルークスはたぶんあきれて書いている。「民のこころは素朴である。彼らは巣にとまり、ほら穴に住んでいる。彼らの風習はただ単にいつものしきたりどおりである」。日本は、あのクーデターを阿南の義弟竹下中佐と仲間たちによりなされた、と信じこまされている。どうしてか。日本人は平成の世でも「ほら穴に住んでいる」盲目の民なのだ。飼いならされた日本人は、盲目の思想を脳髄深くに注入されたままだ。ブルークスはそんな日本人の心を「西暦紀元前六六〇年、いまから二千六百年の昔、神武天皇が観察したときとそのままだった」と書くのだ。彼は某中佐の名も書かない。しかし、彼はバーガミニ以上に鋭く日本人を観察し、『終戦秘話』を書いている。

続けてバーガミニの『天皇の陰謀』を見ることにする。

九時半数分すぎ、阿南陸相がリムジンに乗って陸軍省を出た時、某中佐と彼の熱血漢の被保護者畑中少佐は、吹上御苑に待機している近衛兵の二箇大隊の指揮に当っている大佐を訪問した。その日早く、この同じ大佐は畑中少佐のクーデタ計画の下ごしらえをすることを拒否していた。今や、某中佐に会って、大佐は「私は心変りしたようだ」と語ったのである。

畑中少佐と某中佐が皇居を廻っていた一方では、阿南陸相は一人、車の中で彼の右手の東京の廃墟と、彼の左手の古い変らざる皇居の石垣を、見つめていた。

この場面をブルークスの『終戦秘話』から引用してみよう。ブルークスはすべてを知っている。しかし、某中佐については書かない。

一方では〝兵力使用第二案〟の実施計画が一部の若者たちに炎を点じていた。その計画への新しい改宗者は、二日前、阿南の部屋でクーデター計画をやめさせようとした戦備課長佐藤（裕雄）大佐だった。佐藤はいまでは即時の行動を要求していた。畑中、椎崎、原もまたその計画に夢中だった。畑中は格別に熱心だった。畑中少佐とその協力者たちは二日前、近衛師団の連中に接近し、第二連隊長と連絡を取っていた。

しかし、聖断と阿南の声明は陰謀者仲間のほかの連中の熱意を冷却した。竹下と荒尾は脱退した。稲葉は畑中を思いとどまらせようとした。

文中の「竹下と荒尾は脱退した」とあるのは間違いである。竹下は確かに脱退した。しかし、荒尾は某中佐の下で働かされるのである。昭和天皇は〝脱退した〟はずの荒尾軍事課長を偽近衛師団長命令の主役として語るのである（後述する）。

〝天皇タブー〟に挑戦し、これを打ち破る以外に日本人は「ほら穴の中に住んでいる」生活から逃れる術《すべ》がない。

私は〝某中佐〟あるいは〝某少佐〟またの名は〝ひとりの将校〟、また無名性の影の存在、そして、八月十四日と十五日の「日本のいちばん長い日」の〝演出家〟を徹底的に追跡する。

この本はそのために、日が十四日を書いたり、突然十三日になったりする。読者は混乱するかもしれない。しかし、芝居を観ている感覚でこの本を読んでほしい。

登場人物はいたって少ない。たぶん、主人公は阿南陸相と森近衛師団長、そして某中佐と三笠宮崇仁殿下の四人である。この四人の主人公が、十三日と十四日を中心に動き回り、そして十五日の朝にそれぞれの結末を迎えることになる。

では、某中佐の行方を追求することにしよう。読者よ、「ほら穴」から抜け出でよ。〝天皇タブー〟に挑戦されよ。

## 偽「クーデター」計画があった

この項を書く前に、外務省編纂になる『第二次世界大戦終戦史録』を見ることにする。私がこれから引用するのは、平成二年版の三冊本の下巻から紹介するものである。一応、この本が日本国の記録として認められた〝公式見解〟であろうと思うからに他ならない。

十四日にいたり、陸軍省参謀本部の中堅幹部のある者はついに、近衛師団参謀の一部と相謀り、近衛師団を中心としてクーデターを起こし、もって聖旨をひるがえさんと計画した。首謀者は畑中健二、井田正孝、椎崎二郎、古賀秀正等の中・少佐級であった。はじめ彼らは陸相、参謀総長その他首脳部の積極的意見の一致を前提としたもののごとくであったが、軍首脳部は前記申合わせ〔引用者注：陸軍大臣、参謀総長たちは十四日午後二時四十分、陸軍はあくまで聖断に従い行動することを申し合わせて署名した〕のごとき態度であったので、十四日夜十一時頃、直接森赳近衛師団長に面会し、師団長の賛意を強要した。森師団長は、特に近衛師団長としての理非を明らかにし、断固としてその強要を斥《しりぞ》けた。畑中等は、そこで森師団長を殺害し、偽近衛師団命令を発した。偽命令によって一部近衛連隊は、宮城と放送局に乱入した。玉音放送の録音が終わって、宮城を退去せんとした下村情報局総裁等の一行は、たまたまこれに遭遇し、とらわれて二重橋畔の衛兵詰所に監禁された。蓮沼蕃武官長もまた軽禁され、木戸内府、石渡宮相は、地下金庫室にあやうく難を避けた。一部将校は、玉音放送の録音盤を捜査し、下村総裁、放送局の矢部理事、徳川義寛《よしひろ》侍従は録音盤の所在所について取り調べられた。録音盤の発見し得ざるうちに十五日未明となるや、田中静壱《しずいち》東部軍司令官の手によってこれらの反乱軍は説得、鎮圧せられた。

これが世にいう八・一五事件である。

私は森師団長の動きをこれから書くことにするが、この『外務省編纂・終戦史録』の内容と異なる本はバーガミニの『天皇の陰謀』以外一冊もないと明記しておきたい。森師団長殺害者は畑中で統一され、これに、殺害者として、窪田、上原たちが多少入れ替わるだけである。まさに、バーガミニが書いているがごとく、「天皇の血族の成員の私的な行為に無名性を与える天皇タブー」の世界に、平成の今日でも日本人は疑問点一つ持たずに生かされている。それでいいのか、という疑問符を記して前へと進んでいくことにしよう。

まずは、森師団の行動を見ることにする。事件の背景を知るためである。最初に、森師団長と芳賀第二連隊の関係を見る。

近衛歩兵第二連隊にいた吉田鈞の『責任は死よりも重し』(二〇〇三年)から引用する。

終戦当時の近衛師団長は森赳で、近衛歩兵連隊長は芳賀豊次郎《はがとよじろう》であった。二人は士官学校二十八期の同期生で、特に森師団長は芳賀連隊長の武骨で一途な性格に好感を持っていた。森赳は中将になって間もなくこの四月に抜擢されて、近衛師団長へと就任したばかりであった。芳賀は既に近歩二の連隊長を昭和十七年四月から、三年余り勤めて少将の進級を九月に控えている老練な連隊長であった。〔略〕

八月十一日の午後の事である。森は突然芳賀を第二連隊に訪れて会談した。彼はここ数日に予測されるところの重大な政治情勢を説明して、実働部隊であり然《しか》も師団司令部と同じ構内にある第二連隊には、如何なる対応も敏速に取り得る態勢を整えて貰うべく、芳賀と忌憚のない意見交換を行なう為であった。お互いに些《いささ》かも手落ちの許されない万全の措置を期する打合せで、森は芳賀には分からない閣議の動きや宮中の様子も知る限り詳しく伝えたいと考えていた。

師団長が急遽配下の連隊長を訪問することなどは殆ど例の無いことで、恐らく彼は若い参謀や青年将校たちの暴走に警戒感を持っていたからであろう。森はこの重大な危機の回避に芳賀ならば、全面的かつ無条件に協調してくれるものと信じており、何事も心を割って話し合おうと決心していた。会談はかなりの長時間にわたって行われた。そして最後に彼は言った。

「俺はこの難局克服にすべてをかけている。原子爆弾の出現で皇居にこれが落下した場合は防空壕も役にはたたない。俺は阿南閣下や田中東部軍司令官の信託に応えて陛下をご守護申し上げ、近衛兵としての本分を全うしたい。特に陸相の信頼も近歩二連隊にはそのご出身だけに絶対的なものがある。俺とお前が一つになれば若い連中も恐らくは妄動はすまい。どうか協力してくれ。頼む」

森師団長はすでに某中佐から偽装クーデターのストーリーを知らされていたと私は思っている。田中静壱東部軍司令官が八月十二日朝四時半に坂下門で芳賀連隊長に会い、次のように語っている。同じく『責任は死よりも重し』から引用する。

「森師団長ともよく話しあったが、阿南閣下の決心は既に決まっていると思う。軍の最高責任者として阿南閣下ほど相応《ふさわ》しい人物はいない。陛下のご意志を的確に拝承して救国の大英断を下されるものと思う。大本営や陸軍部内の青年将校たちの純粋な忠誠心はよく理解しているが、肇国《ちゅうこく》以来の未曾有の難局に当たっては、純粋ではあっても彼らの妄動は五・一五事件や二・二六事件を見るまでもなく、百害あって一利無きものである。〔略〕

広い視野から御考慮遊ばされる陛下の御判断に誤りのあろう筈がない。何事も陛下の思し召しのまま、御聖断のままに動くのが我々臣子の義務である。殊に禁闕《きんけつ》守衛をその任務とする近衛の責任は重い。このことは森からもよく聞いていることと思うが、俺も重ねて言っておく。この危機を乗り切るためには、兵を預かる者の責任は極めて重大である。貴官がその重責を果たす任務を与えられたことは、一つには最高の名誉であると言うこともできる。どうか、恙《つつが》なく任務を果たしてもらいたい。頼むぞ」

田中静壱東部軍司令官

森と田中の芳賀への発言を読むと、すでに阿南が責任を取る形での自殺が見えてくる。同じように、森と田中も自害する予定が見えてくる。三人はどこかの時点で、某中佐を中心に偽装クーデターを強制的におしつけられている、と私は考える。

しかし、どこかでこの計画に狂いが生じたのである。最後の場面で、森は阿南と田中のように自殺する予定であった。しかし、惨殺されたのである。某中佐の考えが変わったと私は推測する。偽装クーデターを真実のクーデターらしく見せるべきだとのストーリーが誕生してきたのである。それはいつの日のいつ頃なのかは分からない。しかし、某中佐が畑中をクーデターの中心にすえてからであろう。もう一度、ある場面を『天皇の陰謀』の中から見てみよう。

その八月十四日の火曜日の朝、裕仁の防空室における会合の前に、阿南陸相は彼の部下達にクーデタ計画を放棄するように説いた。しかしながら、会合の間に、内大臣木戸は、裕仁の皇弟である二十九歳の陸軍中佐三笠宮（崇仁）の訪問を受けた。そして会合後、陰謀の古参のメムバーがクーデタ計画にかかわることを拒否した時、陸軍大学で三笠宮の親友であった一人の少佐が計画を生き返らせようとしていた。彼は午後の残りを、支持を集めるために重要な将軍の勤務先めぐりをやっていた。

偽装クーデター計画を真実に近いクーデターにすべく、三笠宮は木戸と、そしてあえて書かざるをえないが天皇と協議した。天皇と木戸が納得した。どうしてか。事件を起こし、阿南と田中の自殺と森の惨殺で、御聖断に反逆する軍人たちを抑えうると計算したのである。不敬であろうとなかろうと、私は真実を追求したい。もし不敬と思う人がいるならば、私の説を論破し、しかる後に私の不敬を論ずればよかろう。

バーガミニは、偽装クーデターが、できるだけ現実的に見せかけなければならない理由まで追求している。彼の意見に心を開かれよ。

しかしながら今やそのクーデタは、できるかぎり現実的に見せかけなければならないが、もはや戦争を長びかせる真の努力をめざすものではない、擬《まが》いもののそれでなければならなかったのだ。すべては外側の観察者、特にアメリカ人に、神聖な天皇は日本軍国主義の首魁《しゅかい》であるよりはむしろ犠牲者であったのだということを、信じこませるゼスチュアであった。午後の忙しい会議、裕仁の侍従武官長の警戒せよとの言葉、裕仁自身の吹上御苑での散歩——すべてがこの最後のゼスチュアの必要を伝える腹芸として仕組まれたのである。

十四日の御前会議の後、天皇が阿南に語った有名な発言がある。以下に記す。私はこの言をもっとは

**陸軍省の構成**
（1945年8月15日時）

- 陸軍大臣（大将・阿南惟幾）
  - 陸軍次官（中将・若松只一）
    - 大臣官房（大佐・美山要蔵）
    - 人事局（中将・額田担）
      - 補任課（大佐・新宮陽太）
      - 恩賞課（大佐・神本勇）
    - 軍務局（中将・吉積正雄）
      - 軍事課（大佐・荒尾興功）
      - 軍務課（大佐・吉本重章）
      - 戦備課（大佐・佐藤裕雄）
      - 報道部（少将・上田昌雄）
    - 兵務局（少将・那須義雄）
      - 兵務課（大佐・村上正一）
      - 兵備課（大佐・山田成利）
    - 経理局（主計中将・森田親三）
      - 主計課（主計少将・遠藤武勝）
      - 衣糧課（主計大佐・下川又男）
      - 建築課（主計大佐・吉田末人）
    - 医務局（軍医中将・神林浩）
      - 衛生課（軍医大佐・出月三郎）
      - 医事課（軍医大佐・大塚文郎）
    - 法務局（法務中将・藤井喜一）
    - 功績調査部（少将・倉本敬次郎）
    - 恤兵部（大佐・神本勇）
    - 俘虜管理部（中将・田村浩）

やく全国民に告げるべきであったと思う。東京大空襲のみならず、地方の各都市も空爆にあう。そして、原爆だ。どうして御聖断が遅れたのか。答えは単純だ。国体護持のため、ただ一つである。自分の身が確実に安全になるのを待ったのだ。そして、アメリカから確証を得た後である。遅きがゆえに数十万人が死んだ。

阿南よ、お前の気持ちは判るがもうよい。自分はどうなってもよいから国民を助けたい。

この場面をもう一度、大森実の『戦後秘史』から引用する。阿南の未亡人綾さんが語る。

阿南　〔略〕十一日に帰宅したときに、さあ食事をしようといって、子どもたちも並ぶには並んだんでございますけど。そのときに主人があれを申しましたの、子どもたちは小さくてわかりませんけど、私忘れられませんのは、陛下に個人拝謁したとき、いつも、このごろは陸軍大臣をしておりましたから、「大臣、どうだ、こうだ」とおっしゃるのに、あのときは「阿南」とおっしゃって、「そんな心配することはないんだ、ちゃんと確証を得ているから」とおっしゃったと申しまして……
大森　それはいわゆる天皇陛下の地位の問題ですね、おそらく。ポツダム宣言での国体護持の問題だと思いますね。「心配せんでいいよ、確証を得ているんだ」と陛下がおっしゃったのは。
阿南　そのときに「阿南」とおっしゃったので、本当にお懐《なつか》しくてありがたかった。前に侍従武官をしておりましたころは「阿南、阿南」とおっしゃったんでございましょうけれども、大臣になってからは「大臣」といってお話しになるのに、昔どおり「阿南」とおっしゃったと申しまして、なにか涙ぐんでおりました。

昭和天皇は「そんなに心配することはないんだ。確証を得ているから」と、八月十一日には阿南陸軍大臣に明言している。「確証を得ている」とは、アメリカからの秘密ルートで、天皇は〝確証〟の情報を、アメリカ側の高位の人物から得ていることを証するものである。この点は後述する。

では、天皇はこの情報をどうして十一日の日に個人拝謁した阿南にのみ伝えたのか。私は、天皇が阿南に十二日からの偽装クーデター計画を依頼したとみるのである。

十二日からの阿南は別人のような行動をとる。義弟の竹下正彦が偽装クーデター計画書を書くのも十二日である。

では、『終戦機密日誌』の十二日を見る。一部省略する（傍点は引用者。カタカナをひらがなにした）。

四、昨日に予定せし大臣の上奏は手続の為本日となり、人事上奏の後、九日の件に付、軍の実情等に付、委細上奏せり。此の時、陛下は「阿南心配するな、朕には確證がある」旨却て御慰藉的の御言葉ありし由。（通常は陸軍大臣と御呼び遊ばされ、阿南の姓を呼ばるるは侍従武官時代の御親しき心持の表現なる由）

五、竹下中佐は、昨日来計画せる治安維持の為東部軍管区及び近衛師団を用ひて宮城、各宮家、重臣、閣僚、放送局、陸海軍省、両統帥部等の要處に兵力を配置し、陛下及皇族を守護し奉ると共に、各要人を保護する偽装「クーデター」計画に付、若松次官に意見を具申す。（人事局長同席す）

その席上、佐藤戦備課長入室して、この計画の不可なる理由を具申す。

次官は必ずしも同意の意を表せず。寧ろ民間「テロ」を可とする意見を附し、折しも閣議に出でんとする大臣に該案を「メモ」として渡すべき由を命じ、竹下は之を行はざる可らざる一般情勢と該案の骨子を記す。

十二日に軍事課長の下に課員全員が集まり、彼らが偽装「クーデター」計画を練ったのである。事実、十四日から十五日にかけての偽装クーデターは、この計画書通りに進んでいった。偽装民間「テロ」も実行された。あの宮中事件が偽装「クーデター」であったのに、すべての日本の終戦史は、この十二日（月曜日）の『終戦機密日誌』について記することがない。

順番が前後するが、（二）と（六）を記すことにする。畑中の発言の背後にすでに某中佐の影が見えるであろう。

二、軍事課長荒尾大佐の下には課員皆在り、極度の緊張を呈しあり。蓋し昨夜井田、畑中大臣邸に至るや、巡査六人護衛に来在り、「バドリオ」側が反対に大臣を保護監禁せんとするに非ずやとの判断にて、憲兵二十名を畑中引率の下に差遣し、且市ヶ谷台上警戒の處置を講じつつあり。

六、「メモ」は林秘書官に次官より手交し、大臣には次官より極めて簡單なる説明を行ひたる模様なり。然るに竹下次官室を出づるや省部二課、軍事課、軍務課の少壮将校十数名、室外に屯《たむろ》し、直接大臣に意見具申するの要を説きし為、全員入室、大臣に対し、竹下より要旨説明を行ひたり。（稲葉補足）

次官、局長二〜三、荒尾、山田大佐、竹下、椎崎、畑中、稲葉、井田、原等同室、此の時畑中少佐は軍内既に「バドリオ」通謀者ありと発言、竹下は、かかるものは即刻人事的処理を加へられ度旨述ぶ。大臣は相互不信を戒めらる。竹下は更に東部軍及近衛師団長を招致し、万一の場合に準じ、準備を命ぜられし度具申、大臣は許可し、次官に処理を命ぜらる。更に広瀬中佐の発言により、省内将校は大臣を中心とし、一糸紊《みだ》れず行動すべき旨、竹下より発言する所あり。

畑中少佐が十二日の会議でも、その前日の大臣邸においても、某中佐の意向に添って動いているのが分かるであろう。すでに、十一日から、偽装計画は実行に移されていたのである。このことは後述する。近衛兵の動きの中で立証しよう。

さて、八月十三日（火曜日）の『終戦機密日誌』を見ることにしよう（一部割愛した）。

一、朝、菅波《すがなみ》三郎氏と共に大臣を官邸に訪問、時に大臣は内大臣邸に行き、不在なり。

帰来を待ち、最高戦争指導会議出席前、小時を自動車側にて立話しす。三笠宮殿下、木戸共に動かず。三笠宮殿下は大臣に対しても相当強く云はれし模様なり。されど大臣は、この憂慮に拘らず、余を見るや、いつもの微笑を以て迎へ、余を摩きて簡単に立話しせられたり。

これは偽装クーデターの話ではない。全陸軍を代表して、阿南は、戦争の継続を訴えたのである。内地、外地の軍人たちは、ほとんど継戦を訴えていたからである。以下の（五）と同じである。

五、三笠宮殿下、竹下、吉本課長と山田大佐とを呼び例の調子にて陸軍を責め、特に陸軍大臣の態度は聖旨に反し、不適当なりと云はれし様なり。

六、夜、竹下は稲葉、荒尾大佐と共に、「クーデター」に関し、大佐に説明せんと企図しありし所、二〇時〇〇分頃、閣議より帰邸せる大臣より招致せられ、椎崎、畑中と同行、官邸を訪ひ、相次いで来りし荒尾、稲葉、井田と共に、仮令《たとえ》逆臣となりても永遠の国体護持の為、断乎明日午前（初めの計画は今夜十二時なりしも、大臣の帰邸遅き為、不可能となる）之を決行せんことを具申する所あり。大臣は容易に同ずる色なかりしも、「西郷南洲の心境がよく分る」「自分の命は大君に差し上げる」等の言あり。時々瞑目《めいもく》、之を久しうせらる。十時半頃散会とし、一時間熟考の上、夜十二時登庁、荒尾大佐に決心を示し、所要の指示をせられ度旨述べ、三々五々帰へる。
余は前后に残り、大臣一人の時賛否尋ねしに、人が多き故あの場では言ふを憚《はばか》りたりと答へ、暗に同意なるを示さる。尚、皆帰へる時、今日頃は君等に手が廻り、逮捕せらるるやも知れざるを以て、用心し給へとの注意ありき、他より入手せる情報に基くものの如し。

陸軍省の将校たちは、戦争終結でなく、戦争の継続を狙っての偽装クーデター計画であった。三笠宮はこの計画を戦争終結へ向けての偽装クーデターにしようとしたのである。そこに大きな差が出た。阿南が「逮捕せらるるやも知れざるを以て、用心し給へ」と注意したのは、森近衛師団長の意向であろうか。近衛師団の兵がひそかに宮中深く入っていたのである。阿南と森は会見し、某中佐がすでに近衛兵を動かしていたのを知っていた。しかし、某中佐の影がちらつく以上、この動きを止める力が二人にはなかったのである。

そして、新しい方針を決定する。この夜の決定で、戦争継続を求める偽装クーデターはついに、終戦を都合よく迎えるための偽装クーデターに変貌するのである。

七、皆、役所に帰へり、夫《それ》より更に計画を練る。予は特に左を提案し、全員一致の賛同を得たり。
明朝のことは天下の大事にして、且国軍一致蹶起を必須とす。苟《いやしく》も友軍相撃に陥らざることに就ては、特に戒むるの要あり。依て明朝、大臣、総長先《まず》は協議し、意見の一致を見たる上、七時より東部軍管区司令官、近衛師団長を招致し、其の意嚮《いこう》を正し、四者完全なる意見の一致を見たる上、立つべく、若し一人でも不同意なれば、潔く決行を中止すること。決行の時刻は十時とすること。

これはもはや、偽装であれ何であれ、クーデター計画ではありえない。四者全員が反対したからである。では、偽装クーデターは消えたのか。しかし、消えたはずの偽装クーデターが、新しく装いを変えて登場したのである。それは終戦をリアルに演出する一人の某中佐の手によってなされていくのである。

保阪正康は『〈敗戦〉と日本人』の中で、「機密日誌——軍部エリートの栄光と挫折」の章をもうけ、その中で敗戦前の日誌を詳細に記述している。しかし、十二日の記述の中で、第二項、第四項は記しているが、第五項は記していない。

どうして、いちばん大事なことが書いてある第五項を落としたのか。私はこの中に記された「偽装『クーデター』計画」なる言葉を一般の人が知ることを恐れ、あえて避けたものと思えてならない。私はこの『終戦機密日誌』の敗戦へと向かう若手将校たちの記録の中で、この十二日の日誌の第五項が、クーデターの何たるかをいちばんよく示していると思うからである。私は、保阪正康も半藤一利と同じ天皇教信者で、真実かくしの共犯者と見る。

ここで、清原芳治の『昭和20年　慟哭の大分の群像』（二〇〇五年）を紹介したい。清原芳治は大分合同新聞社員である。彼はこの本をどうして書いたのか。

彼は次のように「出版にあたって」の中で書いている。

ポツダム宣言受諾の御前会議で、阿南惟幾陸軍大臣と梅津美治郎参謀総長、豊田副武軍令部総長の三人の大分県出身軍部首脳がそろって受諾に反対したことや、阿南陸軍大臣の自決はよく知られている。また、ミズーリ号艦上で梅津参謀総長と重光葵外務大臣の二人の大分県出身者が全権使節となって降伏文書に調印したことも、語り継がれている。

この本に登場する陸軍大臣も、参謀総長も軍令部総長もみんな大分県出身なのである。偶然か必然かはこの場面では書かない。大分県人である私がこの本を書く理由の一つがここにある。清原芳治は「梅津参謀長、クーデターに断固反対す」の章で次のように書いている。正論であろう。

十四日午前七時、阿南陸相は軍事課長の荒尾大佐を連れて参謀本部に梅津参謀総長を訪ねた。そして竹下らのクーデター計画を告げた。午前十時の御前会議直前に隣室まで兵を入れ、会議に出席している要人を監禁するというものだった。

だが、梅津はどこまでも醒《さ》めていた。

「宮城内に兵を入れるようなことは断じてすべきでない。クーデターには絶対に不同意である」

阿南はなぜ同じ大分県出身である梅津を訪ねてクーデター計画を打ち明けたのか。しかもクーデターの手引きをしていると

梅津美治郎参謀総長

思われている荒尾を同席させたのはなぜか。表面的には、梅津にも加わってもらうよう頼みに行って断られた形である。だが、阿南と梅津は気心が知れ、互いに信頼し合う仲であった。相手の性格や考えを知り尽くしていた。梅津にクーデター計画を打ち明ければ、即座に反対することは十分わかっていたはずである。つまり、阿南は梅津に反対されることを見越してクーデター計画を告げたのである。

総長室を出た阿南は待ち構えていた竹下中佐ら若手将校に、兵力による非常手段計画の「放棄」を告げた。そして大臣室で待っていた大城戸憲兵司令官と森近衛第一師団長に対して重要な命令は大臣か次官以外は出さないことを告げ、偽の出動命令に注意するよう促した。

この中に登場する荒尾軍事課長と後に登場する水谷近衛師団参謀長が、後に偽近衛師団長命令を出す。これは、『昭和天皇独白録』には真相が書かれていた」の項で書くことになる。

もちろん、この二人の大佐は、某中佐に動かされている。

それを天皇が喋るのである。「――この二人が偽近衛師団長命令を出した」と。

# 惨の章

# 参の章

# 森師団長惨殺を諸作品に見る

森赳《もりたけし》近衛師団長の惨殺の犯人は誰なのか。諸説が入り乱れている。ここでは一九七五年までに出版されたものの中から、十冊ほどをえらび検討してみる。この数倍も書かれている。

ここで一つ不可思議なことがある点を読者に指摘しておきたい。日本で出版された、すべての本に共通している点は、森師団長惨殺の場面が、ごく簡単に描かれている点である。どうしてかは読者の判断にまかせる他はない。一応、年代順に書いてみる。

一、『終戦秘史』下村海南（一九五〇年）

顔面蒼白になった畑中の右手はピストルのケースにふれつつ、

「閣下、も一度御考え下さい」

「くどい、何度言っても同じことだ！」

上原大尉は軍刀のつかに手をかけて、

「仕方がない……お国のためだ」

師団長の義弟でたまたま広島から上京した西部軍司令部の参謀白石中佐は師団長の前に

立ちふさがり軍刀に手をかける。師団長はいすをうしろに引き立ちあがる。上原大尉の抜きはなし太刀先は白石中佐の左肩を走る。

二、『終戦外史』ロバート・J・C・ビュートー（一九五八年）

時刻はもはや午前一時四十五分頃であった。それから十五分後、夜闇をついてピストルの音が響き、大騒動がおこった。水谷と井田は森中将の部屋へかけつけたが、二人が師団長室にふみ込まぬさきに、畑中中佐《ママ》が蒼白な顔をして歩み出てきた。「時間がなくなってきたんだ。時間がだんだん。だからとうとうやった。ゆるしてください」

森は死んだ。下手人は畑中であった。

三、『日本陸海軍騒動史』松下芳男（一九六五年）

この四名は十四日夜遅く車をとばして、竹橋の近衛師団司令部に乗りつけ、森赳師団長に面会を求め、まず椎崎、畑中のふたりが師団長室にはいって言った。

「国民はまだ終戦のことを知りません。今一度聖断をひるがえし、刀折れ矢尽きるまで戦い続けなくてはなりません〔略〕閣下はどうぞ御賛同の上立っていただきたい」

二名はこもごも激語を発し、熱狂して師団長に迫った。そこへ上原大尉がはいって来て、それに加わった。しかし森はその激憤を静かに聞き、少しも動かなかった。

「聖断は既に下ったのである。宮城の守護に任ずる近衛師団が、聖断に反した行動をとることはできない」

「どうしても御協力が得られないならば、われわれは非常手段をとるほかはありません」

森がいすから立ち上がったと思う瞬間、畑中中《ママ》佐のピストルが火を吐いた。さらに上原大尉は軍刀を抜いて、森を斬りつけた。畑中はそばにいて森をかばった第二総軍参謀白石通教中佐をも射殺した。森は低くうめきながら、

「自重せねばならぬぞ、自重しなくては……」

とかすかにもらしたという。

四、『天皇ヒロヒト』レナード・モズレー（一九六六年）

畑中はそこで一愛国者として森に、同師団の決起を懇請した。そしてその理由として、天皇はもはや自由でなく、有害で堕落し、かつ卑怯な君側の奸の圧力下に、詔書発布を迫られておられるのだと主張した。森師団長はこれを拒んだ。これに対し畑中は、森師団長に、直接クーデター行動に参加しないまでも、決起を支持すべしとの同師団向け念書に署名するように迫った。しかし、森師団長の決意は堅く、これを拒否した。激昂した畑中は、ついにピストルで森師団長を射殺した。この瞬間同師団長をかばおうとした参謀一人も上原大尉により斬殺された。

五、『終戦秘話』レスター・ブルークス（一九六八年）

「こうなればやむを得ません」と上原は叫びながら軍刀の鞘を払った。「お国のためです」大尉は森に向かって突進し、白石中佐の前に飛び出して、剣を抜きながらどなった。「師団長を殺そうというのか」上原は突進し、その剣の切っ先が白石の胸を突き刺し、中佐の左腕がだらりと垂れて、からだの均衡がやぶれ、その長剣が無我夢中で上原に向って振りおろされた。

その瞬間、森は席から飛びあがり、椅子につまずいてよろめいた。「ばかもの。何をする」と中将は叫んだ。

上原の剣が再びきらめき、白石の咽喉と胸の右側を切りさげた。口を開けた傷口から鮮血がほとばしり、深紅の色が四方八方にとび散った。白石のからだは二つ折りになって、森の足もとの床にぶっ倒れた。

それと同時に畑中のピストルの鋭い爆発音が部屋中に響き渡った。森中将は胸をつかみ、前方に傾き、白石の屍体の上に折り重なって投げ出された。

六、『証言・私の昭和史（5）』東京12チャンネル報道部編著（一九六九年）

一四日《ママ》正午ごろ、椎崎、畑中両名は、軍事課員井田（現姓岩田）正孝中佐（本編証言者）、航空士官学校の上原重太郎大尉と近衛師団長森赳中将の説得に出かけた。井田中佐は、計画頭初の中心人物の一人で、ご聖断がくだった時点で計画を断念していたが、かつて平泉澄博士の門で兄弟弟子の間柄にあった畑中少佐の、井田中佐の説得が効を奏さなければ決起を断念するからとのたっての願いで同行したものであった。森師団長は井田中佐の予測した通り承詔必勤の決意を固めていた。その間、一時席をはずし、阿南陸相の義弟にあたる竹下正彦中佐に陸相説得を依頼に行って再び戻って来た畑中少佐と上原大尉は、森師団長のその態度に激昂し、殺害してしまったのである。〔引用者注：原文のママ。意味不明箇所多し〕

七、『日本帝国の悲劇』トーマス・M・コッフィ（一九七一年）

部屋のなかには、拳銃を手にした畑中少佐と、日本刀を握った上原重太郎大尉が、二つの死体のそばに立っていた。部屋の隅に近い椅子には、あまりの驚きに呆然として、椎崎二郎中佐が腰かけていた。井田正孝中佐は入口に立ち、そのうしろには、森中将の参謀長の水谷一生大佐がいた。

畑中は真っ青な顔をしてふるえながら、まず森中将の死体に敬礼し、ついで白石中佐の死体に敬礼した。上原もこれにならった。

八、『帝国陸軍の最後』伊藤正徳（一九七一年）

椎崎、畑中等は、十四日夜十二時、近衛師団長森赳中将を訪うて蹶起を懇願した。が森中将は、聖断の既に下った今日、軽挙妄動の断じて不可なる所以を諭し、畑中等の懇請を明確に拒否して応じなかった。問答数十分、激昂した畑中は遂にピストルを以て師団長を殺し、偶々《たまたま》同室した森の義弟、西部軍参謀白石中佐をも斬り殺して（航空士官学校の某大尉の刀を以て）、直ちに師団出動の偽命令を発した。

九、『戦後秘史（2）』大森実（一九七五年）

阿南陸相が危惧《きぐ》していた陸軍クーデターが発生したのは、十四日夜十一時ごろだった。井田中佐、畑中少佐、椎崎少佐《ママ》、上原大尉らが一橋竹橋の近衛師団司令部に駆けこみ、師団長森赳中将と面会して、近衛師団の蹶起を説いたが容《い》れられず、畑中がピストルで森を射殺した。その場に居合わせた森師団長の義弟に当たる西部軍参謀白石中佐は、上原大尉が抜刀した白刃で斬り殺された。

十.『天皇家の戦い』加瀬英明（一九七五年）

一時十分ごろ、森が「諸君らの気持はよくわかった。これから私は日本人として、明治神宮へ行って神前にぬかずき、神意をさずかろう。そのあいだ参謀長と話してこい」といったので、井田は納得し、椎崎を残して部屋を出て行った。

この時、首謀者である畑中がもどってきて、すれ違いに師団長室に入った。ほとんど同時に、怒声と銃声が起り、拳銃と日本刀を手にした畑中が、蒼白な顔をして出てきた。水谷一生参謀長や井田が駆けつけると、師団長室は血の海で、白石中佐は首と胴が離れ、森中将は逃れようとするところを背中から斬られたらしく、俯《うつぶ》せになって倒れていた。

副官の川崎嘉信《よしのぶ》中尉が、二階から呼ばれて降りてくると、師団参謀の古賀秀正少佐が真青な顔をして立っていた。

「やっちゃったよ。仕方がない。もうやむをえない」

古賀は川崎の顔を見ると、そういった。

以上、紹介した十冊は、下村海南の『終戦秘史』から加瀬英明の『天皇家の戦い』まで、一九五〇年から一九七五年までに出版された終戦史である。

この間の本の森近衛師団長殺害の首謀者はほぼ二通りにわけられる。

一、畑中少佐単独説＝『終戦外史』（ロバート・J・C・ビュートー）
『証言・私の昭和史（5）』（東京12チャンネル報道部編著）
『帝国陸軍の最後』（伊藤正徳）
『天皇家の戦い』（加瀬英明）

二、畑中・上原共犯説＝『終戦秘史』（下村海南）

『日本陸海軍騒動史』（松下芳男）

『天皇ヒロヒト』（レナード・モズレー）

『終戦秘話』（レスター・ブルークス）

『日本帝国の悲劇』（トーマス・M・コッフィ）

『戦後秘史』（大森実）

この十冊で完全に一致するのは、森近衛師団長を惨殺（ピストル使用）したのは、畑中少佐であるということ。また、白石中佐殺害は畑中か上原であり、他者ではないということである。私が「惨殺の場面が非常に短い」と書いたのは、他でもない。これには理由がある。死んだ後のことがほとんど書かれていないこと、殺す理由が何がどうしてなのか、よく理解できない、その二点である。偽命令書が登場するのであるが、後述する。

では次に公的な資料を紹介する。上記の十冊も、そして一九七五年以降に数多く登場する森近衛師団長惨殺の場面も、これから紹介する本に多くをよっている。しかし、次から次へと誕生してくる終戦秘史の本のほぼ全部が（まことに残念というべきか）、何ら考察することなく、すでに出版された本の模造品であり、自ら考察した跡が全くといっていいほど見えないものばかりである。しかし、数冊の例外はある。

加瀬英明の『天皇家の戦い』について付記する。彼は、元外交官で多くの本を世に残した加瀬俊一《としかず》の子息。それゆえ宮中の人々とも深い結びつきがある。

「私は本を書くにあたって、直宮《じきのみや》の皇族から、旧皇族、過去・現在の天皇の側近者、高官、軍人をはじめとする多くの当時の関係者と会って話を聞いている」と書いている。

従って、この本は皇族の話、ここでは特に森近衛師団長惨殺のことを知るのにいちばん都合のいい（真実とは書かない）本なのである。その加瀬は畑中単独惨殺説である。もう一度『天皇家の戦い』を引用することになる。なお、直宮とは間違いなく三笠宮のことであろう。

以下は『資料・日本現代史』（粟屋憲太郎編著、一九八〇年）からの引用である（カタカナをひらがなにした）。

○極秘　戦争終結に関する廟議決定前後に於ける治安状況

昭和二十年八月二十六日　警保局保安課

（殺害に関する場面はなし）

……事件の中心人物は陸軍省軍務課、畑中中佐、椎崎中佐、軍事課井田中佐、近衛師団参謀古賀、石原両少佐、陸軍航空隊区隊長某等急進青年将校にして、彼等は重臣並現政府は所謂《いわゆる》バドリオ政権にして陛下を強ひ《し》奉りて降伏の御聖断を仰ぎたりと曲解し、其の中心なる宮内大臣、内大臣等を逮捕せんと企図したるものの如く、先づ近衛師団長に対し兵力の提供を要求せるも拒絶せられ、遂に偽師団命令を発し折柄禁裏《きんり》守衛の任にありたる東部第三部隊の兵力を使用せるものなり。

ここには、具体的な殺害についての一切の報告はない。しかし、事件の首謀者たちの名が、ほぼ正確に明記されている。しかし、殺害者の一人とみられる上原重太郎大尉が〝急進青年将校〟となっている。

この〝某等〟が後々の首謀者捜しに大きく影響してくる。この〝某〟がついたため、上原重太郎が殺害者の一人ではないという、奇妙な説がまかり通るようになる。

次なる資料を見る。

集会、結社等取締に関する件（警視庁）
（一九四五年・八・三一）
官情報第六五三号
昭和二十年八月三十一日　官房主事
特高部長
警務部長

……参謀長は既に師団参謀に依り偽命令発せられ諸隊は宮城守護の為行動に就きつつあるを知れり。及ち近衛師団司令部は師団長殺害せられ、参謀長は軍管区司令部に在り、現在《ママ》する参謀は蹶起の方に傾きありて機能発揮不能の状態となれるを以て……

ここには首謀者さえ明記されていない。森近衛師団長惨殺の場面は、ただ「師団長殺害せられ」で簡単に片付けられている。

しかし、〝別紙〟が載っている。いわゆる森近衛師団長の偽命令である。ここに記しておく。

たいした意味がないことを後に証明する（カタカナをひらがなにした）。

近作命甲第五八四号

近師命令　八月十五日　〇二、〇〇

一、師団は敵の謀略を破摧、天皇陛下を奉侍、我が国体を護持せんとす

二、近歩一長は其の主力を以て東二、東三営庭（東部軍作戦室周辺を含む）及旧本丸馬場附近を占領し外周に対し皇城を守護し奉るべし

又約一中隊を以て東京放送局を封止すべし

三、近歩二長は主力を以て宮殿吹上地区を外周に対し守護し奉るべし

四、近歩六長は現任務を続行すべし

五、近歩七長は主力を以て二重橋前宮城外苑を占領し宮城外周を遮断すべし

六、GK長はTK中隊を代官町通に前進せしむると共に主力は待機すべし

七、近砲一長は待機すべし

八、近衛一長は待機すべし

九、近機砲大隊長は現態勢を以て宮城を奉護すべし

十、近一師通長は宮城－師団司令部間を除く宮城通信網を遮断すべし

十一、予は師団司令部に在り

近師長　森　赳

下連法　口達筆記

この偽命令が出たとき、すでに（一）～（十）は完成していた。このことは後述する。

壮大なるドラマには、壮大なる幕切れ、すなわちフィナーレを知らせる何かが必要である。この偽命令の発布により、このドラマは幕を降ろす準備に入るのである。その過程を読者に説明すべく私は書き続けている。従って、私の行為は、クーデターが偽装クーデターであると暴くことである。

さて、もう一つの資料を見ることにする。

八・一五事件と憲兵の処置状況に関する件報告（一九四五・九・二二）

極秘　憲警第四〇〇号

八・一五事件と憲兵の処置状況に関する件報告

昭和二十年九月二十二日　憲兵司令官

陸軍大臣殿

首題の件別紙の通り報告す

八・一五事件　東部軍管区司令部

一、事件の概要

昭和二十年八月十五日正午終戦の大詔放送せられんとするを知るや、再度聖断を仰ぎ徹底抗戦に出でんことを決意せる陸軍省軍務課課員畑中少佐、椎崎中佐は軍事課課員井田中佐を伴ひ、十四日二十三時過、近衛師団司令部に到り同師団参謀古賀少佐、石原少佐と連絡の上同師団長に対し師団の蹶起方要請せり。

即ち井田中佐、畑中少佐は先づ師団長室に入り師団長森中将に対し師団総蹶起の件を申入れたるも、森中将は既に聖断ありたる今日軽挙妄動は断じて不可なるを主張して両名の要請を拒絶せり。

井田中佐は更に隣室なる師団参謀長室に到り、参謀長水谷大佐に同様の趣旨の相談をなせり。此の時航空士官学校生徒隊附上原大尉、森中将の部屋に入り来り畑中少佐と共に再び師団長の蹶起方要望せり。然れども森中将の決意依然牢乎たるものありて到底翻意の望みなきを知るや、激昂せる畑中少佐は矢庭に拳銃を以て師団長を射撃し、上原大尉は軍刀を以て更に其の肩部に斬りつけ、遂に森中将を其の場に殺害せり。当時森中将に面談中なりし第二総軍参謀白石中佐は偶々叙上の事件に巻込まれ森中将を庇《かば》はんとして上原大尉に斬殺せらる。

之より水谷参謀長は前述の如く井田中佐より相談ありしも飽《あ》く迄《まで》不同意なる旨主張しありし時、隣室なる師団長室に於て俄然立ち騒ぐ物音と共に轟然《ごうぜん》たる銃声聴えたるを以て急ぎ隣室に到りたるに、此の時既に師団長及白石中佐共に殺害せられ、其の傍に極度に昂奮せる畑中少佐の拳銃を手にして佇立《ちょりつ》しあるを目撃せるを以て事の重大なるを察して事態を報告すべく現場より直ちに軍司令部に赴けり。

近衛師団司令部

井田中佐も亦《また》水谷参謀長と共に軍司令部に向へり。
右の間、椎崎、古賀、石原各参謀は参謀室に於て関係方面への連絡偽命令の起案等を為し居たるが如し。
畑中少佐、椎崎中佐及上原大尉は森中将殺害後直ちに宮城内に赴き、石原参謀は司令部に居残り森中将、白石中佐の遺骸を処理したる後右両名を追及する予定なりき。

この「東部軍管区司令部」の〝八・一五事件の概要〟が一九七五年までの終戦史を書くほとんどすべて出版物の基礎資料となっていることが理解できる。

この文章の最後にある「……石原参謀は司令部に居残り森中将、白石中佐の遺骸を処理したる後右両名（畑中、上原をさすのであろう）を追及する予定なりき」を読んだとき、私はハッとした。どの本も、この遺骸に触れていないのである。たった一行たりとも。

私がこの八・一五事件にのめり込んだいちばんの契機は、「森と白石の遺骸はどう処理されたのか」だった。もう十年以上も前のことである。どこかに隠れた資料があるにちがいない、私はそう思い続けたのである。

この森近衛師団長惨殺事件は意外な展開を見せるのである。この「東部軍管区司令部」の〝八・一五事件の概要〟の内容が変わるのである。殺害者の上原重太郎大尉の名が消え、〝某〟となる。昭和二十年八月二十六日の警保局保安課の資料で〝某等急進青年将校〟となっているように。〝某〟を捜す旅に出よう。

## X少佐の行方を追う

この謎に満ちた森近衛師団長惨殺事件の謎を解く鍵を与えてくれる本がある。その本こそは『日本のいちばん長い日』と『天皇の陰謀』である。

それでは、大宅本、角川文庫本、そして〝決定版〟半藤本の中の重要部分を紹介する。最初は大宅本である。この本は八月十四、十五日にわたる二十四時間(十四日正午~十五日正午)を描いた大作である。しかし、いちばん大事と思われる事件のポイントについてはどういうわけか、ごく、ごく、ごく短い。〝なぜか〟と読者が疑問を感じつつ読んでいただくと有難い。

ちょうどそのとき、隣室にいた参謀長水谷一生大佐が顔を出した。これを認めて師団長は当然のことのように、井田中佐に、参謀長の意見も聞いてみるようにと指図した。井田中佐は承知し、椎崎中佐を残して師団長室を出、参謀長室に入ろうとした、そこへ息せき切って汗びっしょりの畑中少佐と上原大尉が戻ってきた。人間の力ではどうにもならぬ偶然のいたずらであろう。議論の立役者が別室に退こうとしたとき、畑中少佐は師団長室に入ろうとしたのである。井田中佐はにっこり笑ってみせ、師団長室で待っていろといった。畑中少佐は笑顔の意味をはるかに自分たちに有利なものとして受取った。

事件はあっという間だった。結末は素早く、残酷に、避けられないものとしてやってきた。参謀長室で一言か二言会話をかわしたかと思う次の瞬間に、井田中佐は師団長室に一発の銃声が轟然と鳴るのを耳にした。床をふむ靴音の乱れ、唸るような悲鳴。井田中佐は一瞬全身を凍らせた。参謀長室を飛出した。水谷参謀長も後につづいた。二人が師団長室にふみこまぬさきに、畑中少佐が蒼白な顔をして歩み出てきた。反逆の拳銃をしっかりと手にし、悲痛の声をふりしぼった。

「時間がなくなったのです……それでとうとうやった……仕方がなかった」

恐らく森師団長は冷静な井田中佐と全く対照的な畑中少佐の熱狂にとまどったのだろう。畑中少佐は、井田中佐が向けた笑顔を師団長同意と受けとったのかも知れなかった。話が食違い、剛毅な師団長は叱咤した、怒鳴られてかっとなった畑中少佐と上原大尉はそれぞれ武器に思わず手をかけた。——井田中佐はとっさにそうした事の成行をみてとった。そして井田中佐は見た、わずかにのぞかれた師団長室を。それは血の海で、その中に森師団長と白石中佐の死体が重なるようにうつぶしていた。そしてそれを見下すように、椎崎中佐は呆然とし、椅子に腰をかけている。

反乱は、はじまった!


私が〝ごく、ごく短い〟と書いたのは森と白石の死体の描写をさす。殺人事件は、どうして殺されたのかと、その死体がどうなったのかが重要であると思うからである。しかし、半藤はそんなことはどうでもいいのだろう。

「そして、井田中佐は見た。わずかにのぞかれた師団長室を。それは血の海で、その中に森師団長と白石中佐の死体が重なるようにうつぶしていた。そしてそれを見下すように、椎崎中佐は呆然とし、椅子に腰をかけている」

私のこの八月十五日の事件に関する長い旅は、〝某中佐〟とは誰であろう、あの森と白石の二つの死体はどうなったのだろうか、というごく素朴な疑問から始まった。そこに、日本現代史の持つタブーが厳然と存在するとは、夢にも思わなかったのである。

次に、角川文庫本を見てみよう。大宅本から八年がすぎて出た本である。大宅本と異なる部分のみをチェックする（前者が大宅本、後者が角川文庫本）。

　椎崎中佐を残して師団長室を出、参謀長室に入ろうとした。

←

　椎崎中佐たちを残して師団長室をでて参謀長室に入ろうとした。

　そこへ息せき切って汗びっしょりの畑中少佐と上原大尉が戻ってきた。

←

　そこへ息せききって汗びっしょりの畑中少佐ら青年将校が戻ってきた。

　畑中少佐は師団長室に入ろうとしたのである。

←

畑中少佐たちは師団長室に入ろうとしたのである。

怒鳴られてかっとなった畑中少佐と上原大尉はそれぞれ武器に思わず手をかけた。

↓

怒鳴られてかっとなった青年将校らはそれぞれ武器に思わず手をかけた。

椎崎中佐は呆然とし、椅子に腰をかけている。

↓

椎崎中佐が呆然とし、椅子に腰をかけている。ほかに二、三の将校の姿が……。

この二つの本の間に大きな相違点があるのに読者は気づかれたであろうか。

大宅本では上原大尉が殺人者として登場する。しかし、角川文庫本では、同室の仲間の一人かもしれないが、殺人者としては登場しない。否、名前さえ書かれていないということは、その場にいなかった、とも受け取れる。

では、〝決定版〟半藤本について、大宅本との相違点を見てみよう（前者が大宅本、後者が〝決定版〟半藤本）。

そこへ息せき切って汗びっしょりの畑中少佐と上原大尉が戻ってきた。

↓

そこへ汗びっしょりの畑中少佐たち青年将校がやってきた。

畑中少佐は師団長室に入ろうとしたのである。

←

畑中少佐、窪田少佐、上原大尉らが師団長室に入ろうとしたのである。

参謀長室で一言か二言会話をかわしたかと思う次の瞬間に、

←

三人の将校が参謀長室に入り、畑中少佐が一言か二言会話をかわしたと思う、つぎの瞬間に、

井田中佐は師団長室に一発の銃声が轟然と鳴るのを耳にした。

←

少佐の合図をうけたかのように、上原、窪田が抜刀した。師団長めがけて畑中のピストルが火を噴き、剣道五段の上原が師団長をけさがけに斬り倒し、さらに畑中少佐に組みついた白石中佐の首筋を上原がうしろから斬り、窪田少佐がとどめを刺したという。

井田中佐は師団長室に一発の銃声が轟然と鳴るのを耳にした。

怒鳴られてかっとなった畑中少佐と上原大尉はそれぞれ武器に思わず手をかけた。

怒鳴られてかっとなった少佐は武器に思わず手をかけた。

↓

椎崎中佐は呆然とし、椅子に腰をかけている

↓

椎崎中佐が呆然とし、椅子に腰をかけている。ほかに二人の興奮した将校の姿が……。

これが一般の殺人事件であれば、単独犯説、共犯説、あるいは犯人三人説があっても別に不思議でもない。殺人事件においてはよくあるからだ。しかし、この事件は五・一五事件、二・二六事件と並ぶ、日本現代史上の大事件である。どうしてか。私が指摘した〝某中佐〟が、畑中を操っていたからである。某中佐の姿がこの事件の中に隠れている。

大宅本では、畑中と上原が殺人者として登場した。そして角川文庫本では、上原らしき人物の姿が消えた。〝某中佐〟はこの中にいたかもしれない。他の青年将校たちと一緒に。しかし、最も可能性の高い殺人者は椎崎中佐となっている。

では、上原大尉はこの師団長室にいなかったのか。今までに紹介した本の中には、上原大尉は確かに殺人者として登場する。しかし、どうしてその姿が消えたのか。そして、〝決定版〟半藤本では勇々しき剣道五段の達人として登場する。この理由をたどるとき、私たちは日本のタブーの姿をちらりと垣間見ることができるのである。

一九八二年、飯尾憲士の『自決』が刊行された。副題に「森近衛師団長惨殺事件」とついている。森師団長がどのように殺されたのかを追求した本である。彼は自分の紹介からこの本の性格を語る。

敗戦の時、私は陸軍航空士官学校の生徒だった。同校の生徒隊付区隊長上原重太郎大尉に関しては、『帝国陸軍の最後』(伊藤正徳著、文藝春秋昭36刊)、『日本のいちばん長い日』(大宅壮一編、文藝春秋昭和40刊)、『ある情報将校の記録』(塚本誠著、中央公論事業出版昭46刊)、『天皇』(児島襄著、文藝春秋昭和49刊)、さらに『一死、大罪を謝す』(角田房子著、新潮社昭55刊)などの他、多くの出版物に書かれているが、どちらかというと、端数的な人物として扱われている。

国体護持の保証の無いポツダム宣言受諾に反対して、宮城を占拠して天皇を擁し、徹底抗戦のクーデターを企図した佐官級の一部将校が、蹶起要請を突っぱねた近衛師団長森赳中将を、師団長室に於て拳銃と軍刀で殺し、たまたま同席していた森中将の義弟にあたる第二総軍参謀白石通教中佐の首を刎《は》ねた事件は、前記の『日本のいちばん長い日』が映画化されてスクリーンやブラウン管に映し出されているから、戦争を知らない若者たちにも知られている。戦後三十年経った現在でも、敗戦の八月十五日が近づくと、どこかのテレビ局が、この事件をドラマに仕組んで放映する。

斬殺に関係した陸軍省軍務局軍務課員椎崎二郎中佐(陸士45期)、同畑中健二少佐(46期)、志を一つにして宮城占拠に加わった近衛師団参謀古賀秀正少佐(52期)は、十五日に自決した。

上原重太郎大尉は、55期であった。埼玉県豊岡の陸軍航空士官学校に帰ってきた彼は、四日後の十九日午前二時、校内の航空神社境内の遥拝所玉砂利の上で、腹を切った。二十四歳であった。私の区隊長であった。

さて、飯尾憲士はかつての上司であった上原大尉の死を大きく評価していた。その飯尾が角田房子の『一死、大罪を謝す』（一九八〇年）を読んで驚くのである。この本は阿南惟幾の伝記である。森師団長惨殺の場面を見ることにする。

竹下を陸相官邸に送り届けた畑中は近衛師団に戻り、師団長室へ向かった。このとき上原重太郎大尉と、近衛師団の蹶起に加わるため駈けつけていた陸軍通信学校付のX少佐（名前を伏せる理由は後述する）の二人が畑中と一緒であったともいわれ、また上原だけが、あるいはXだけが畑中と並び、そのうしろに他の将校がいたとも伝えられている。これについて井田は「灯火管制下の暗い廊下であったし、私は畑中と一緒に来た二、三人の将校が誰かということに注意を向けなかったので、わからない」と語る。

畑中は、もう井田が森師団長の意向を確かめたころであろうと興奮していた。ドアをノックしようとした時、中から井田と水谷参謀長が出てきた。井田は、明治神宮へ行こうという森の言葉に満足して、明るい表情であった。

「参謀長と話してくる。しばらく待っていろ」と声をかけられた畑中は、入れかわりに師団長室にはいった。
井田が参謀長室にはいって十分ほどたったとき、突然隣りの師団長室に異様な物音が起り、続いて銃声が響いた。廊下へとび出した井田の前に、拳銃を手にした畑中が走りより、「時間がなくなりましたので、やりました。東部軍説得を頼みます」と蒼白の顔をこわばらせて懇願した。井田は、師団長を殺してしまった畑中に激しい怒りを感じた。そして、《もうだめだ》と急速にさめてゆく気持を意識したが、《畑中はもうここまでやってしまったのだ。とにかく、やれるところまでやるほかはない。どうせ、最後は刺し違えて死んでゆくのだ》と気をとり直した。師団長室をのぞいた井田は、床に折り重なった二つの遺体のそばに、椅子に腰かけて身じろぎもせず茫然と前方に顔を向けている椎崎の姿を見た。

上原が殺害に加わったということは一行も書かれていない。この詳述は、加瀬英明の『天皇家の戦い』の書き方と非常に近い。あの直宮《じきのみや》から資料を得たという内容に酷似する。また、角川文庫本とも似ている。即ち、畑中単独犯行説である。

さて、X少佐について角田は「最後の闘い」の章で次のように書いている。飯尾憲士がそれを読んで真相の追求に乗りだす〝きっかけ〟となった。

畑中が竹下への連絡のため派遣したX少佐が、肩から下半身にかけて多量の血を浴びたどす黒い姿で、陸相官邸に現われたのは午前三時ごろであった。応接室に出て来た竹下に向かって、Xは「森師団長は同意されないので、やむなく殺害しました。計画は着々と実行されています。東部軍がどう動くかはまだ不明ですが、井田中佐が説得に行っていますから、間もなく蹶起するでしょう」と報告した。そして「急いで守衛隊本部に戻らねばなりません」と、たち去った。

竹下はXの説明で、畑中が師団長を射ったことは明瞭なので、それ以上、誰が森に一刀を浴びせ、誰が白石の首を打ち落したかなどを、詮索《せんさく》してはいない。

Xが「午前三時ごろであった。応接室に出て来た竹下に向かって……」という場面が大宅本でどのように書かれているかを見よう。どうもこの事件は何かがおかしいと思えるのだ。

ちょうどそうしたところへ畑中少佐よりの連絡者として上原大尉が、竹下中佐を訪れてきた。中佐は応接間で大尉と会った。大尉は意気軒昂として、計画が着々と進行している旨を伝えた。「森師団長は同意されたのか?」「いや、蹶起を肯《がえ》んじないので畑中少佐がこれを射殺し、また居合わせた某参謀も阻止しようとしたため、同じく斬殺しました」と大尉はいった。

この記述には「注」がついている。

(注)事実は、この大尉が上原大尉かどうかはっきりしていない。竹下正彦氏の言によれば、そう考えてもいいかも知れない、といった。他に適当な連絡者はいない、上原大尉は

この足で航空士官学校へ帰り、夜が明けてから激励のため再び宮城上空を飛来する、という推理は案外正しいのではないかと思う。
しかし、角川文庫本では、この「注」が消えている。しかし、〝決定版〟半藤本では内容が一変する。

ちょうどそうしたところへ、畑中少佐よりの連絡者として窪田少佐が、竹下中佐をたずねてきた。中佐は応接間で少佐と会った。軍服を血でぬらした少佐は、意気軒昂として、計画が着々と進行している旨を伝えた。

X少佐は窪田少佐であった。〝決定版〟半藤本の中で森師団長斬殺事件で殺人者の一人として登場する。半藤はX少佐を書かずに上原を畑中の連絡係としていた。また角川文庫本にはX少佐も、窪田少佐も登場しない。しかし、これには深い理由があった。その経緯を追っていくと、そこに某中佐の影がちらつく。
角田房子は、『一死、大罪を謝す』を書きつつ、某中佐の影をちらっと書いていると思える箇所がある。引用する。八月十五日午前零時ごろの畑中を描いている場面である。私は某中佐と一緒に行動していたと思うのである（この点は後述する）。

畑中が誰からも妨げられず、自由に行動を続けているのは奇怪とでもいうほかない。軍事課の誰に「東部軍ヘノ工作」を依頼したかは不明だが、これによって相手は畑中の危険きわまりない計画がすでに実行に移されていることを知ったはずである。それでも畑中の身柄を拘束しようとはせず、憲兵隊は上司に通告しようともしなかったのはなぜか。

角田房子は疑問を投げかける。しかし、半藤一利は一字の疑問をも投げかけない。そして角田房子と飯尾憲士が本を出すと、都合のよいように、読者に分からないように文章を巧妙に入れ替えて、ついに〝決定版〟とする。

ではもう一度、飯尾憲士の『自決』に戻ろう。飯尾は次のように書いている。

> 新聞の広告欄で眼にして、書店から買ってきた『一死、大罪を謝す』を読んでいくうちに、私は、森近衛師団長斬殺の場面で、立ちどまった。そんなばかな！　と思わず呟いた。次のように書かれている。
>
> 終戦から数日たって、森師団長と白石参謀を斬ったのは上原重太郎大尉であったと発表された。上原がクーデター計画の初期から主謀者たちと連絡があったこと、当日の彼の行動、剣道四段《ママ》の腕前、そして生一本で激しい性格を知る者は皆それを信じた。航空士官学校叛乱事件の主謀者の一人でもあった上原は、八月十九日に自決している。周囲は、上原が森と白石を斬った責任をも合わせてとったものと思った。
>
> ところが数年後に「下手人はX少佐であった。だが彼の周囲が相談して、事件の四日後

に自決した上原大尉の罪として、Xを救ったのだ」という噂が流れた。防衛研修所戦史部に保存されている「東部軍終戦史」もいつの間にか上原重太郎の名を抹消して「某」と書き改めてあるところから、〝噂〟はよほど信憑性《しんぴょうせい》の高いものであったろう。

週刊誌『サンデー毎日』が昭和四十三年八月二十五日号でこれをとり上げ、X元少佐を直接取材している。Xは記者の質問に「私が犯人だ」と答えている。

飯尾はX少佐の行方を追う。同時に彼は当時の上原大尉を知る先輩たちに手紙をだし、また、その先輩たちと会う。『自決』はその過程を克明に描いている。飯尾は、上原が白石を斬殺したとの結論を下す。そして、X元少佐の住所をつきとめ、彼と会うことになる。

では、「サンデー毎日」の記事を見ることにしよう。

近衛師団長を殺したのは私だ！

〝日本のいちばん長い日〟がまたやってきた。あの日——いまから二十三年前の八月十五日を期し、日本の命運は一転した。ところが、映画化され舞台にものぼった、この長い日の〝中心部分〟に重大な虚構があったのだ。終戦史のハイライト、近衛師団長斬殺事件の立役者は自決していなかった。そして自決した男は〝別人〟だった。本誌はここに旧軍の中枢さえも知らなかったミステリアスな真相をスクープとしてとりあげよう。〔略〕

われわれ取材班は、一つの奇妙なウワサを耳にした。毎年、八月十五日がめぐってくるたびに、〝イツワリの二十三年間〟に耐えかね、「森師団長殺害の真実を伏せたまま、あの男に罪をかぶせてしまったのでは、私は死んでも死にきれない」と、ひそかにもらしているというのである。

そのXは鹿児島市に住んでいた。「サンデー毎日」の取材班の質問に「K元《ママ》少佐」はしどろもどろで答える。

記者　遠回しはやめて、単刀直入にいきます。ほかでもない、終戦の日の近衛師団長、森中将の殺害事件真相をおたずねしたい。

K元少佐（瞬間、両目を閉じ、長い沈黙のあと）というと、どういうことです……？

記者　あの日、畑中少佐と一緒に、近衛師団長室に踏み込んだのは、これまで伝えられている上原大尉ではなかったらしいということです。

K元少佐　それは、どこで、お聞きになりました？

記者　たとえば防衛庁戦史室にある確かな資料のなかに、森師団長や白石中佐を斬ったといわれる上原大尉の名前が、消し改められています。そのそばに某と書き加えられているのですが、その某というのがあなたではないか……

——（中略）——

K元少佐　いや、うむ、それは私がどうのこうのということは、まあ、自然に現われるのなら、それでもいい。だが、私の口から名乗る、いや、書いたり、しゃべったりするのはどうか。かつて私、あるところで、つい口をすべらせて、ある人にたしなめられたことがあって……。
記者　いまのまま、上原大尉と入れ替わっておく、ということですか？
K元少佐　いや、私はいま、別に当時のだれからも追及されているわけじゃないし……。
記者　事件そのものも、もう時効じゃないですか？
K元少佐（きっぱりとした口調になり）いや、私は、これまで、時効などということを考えたことはない。罪は罪だ。私は犯人だから、いまも罪のがれは毛頭考えてはいない（大きなタメ息）。

私はこの「サンデー毎日」の記事を読んで即座に一つのことを思った。それは、「上原大尉の名前が、消し改められています。そのそばに某と書き加えられているのですが、その某というのがあなたではないか」という記者の質問である。私はこの部分を読んだとき、この〝某〟こそが、私が書いてきた〝某中佐〟といわれている人物ではないのかと思った。そして、この〝某中佐〟の身代わりの役としてK元少佐、すなわち窪田少佐が万一のために控えていたのではなかったかと思った。私はバーガミニの本を開いた。引用する。

最終稿を書いていた一九六七年から一九七〇年の間に、私は、私に会いに来た日本人から多くの助力を受けた。光栄なことに、私は、ある有力な銀行家の息子、ある指導的な時事評論家、皇室の縁戚の一人、ある重要な外交官の訪問を受けた。これらの人びとはみな、裕仁に最も近い助言者たちの友人や子供であった。ニューヨークを通りすがった彼らは、合衆国の自由——あるいは社会的気やすさ——を呼吸して、私の日本での最高の情報提供者すら及ばぬ率直さで、話してくれた。〔略〕

彼らは、私の解釈を仕上げ、アメリカ人がヨーロッパの共産主義やファシズムに気を取られていた時代の東洋のイデオロギーの真の姿を描こうと考える私を、勇気づけてくれた。

私はこの「サンデー毎日」の記事を読んで、宮中の直宮の一人が、宮中人にインタヴューしたバーガミニが一冊の本を出すことを知り、K元少佐に「〝某〟は自分であると名のってくれ」と話したのでは、と思った。タイミングがよすぎるのだ。そして、飯尾は〝某〟を上原とのみ信じこみ、強引に上原を殺人犯にしようとする。どうしてか。もし、上原が殺人犯でないのなら、彼の死は犬死だと信じているのである。私には飯尾の心情がどうも理解できない。そしてついに、飯尾はK元少佐である窪田兼三元少佐を鹿児島に訪ねて問うのである。

「上原区隊長殿は、師団長室に、貴方様や畑中少佐殿と一緒にはいって行かれたのですね」

「そう思って、よいでしょう」

〔略〕

「このことも、私の問い合わせにお教えをいただけませんでしたが、上原区隊長殿は、誰を斬られたのでございましょうか。それとも、軍刀さえ抜くことができないほど、慌てていたために、誰をも斬られなかったのでしょうか」

「あなたは、どう思いますか」

「私よりも、貴方様がご存じのことではないでしょうか。生きのびておられる貴方様だけがご存じのことであると、私は思いますが」

〔略〕

と私は一束の封書を出した。

「区隊長殿の軍衣に付着していた血痕を見たという人たちからきたものです。貴方様が斬られた返り血を浴びたのではなく、ご自分の斬られた返り血であると断定しても、間違いではないと考えます」

「二人で刀《とう》を振るったら、あの部屋では、危ないんじゃないかなあ」

私の推理に対する反論はなく、呟くように言った。私は師団司令部の平面図をテーブルに置いた。

「東部軍参謀でした不破様のお手紙にも、そのような意味のことが書いてございました。師団長執務室は、ご覧のような面積です。約九坪、畳敷きに換算して十八畳です。お二人が軍刀を抜きはなっても、危険はないはずです。司令部付の曹長で、常に師団長閣下のお供をしておられた方にお会いしました。あの広さから見て、危険とは思われないというご返事でした」

〔略〕

「私たちは、ああしなければならなかった。国体護持が可能かどうかの、死に物狂いの気持ちだったのです。しかも、現在、国体も国是もまだ復活しておりません。大東亜戦争は、本質的には終わっていないのです。私の現在の人生も、大東亜戦争の延長なのです……」

私は、眼をとじた。虚ろな気持ちだった。熱っぽい口調で語り終わるのを待って、私は言った。

「生きておられる貴方様に関して、軍人教育を受けた自分たちの理解を超えることだ、と思ったらしい同期生もいます。私は、貴方様なりに大変なご人生だったであろうと思っています。死を讃美するつもりはございません。上原区隊長殿も、自決を迷われたふしがございます。しかし、責任をとるべきだと心を決められたのであります。二十四歳でした」

その上原重太郎は、いまやっと、映画に於ける「黒田大尉」という不特定な名前から解放され、激励の終戦史の一コマのなかに、はっきりと姿を現わした、と私は思った。

会ってくれた礼を、あらためて述べた。氏と早く別れ、部屋に戻って一人きりになりたかった。ウィスキーの冷たさを、体のなかに流しこみたかった。

私はこの『自決』の最後に近い文章を読みつつ、〝某〟が上原大尉でも、窪田少佐でもなく、〝某中佐〟であると確信した。そして、思った。窪田元少佐が戦後二十数年間も、身替わりとなって、元〝某中佐〟の代役として、万一の場合に名のり出る人間に仕立てられていたのだと。窪田が次のように飯尾に語っている言葉が私の心にしみた。私は飯尾と同じようにアルコール(ウィスキーとちがい焼酎なのだが)を体の中に一口流しこみたくなった。窪田元少佐の言葉をもう一度記す。

「私たちは、ああしなければならなかった。国体護持が可能かどうかの、死に物狂いの気持ちだったのです。しかも、現在、国体も国是もまだ復活しておりません。大東亜戦争は、本質的には終わっていないのです。私の現在の人生も、大東亜戦争の延長なのです……」

飯尾は東部軍参謀で、『東部軍終戦史』を起草し、森師団長を殺害した者を〝某〟とした不破博元大佐（39期）にも手紙を出して返事をもらっている。

一、東部軍終戦史執筆の日時は、昭和二十一年三～四月と思います。

二、窪田兼三氏のことを耳にしましたのは、昭和四十三年ごろでした。竹下正彦氏や井田正孝氏と親交のあった稲葉正夫氏から聞きました。数人の関係者しか知らない極秘事項だということでした。従って、私も、「上原大尉」を「窪田少佐」とはっきり訂正することに躊躇し、鉛筆で「上原大尉」の名前を消し、ただ「某」とのみ記しておきました。正式の書類は陸軍省に提出してありますので、訂正したのは控えの書類です。稲葉正夫氏から知らされた直後、週刊誌で窪田兼三氏の会見記が出たように記憶します。

ブルークスは稲葉を訪ね、会見記を残している。『終戦秘話』を見ることにしよう。

稲葉正夫中佐は竹下とともに、クーデターの当初の計画者のひとりである。彼は梅津大将が反対だと知った十四日の朝、陰謀を放棄した。

活気に満ちた精力旺盛な稲葉には、戦時中の仕事から平和に転向するのは易々たることだったにちがいない。彼は陸軍省の予算班を運営し、陸相の演説を用意するだけの才覚を持っていた。そのような才能を必要とする近代的会社に彼がいるのを見たって、何の不思議もなかったろう。しかも稲葉はいまだに第二次世界大戦に没頭している。

それは現実からの逃避ではなくて、職業的興味である。稲葉は防衛戦史室の文官職員で、第二次世界大戦の決定的日本歴史を書く仕事をしている。彼は市ヶ谷台の旧大本営の構内にある風通しのいい板張りの建て物の一つの二階にいる。そこで彼はセーターに背広のチョッキという姿で、二十年前の出来ごとを、あたかも昨日のできごとであるかのように熱心に検討している。

ブルークスの筆致は巧妙である。「第二次世界大戦の決定的日本歴史を書く仕事をしている」に注目してほしい。このブルークスの本は一九六八年にアメリカで出版され、同じ年に日本でも出版された。戦後二十年をすぎた頃でも、決定版の日本歴史が書きかえられていることをブルークスは、それとなく読者に知らせようとするのである。続きを読もう。

弁舌さわやかで、いまだにともすれば激し易い稲葉の目は、太平洋戦争の大団円のさいの登場人物および政策の衝突について論じるとき、いきいきと踊《ママ》っている。そして彼はその同時代人について、二、三の疑惑の種を蒔くことをあえていとわない。稲葉は森（赳、中将）の殺害に干与《ママ》した仲間のひとりがまだひとり生き残っていると指摘する。そして、その生存者は発砲のとき室外にいたという、森の死についての説明に挑戦している。稲葉のいわんとするのは、その生存者は殺人犯のひとりであり、あとでその罪を死んだ仲間に転嫁したというのにある。

戦後二十数年たって、「森の死についての説明に挑戦している」とは、どういうことを意味しているのか。ブルークスは稲葉から具体的にストーリーを聞いたはずである。しかし、匿名にしてくれとの条件をつけられたのであろう。稲葉は不破博元大佐に、森師団長殺しの犯人の修正を願った。それは「昭和四十三年ごろでした」と、不破は飯尾に手紙で知らせている。ブルークスは、残存する多くの将校たちにインタヴューしたために、彼らとの約束を守らなければならなくなった。そして、某中佐を〝ひとりの将校〟とするのである。

上記のような飯塚憲士の上原の殺人説を書いた『自決』が出版されたので、半藤一利は〝決定版〟半藤本の中に、畑中以外に、上原、窪田、椎崎を入れて、ゴージャスな剣劇場面を創作した。飯尾憲士が師団長室が畳十八畳もあったという図面を手に入れて検証したので、あの剣劇場面は十分に成立する。

〝決定版〟半藤本のエピローグに〈窪田元少佐の戦後〉というものがある。

陸相官邸を去ってからのちの窪田少佐の足どりは不明であるが、事成らずとなって、一度は自刃と決心して宮城前の芝生に坐ったという。あるいは最後のときはそこでと、椎崎中佐や畑中少佐とあらかじめ約してあったのかもしれない。このとき、徹底抗戦を訴える厚木航空隊機のビラを読んで気が変る。

それ以後のことは、千葉大教授秦郁彦氏が直接にインタビューして、窪田元少佐から聞いた回想がある。

「阿南さんが立ってくれたら全軍呼応したのにと残念です……ビラを読んで、畑中さんがやり残したことをやろう、と思い直し、近衛二連隊の独身隊舎にかくまってもらい、同志を集め、国体護持の近道はマッカーサーを生けどって人質にすることだとおもいついて計画を練ったが、脱落者がどんどんふえて、一人だけになってしまった。稲葉中佐に『お前は執念深いなあ』と呆れられましたが。

そこへ後輩で予科士官学校区隊長の本田中尉が来たので、イチかバチかで川口放送所を占領して全国民に訴えようと考えたんです……」

この川口放送局の占領も、さきに記したように田中軍司令官の憲兵をひきつれての鎮圧で、あっけなく幕をとじた。窪田は憲兵に逮捕されたが間もなく釈放された。陸軍中央は敗戦時のさまざまな行動を犯罪と認めぬことにしたからである。

あの事件に関連した畑中、上原、古賀は事件後に自決している。窪田は別にして、残るは井田と水谷である。水谷は沈黙を守り通した。ただ一人、井田だけが事件の証言者となっている。その井田は塚本憲兵中佐と行動をともにし、軍隊を退いた後も彼の誘いもうけて電通に入っている。

私は多くの終戦史を読んできた。そして、その終戦史が一九七五年までは、あの森赳惨殺犯が畑中単独犯説か畑中・上原共犯説でほぼ統一されているのを見てきた。そして、不思議でならないのが、終戦史を書く人はすべて、あの殺人場面を書きながら、少しも疑問を感じていないことであった。あたかも真実はこれしかないと読者を説得、否、洗脳し続けているのである。

「いいかい、疑ったりしたら、いけないんだよ……私が書いていることを……すなおに信じるんだよ……わかりますか……いい子ですね……」

そうか、だんだんとわかってきた。どこからか、君が代のメロディにのって、だめよ……だめ、だめ……というセリフが読者の脳髄深くに忍び込ませるような配電盤が完成しているらしい……のが。

『証言・私の昭和史（5）』の中で、井田正孝（新姓・岩田）は、次のように証言している。

——どうですか岩田さん、まだ自決しようというお気持ちは、おもちになってましたか。

岩田　はい、それでその日の夕方家へ帰りまして妻と晩めしを一緒にしてから服を着換え、明日遺骸を引き取りに来いといって陸軍省に戻ったのです。

しかし、彼は死ななかった。彼の妻はその男の生き様を見て、「あんたなんか嫌い」と言って去ったのである。ウソではない本当の話だ。それで彼は語り部に転向する。信じられにくい真実を、真実であるとして語り続けたのだ。

彼はこのインタヴューの最後に次のように語っている。

私、畑中達のほんとうに純粋な気持ちを知ってるもんですから、何とか将来は慰霊碑を建てたいと、こう思っております。純粋であれば何をしてもよいとは思いませんが、宮城事件については現在でも、日本人の道からはずれている、まちがっているとは考えられません。私自身の行動についても悔いるところはありません。決起した人々は、心から国を愛し、天皇を愛した人達でありまして、現在の人々に理解されなくても、彼らは笑って見ていることでしょう。その後の世代に彼らの思想や信念が理解されるものと信じております。(昭和四一年八月一四日放送)

井田正孝大本営陸軍参謀を連れ回し、情報収集屋に仕立てた塚本誠憲兵中佐は「文藝春秋」(一九五五年十二月号)の「特集・日本陸海軍の総決算」の中で次のように語っている。

これらの人は、だいたい五・一五事件のあった当時の士官学校の生徒である。そしてその後、満州事変、支那事変と軍部の政治への発言が強くなってきた時代に成長してきた人である。だから自由主義とか、あるいはマルキシズムの勉強もしていない。おまけに東大教授で文学博士の平泉澄という人の国体論を、陸軍大学校時代に聞いて、非常に影響を受けていたからだと思う。

畑中、椎崎、古賀、上原らの若き将校たちは某中佐に誘いこまれ、やむにやむをえず、振り回されて自決への道を突っ走らされたのだ。自由主義もマルキシズムも国体論も一切関係がない。それでも、「彼らは笑って見ているでしょう」というのか。笑っているのは、彼らを自決せしめた〝天皇タブー〟なのだ。

もし、窪田少佐が白石中佐殺害犯であるならば、東部軍管区司令部の報告書、その他に、名前ぐらいは登場するはずである。東部軍管区司令部の報告書に上原大尉の後に書き込まれたがゆえに、初めて彼の名が終戦史の中に登場するのである。前に一度引用した「極秘・戦争終結に関する廟議決定前後に於ける治安状況」（昭和二十年八月二十六日、警保局保安課）に出てくる「陸軍航空隊区隊長某等急進青年将校」は、当初は上原重太郎としたが、どこの時点で「某等急進青年将校」にしたのであろうか。八月二十六日の時点で、将来の某中佐関与の発覚を恐れた塚本誠憲兵中佐が、上原大尉を「某等急進将校」とし、二重の意味で窪田少佐を替え玉に仕立て鹿児島に逃がした、と私は考えるのである。

半藤一利は「窪田は憲兵に逮捕されたが間もなく釈放された。陸軍中央は敗戦時のさまざまな行動を犯罪と認めぬことにしたからである」と〝半藤本〟の中で書いているが、これは全く理不尽である。

窪田少佐について書かれた〝半藤本〟の「エピローグ」の中に、鈴木首相邸、平沼枢密院議長邸を襲った（これも完全な八百長である）佐々木大尉と学生たちのことが書かれている。

学生、兵隊は全員、憲兵隊本部の前で、「天皇陛下万歳」と叫んで解散した。その直前、警視庁から、「民間人だけはちょっときてもらいたい。話をききたいから」との申入れがとどい

陸軍大本営（市ヶ谷台）

ていた。

学生たちは、「面白い話を大いに聞かせてやろう」と勇んででかけていった。そしてそのまま逮捕されてしまった。裁判の結果、五年の実刑を五人の学生はいいわたされた。敗戦の千葉刑務所で一年半を暮し、学生たちは出所してきたが、佐々木元大尉の姿は消えていた。大尉は時効を迎えるまで十四年間も地下に潜っていたという。

時効になって、佐々木元大尉は社会に復帰した。


半藤一利氏は答えないだろうが、届かない質問状を彼に提出したい。


「偶然に面白半分で首相官邸や平沼邸を襲撃した学生たちが刑務所に一年半も入ったのに、窪田少佐は白石中佐を斬殺して、憲兵が捕らえたのに逮捕せず釈放したのはなぜですか。

この八・一五宮城事件そのものがすべて八百長であり、窪田少佐はこの事件に全く無関係であり、某中佐の万が一の身替わり役にされ、日本の最南端の鹿児島で強制的に身辺の自由を奪われて生き続け、ついにバーガミニの『天皇の陰謀』が出版されることになり、その中に某中佐が登場することになったので急遽、自分が犯人だと名のり出たのではないのですか。

それにしても、窪田少佐のことをよく調べもせず、もっぱら自殺し損ねて女房にあいそをつかされた井田という語り部の話のみを信じて、壮大な心理葛藤ドラマを創造しえた能力にはただ、ただ、あいた口がふさがらないのです。

少しだけ、当時の罪に問われた資料を添えます。

関係者の処置、処分
陸軍省軍務局長、同軍務課長、同軍事課長
（部下より不法行為者を出したる科により重謹慎三十日）
陸軍省井田中佐
（畑中少佐等と一時行動を共にせんとしたる科により重謹慎三十日に処し予備役に編入）
近衛師団参謀長水谷大佐
（部下より不法行為を出したる科により重謹慎三十日）
憲兵隊司令官　大城戸中将　重謹慎三十日
東部憲兵隊司令官　大谷大佐　同二十五日
九段憲兵分隊長　大伊少佐　同二十五日

しかし、半藤さん、某中佐だけは何らの罪に問われませんでした。
どうか、答えて下さい。重ねてお願い申し上げます」

# 森近衛師団長惨殺事件の周辺を洗う

週刊誌「サンデー毎日」が一九六八年八月二十五日号でX元少佐を直接インタヴューして、記者の質問に「私が犯人だ」と答えて話題をよんだ。

角田房子の『一死、大罪を謝す』も飯尾憲士の『自決』も、そして〝決定版〟半藤本も、この週刊誌の記事を追認する形でK元少佐のことを書くことになった。それ以前の本にK元少佐は登場しない。どうしてか、を考えるとき、「書かないほうがいいでしょう」という天の声をどこかから聞かされているとしかいいようがない。どうしてか、ともう一度考えてみる。答えはいたって簡単だ。

このK元少佐はすでに、阿南陸軍大臣の娘婿であり、軍務課にいて、参謀本部所蔵の『陸軍省軍務局「終戦機密日誌」』を書いた竹下正彦の十四日の記述の一文の中に出てくるからだ。何も不思議ではなかったのである（以下、カタカナをひらがなとした）。

本夜畑中等の件に付ては蹶起時刻たるに二時迄は触れざりしも、（事前に知れば大臣として中止を命ずるの責も生ずるべきを考慮したるものなり）二時過ぎ説明したる處、東部軍は立たぬだろうと言はれたり。其の後三時頃K少佐来訪、竹下のみ面会し、同少佐より、森師団長は肯ぜざりし為畑中少佐之を拳銃にて射撃し、K少佐軍刀にて斬りたる由。又居合わせたる白石参謀（第二総軍）は制止せる為、之又《これまた》K斬殺せる由。K少佐は報告に来り、今より守衛隊本部に行く由を聞き取り、東部軍の事は分らぬ由を聞き、少佐の帰りたる後大臣に報告せる所、森師団長を斬ったのか、本夜のお詫びも一緒にすると述べられたり。

本当の犯人は逃がされ、二十数年間も隠された。そして、上原大尉や椎崎が身替わりとなり、自害したのであろうか。K少佐が森と白石を殺害後に自殺寸前の阿南陸軍大臣の元へわざわざ報告にやってきたのも、普通に考えればありえないことではないのか。殺人者の一少佐が、陸軍大臣のところへ報告に行った、というのである。

私はこの『終戦機密日誌』が存在するのに、どうして、この日誌を無視して終戦史家たちは、「東部軍司令部」の報告書を基にした終戦史を延々と書き続けたのかと思うのである。

一九七五年までの終戦史の中に、私はあえて児島襄の『天皇』を除外した。ここで論じるためである。この日誌はあえて無視され続けた理由が存在するのではないか、という点である。半藤本のエピソードに、「窪田は憲兵に逮捕されたが間もなく釈放された。陸軍中央は敗戦時のさまざまな行動を犯罪と認めぬことにした」とあるからである。

竹下正彦の日誌の信憑性はたかい。Kは一度は確かに逮捕されたのかもしれない。それを超法規的処置により（たぶん、某中佐の命令により）、釈放されて鹿児島県に強制移送させられたのであろう。

あの近衛師団長室には、某中佐、畑中、窪田、椎崎、井田、上原たちがいた。そのうちに惨殺現場から、某中佐が去り、畑中と椎崎が残り、上原と窪田が消えた。井田は記録係であるから、すべての場面をしっかりと見続けたにちがいない。それから、窪田が報告係となり、陸軍大臣官邸に向かうことになった。そして、闇の中に消えていった。窪田は返り血をあびたか、死体の処理で血痕が胸についたのではなかろうか。某中佐の身替わり役として某少佐、またはK少佐となった。あの十五日三時ごろの陸軍官邸を書いた日誌の中で、すでにK少佐となっているということは、殺人場面の前か、その直後にK少佐と呼ばれるようになっていた、ということだ。

もう一度、三笠宮が書いた「玉音放送までの苦しかった日々」を見てほしい（五二頁）。十五日、阿南陸相が自決寸前に三笠宮に会う場面が書かれている。もう一つ、安藤良雄の『昭和史への証言』（五八頁）も見てほしい。そして、陸相夫人の綾さんの対談場面も。どうして窪田少佐でなくK少佐なのかも推理してみよう。

三笠宮は、阿南に部下や他の閣僚たちと連絡を一切させないようにするために、憲兵を見張りにつけた。阿南は偽装クーデターに反対し続けた。むざむざ若い将校たちを死なせたくはなかったからだ。彼は「俺に逆らう者は、俺を殺し屍《しかばね》をのりこえていけ」と十四日の御前会議の後で若い将校たちに言い、偽装クーデターに参加するなと忠告している。三笠宮は彼の自由を封じた。綾夫人が陸軍省、陸相官邸に電話しても通じなかったのはそれゆえではないのか。

ついに偽装クーデターが決行された。間違いなく、森師団長は監禁され続け、田中静壱東部軍司令官も監禁状態におかれた。阿南は森が惨殺された後に三笠宮の地下壕に連行され、森惨殺に加わった連中と三笠宮を入れて大激論した。三時頃、阿南は「自決する」といい残して義弟の竹下中佐を連れて陸相官邸に帰った。そこに窪田少佐がやってきて、阿南に告げた。たぶん、以下のように。

「私はこれから鹿児島に帰ります。どうか止めないでください。三笠宮殿下が申しました。『お前はK元少佐として生きろ、他のものは自決することになっている』。だから、竹下中佐、私のことを書くときはK少佐としてください。あの殺害場面を報告します。しかし、日誌には次のように記してください……」

竹下はK少佐が語るままを日誌に記した。しかし、と竹下は思ったにちがいない。「どうして最初から偽装クーデター計画に参加していない窪田が突然に私の前に登場して、自分が犯人と名のったのか……」。しかし、竹下はK少佐としたためた後に、疑いを抱き、阿南陸相にその用を伝えた。

「(彼が) 森師団長を斬ったのか、本夜のお詫びを一緒にす」と阿南は述べたのである。

そして、窪田少佐は、ついにX少佐となり、そして窪田元少佐として再登場するのである。

しかし、問題は残った。陸相と竹下中佐は兄と弟と二人きりになり、最後の盃を交わしていた。そこへ、塚本憲兵中佐の記録係井田中佐がまたもやってきた。記録のためである。

竹下正彦は「証言・私の昭和史」という東京12チャンネルのテレビ番組(一九六六年八月十四日放映)の中で語っている。

あの日の晩に大臣の所に行っとったわけですが、三時ごろ、畑中少佐の所から使いが来てですね、それで森師団長を説得したけれどもきかないので、これを殺したとの報告がありました。大臣にそれを報告すると、大臣は「森師団長を切ったか」と、「このおわびを一緒にする」と、こういうふうに洩らしました。そうこうしているうちに四時ごろに井田(岩田)中佐がやってきたわけです。当時の日記に書いていますから、そのとおり読んでみますと、

『四時ごろ、井田中佐来訪、大臣に会い、東部軍は立たぬ、万事去った由を述べた』と。これより先、井田中佐は一四日に大臣室で「大臣は変節をされたのか、その理由を承りたい」と大臣に詰め寄ったことがあるわけですが、そのことについて大臣は、あの際の自分の返答はお前達を後に残したかったからだ、と言われて、井田中佐と相擁して泣かれました。中佐は大臣自決の覚悟を見たので、私もお伴をするとこういうふうに言ったのですが、大臣は、それはいけないと、声を励ましてこれを止めました。前日(一四日)の昼に陸軍省の全将校を集めた時に大臣訓示があったわけですが、その時の訓示でも、もう君達はたとえ泥を食い、野に伏しても、どんな困難をおかしても、後に残って皇国再建のために尽してくれ、とこういうふうに言われたのですが、そのことを繰り返し、声を励まして固く井田中佐の自決を止められたわけです。井田中佐はその後間もなく帰って行った、とこういうわけであります。

「泥を食い、野に伏しても、どんな困難をおかしても」生き残れと、全将校に阿南陸相は幾度も訴えた。しかし、歴史はいつも、弱き者に残酷である。たった一人の某中佐が、その若者たちを死へと誘ったのである。

あの井田中佐は阿南のもとで自決しそこねた。しかし、彼は十五日夜、妻に「明日の朝死骸を引き取りに」と言って陸軍省に戻った。十六日の朝、義父とともに彼の妻は死骸をひきとりに行った。そこに生きている井田がいた。彼の妻は「わっ」と大声で泣いた。彼の元を去る瞬間だった。

井田は、陸相が彼に語ったように「泥を食い、野に伏しても、どんな困難をおかしても」生き残ったのか。確かに彼は生きのびた。真実らしからぬ真実をラジオで喋り、雑誌の座談会で語り尽くし、そして半藤一利という現代史の大家の誕生に大きく貢献した。

阿南は義弟が「酒がすぎます」というのを制し、「なあに、飲めば血の循環がよくなり、出血も十分になるから、早く死ねるだろう。私は剣道五段だから腕は確かだよ」と語っている。

遺言と辞世の和歌を遺した。

一死　以て大罪を謝し奉る
昭和二十年八月十四日夜
陸軍大臣阿南惟幾　花押

この大罪は何をさすのか。竹下は若松次官に報告書を提出している。

私は〝大罪〟について大臣にたずねたわけではないが、おそらく、満州事変以後、国家を領導し、大東亜戦争に入り、遂に今日の事態に陥れた過去及び現在の陸軍の行為に対し、全陸軍を代表してお詫び申し上げたのであろう。

阿南惟幾は最後の最後まで三笠宮に、彼の地下防空壕で、偽装クーデターに反対したのである。しかし、森師団長と白石中佐は惨殺された。

それにしても気になる文章がある。ここに、もう一度記すことにしよう(傍点は引用者)。

……一方では、本土決戦によってあくまで抗戦しようとする人たちもいた。あまりに騒がしくなったので、しまっておいた/拳銃をだしてきて、傍に置くようにした。

(三笠宮崇仁「玉音放送までの苦しかった日々」)

私は戦争中も内地では軍刀だけでピストルは携帯していなかったので、終戦のころの日本軍人に対して、万一に備えてピストルを忍ばせるようになりました。

(『昭和史への証言』)

どうして気になるのか。私はあの惨殺場面に某中佐がいた、と確信しているからである。そして、すべての終戦史に書いてあるように、畑中少佐がピストルで森師団長を射殺したからである。しかし、これ以上の推測はやめよう。

飯尾憲士は、角田房子の『一死、大罪を謝す』を読んでK少佐を知るのである。角田の本の出版は一九八〇年。しかし、一九六五年に、児島襄は『天皇』を出版している。彼は間違いなく『終戦機密日誌』を下敷きにして書いている。
私は一九七五年までの本を紹介した。本当は児島襄の『天皇』を入れなければならなかった。
しかし、他の本と全く異なるがゆえに除外していた。別に他意はない。では紹介する。

陸相官邸を訪ねた窪田少佐は次のように報告した、と竹下中佐は記述している。
「森師団長ハ肯ゼザリシ為畑中少佐之ヲ拳銃ニテ射撃シ、K少佐軍刀ニテ斬リタル由、又居合ハセタル白石参謀ハ制止セル為、之又少佐斬殺セル由……」
K少佐は窪田少佐であり、竹下中佐によれば、報告する少佐の軍服は「返り血で染まっていた」。

ここではっきりと上原重太郎の名前が消えている。もう一度、『自決』の場面を引用しよう。なんとしても、飯尾は上原を殺人者に仕立てたいのである。自分の上司が犬死でなかったと信じるために。飯尾は初会見の窪田を次のように表現している。

眼窩《がんか》が、ひどく窪んでいた。まだ六十代半ばであるはずだが、歳以上に老けていた。病みあがりのような印象を受けた。喫茶室に歩いてくるとき、冒されている内臓の一部を庇《かば》いでもするような、ゆっくりした歩き方をしていた。

窪田は殺人犯として名乗ることもできず、自害する道も選べず、鹿児島という九州のはてで、ひっそりと生き続けるしかなかった。〝某〟として、または、〝某〟のために。

その「内臓の一部を庇いでもするような」老人に、飯尾は上原殺人の説をぶちまける。


「上原区隊長殿は、すでに夕方ごろ会った初対面の畑中少佐殿から、森中将を斬れ、と言われていたのです。このことは、同席した藤井大尉殿にお会いして、たしかめました。森中将を斬る気持ちの準備は、上原区隊長殿にはできていたはずです。軍刀を抜くと、応接卓の左側に廻り、拳銃弾を受けてよろめいておられる森閣下の肩に斬りつけた。貴方様は、同じく軍刀を抜くと、応接卓の右側を廻る。あるいは、卓上に長靴《ちょうか》のままとびあがられたのでしょうか。森閣下を庇おうとされた白石中佐の首に、貴方様の軍刀が水平に閃《ひらめ》く。首は一刀両断されたのです」


私は、飯尾の執念に近い上原殺人説に、ただただ驚いて読み進めたのである。

あの日から十年以上の月日が流れた。今、このペンを走らせつつ、あの時の戦慄《せんりつ》が甦る。

私なら、この「眼窩が、ひどく窪んでいた」老人に見える元少佐に「とても苦しまれたのですね。上原は森も白石も殺さなかったのですね。ご苦労様でした。これで上原も仏としてうかばれるでしょう……」と言うであろう。しかし、飯尾は師団長室での畑中、窪田、上原による、あるいは、窪田と上原によるチャンバラ劇を創造し、右や左の剣のさばき振りについて語り続けるのだ。その後に、前に書いた「私たちは、ああしなければならなかった……」と窪田元少佐は語るのである。

私は二人の会話を読み続け、飯尾は気づかなかったが、「私たちは、ああしなければならなかった……」背後に、某中佐の影を見る思いだった。窪田元少佐は真実を語りたいけれども語れないのだ。「……私の現在の人生も、大東亜戦争の延長なのです……」

飯尾の『自決』という本は、後の現代史家たちに大きな影響を与え続けていく。一九八四年に田中伸尚《のぶまさ》は『ドキュメント昭和天皇』を出版した。その一部を引用する。

森と白石の殺害の模様や誰が誰を殺したかについては今もって謎で、たとえば上原重太郎（八月十九日午前二時に自決）が現場にいなかったのではないかなど不分明な事件である。ここで筆者が三人の名を「加害者」として挙げたのは、上原の区隊にいた飯尾憲士が事件の真相を逐《お》った『自決』（集英社、八二年刊）が他の書（たとえば『日本のいちばん長い日』）よりはるかに説得力を持っていると判断したからである。

かくて、この一九八四年に出版された田中伸尚の本により、飯尾の三人による殺害説が大宅本や角川文庫本よりも権威あるものとされる。

もう一人、犯人三人説をとる秦郁彦の『昭和史の謎を追う』を見ることにしよう。

井田が出ていくのと入れ代わりにやってきた畑中、窪田、上原大尉の一団が、森、白石の二人を殺害したからである。窪田証言によれば、畑中がピストルを撃ち、剣道五段《ママ》の上原が森をケサがけに斬り倒し、白石が畑中に組みついたのを上原が斬り、窪田がとどめを刺した。

私は、八月十五日早朝に起きた森近衛師団長惨殺事件の概要を描いた。これまでに紹介したのはほんの一部である。しかし、角田房子と飯尾憲士の本が登場した後に、新しい説は現われなかった。そこで半藤一利は、秦郁彦の『昭和史の謎を追う』が出た一九九三年から二年後に、ついに〝決定版〟を発表するのである。

畑中少佐が一言か二言会話をかわしたと思う、つぎの瞬間に、少佐の合図をうけたかのように、上原、窪田が抜刀した。師団長めがけて畑中のピストルが火を噴き、剣道五段の上原が師団長をけさがけに斬り倒し、さらに畑中少佐に組みついた白石中佐の首筋を上原がうしろから斬り、窪田少佐がとどめを刺したという。

これにはご丁寧にも「注」がついている。

秦郁彦教授の著書によったが、もちろんはたしてこのとおりであったか確証はない。作家の飯尾憲士氏は別の推理をその著で展開している。

これはもはや歴史書とはいえない。どうにでもころびましょうと客に媚《こ》びる、女郎のささやきに似ていないか。

確かに飯尾憲士は、上原と窪田が軍刀を抜き、右に左に畳十五畳を超えた広い師団室の中で剣劇する様をスーパー・リアルに描いている。しかし、秦も半藤もそこまでのサービス精神を発揮できなかったとみえる。ここで不思議な学者、秦郁彦について少し書いておく必要がありそうだ。

私はバーガミニの『天皇の陰謀』についてたびたび引用してきた。バーガミニの本の「著者から読者へ」(序文)の中に秦郁彦が登場する。彼は当時防衛庁の文官であり、『日中戦争史』や『軍ファシズム運動史』の著作を出していた。秦はバーガミニに新聞に記録された論議の余地のない記録や地位についての職員録などについて教えている。いわば、バーガミニ・グループの一人である。たぶん、バーガミニに協力して、日中戦争や終戦について多くの資料を提供していると私はみる。しかし、終戦時を描いたバーガミニ、否、彼のことにまったく触れないのである。

私は異色の日本現代史である『天皇の陰謀』ほどの、あの終戦史の核心に触れた本を読んだことがない。なんとも不思議な学者たちではないか。私はこの本を執筆しつつ思い続けている。どこからともなく天の声が聞こえてくるのを。「いいかい、いいかい、妙なことを書こうなんという心を持っては駄目だよ、いいかい、いいかい……」

ものはついでだ。秦郁彦(執筆時・拓殖大学教授)の『昭和史の謎を追う』の一部を引用する。

その夜の森師団長斬撃に加わった窪田兼三少佐(通信学校教官)は、そのあと陸軍省の中佐と出会い、「何かやるならやってみろ。成功せんだろうが」と、自棄とも扇動ともとれるセリフを浴びせられている。

どうも日本の学者先生は日本語の文法を知らないと思われる。「陸軍省の中佐」は中途半端で日本語になっていない。書くならば「〇〇中佐」と書くべきで、それが書けないなら、「某中佐」と書くべきだ。

ちょうどこの頃は、某中佐が畑中を連れて新しいクーデターのために活動をし始めたころだ。窪田も某中佐と行動を伴にしている。書くならば心を決めて書くべきで、そうでなかったら、日本語の文法に適しない表現は慎むべきであろう。

たぶん、窪田は某中佐に新しいクーデター方法を説明した。それを某中佐が受け入れなかった。それで某中佐が窪田に言った言葉だと思うが、秦教授いかが思いますか。しかし、これは無理な話だ。秦教授の本も「決定版・日本史」となっている。これ以外の真実はありません、と自ら宣言しているのだ。

この森近衛師団長惨殺に関する本はこれからも延々と書き続けられていくであろう。最近の本を紹介する。二〇〇五年に北川慎治郎が『みかどの朝』を出版した。〝天皇陛下万歳!!〟の本である。一切の注釈をつけない。原文のままに書く。窪田は登場しない。（／）の文体もそのままにしている

低く、うめくような聲《こえ》とともに、上原大尉は軍刀の柄に手をかける。／「貴様、斬る気

か」／緊迫した問答を義兄森中将の傍にあって聞いていた白石中佐は、とっさに中将の身をかばうように立ち上がると軍刀に手をかけた。／だが、一瞬早く、上原の軍刀は、白石中佐の首筋に振り下ろされたのである。／「バカ者、何をする！」／スックと師団長は立ち上がった。だが、その胸元を狙った畑中中佐の拳銃が一瞬火を噴いた。／「自重を……」／鮮血の中に、森師団長は、かすかに反逆の兵を戒めたのであるが、もはや、それは聲にならなかった。

この本は、森近衛師団長惨殺事件の犯人を畑中、上原としたオーソドックス説である。次に吉田鈞の『責任は死よりも重し』を見る。この本は二〇〇三年に出た。幾度か引用した。

これを聞いて理性を失っていた畑中少佐は、右手に拳銃を握ると咄嗟に師団長の脇腹めがけて発射した。これを見て白石中佐は夢中で畑中に飛びかかり組付いてこれを倒した。すると傍にいた上原大尉が白石中佐を後ろから袈裟《けさ》がけに切りつけ、返す刀で師団長を切り倒したのである。窪田少佐もまた苦悶する白石中佐に止めを刺した。一瞬の出来事であった。

私はこの項の最後に外務省編『終戦史録（五）』（一九七八年）に載っている「大井篤手記」の一部をのせる。この一文を読み、次項に移ってほしい。知られざる日本の悲劇の深層をこれから読者に伝えたいからである。

五人の中堅将校達によって操劃されたクーデター計画は、大体加瀬氏の述べた（註加瀬俊一氏著『ミズリー号への道程』）ようなものでありますが、必要な点だけもつと敷衍《ふえん》して見ましよう。天皇そのものに反抗するのでありますから、陸軍大臣が既に授けられている権限を用いることが考えられねばなりません。彼らにとつて幸なことに、陸軍大臣は、自己の裁量により、治安維持のため必要とあれば、警備的兵力を利用する権限をもつていました。この権限により、東部軍を動かし、和平派の人物を抑留監禁する。又近衛師団も使用して天皇に陸軍の意志を強要する。というのであります。

もう一つ重要な点はこれを全陸軍一致一糸乱れざるものにしようという点であります。陸軍大臣が、参謀総長の同意を得て、全陸軍を指揮し、日本国家を乗つとろうというのであります。それは、天皇を文字通りとりことすることによつて、完成しようというのであります。しかもこの日本国家の乗つとりは天皇の考え方は日本国家を滅ぼすものだという理由に基いて企てるのでありながら、天皇制を依然外見的に利用してゆこうというのであります。天皇の意図とは反対な陸軍の意見を天皇におしつけて、天皇の名において国民に強要しようというのであります。国家に対し、天皇に対し、そして国民の一人一人に対し、これ以上暴戻《ぼうれい》な反逆があるでしようか。しかもこれを全陸軍一致して断行しようというのでありますから北条氏や足利氏の反叛《ママ》よりも未だ徹底的なものであり、日本伝統の道徳から見れば、五・一五事件とか、二・二六事件などとは比べものにならない非道なものであります。

この文章は長い。しかし、ここまでにする。

この事件を、五・一五事件や二・二六事件よりも非道な事件であると、大井篤は書いている。この手記を載せているのは外務省編の『終戦史録（五）』である。ということは、国家が半ば公認の書類となろう。

この天皇への反逆が、某中佐を中心とする偽装クーデターであったなら（私はその視点から追求を続けてきた）、五・一五事件も二・二六事件も、バーガミニが『天皇の陰謀』で書いたものと同じといえないだろうか。バーガミニの文章を再度引用し、次項に移ろう。

ゴシップの多い日本では、天皇の血族の成員の私的な行為に無名性を与える天皇タブーだけが、日本歴史上のかかる危機的瞬間にかかる氏名の不詳の人物が内宮の構内にいたことを、説明しうる。推測では、某中佐とは天皇の末弟である三笠宮中佐であったというのが強い。三笠宮は、その夜クーデターに参加した若手将校たちの級友であった。

## 『天皇の陰謀』はどうして偽書とされたのか

森山尚美《なおみ》とピーター・ウエッツラーの共著である『ゆがめられた昭和天皇像』が二〇〇六年に出版された。この本の「はじめに」の中で森山尚美は次のように書いている。


「バーガミニって何？」と若い読者は思われるかもしれない。

デイヴィッド・バーガミニとは、今は亡きジャーナリストの名前である。かつて『日本の天皇の陰謀』（*Japan's Imperial Conspiracy*）（邦題『天皇の陰謀』）という大著を書いた。だが、その本はあいにく「間違いだらけ」で、「まったく信頼できない」といわれた。さんざん叩かれた挙句に、著書は哀れな末路をたどった。

バーガミニの本が登場したのは一九七一年秋である。ニューヨーク・タイムズ（十月二六日）には《これは重大ニュースになる本だ！》という全面広告が掲載された。

「天皇についての通説を百八十度くつがえす、驚異的な超大作（blockbuster）」

「受身の君主ではなかった。戦争を企てた張本人として裁かれるべきだった」

「膨大な新文献で立証している」


バーガミニは一九六八年に英国人レナード・モズレーが書いた天皇伝『ヒロヒト・日本の天

皇』を読み、「侍従次長を務めた甘露寺受長《かんろじおさなが》から得た貴重な資料が含まれている」と認めていた。バーガミニは「著者から読者へ」の中で、次のように書いている。

私に次のように英語で語った、六十歳代のある日本の飛び切りの貴族がいた。「おや、君は私を誘導しているのかね。いったい何を言わせようというのかね。私は裕仁の少年の頃を知っている。彼は当時ロマンチックで好戦的なばか《イディオト》だったし、今もそうだろうな。しかし、私は何十年も世間から遠ざかってきた。私は老年期を邪魔されたくないのだ。もし君が私の名をあげて、私の話を引用するなら、君と会ったことなど一度もない、と私は否定することにするよ」

私は宮中の人々が内々にバーガミニに極秘資料を与えた、と思っている。どうしてか。次の文章を読めば読者は納得するであろう。

私は、前東京駐在合衆国大使で、マッカーサー将軍の甥のダグラス・マッカーサー二世から、宮廷への紹介状をもらっていた。私はそれを、私のなかで大きくなるばかりの疑惑を確かめるために、裕仁の側近であった侍従にインタヴューするのに用いた。何と、彼らは将軍たちとはまったく対照的であったことか。魅力があり、遠廻しで、總明で、いつもそつがないのである。間違いなく、そこにこそ日本の真の指導者たちがいたのだ。

バーガミニは優秀な日本人のスタッフを雇い、総計三万頁余りの日本人の回顧録とその背景を成す歴史書を購入する。彼のスタッフがそれを読み英文になおす。日本に生まれたバーガミニは多少の日本語を読み、話せる。「わが調査グループの収集した一九二〇年からは、民衆への平和への希求、古めかしいサムライに対する武勇の崇拝（＝武士道）の否認を私は見出したのである」と彼は書いている。私はバーガミニのこの日本史観の鋭さを知ったのだ。そして彼は「戦争のための計画立案の証拠をそれぞれ私は見出した。民衆の支持はないが、日本貴族政治の最高部に司令され、集中された計画立案である」と書く。彼は日本貴族政治に挑戦し、すばらしい本を書いたために、日本貴族政治の逆襲を受けざるを得なかった。そして、偽書よばわりされるのである。

前述の『ゆがめられた昭和天皇像』を引用する。バーガミニの経歴が書かれている。

一九二八年東京の池袋で生まれた（中国生まれという説もある）。父親は築地の聖路加病院を建てた建築技師で、デイヴィッドは子供時代を長くアジアで過ごしている。九歳のときに華中の都市、漢口で白人のための英国学校に入学。一家は二年後に他の西洋人とともに上海へ送られ、四一年にはフィリピンのバキオに抑留された。結局三十九ヵ月間もの間、日本軍の強制収容所で過ごすことになった。その後ダートマス大とオックスフォード大にまなんだ。オックスフォードでは留学生向けのローズ奨学金を受けたというから、成績優秀だったのだろう。数学と物理の学位をえた後、科学解説者としてライフ誌の寄稿家になる。六五年、京都の日本家屋に移り住み、戦前の日本の政治の成り立ちの研究に着手した。〔略〕占領初期に合衆国の情報将校によって押収された警察書類、職員録、政策方針書、軍の命令書、極東国際軍事裁判で記録された二〇万頁余の証言、弁論、付録、一九四〇年代末期から五〇年代初期に日本で出版された大量の二次資料、さらには占領終結後に生まれた回想記、ジャーナリストが再構成したものを調べつくしたという。原著巻末にある文献リストには、四百以上の刊行物が挙がっていた。

私はバーガミニの本が偽書扱いされる過程を調べて、日本の現状から見て納得した。この本ほどに膨大な資料を駆使して書いた日本現代史は存在しない。日本の学者はバーガミニほど勉強していないし、その歴史の背後に蠢《うごめ》くものを追求しようとする者一人もなしである。では、どうして偽書よばわりされていったのかを見よう。

バーガミニの天皇伝を酷評し続けたのは、元駐日大使のエドウィン・O・ライシャワーである。この元駐日大使はたびたび昭和天皇と会い、天皇崇拝者へと変貌した。ここに彼の文章を紹介するまでもない。

しかし、ライシャワーの天皇讃美の本は、アメリカでは逆に偽書扱いされだした。そして、エドワード・ベアーが『ヒロヒト——神話の裏側』を一九八九年に出版し、バーガミニの歴史的立場を支持した。スターリング&ペギー・シーグレーヴは『ヤマト・ダイナスティ *The Yamato Dynasty*』(一九九九年)、同じく『ゴールド・ウォリアーズ *Gold Warriors*』(二〇〇一年)を世に問い、バーガミニの立場から新しい日本現代史を書いた。シーグレーヴの本を読むことをすすめたい。たしかに、小さなミスはある(バーガミニもそうである)。しかし、シーグレーヴの本には、日本人のほとんどが知らされていなかった皇室の秘密が書かれている。日本人の学者もジャーナリストもほとんどがバーガミニの本を無視し続けている。この本を紹介した本について書く。一九八四年、松浦総三の『松浦総三の仕事』が出た。引用する。

一九七二年秋にふたたびワシントンへ取材旅行にいったとき、日本で天皇が外人記者と会見し、「私に戦争責任はない」と語った、これが『ニューヨーク・タイムズ』のトップ記事として報道された。この記事の終わりでバーガミニは「天皇の発言は盗人たけだけしい」というコメントを語っていた。これを読んだときに、私は、バーガミニは、この一年間でアメリカでは一流の日本通ジャーナリストになったなと思った。〔略〕

この書物には、私たちの知らなかったことが実に多く出ている。それは、占領軍が接収した日本の資料をほとんど見ていることと、この本を書くのに一〇年近くかかっている努力と執念の結果であろう。

小部分の資料的な間違いはあるが〔引用者注：筆者も松浦氏と同意見である〕、これは外人の書いた天皇論のなかで質量ともナンバーワンであると思う。私は、アメリカで何人もの学者と会って天皇にかんする意見をかわしたが、かれらは「私たちもベトナムで悪いことをしているが」という前置きをして、それからはじめる天皇批判の内容は、バーガミニのいうことと、そう違わなかった。

私はバーガミニに関する日本人学者やジャーナリストの論評または引用について調べたが、

松浦以外は見つけることはできなかった。否、これは間違いである。強烈な批評の書を見つけたのである。それは前述した秦郁彦の『昭和史の謎を追う』の上巻に書かれていた。

バーガミニは日本の資料を集め、整理するために、当時防衛庁の文官であった秦郁彦の世話になった、ということを書いた。たぶん、バーガミニは自分の資料の不確かさを秦郁彦にチェックしてもらっていたはずである。

「私は、日本人の行為については、新聞のバックナンバーに記録された論議の余地ない記録に、地位については職員録に記されたものに、然るべく依拠した」と書いている。この文章には「注」がついている。以下、「注」を記すことにする。

後者の大部分〔引用者注：前記の文章中の「職員録」をさす〕は、現在日本の防衛庁の文官秦郁彦が親切にも私に利用させてくれた。秦氏は、『日中戦争史』および『軍ファシズム運動史』の著者である。

前にもこの点に触れたが、バーガミニは秦郁彦の助言を受け、大いに感謝している。しかし、秦はバーガミニの本を偽書と決めつけるのである。どうしてか。この点を追求していくと現代の日本の学者たちの立場が見えてくるのである。

一九九三年に〝ついに出現した決定版昭和史〟の惹句を付して、『昭和史の謎を追う』(上・下)が出た。その上巻の第一章に「『天皇の陰謀』のウソ」というタイトルで、延々とこれでもかと、秦はバーガミニを追及している。では、引用しよう。

さて、『天皇の陰謀』（*Japan's Imperial Conspiracy*）の方は田中上奏文に比べると、かなり格は落ちるが、著者のデイヴィッド・バーガミニには、筆者も多少の関わりがある。思いおこせば一九六五年夏、二年間のアメリカ留学から帰ってきた筆者は、来日中の友人クローリー博士（エール大学教授）の紹介でバーガミニに会った。『天皇の陰謀』の自序によると、彼が夫人と四人の子供と二七二冊の参考文献を伴って一年の予定で京都へ来たのは、筆者の帰国と同じ頃で、数回話し合いノートを貸して、お礼に電動缶切り機をもらった記憶がある。

そんな男を信用したのか、と聞かれそうだが、バーガミニは一見すると知的で快活な学者肌のジャーナリストという印象で、接する人には好感を与えた。だからこそ、一年間にテープで「二四〇〇時間分」のインタビューが可能だったのだろう。

秦はこのバーガミニという男にまんまと欺されたという風に書いている。そしてバーガミニの履歴を書き、「まずは一流の経歴だが、『ライフ』の科学記者として著書も何冊か出していたバーガミニが、日本の近現代史に着目した理由はわからない」と記すのである。私には秦が書いている意味がわからない。科学記者は、科学の本だけを書けといいたげである。さて、秦は本文について書く。

だが原著と訳書を注意深く対比すると、偽書にふさわしく、いくつかの奇怪な矛盾点が浮かびあがってくる。

秦は矛盾点の代表として、「バーデンバーデンの密約」についての矛盾点を鋭くつく。私もこの本を読んで、かなり無理な記述がある点は気づいていた。しかし、大部分の描写に驚き、すごい本が出た、と思ったのである。松浦総三も指摘している通り、小さな間違いを私も発見した。しかし、秦はそんな小さな間違いもゆるせないという。私も秦の本を読み、彼の小さな間違いを発見しえると思う。人は、故意に、いかがわしい視点に立って歴史の真実を曲解したとすれば赦《ゆる》しえぬものが残る。しかし、小さな間違いが故意でないとしたら、素通りしてもいいのではないのかと言いたい。秦は書いている。

壮大な陰謀史観の出発点で、しかも最大のセールス・ポイントが混線するようでは、あとは知るべしで、せっかくのプロットも途中から総崩れの状を呈したのは当然だろう。また真珠湾コンプレックスの強い米人読者を意識してか、「天皇は開戦十一か月前に真珠湾攻撃の成否の検討を杉山参謀総長に命じていた」という「新事実」が、原書房から刊行されたばかりの『杉山メモ』で判明した、とバーガミニは強調しているが、筆者が何度調べても該当の個所は見つからなかった。

何かの錯覚と思われるが、仮に事実だとすれば検討を命じられるのは陸軍ではなく、海軍の軍令部総長でなくてはならぬ、という初歩的常識を著者・訳者ともに持ち合わせてないようだ。

私はこの秦の書いた文章を読んで、ほんとうにあきれた。「杉山メモ」をよく読めといいたい。この点は後章で論じよう。秦がこの程度の知識しか持っていなかったのかと、ただただ、あきれた、とのみここでは書いておく。真珠湾攻撃はもっとずっと前から、裕仁が机上作戦に熱中していたのを知らないらしい。秦さん、まずは、『本庄繁日記』を読みなさい。あなたの勉強範囲はあまりにも狭いと言っておく。彼は得意げに書いている。

「悪書は良書を駆逐する」好例だが、そのバーガミニも一九八三年、五十三歳の若さで病没したと聞く。死してなお偽書は千里を走る。「歴史とは意見の一致したウソを集めたものにすぎない」とうそぶく、歴史の偽造者たちの哄笑が聞こえてくるようだ。

私は秦郁彦のほうが、歴史の偽造者仲間の一人にちがいない、と思っている（その理由は後述する）。

もう一人のバーガミニの批判者を紹介する。その人は色川大吉である。私は彼が庶民または常民の立場から天皇制を批判し続けている本を好んで読んでいる、いわばファンの一人である。しかし、彼はバーガミニが気に入らないらしい。彼は秦郁彦と同じ問題を論じるのである。『ある昭和史』から引用する。

バーガミニによると、こんどの戦争は想うだに胸が悪くなるほどに醜悪な「天皇の秘密閥」によるアジア征服の大陰謀の結果であったという。書名どおりの「天皇の陰謀」を実現する「秘密閥」が成立したのは、皇太子裕仁がヨーロッパ旅行に出かけた一九二一年（大正十年）の夏のことであったというから驚く。黒幕は当時ヨーロッパにあって情報活動の元締めをしていたとされている東久邇稔彦王（敗戦直後の内閣総理大臣）、それに後に日本陸軍の南進派のリーダーとなる永田鉄山、岡村寧次、小畑敏四郎ら三少佐の在欧武官グループで一九二一年十月に南ドイツのバーデンバーデンで「秘密閥」の第一回会合をもったのだという。

バーデンバーデンで何がどう話し合われたのか、確かな資料は存在しない。裕仁とこの秘密閥との関係もはっきりしない。しかし、秦や色川の歴史観ははっきりしている。日本の近現代史を書くのに、ヨーロッパの出来事と結びつけて書く必要がないという視点である。私はヨーロッパ、そしてアメリカとの関係と連結して日本の近現代史を書くべきだと思う。

色川は満州事変のバーガミニの記述を、裕仁が葉山に滞在していたのに、一九三一年（昭和六年）八月三日、参謀本部会議の連中たちと謁見しているのは事実無根だと書く。さて、色川大吉は次のように書いて自分の立場を明らかにする。

天皇自身が「皇祖皇宗の遺訓」や「万民の敬愛」という幻想の領域に深く捉えられ、そのためかれの主体的行動も制約されて、混濁し、あるいは複合人格たらしめられてきた、そう私た

永田鉄山中将

ちが考えているのに対し、バーガミニはそうした非合理的な態度をしりぞけ、天皇幻想の衣裳をはぎとり、裕仁を一個の醜悪な野心家として通常世界史の帝王の系列のなかに据えておこうとする。

私は色川大吉や秦郁彦のような天皇にたいする〝幻想〟を持たない。天皇も三笠宮も東久邇宮も常民であり庶民であり、そして天皇であり皇族であるという立場をとる。色川や秦は日本の近現代史について、日本人が書いた日本の出来事についての本か、外国人が書いた日本人に関する本で論じている。しかし、日本の近現代史は世界史の一つとして、その深い関連の中で論ずべきものである。ヴェルサイユ会議がいかに日本の植民地政策に影響を与えたか、とか、ロスチャイルド財閥の野望が日本の政治に与えた面とかを考えないといけない。庶民や常民や自分史の面から日本の近現代史をみても、正直いって高が知れているのである。

秦郁彦や色川大吉にお願いしたい。あなたたちが、バーガミニの本を偽書扱いするならば、それは認めよう。私はあなたたち以上に彼の本の中の記述の間違いを発見できる。ならば、あの〝某中佐〟が登場する場面をどうか、偽書であると証明してほしい。あなたたちのすべての本の中に、一文字たりとも某中佐は登場しないのだから。

重箱の隅をほじくるような真似をやめて、堂々と〝某中佐〟の存在について書かれよ。その勇気があれば、日本の近現代史を大きく転回する契機の一つとなりうるであろう。

## そこに、誰と誰がいたのか

バーガミニの『天皇の陰謀』を主体に話を進めていくことにしよう。

夜の間中、森は、五時間前に天皇の侍従武官長から言われた警戒についての言葉のことを考えていたのである。今、彼は広島からやってきた彼の義理の弟と話し合っており、始めて原子爆弾の効果についての目撃者の証言を聞いているところだった。

森中将は謀反人達を一時間半待たせ、午前〇時半あたりまで彼のもとに来るのを許さなかった。それまでに彼は裕仁がレコード吹き込みから御文庫の安全な場所に戻ったことを確認した。

この場面と続く場面を〝決定版〟半藤本に見ることにしよう。

井田中佐らが参謀室で待たされていた来客とは、白石中佐であった。二人の歓談する声を耳にしながら、畑中少佐は、「もう時間がないのだ。早くしないと時間がないのだ」と躍起になり、なんどか副官川崎嘉信中尉を通じて面会を強要し、やっと零時三十分ごろくるようにという伝言をうけた。

『天皇の陰謀』に戻ろう。

熱血漢の畑中は、森が彼の近衛兵を召集して、皇居を掌握し、御文庫を切り離し、天皇の名に於て陸海軍に戦争を続けよという命令を発することを要求した。畑中は彼が阿南陸相の代りに語っているのだと強調した。森中将は畑中は誤っているにちがいないと主張しつづけた。午前〇時四五分に畑中は阿南の所に引き返して、もう一度確かめることは同意した。彼は、彼の親戚の者や井田中佐と話していた森を残して、立ち去った。

では、もう一度、〝決定版〟半藤本を見ることにする。続きが書かれている。二冊にそれほどの矛盾点はない。

同じころである。用事があると立去った畑中少佐は、駿河台の宿舎（渋井別館）に、すでに床に入っていた竹下中佐をたずね、現在までの計画の順調な進行ぶりを強調していた。彼は興奮と焦躁にすでにおのれを見失っているようであった。彼は竹下中佐に蹶起をお願いしますといったが、ともに蹶起するのが当然といった口調であった。

再び『天皇の陰謀』を見る。ここから、二冊の本は大きな相異を生ずる。

五分後、宮内省の廷臣達は電話で天皇と皇后が就寝したと知らされた。その時、宮城の南にある彼の住居で、阿南陸相は自決の準備をしていた。東部軍管区司令官田中は第一生命ビルディングにある和平派の本部の階上の彼の机のところで、うたたねをしていた。台湾から来た憲兵塚本、このクーデタの番犬は、皇居の北の門の外側にある憲兵隊本部で仮眠していた。彼はそこでたまたまその夜、義務を果すことになる。石は投ぜられ、北の門の内側の近衛師団司令部では森中将と井田中佐が熱心に語り合っていた。午前〇時五十分から一時までの或る時間に、彼らは不可思議な人物某中佐と一緒になったのである。

最後の文章、「彼らは不可思議な人物某中佐と一緒になったのである」に注意してほしい。日本人の書いたすべての本に、例外なく、某中佐は一度も登場しないのである。否、バーガミニのこの場面を引用して、「偽り」であると書く者さえ一人もいない。秦は小さなまちがいを追及して偽書であると『天皇の陰謀』をけなすけれども、この某中佐について書くことはない。もし、この某中佐が森との会談に加わっていたことが事実ならば、日本人のみならず他の連中の書いた本は全部偽書となろう。

では、もう一度、〝決定版〟半藤本に戻ろう。某中佐はもちろん登場しない。しかし……。

参謀室では、もどってきた畑中少佐を迎え、窪田少佐と上原、藤井両大尉がいっせいにほっとした表情をうかべた。師団長室で何がどう話されているのかまったくわからぬまま、彼らにはいぜんとして長い待つ時間がつづいていたのである。

では、クライマックスへと近づいていく場面を『天皇の陰謀』と〝決定版〟半藤本で見よう。二つを併記する。

熱血漢の畑中は午前一時ちょっと過ぎに近衛師団司令部に戻った。森中将、井田中佐、それに某中佐はまだ、自決と日本の運命について議論していた。畑中が現われるや、井田中佐は部屋を辞去して、畑中、某中佐、それに新来者の陸軍航空隊の大尉が残って、終りまで話をつづけた。数分後、熱血漢の畑中は近衛師団長森を射殺した。航空隊大尉上原重太郎、この日本に於ける最大の軍人一家の末裔の一人は、剣を抜いて、広島からやってきた森の義理の弟の首を斬り落した。

〝決定版〟半藤本には次のように書かれている。

事件はあっという間であった。結末は素早く、残酷に、避けられないものとしてやってきた。三人の将校が参謀長室に入り、畑中少佐が一言か二言会話をかわしたと思う、つぎの瞬間に、少佐の合図をうけたかのように、上原、窪田が抜刀した。師団長めがけて畑中のピストルが火を噴き、剣道五段の上原が師団長をけさがけに斬り倒し、さらに畑中少佐に組みついた白石中佐の首筋を上原がうしろから斬り、窪田少佐がとどめを刺したという。

この事件に関するかぎり、バーガミニと半藤、否、他の学者、ジャーナリストたちとは全く異なるのである。一人犯行説、二人説、三人説の問題ではない。その現場に某中佐がいたか、いなかったかの点で根本的に異なるのである。

私は間違いなく某中佐はそこにいた、という説をとる。そのために長々と状況を説明してきた。では、もう少し、その後の経過を見ることにする。『天皇の陰謀』を続ける。

夜の静けさと暗闇の中に、皇居の地域一帯に聞耳を立てていた者全部がこの発射音を聞いた。阿南陸相は一マイル離れた所で聞き、彼の同僚である森中将が意味深い死に出会ったことを実感した。宮内省の侍従達も発射音を聞いた。北の門の外に在る本部で、憲兵塚本もそれを聞いた。

某中佐は、殺された者——宮廷儀式用の供儀——が横たわっている部屋から出て、外で待っていた若い将校達にうなづいてみせた。それから彼は、記録が明らかにしている限りでは、皇居の闇の中に消えてしまった。

数多くの本が畑中を主役にしてこの事件を描く。そして犯人捜しの概要がはっきりとしてきた。飯塚憲士が「東部軍参謀で『東部軍終戦史』を起草し、森師団長を殺害した上原大尉の名を『某』と後年訂正した、不破博大佐（39期）である。この訂正によって、各出版物のなかで上原重太郎の存在が希薄となり、映画では黒田大尉という奇妙な姓がつけられ、果てはその自決が悲惨な虚構とされてしまったのだ」と『自決』に書いてから、この事件の犯人捜しはおかしくなった。やがて、訂正の文章が飯尾憲士の元へ送られた。もう一度記すことにする。ここに大きなヒントが隠れていた（傍点は引用者）。

　御質問の件、記憶が茫漠としておりますが、できるだけ正確を期して回答いたします。

一、東部軍終戦史執筆の日時は、昭和二十一年三〜四月と思います。

一、窪田兼三氏のことを耳にしましたのは、昭和四十三年ごろでした。竹下正彦氏や井田正孝氏と親交のあった稲葉正夫氏から聞きました。数人の関係者しか知らない極秘事項だということでした。従って、私も、「上原大尉」を「窪田少佐」と、はっきり訂正することに躊躇し、鉛筆で「上原大尉」の名前を消し、ただ「某」とのみ記しておきました。正式の書類は陸軍省に提出してありますので、訂正したのは控えの書類です。稲葉正夫氏から知らされた直後、週刊誌で窪田兼三氏の会見記が出たように記憶します。

傍点を付した二点に注目したい。「数人の関係者しか知らない極秘事項」とは、昭和四十三年までに発表されている畑中、上原説よりもっと極秘事項がこの事件に存在するということを竹下正彦と井田正孝氏が述べた、ということである。

井田正孝はあの現場にいたのである。井田は「私は極秘事項を語らずにきた」と不破に言ったはずである。しかし、極秘事項は昭和四十三年のある時点までは、喋ることなく守り通してきた。しかし、週刊誌で窪田兼三氏の記事が出るとわかったので、急遽、竹下正彦と井田正孝と親交のあった稲葉正夫は不破博元大佐を訪れ、『東部軍終戦史』の訂正を求めた。不破は応じた。

ここで、上原重太郎の代わりに窪田兼三が殺人犯として登場することになった。

ここまでは紹介した。これには続きがある

不破博は飯尾憲士の上原と窪田が同時に剣を抜いた、という説に疑問を投げかける。彼は飯尾憲士に疑問の返事を書いている。

しかし、窪田少佐の一人の行為だとすると、上原大尉は当時どこで何をしていたのか、という別の疑問が生じます。窪田をかばい、上原に罪をかぶってもらおうと考えた井田、竹下、稲葉たちの口から、上原大尉の名前が出た根拠は何なのか。常々、同志として共に行動していたから、偶然自決した上原大尉の名前をもち出したのか。あるいは、上原大尉も当時師団司令部に姿を見せていたのか。とすれば、上原大尉が師団長室にはいっていようが、室外にいようが、司令部に押しかけて行った同志の一人の上原大尉に、窪田少佐の身替わりになってもらうことをおもいついたとしても、不自然ではない。

この手紙を引用し、飯塚憲士は上原重太郎の殺人説を検証していく。私は不破博の疑問点に注目する。「同志の一人の上原に窪田少佐の身替わりになってもらうことを思いついたとしても、不自然ではない」を私は次のように書き直したい。

——某中佐の身替わりだけは分からないようにしなければならない。某中佐の身替わりを窪田少佐になってもらっていた。そこへ稲葉正夫氏が私のもとへやってきて、「森さんを斬ったのは上原大尉ではなくて、窪田少佐だったんです。その後、上原大尉が自決し、窪田少佐は生存しているので、加害者は上原大尉だということにしてあるんです」と言ったんです。暗に、『東部軍終戦史』の訂正を求めてきた。それで、私は上原大尉を消して某とし、窪田兼三を殺害者にした。どうしてか。飯尾さん、某中佐の存在がこの今となっても分かってはいけないのです。だから、上原はいたのです。窪田はいなかった。後から万一のための身替わり役として静かに暮らしていたのです。しかし、バーガミニが〝某中佐〟のことを調べて書くという情報が入ったのです。某中佐を守るべく稲葉正夫が動いて、独自にサンデー毎日にリークしたのです。その前にもちろん、窪田氏には報告し、諒承ずみだったんです。それで、バーガミニの本が出たときも某中佐は窪田であり、バーガミニの本は偽物だという宣伝が効を奏したのですよ。あれからX少佐が登場し、上原が消え、X少佐がさながら某中佐らしく見え出したのですよ。しかし、私の口からはこんなことは喋れない。このような手紙をあなたに差し上げるわけにはいかないのです。この手紙は私の胸にしまっておく手紙ですよ。——

飯塚憲士は次のように書いている。

要するに私には判らない、と結ばれてあった。手紙の筆者が疑問を抱いている事柄に関して、私にはすでに解明できているものがあった。同時に、筆者の錯覚にも気づいていた。

上原重太郎は、十二日まではクーデター派の誰をも知らなかったのであった。航士教官佐野幹雄少佐の連絡将校として、情報を得るために近衛師団参謀古賀少佐に十二日会ったのが、クーデター派に近づいた最初である。十四日、彼ははじめて師団司令部で椎崎、井田、窪田らに会ったのであった。

稲葉氏の言葉に関しては、単なる言葉のアヤというべきであるように思われた。

私は飯尾憲士が『天皇の陰謀』を読んでいないと見た。たとえ読んでも、死せる彼には申し訳ないが、歴史の闇に入り込む才能の持ち主ではないと見た。単純に（彼だけでなく、八・一五宮城事件について書いた学者、ジャーナリストと同じように）、真実を書けないというのは偽りで、書けないなら書かなければいいのだ。

飯尾はもう少しのところまで迫った。窪田兼三が「大東亜戦争はまだ終わっていない……」と語ったときに、彼は真実にいちばん近づいていた。

あの事件の現場にいた井田正孝（後に岩田）の肉声が残っている。以下は、東京12チャンネル編著の『証言・私の昭和史（5）』（一九六九年）からの引用である。

――いわゆる政権の奪取というものを意図とするクーデターとは違うわけですね。

岩田　そうです。クーデターにはいろんな意味があるでしょうが、だいたいにおいて武力をもって政変を起こすことでしょう。けれども宮城事件にはそういう意図が全然なくて、むしろ終戦によって予想される革命を阻止しようという、むしろ反革命行動というように理解すべきで、私はクーデターと思っておりません。

井田は戦後二十四年たって、真実をやっと語っている。井田は十四日の正午から動き出した、某中佐グループの一員だった。たぶん、某中佐は、畑中、井田、椎崎、窪田、上原らに次のように語ったに違いないのだ。

――どうか、諸君、天皇を救ってくれ。天皇は御聖断した。戦争は終結だ。しかし、戦争を継続すべしと騒いでいる連中が国内だけでなく外地にも多数いる。この連中に戦争終結を納得させなければならない。そこでだ、君たちに偽装クーデターに参加してもらいたい。私は竹下正彦（当時、陸軍省軍務局軍務課員兼大本営陸軍参謀）に、陸軍大臣、参謀総長、東部軍司令官、近衛師団長の四者一致によるクーデター計画を作成させて動かした。諸君、これは単なるハッタリであることは誰が見てもわかる。バカな歴史家はマトモに考えるだろうが、いつも阿呆はいるものだ。

諸君、陛下が夜遅く玉音放送の録音をする。それを合図に動いてくれ。電話線のほとんどは畑中が中心に切断する。しかし、二本だけは切断せずに残す。芳賀近衛歩兵第二連隊は、すでに私の命を受けた畑中が説得してある。諸君が自由に皇居内を動けるように説得してある。私が諸君を連れて芳賀に紹介したのはそのためなのだ。諸君の目的は二つある。一つは、森近衛師団長の説得だ。これは最初から計算し、彼に話している。彼が自ら切腹するといっている。しかしだ、この偽装クーデターはリアルに演出しなければならない。そのための秘策を畑中に授けている。井田がすべてを演出する。諸君、さっき井田が「終戦によって予想される革命を阻止しようという、むしろ反革命行動ということを理解せよ」と語ったが、この意味を各自胸にしまってくれ。畑中と上原と椎崎は行動を伴にしろ。窪田は竹下と阿南への連絡係となり、私と畑中の情報をたえず二人に報告しろ。井田は森師団長の監視、および東部軍司令部との連絡を担当する。私は闇に隠れて君たちが私の期待通りに動くかをチェックする。憲兵中佐、塚本誠には真実を全部伝えてよい。彼は君たちの行動を美しく記録し後世に残してくれる。彼は表の記録者だ。

さて、もう一つの秘密行動がある。それは、玉音盤奪取計画だ。このストーリーは畑中に授けている。しかし、井田が指揮をとる。彼が作戦中止を指令するとき、何が起こっていようともその指揮に従え。いいか、大事なことを一つ伝える。陛下が暗闇の中に時折出没することになっている。この点もよく注意して、後に正確に報告しろ、歴史の記録者塚本中佐に報告しろ。または井田中佐に報告しろ。諸君は革命を阻止した英霊となる日が近づいた。さあ、諸君、去っていけ。そして、あの時刻を忘れずに森師団長の部屋に集まるがいい。

ブルークスは、クーデターの煽動係にして記録係の井田(岩田正孝)について的確な描写をしている。彼の『終戦秘話』を引用する。

クーデターを計画し、陸相阿南が日本のショーグンとなることを期待した人々のうち四人は、この本を書いているとき、まだ生きてぴんぴんして働いている。井田正孝中佐は、一九四五年八月十四〜十五日の夜、東京をピンポン球のように飛び回った孤疑逡巡の戦士で、自決からクーデターへ、次にはクーデターをやめさせることへ、やがてまた自決へ、結局は生きながらえることへと、いとも簡単に八段とびして次々と決意をかえた。中佐はクーデターに参加したために軍法会議にかけられた。そして田中大将の東部軍が陰謀に加わらないのを発見したとき、畑中を説得して、その計画を放棄させようと努力することによって、自分の過失を真剣に償おうとしたのであることを法廷に納得させた。

ブルークスは、偽装クーデターの本質を見事に描写しているではないか。このクーデターが畑中一人によるものでなく、背後にいる某中佐（ブルークスは〝ひとりの将校〟という言葉を使う）により仕組まれ、あるときはいとも簡単に八段とびして次々と決意をかえたのは、井田の心の変化でなく、冷静に状勢を闇の中から見つめ、井田に指示した演出家の存在があったことを、ブルークスは見事に書いているではないか。陸軍大臣、参謀総長、近衛師団長、東部軍司令官は大将、中将である。どうして井田がごとき中佐が、心がわりをくりかえして孤疑逡巡の戦士として活躍できようか。井田が「自決からクーデターへ、次にはクーデターをやめさせることへ」と動いたのは、闇の中にいた演出家の指示であった、とブルークスは暗示しているのではないか。

ブルークスは井田に会い、その印象を書いている。こんな男がクーデターなんぞできるわけがないと言わんばかりである。

現在、その姓を岩田と変え、かつての火つけ役は端正と遵法の模範である。通例の日、彼は鼡色の縞のウーステッドの背広に縞ネクタイを結び、日本最大の広告代理会社〔電通・引用者注〕の事務室に坐っている。そこで彼は総務部長を勤めている。

彼は安楽に暮らしているように見え、実際にもそうであり、いまは中年配である。髪はそのまん丸い頭から急速にその足がかりを失いつつある。その抜け目のない目は、いつでもいきいきと動き回り、顎は唇から咽喉元にかけてひろがる満足そうな曲線に、ゆっくりとまきこまれて行っている。おだやかな口の利き方をする人物で、せっかちに紙巻きタバコを吹かし、日本の第二流実業家の縮図で、その背広の襟に会社の記章をきちんとつけている。

(ここで思い出すのは、歴史的御前会議の前に井田のクーデター計画の詳細をケンペイタイ司令官に報告した元ケンペイ中佐塚本誠である。塚本は、今日、同じ東京の広告代理会社に井田－岩田の同僚社員として働いている)。

この井田が、多くの雑誌やラジオ、テレビに登場し、十四日～十五日の偽クーデター計画について語り続け、ついに多くの人々が、井田の語るクーデター計画の話を真実の話と受けとめたのである。その好例が半藤一利の『日本のいちばん長い日』である。

## 『さらば昭和の近衛兵』を読み解く

『昭和史の謎を追う』の中で、秦郁彦は、絵内正久の『さらば昭和の近衛兵』（一九九二年）を引用している。秦は、絵内の文章をダイジェストする。

朝日新聞記者から召集された近歩二連隊の絵内正久伍長が、自身の体験で戦友たちの記憶を集成してまとめた『さらば昭和の近衛兵』はそのひとつだが、関係者にも初耳の貴重な証言がふくまれている。それを手がかりに、天皇周辺の「長い夜」に焦点を合わせてみよう。

近歩二の第三大隊第九中隊に属する絵内が、一個分隊十五人の兵を連れて宮城内に入ったのは八月十二日午後早々だった。〔略〕

任務は人事係の松村准尉から「地方部隊の中にもう戦争に飽きたのでやめよう、と民間人に同調する不穏の動きがある。その連中が宮城を攻め、天皇陛下を人質とし、戦いをやめ、反戦を陛下に強要しようと企んどる。お前たちは、それに備えて、陛下をお護りするため、特別に派遣される」と伝えられただけで、誰が味方か敵か、見当のつかぬ絵内は当惑した。

私がこの秦郁彦のことを、この項の最初に書いたのは深い理由がある。ここ、すなわち宮中の警備にあたった「近衛二歩兵」とよばれる人々の幾人かが、殺された森近衛師団長の死体と深くかかわっているからである。

読者は不思議に思わなかったであろうか。殺された森近衛師団長の死体はどうなったのかと。私はこの死体の行方を長いあいだ追ってきた。だからこそ、あの現場に〝某中佐〟がいたと書いたバーガミニの『天皇の陰謀』に出会い、即座に、「この本こそが真実を伝えている唯一の真書だ」と思ったのである。

そういう意味において、秦郁彦が「バーガミニの本は偽書だ」と言うのはおかしいのである。秦は『さらば昭和の近衛兵』を確かに読んでいる。そして、私にとってはどうでもいいこと（秦にとっては大事なこと）を書くが、私にとって大事な死体のこと（秦にとっては小さく、問題にならないこと）は、彼は完全に無視するのである。テレビドラマで「家政婦は見た」という番組がある。それと同じように、森師団長の殺害現場を「近衛兵は見た」のである。この殺害現場の終幕はかくて近づくのである。

しかし、ここで殺害現場が誕生するまでの背景から説明したい。どうしてか。緊張した舞台装置がなければ、殺害シーンは間《ま》がぬけたものになってしまうからだ。では、どうすれば緊張した場面装置が作られたのかを考えればいい。そうだ、演出家がいて、その舞台装置を創《つく》り上げたのである。

八月十四日、その演出家は、御前会議の後に登場するのである。もう一度その場を再現してから前へ進もう。この場面を読売新聞社編の『天皇の終戦』から見ることにする。

陸軍省に戻った陸相を大臣室に囲んだのは、顔面を緊張蒼白にした軍事課、軍務課の少、中佐クラス二十人あまりだった。陸相は自分から御前会議の模様を淡々と語った。「大臣決心変更の理由をお伺いしたい」と軍事課の井田中佐がつめ寄った。陸相はなかばむせぶように「陛下はこの阿南に対し、お前の気持ちはよくわかる。苦しかろうが我慢してくれと涙を流して申された。――自分として最早これ以上反対を申し上げることはできなかった」と答え、ついでやや決然たる語調で「不満に思うものはまず阿南を斬れ」と激しく付け加えた。「かくて陸軍の大勢は決し、昨日の強硬論も雲散霧消し、今日は放心の境地に遊ぶのみ」と、井田中佐はその『手記』にしるすが、ひとり畑中少佐が軍中央を見限って、〝少数精鋭〟によるクーデターという〝暴発〟に向かって奮闘を続けていた。

私はこの劇場を説明する前に、一つだけ、単純な疑問を投げかけて、読者の心に問わねばならない。それは次のようなものだ。

――あなたは八月十四日から十五日にかけてのあの宮中事件で、近衛師団の誰ひとりとして知らない一陸軍少佐が、「軍中央を見限って、〝少数精鋭〟によるクーデターという暴発に向かって奮闘を続ける」ことができたと思いますか。――

この問いを発しないまま、日本現代史の本は八・一五宮城事件をなんらの疑問も呈さず語り継ぐのである。その典型的な例が半藤一利の『日本のいちばん長い日』である。少しだけ懐疑的なのが角田房子の『一死、大罪を謝す』である。後はほとんど半藤一利よりである。

このような単純な疑問を心の中に発しないからこそ、半藤本、あるいは秦本のようなものが、あたかも真実を伝える書として大手を振ってまかり通っているのではないだろうか。苫米地英人《とまべちひでと》はオウム真理教信者の〝洗脳〟をといた脳機能学者である。その彼が『洗脳原論』を書いている。この本から引用する。

洗脳という仮想現実の世界。主観的には、うっとりする夢想空間を魂が漂流しているような状態である。同時に、客観的には、緻密に計算された虚構の世界に閉じこめられた状態である。

そんな状態に陥った人間は、昼夜を問わずきびしいワークに励み、教祖の無理な命令に何の判断もなく絶対服従するなど、自分をまったくなくして絶対者に動かされているように見える。しかしこういった行為は、他者の命令などによるものではなく、行為自体が本人の肉体的・精神的エクスタシーに連結しているから没頭できるのだ。

あの八月十四日の午後、「日本のいちばん長い日」がはじまった頃、一人の演出家が「ギャー」(これは映画化されたシーン)と叫んだ、一人の虚弱で神経症の少佐を連れまわってから、巨大な廻り舞台が動き出したのである。「うっとりとした夢想空間を魂が漂流しているような状態」に洗脳された一少佐はさながら、一演出家の「無理な命令に何の判断もなく絶対服従するなど、自分をまったくなくして」、一演出家に動かされているように見える行動をとるのである。しかし、こうした行為は、一演出家の命令などによるものではない。だからこそ、一少佐の行為自体が彼の肉体的・精神的エクスタシーに連結しているから没頭できるのである。

そして、この一少佐の物語を読んで疑問を感ずることなく読み続ける人々は、きっとこの一少佐と同じように〝洗脳という仮想現実の世界〟の中で、うっとりとする夢想空間を漂流する魂の持ち主にちがいないのだ。〝決定版〟半藤本、そしてあの映画になったシーンのクライマックスは、きっとあの場面である。あの場面をもう一度引用する。

　なかから畑中少佐が蒼白な顔をして歩みでてきた。叛逆の拳銃をしっかりと手にし、悲痛の声をふりしぼった。
「時間がなくなったのです。……それでとうとうやった……仕方がなかった」
おそらく森師団長は冷静な井田中佐と対照的な畑中少佐の熱狂にとまどったのであろう。畑中少佐は、井田中佐がむけた笑顔を師団長同意とうけとったのかもしれなかった。話が食違い、剛毅な師団長は叱咤した。怒鳴られてかっとなった少佐は武器に思わず手をかけた。〔略〕井田中佐はみた、わずかにのぞかれた師団長室を。血の海で、そのなかに森師団長と白石中佐の死体が重なるようにうつぶしていた。そしてそれを見下ろすように、椎崎中佐が呆然とし、椅子に腰をかけている。ほかに二人の興奮した将校の姿が……。
　叛乱が、はじまった！

私が、この「叛乱が、はじまった」を読んだのは、ちょうど十年ほど前である。「まだ、こんな本が世に出て通用するのか」と正直思った。たかが狂人に近い一少佐が、一人の大尉と一人の少佐をつれて森師団長を殺害して、なんの〝叛乱〟なんだと。それに、塚本憲兵中佐は報告を受けたのに逮捕にも行かず、田中静壱東部軍司令官も「暗いから、明るくなるまで待とう」と言って、うたたねし続けるのである。

あれから十年、折にふれて、私はこの事件に想いを馳せてきた。おそらく数百点の文献を手に入れて、この事件を考えてきた。そしてこの原稿を書いているここにいたって、私はハッと気がついた。それは一演出家の存在だった。正直に書こう。その一演出家とは、あの某中佐であった。私も洗脳され続けていたのだ。

その演出家は臨場感あふれる世界を日本人に見せるために、逃れることが許されない集団催眠を仕掛けるために、革命の理論を逆手に取ったのである。「人であり、神であり、大祭司であり、そしてシンボルであり支配者である」（ヒュー・バイアス『昭和帝国の暗殺政治』）天皇の存在を最大限にアピールするために、皇居奥深くに近衛兵を入れて危機的状況を創造してみせたのである。

その舞台装置の仕組みを理解せず、『日本のいちばん長い日』は、ただ、地獄の恐怖体験を日本国民に見せつけようとするのだ。あの演出によって、「終戦」となり、厚木航空団司令官小園安名《こそのやすな》大佐の大演説が生まれてくる。すべての軍人が天皇のために、神のために捧げた戦争があっという間に終わるのだ。

天皇陛下、お聞き下さい。あなたはあやまちを冒されましたぞ。あなたのお言葉で戦争をお始めになったのに、何ゆえに降伏なさるのでありますか。

では、一演出家による舞台装置の作成及びその成果を、とくとご覧に入れようと思う。この頃のはじめに、秦郁彦の『昭和史の謎を追う』の中で、絵内正久の『さらば昭和の近衛兵』を紹介する部分を引用した。秦の文章の続きを見ることにする。

兵士たちは「おれたちの敵はどこにいるんだ」「さっぱりわからんな」「上陸してくるアメリカ軍と戦うらしい」とこぼしながら、北門衛兵所に詰め、十四日昼には正門ついで女官長室（お局）へ移動したが、具体的な命令は何も来ないままに十五日を迎える。

上番でもないのに十二日に類似の命令をもらって宮城へ入った小部隊は、絵内分隊だけではなかった。第二大隊からは第五中隊が児玉金作少尉にひきいられ、賢所《かしこどころ》から御文庫付近に配置されている。

佐藤（現谷崎）好弘によれば、十四日（昼ごろか？）に古賀参謀からの電話で「行け」と指示されたので、非常呼集をかけ大隊の全力をひきい宮城に入って正門寄りの各門を押さえた。それを知った芳賀連隊長が工藤少尉を派遣して「帰隊せよ」と命じてきたが、十二日に古賀と固く約束を交わしていた佐藤は「従えません」と拒否、少尉は青ざめた表情で帰っていったという。

歴然たる「抗命」だが、ややおくれて近歩二連隊全力の出動を命じる師団命令（ニセ命令説もある）が出たので、連隊長はあえて不問に付したのかも知れないが、いずれにせよ十四日午後から宮城を取りしきっていたのは、実質的に古賀、佐藤、北畠のトリオだったと思われる。

秦郁彦はバーガミニの『天皇の陰謀』を〝偽書〟とののしった。私は逆に『昭和史の謎を追う』を〝名著〟としたい。どうしてか。理由は簡単である。ものの見事に演出家が触れられたくない舞台裏を巧妙に隠しているからである。そうでなければ、近衛兵に関する勉強不足である。吉田鈞（近歩二連隊出身）の『責任は死よりも重し』を見ることにする。

昭和二十年の八月十四日の朝第二連隊の北畠守衛隊司令官から任務を引き継いだのは、近歩第一連隊であった。二十年当時は守衛勤務が四十八時間の二日間勤務となっていて、近歩一と近歩二の二つの連隊が交互に交代して勤務することになっていた。十四日は近歩一の上番であったが師団命令で交代したばかりの近歩二が再び服務となり、急遽第三大隊長の佐藤好弘大尉がその任についたのである。

この文章を読むと、秦がダイジェストした文章の内容が、少しではあるが、その謎がとけてくる。「芳賀連隊長が工藤少尉を派遣して『帰隊せよ』と命じてきたが、十二日に古賀と固く約束を交わしていた佐藤は『従えません』と拒否、少尉は青ざめた表情で帰っていったという」、この文章に注目したい。

近衛師団参謀古賀秀正少佐（東条英機の娘婿）は、十三日夜の軍務課のクーデター計画の参加者の一人である。

しかし、彼は少佐である。芳賀連隊長は大佐であり、八月中に少将になることが内定していた。直属の部下であれば「上官の命を承ることは直に朕が承る義なりと心得よ」の世界である。軍隊では、命令系統がはっきりしていて命令は直属の上官から下達され、その指揮によってのみ兵は行動することになっていた。

どうして、芳賀連隊長の命令に古賀少佐が逆らえたのか。「佐藤（現谷崎）好弘によれば、十四日（昼ごろか？）に古賀参謀からの電話で『行け』と指示されたので、非常呼集をかけ大隊の全力をひきい宮城に入って正門寄りの各門を押さえた」と秦は書く。

芳賀連隊長を無視して宮城に近衛の大隊が入ったのである。それも、「十二日に古賀と固く約束を交わしていた佐藤は『従えません』と拒否、少尉は青ざめた表情で帰っていったという」結果になるのである。

たしかに、十三日の夜にクーデター計画は存在した。しかし、重要なことは、十二日の日に古賀少佐がすでに、近衛大隊を宮中に入れるべく策を練っていたことである。

私は演出家がいて古賀を動かしたと確信する。古賀は十二日のある時刻、某中佐とともに佐藤に会う。そして次のように語ったのであろう。

——日本は終戦に向かう。日本各地で戦争継続の動きが起きている。そのために、この宮中で俺たちがクーデターを偽装し立つ。そしてこれをつぶす。君は近衛兵を皇居内全部に配置する準備に入れ。指揮は私がとる。芳賀連隊長は若宮が説得する。だから何ら心配することはない。近歩二が十四日もそのまま警護につくことにしろ。この点も若宮が森と芳賀を説得する。日本最大の危機を演出するのだ。御文庫を中心に多くの兵を配せ。天皇が時折その姿を見せることになっている。君たちの行動を嘉《よみ》し給うのだ。——

それでは、絵内正久の『さらば昭和の近衛兵』（一九九二年）を見ることにしよう。秦は実際の配置場面を書いていない。この事件がいかにでっち上げであるかを証明しよう。秦は途中から逃げている。半藤は、最初から逃げている。

とにかく私たちにも交代兵がくるかもしれないと、三番町へ出るのを止めて、全員所内で待機した。しかし第一連隊の北門交代兵は来ず、おなじ第二連隊の北門上番衛兵がやってきた。そして私たちは交代兵なしで、正門儀仗衛兵所に移るよう命じられた。〔略〕みんな疑念を持ちながらも、口に出さなかった。もとよりそれがクーデターへの布石と知る由もなく、近衛師団か第一連隊に「都合の悪いことがあったのか」「ひょっとしたら敵上陸軍との一戦が近いための緊急処置」ぐらいに見ていた。

「もとよりそれがクーデターへの布石」に注目したい。近歩二が継続して勤務するように某中佐と古賀が決定し、森、芳賀、佐藤を動かしていたことが、この一文で理解できよう。森近衛師団長は中将。芳賀連隊長は大佐。この二人を動かしうるのは陸軍大将の阿南でも無理である。職掌が異なるからだ。では、誰が可能なのかを考えると、某中佐以外に考えられないであろう。たかが少佐の古賀参謀に何ができるのか、である。

十四日、突如近衛大隊が皇居深くまで入ってくる。今までの歴史上、一度もなかったことだ。

天皇と某中佐の意向がはっきりと見える。陸軍省のクーデター計画が完全に消滅した後の十四日午後のことである。『さらば昭和の近衛兵』を続ける。


宮城守衛隊司令官は第一大隊長北畠暢男から、おなじ第二連隊の第三大隊長佐藤好弘に代わっていた。そして平常は皇宮警士だけが立番している坂下門や乾門に、第二連隊の兵が立った。私の一個分隊は女官が住む長屋の警備にまわされた。〔略〕

「それにしても変な勤務体制だぜ」

「上層部のご都合でこうなったんやろ」

「だけどお前たちも知ってるだろ。皇族方や重臣がひっきりなしに参内して会議してるだろ。それと関係あると思うよ」

十三日から近衛兵たちは三笠宮を幾度も目撃している。三笠宮の姿を見るたびに、近衛兵は緊張している。

「この日はめっぽうたくさんの車が通り、皇族方の紋章のついたのや、将官旗をつけたものばかりで、北門方面から乾門を通り、宮城に入るものばかりだった」

ではもう少し先へ進もう。


彼らは私と同じで「いまから守衛隊司令官の命令どおりに動かなければならない。第二連隊の兵でも敵になるかもしれない」と初めて告げられ、戸惑いの色を見せた。私が二日前に聞かされた命令を彼らは北門に十四日の朝入ってから聞いた。

「彼ら」とは新しく皇居内に入った兵をさす。古賀少佐の指揮下に入った佐藤隊長は絵内正久に、すでに十二日に「第二連隊の兵でも敵になるかもしれない」と告げている。これは、皇居内で反乱する行動をとれということである。近衛兵の反乱は、某中佐のもと、古賀少佐の指揮下で佐藤隊長らが演出した芝居であったことが理解できよう。引用を続ける。

第一中隊は兵隊の全所持品を集めて焼却してから皇居に入り、生物学御研究所あたりに布陣した。

第二中隊も全員に身辺整理を命じ、背嚢に各自の家族の写真、寄せ書きの日の丸や千人針をつめて花蔭亭通用門から吹上御苑へ入った。吹上御苑へ動哨以外の部隊が入るのは初めてのことだ。

第五中隊はこの日、守衛を下番したものの、前述のようにそのまま皇居内にとどまり、内苑門から吹上御苑に入り、御文庫周辺に陣をしいた。兵隊が御一家の住宅となった御文庫という半地下式の宮殿を見るのははじめてだった。御文庫一帯は動哨でさえ近寄るのを禁止されていた。

こうして十四日昼ごろ、皇居布陣の主力となった第九中隊をはじめ第三大隊の各隊は、坂下門、乾門、半蔵門などお住まいのある西の丸に通じる皇居のすべての門を、何のいざこざもなく静かに抑えた。いずれも皇宮警士が分担する宮門であった。

私はごくごく単純な謎解きをしている。謎は九九・九パーセント解ける。しかし、この世界でいちばん単純な謎解きを延々と書かなければいけないほどに日本の悲劇は続いていることの証でもある。だから、この『さらば昭和の近衛兵』を読んでみようではないか。

午後四時をまわったころ、第二連隊長芳賀豊次郎が予定どおり軍旗を奉じて意気軒高、第二大隊の主力とともに乗りこんできた。軍旗が皇居に入ったのは、三月前の宮殿炎上につづいて二度目であった。

守衛隊司令部の司令官室に入った芳賀は上機嫌で、部下にかこまれて談笑する声が私たちの室まで伝わってきた。彼が第三大隊と交代して守衛隊司令官についた。

芳賀は二、三日前に、連隊に師団長森の来訪をうけたばかり。〔略〕彼は森の友情と厚意に報いる決意をかためていた。

芳賀が森師団長の訪問を受けた場面はすでに書いた。クーデター計画は、某中佐、古賀の線で十二日、佐藤大隊長に伝えられた。芳賀は、十四日に某中佐の説得に応じた。その場面をもう一度、書くことにする。『天皇の陰謀』からの再度の引用である。

九時半数分過ぎ、阿南陸相がリムジンに乗って陸軍省を出た時、某中佐と彼の熱血漢の被保護者畑中少佐は、吹上御苑に待機している近衛兵の二箇大隊の指揮に当っている大佐を訪問した。その日早く、この同じ大佐は畑中中佐《ママ》のクーデター計画の下ごしらえをすることを拒否していた。今や、某中佐に会って、大佐は「私は心変りしたようだ」と語ったのである。

『天皇の陰謀』のみが『さらば昭和の近衛兵』の正しさを証明している。「部下にかこまれて談笑する声が私たちの室にまで伝わってきた」と絵内正久は書いている。これが偽装クーデターの演出であったのだから。某中佐が巧みに説明してみせたので、大佐は「私は心変りしたようだ」との心境の変化を見せたのである。

さて、『さらば昭和の近衛兵』の次の文章を読んで読者はどのように思うであろうか。私は、私の予想した通りだと思ったのだが。前の文章の続きである。

そこへまた、参謀総長にクーデター動員計画を反対された阿南が、十四日の朝、陸軍省に待機させた田中静壱と森赳に、

「本日午後四時までに第二連隊を皇居に入れて不測の事態に備えさせよ」

と要請したという。それを森から知らされた芳賀は、阿南の信頼に応えようといっそう感激した。

私は、某中佐から阿南が偽装クーデター計画の全貌を十二日〜十三日までに知らされていた、と思う。阿南はそれに応じないわけにいかない。それで一応、陸軍大臣、参謀総長、近衛師団

長、東部軍司令官の四者一致の場合のみのクーデター計画を作った、と書いた。

この計画は最初から偽装であった。本当のクーデターは某中佐が阿南、田中、森の三人を十四日のあるときに呼びつけ、古賀、井田、畑中らを背後において具体的に説明したにちがいないのである。

どうしてか。十五日に阿南、少し遅れてだが田中が自害する。そして森も師団長室で自害する予定になっていた。それで田中は東部軍司令官室でふてくされて最後まで動こうとしない。阿南は一部の部下の自由行動を認めないわけにいかず、自害の準備に早々に入る。ひとり森だけが師団長室か二階の私室に閉じ込められる。十四日の朝、陸軍省に待機させた田中静壱と森赳に対する阿南の言葉がそれをはっきりと物語っている。その阿南の傍に、たぶん某中佐がいると私は思う。もし、いなければ、某中佐の影がちらついている。

「本日午後四時までに第二連隊を皇居に入れて不測の事態に備えさせよ」

では、森はどうして畑中からピストルで撃たれたのか。某中佐が偽装クーデターにリアリティを求めたからである、と私は思っている。森の義弟の白石通教中佐（第二総軍参謀）は偶然にそこにいたのではない、と思うのである。確証はない。しかし、偶然はおかしい。彼は森の切腹を助ける介添人として登場した人物と思う。しかし、リアリティの前に、彼も惨殺されたのである。私は五・一五事件と二・二六事件の延長線上にこの大惨事が起きたことのみ記しておく。

もう一度、この『さらば昭和の近衛兵』について書くことにする。

## 近歩二第一大隊長の手記を読む

秦郁彦は『昭和史の謎を追う』の中で「いずれにせよ十四日午後から宮城を取りしきっていたのは、実質的に古賀、佐藤、北畠のトリオだったと思われる」と書いた。だが、どうして古賀と佐藤と北畠のトリオが実質的に宮城を取りしきっていたのか、その理由を書かない。

私が秦の本を名著であるというのは、この点にある。彼の本は無難を心がけている。彼は「窪田証言によれば、惨劇は一分とかからなかった。畑中がピストルで撃ち、剣道五段の上原が森をケサがけに斬り倒し、白石が畑中に組みついたのを上原が斬り、窪田がとどめを刺した」と書く点も名著にふさわしい。どうしてか？　彼は「窪田証言によれば」とちゃんと逃げを打っている。万一、そうでない場合は、俺りゃ知らねぇ……というわけである。

それでは北畠について考察してみよう。「文藝春秋」（二〇〇五年九月号）の「60年目の『日本のいちばん長い日』」に、北畠暢男が「玉音盤奪取の偽師団長命令」を寄稿している。彼は当時陸軍大尉（近衛歩兵第二連隊の第一大隊長）で、二十五歳であった。彼は次のように書いている。

八月十一日の夕方、私は古賀秀正師団参謀から師団司令部への呼び出しを受け、こう命じられました。

「すべてが終わりだ。貴様は明日から守衛隊司令官として、部下を率いて宮城に入れ」

古賀参謀の顔は青白く、口調も投げやりでどこか憤慨しているようでした。その足で森赳師団長を訪ねると、師団長は目を瞑《つむ》り、何事かを考えているようでした。そして静かに、こう言われました。

「遠くは大津事件、あるいは五・一五事件、二・二六事件において、青年特に青年将校の血気の勇は、日本の国に非常な損害を与えた。だから、これから起こるであろう問題は何であるかわからないが、充分考慮して守衛隊司令官の勤務をせよ。もし軽挙妄動する者があれば、断固として斬れ」

「上官の命を承ることは直に朕が承る義なりと心得よ」の軍隊の世界から見て、古賀少佐が大尉である北畠暢男に命令するのは理にかなっている。しかし、古賀少佐は中将である森師団長の意向を無視しての行動は何一つとれないのである。「師団長は目を瞑り、何事かを考えているようでした」と北畠暢男は書いている。自分の部下の勝手な行動に対し行動中止を命令することができないのである。十四日でなく、十一日の夕方に、すでに古賀は独自で動いている。竹下正彦が書いた偽クーデター計画に先行している。某中佐が独自の偽クーデター計画を作成し、古賀参謀を動かしている。

森は「遠くは大津事件、あるいは五・一五事件、二・二六事件……」と呟く。これらの事件も背後に皇族の連中が動き、策動している。森はそれを知っている。しかし、それ以上はたとえ相手が部下であっても喋れない。すでに十一日の夕方から夜にかけて、別の偽装クーデター計画が阿南陸相、梅津参謀総長、森近衛師団長、田中東部軍司令官の存在を無視して進行中であったことが分かるのである。

秦は「十四日午後から宮城を取りしきっていたのは古賀、佐藤、北畠のトリオだったと思われる」と呑気な名文を書いている。どうして、こんな下級の軍人トリオが宮城を取りしきれたのか、を読者に知らせないのである。答えはいたって簡単である。それを読者に分かるように説明しようとすれば某中佐の存在を書かざるをえないからである。

北畠暢男の手記を続けよう。

> 私たちは十二、十三日と無事に守衛勤務を終え、近歩一と交代しましたが、十四日の午後から再び同勤務に戻りました。しかも、芳賀豊次郎連隊長以下軍旗を奉じて一個連《ママ》隊の増派です。不測の事態への対応強化が目的で、師団長は陸士で同期だった芳賀連隊長を信頼してこの任務を託したようです。

近衛師団長森赳は一連の参謀と芳賀連隊長の行動を知らされていなかった。否、知らされていたが、その行動を監視され続けていた。十一日の夕方からの古賀の独自の行動に対しても、古賀を呼びつけて叱咤することも一切していない。森は完全に自由を奪われていた。芳賀とも会っていない。会っていれば、行動規制の命令を言いつけられるが、それもしていない。森を疎外したところで偽装クーデターが若い参謀たちにより進められる。背後に、畑中、椎崎、古賀たちを連れまわす某中佐が見られている。引用を続ける。

そして午後三時ごろ、古賀、畑中健二、椎崎二郎の三参謀が守衛隊司令部を訪ね、自らを「大本営より近衛師団への派遣参謀だ」と紹介の上、部隊側の芳賀連隊長、佐藤好弘第三隊長、そして私の三人を交えての「三対三」の会談が行なわれました。参謀側はこう告げました。

「陸軍大臣の決心は変わらず、国家護持の保障をとりつけるまではポツダム宣言を受諾せず戦争を継続する。ただ大臣も近衛師団長もこのことについてスッキリとしたものが出てこない。もう少し説得する。君側の奸（和平派要人）を排除することも続けていく」

参謀とやらが言ったこの文句も、三文小説の中の酔いつぶれのチンピラの台詞に似ている。「大臣も近衛師団長もというけれど、階級一つ違うだけで行動はひとつとして起こせない。「大本営より」というけれど、大本営には梅津参謀総長がいる。彼は最初から、いかなる偽装クーデターにも反対していた。陸軍大臣、参謀総長、近衛師団長を超える某中佐が三対三の背後にいればこそ、この会談は成立したのであろう。そうでないという学者がいれば反論してみろ、と言いたい。

次に記す北畠の文章をじっくり読んでほしい。この偽装クーデターの真相が見える。

参謀は部隊側にとって上官であり、上官の命令は絶対です。しかし彼らと違い我々には生死を共にする部下がいて、それぞれに思いは千々に乱れています。だからこそ命令一下、整然とした行動をとらなければ軍隊は成り立ちません。その時点ではじめて決起計画の一端に触れた私たちは、参謀側にこう伝えました。
「我々には部下がいる。近衛師団、近衛兵としての名誉、歴史、伝統がある。従って近衛師団命令のもとに、整斎とした行動をしたい」

秦郁彦が書いているように「十四日午後から宮城を取りしきっていたのは、実質的に古賀、佐藤、北畠のトリオだったと思われる」のではなく、彼らは強制的な行使を命令されたのである。「参謀は部隊側にとって上官であり」は偽りである。芳賀連隊長は大佐であり、八月中の少将昇任が内定していた。本来なら「貴様ら、何をぬかすか！」と一喝するところである。間違いなく、その場に某中佐がいることを北畠暢男はそれとなく語っているではないか。引用を続ける。

しかし、その日の午後九時に開かれた二度目の会談で、参謀側は「大臣に対しても師団長に対しても、我々の説得は後一歩のところまで来ている」と言ったものの、私が「師団長が命令を出さなかった場合は」と尋ねると、「斬ってでもそうする」と答えました。統帥系統にある師団長を「斬る」とは何ごとだ、との疑念が頭をよぎりました。これ以降、参謀側の積極姿勢に比べ、部隊側は慎重に事態を見極めよう、といった消極的な姿勢を強くしていったように思います。

森近衛師団長殺しは、すでに十四日午後九時の時点で確実に決定済みの〝話し合い〟が参謀たちの間で出来上がっていたことが分かるのである。夜八時ごろ、『日本のいちばん長い日』の大宅本や『天皇の陰謀』にあるように、某中佐は間違いなく二重橋にいた。そして、各近衛兵が確実に位置についているかを確認し、芳賀、佐藤、北畠の近衛兵の幹部に兵の動きをチェックさせていた。そして、九時すぎ、「森近衛師団長惨殺」をにおわせるのである。よりリアルに日本の悲劇を演出するためには、いちばん大きな犠牲が必要なのだ。

そしてついにクライマックスが来る。引用を続けよう。あの場面がやってくる。森師団長惨殺の後である。

そして十五日午前二時、師団長命令が出されました。宮城と外部との通信を遮断し、玉音盤を奪取すべく宮内省の捜索を行なえ、というものです。芳賀連隊長はこの命令を不審に思い、「師団長がよくこのような命令を出しましたね」と参謀側に問いかけましたが、古賀参謀は「師団長はしぶしぶ承諾しました」と答えています。いずれにしても命令に従うしかありません。私は賢所に待機していましたが、ある隊は夜を徹して宮内省を捜索し、またある隊は諸門を封鎖し情報、放送関係者を監禁しました。しかし探せど探せど玉音盤は見つからず、午前五時までに、決起計画の要であるはずの阿南惟幾陸相が自刃にかかっていること（介錯《かいしゃく》を断っていたので数時間かけての自決となりました）、同じく決起の一翼を担うはずの田中静壱東部軍司令官が営庭の近歩一連隊を抑えていることが情報として伝わってきました。この時点で私は、天の時は過ぎたのだ、と覚悟するに至りました。

この文中に「ある隊は夜を徹して宮内省を捜索し……」とあるのは後述するが偽りである。近衛兵の誰ひとりとして玉音盤を本気でさがした形跡はない。侍従たちの創作話にすぎない。秦郁彦が書いているのと違い、芳賀連隊長も佐藤、北畠も、完全に古賀参謀に欺されたのである。しかし、欺されるのを承知で行動せざるをえないのである。

近衛兵は侵入するやも知れぬ賊から皇居を守るのを主務とする。皇居内、特に天皇の住まいの御文庫の周辺は皇宮警士が守る。そのシステムを破れるものは、天皇か天皇の意を直接受けた直宮《じきのみや》しかいない。賢所や御文庫の傍まで銃剣を手にした近衛兵を入れる権利を持つ者のみが、この演出を可能とした、と考えられよう。陸軍大臣も参謀総長も内大臣も内務大臣もそのような権力を持ちえぬ。いわんや、近衛師団長や東部軍司令官はなんら力を持ちえぬのである。

この「真夏の夜の悪夢」の演出者は自明の理《ことわり》の中に姿を見せ、そして姿を消したのである。

北畠の手記を続ける。

そのころ、田中東部軍司令官から会同《ママ》の要請が入りました。実は田中司令官からの要請はこれで二度目でした。さて、どうするか。参謀側にはとことん籠城するという意向もあったようですが、私たちはそれを振り切り、乾門に出向きました。そして田中司令官から森師団長が殺害され偽命令が出されたことを聞き、愕然としたのです。佐藤大隊長と私は抱き合い、涙を流しました。近衛師団の指揮権は田中司令官へと移り、かくしてこの騒動は収束しました。時はすでに、十五日の朝を迎えていました。

近衛師団の師団長も連隊長も、歩兵の一人として反乱した者はいなかった。彼らは反対し続けた師団長は別として、古賀参謀と間違いなくその背後にいた某中佐に動かされて、宮中深くに連れていかれ、ただ立っていた。『さらば昭和の近衛兵』に書かれていることと、この北畠の手記が裏付ける。

北畠の最後の文章には、何らかの遠慮がある。あの事件から六十年が過ぎても〝天皇タブー〟が生きていることをしめしている。

このように、終戦をめぐってのクーデターは、参謀主導で動き出し、近歩二はその計画に巻き込まれる形となりました。確かに実行部隊として宮内省に入ったり、要人を監禁したことは事実です。しかしその一事をもって、終戦時の近歩二を二・二六や五・一五の系譜に連なる「反乱軍」と位置づけることは必ずしも適切ではないように思います。あくまでも国体護持を、という参謀たちの思いは極めて純粋なものだったとも思いますが、芳賀連隊長、佐藤大隊長、そして私の三人がもしあの時籠城を続けることを選択していたら、終戦は長引き、ソ連の北海道侵略を許していたかもしれない。そう思うと今も、万感の思いが胸にこみあげてくるのです。

北畠暢男はこの文章の最後に「三人がもしあの時籠城を続けることを選択していたら……」

と書いているが、それは彼の完全な思い込みである。敗戦後数十年経過しても、自分たちの行為に正当性を与えたいのは人情というべきである。もし籠城を続けたら、否、ほんの十分でも「ノー」と叫んだら、本当の反乱兵として射殺されていたであろう。それは某中佐を喜ばせたであろう。田中東部軍司令官はその点は立派だったのである。森師団長の惨殺だけで終わったのだから。

# 空の章

# 空の章

## 『昭和天皇独白録』には真相が書かれていた

『昭和天皇独白録』を見ることにする。文春文庫版の「はじめに」を半藤一利が書いている。

本書は、寺崎英成《てらさきひでなり》が記した「昭和天皇独白録」、そして寺崎のひとり娘マリコ・テラサキ・ミラー『〝遺産〟の重み』の二部構成で編まれている。

第一部「昭和天皇独白録」は一九九〇年十二月号の『文藝春秋』に全文発表され、大きな話題をよんだ。その成立内容については、発表時の『文藝春秋』編集部の「掲載にあたって」が余すところなく記している。

――「独白録」は、昭和二十一年三月から四月にかけて、松平慶民宮内大臣、松平康昌宗秩寮《そうちつりよう》総裁、木下道雄侍従次長、稲田周一内記部長、寺崎英成御用掛の五人の側近が、張作霖爆死事件から終戦に至るまでの経緯を四日間計五回にわたって昭和天皇から直々に聞き、まとめたものである。

では、(一二)「八月十四日の御前会議前后」の中の森師団長惨殺事件に関する天皇の独白を見ることにする。

午前十一時、最高戦争指導会議と閣議との合同御前会議が開かれ、私はこの席上、最后の引導を渡した訳である。この会議の事は迫水の手記に出てゐる。

「ポツダム」宣言受諾の詔書は十四日午后九時過ぎ署名したので、之ですべて確定したと思つたが、陸軍省は、放送がなければ効力がないと思つたか、放送妨害の手段に出た。荒畑《ママ》軍事課長が、近衛師団長に、偽命令を出して欲しいと強要した。森（赳）近衛師団長は立派な人で、この強要に頑強に反抗した為殺された。そして師団参謀長と荒畑との名で偽命令書が発せられた。

宮内省の電話線は切断せられ、御文庫の周囲も兵により包囲された。

幸ひ空襲の為窓の鉄扉が閉鎖されてゐたので、私の居る処は兵に判らなかつたらしい。

この騒動をきいて、田中静一（正しくは静壹）軍司令官が馳せ付け兵達を取り鎮め、事は無事に終つた。

鈴木、平沼の私邸も焼かれた、平沼は陸軍に巧言、美辞を並べ乍ら、陸軍から攻撃される不思議な人だ。

結局二股かけた人物と云ふべきである。

〔注〕八月十四日午前十一時からの、終戦を決定した最後の御前会議が、天皇の強い決定にもとづく〝天皇命令〟による召集であったことは、今回のこの天皇発言によって明らかにされた事実である。宣戦あるいは講和の権は明治憲法によって定められた天皇大権であ

る。その天皇大権を行使して、一刻も早く終戦を急いだ様がヴィヴィッドに語られている。
そのうえに驚くべきことがはじめて語られた。森近衛師団長を殺害し偽命令によって宮城を占拠、終戦を阻止しようとしたいわゆる〝録音盤奪取事件〟はすでに知られている。が、その偽命令が近衛師団参謀長（水谷一生大佐）と荒畑軍事課長（正確には荒尾興功大佐）の連名で出されたと、天皇に記憶されていることは重大である。もしこれが事実なら、終戦史はもう一度調べ直さなければならなくなる。なぜなら荒尾軍事課長は阿南陸相がもっとも信頼し、終戦までのさまざまな陸軍の政軍両略の中心となった軍人でもあったからである。宮城占領計画は、もしこれが正しければ、少数の青年将校の〝真夏の夢〟的な叛乱ではなく、陸軍中枢が加わっていたものとも考えなくてはならなくなる。

天皇の八月十四日についての発言は事実である。この「注」はたぶん半藤一利が書いたものと思われる。しかし、彼は「もしこれが事実なら、終戦史はもう一度調べ直さなければならなくなる」と書くのだが、〝決定版〟半藤本は書き直していない。まさしく、半藤自らが書くように「宮城占領計画は、もしこれが正しければ、少数の青年将校の〝真夏の夢〟的な叛乱ではなかった」のである。そして「陸軍中枢が加わっていたものと考えなくてはならなくなる」叛乱であったのだ。それも、某中佐がすべての指揮をとった偽装叛乱だったのである。

天皇が思わず真相を喋った。しかし、この『独白録』を徹底研究する「座談会」の模様が本の巻尾で「解説にかえ」に載っている。

寺崎英成御用掛

伊藤隆（東京大学教授）、児島襄（作家）、秦郁彦（拓殖大学教授）、半藤一利（昭和史研究家）らが出席している。しかし、この点に触れて語っていない。そうたいした問題とされていない。大月書店が一九九一年に出版した『徹底検証・昭和天皇「独白録」』の中で、多少触れられている。だがこれも表層的である。天皇主義者たちも反天皇主義者たちも、この天皇発言を重要視していない。

それでは、荒尾軍事課長の動向を見てみよう。天皇の発言の正しさを証明するためである。雑誌「世界」の一九五一年八月号に、林三郎（事件当時、阿南陸相の秘書官）が「終戦ごろの阿南さん」を書いている。

十三日の夜は、特に蒸し暑かった。永田町界隈は五月二十五日の爆撃で一面の焼野原と化し真っ暗であった。人通りも殆どなかった。十時ごろ焼け残りの高級副官官舎——仮りの陸相官邸——に数人将校がたずねてきた。荒尾軍事課長のほか五名の軍務課員が、クーデター計画につき大臣の承認を受けにきたのである。〔略〕

阿南さんは、なおもクーデターが気がかりのようであった。八月十四日の朝も「どうも西郷さんのようにかつがれそうだ」と私語い《ママ》た。そのためか、陸軍省に大城戸司令官と森近衛第一師団長を招致し「重大な命令は大臣又は次官のいずれかが直接に下すから」との注意を与えた。〔略〕

（十四日の昼ごろ）やがて大臣室には、陸軍の首脳者が集まった。入室者は制限された。荒尾軍事課長は活発に動いて「皇軍は最後は清くせんとす」と書かれた紙に三長官の捺印をもとめた。阿南さんももちろん署名した。午後三時から陸軍省職員にたいして聖断の思召を伝え、これに従うよう訓示した。

次に、角田房子の『一死、大罪を謝す』を見る。

〔十四日〕午後十時ごろ阿南はまた中座して「陸軍省へ行く」といった。その途中で、林は総辞職の件を報告した。大臣室にはいった阿南は机のまわりを片づけ、その後で竹下中佐を呼んだが彼はいなかった。

次に阿南は荒尾軍事課長を呼んだ。総理官邸に戻らねばならぬ時刻が迫っていたため、短時間であったが二人で話した。

このときの阿南の言葉を荒尾は翌十五日、阿南の自決後に、大本営参謀高山信武《しのぶ》大佐に次のように語った。

「阿南さんは自決は俺一人でたくさんだ。たとえ御聖断は下っても、軍内外を問わず、異常な混乱状態に陥ることは必至と思う。今や平静に終戦処理することこそ中央幕僚の最大任務だ。それに外地に残された多数軍人の復員を早急に実現しなければならぬ。君達はぜひこの二大事業を完遂してほしいと、固く言い残された」

荒尾も自決の覚悟であったが、阿南に強く止められた、と伝えられている。高山に語った荒尾の言葉から、それが真実であり、また十四日夜の荒尾は阿南の自決を知らされていたことがわかる。閣議の席に戻るよう、林に促された阿南は「軍を失うも、国を失わず」

と独言《ひとりごと》をいいながら立ち上った、と荒尾は書いている。

では、この同じ場面をバーガミニの『天皇の陰謀』で見ることにしよう。

阿南は言った。「生きて日本の再建のために働くのが、君達将校の義務だ」他の何事は言わずともこれだけで荒尾への腹話として十分だった。それは阿南がもはや彼自身を「君達将校」の中には入れていないで、死者の中に入れていることを、意味していた。それは陸軍大臣がもはやアメリカ人に対する決定的戦闘を戦うことを望んでおらず、自殺をすることによって彼の高い水準の狂信をアメリカ人に印象づけようとしているだけだ、ということを意味していた。〔略〕

阿南陸相は荒尾への秘やかな言葉によって、延期されたクーデタ計画の再活動に許可を与えたのだ。しかしながら今やそのクーデタは、できるかぎり現実的に見せかけなければならないが、もはや戦争を長びかせる真の努力をめざすものではない、擬《まが》いもののそれでなければならなかったのだ。すべては外側の観察者、特にアメリカ人に、神聖な天皇は日本軍国主義の首魁であるよりはむしろ犠牲者であったのだということを、信じこませるゼスチュアであった。午後の忙しい会議、裕仁の侍従武官長の警戒せよとの言葉、裕仁自身の吹上御苑での散歩——すべてがこの最後のゼスチュアの必要を伝える腹芸として仕組まれたのである。

天皇の「荒畑《ママ》軍事課長が、近衛師団長に、偽命令を出して欲しいと強要した。森近衛師団長は立派な人で、この強要に頑強に反抗した為殺された」との発言は事実である。ただ、森もそのことを強要されて、自決を決めたが、バーガミニが書いているように、「できるかぎり現実的に見せかけなければならない」ので、畑中にピストルで撃たれ、惨殺されるのである。

天皇が語る八・一五事件は、日本人が今までに書いたいかなる本よりも真相を語っている。この独白録が「文藝春秋」の一九九〇年十二月号に出てから十数年の年月が流れたのに、誰ひとりとして、この天皇の発言に注目し、正面から挑んだ者はいない。かくも〝天皇タブー〟が平成の時代でも強力に働いている。このタブーに挑戦しないかぎり、日本の闇が晴れる日はこないだろう。

近衛師団参謀長水谷大佐は『一死、大罪を謝す』や『日本のいちばん長い日』に、森師団長惨殺の前後数場面に〝脇役〟としてしか登場しない。森惨殺後、井田中佐と一緒に田中東部軍司令官の所へ行き、殺害の報告をしている。

『日本のいちばん長い日』の〝大宅本〟を見ることにする。

井田中佐と顔面蒼白の水谷参謀長がもつれ合うようにして入室してきた。高嶋参謀長はなにかを直感した。ひと目みたときの水谷大佐の表情はただごとではなかった。大佐は身体を前後に大きくふらつかせながら報告した、森師団長が殺害されたこと、叛乱軍が宮城を占拠したこと、自分はとりあえず東部軍司令官の指示を仰ぎにきたこと。だが、それだけいうのが、やっとだったのだろう、大佐は極度の疲労とあまりの緊張に軽い貧血状態に陥り、その場にふらふらと倒れかかった。

私は他人の文章をとやかく言う資格も能力もない。しかし、一つだけ、この『日本のいちばん長い日』について書いておきたいことがある。私なら、次のように書く。

——井田中佐を伴い近衛師団参謀長水谷大佐は田中静壱東部司令官に会うべく司令部に行った。そこに高嶋参謀長がいたので、森師団長殺害の模様について報告した。ついでに、偽師団長命令が出ていることを説明した。東部軍が動かないようにとの某中佐からの伝言もあわせて伝えた。それで叛乱はリアリティを増すのであった。水谷大佐はこうも言った。「荒尾軍事課長と私が指揮をとり、古賀、畑中、井田、窪田、上原らの中佐や少佐、そして大尉らを皇居内を自由に動かさせますので、静かに見守ってください」

高嶋参謀長はきっぱりと答えた

「分かりました。田中司令官からそのように伺っています。がんばってください」

林三郎の「終戦ごろの阿南さん」に少し気になる文章があるので、その部分を再度記す。

陸軍省に大城戸司令官と森近衛第一師団長を招致し「重大な命令は大臣または次官のいずれかが直接に下すから」との注意を与えた。

大城戸司令官とあるのは、大城戸三治憲兵司令官、塚本誠憲兵中佐の上官である。阿南が大城戸憲兵司令官を招致したのは、木戸内大臣（後章で詳述する）の意向であろうと思われる。『木戸日記』を丹念に読むと分かることだが、内大臣木戸幸一の主な仕事の一つが、内務省を通じて（主として憲兵隊を通して）治安状況を知り天皇に報告することであった。この朝、阿南、大城戸、森の会合は、偽装クーデター計画の具体的な行動についてであるにちがいなかろう。それはただちに大城戸から木戸内大臣、そして天皇へと伝えられたとみられる。『日本憲兵正史』（全国憲友会連合会編纂委員会編、一九七六年）には、木戸と憲兵司令官の関係がかなり詳しく書かれている。この推測にはひとつのデータがある。『天皇の陰謀』から引用する。八月十四日午後の出来事である。

その午後遅く、近衛公もクーデタの風聞を聞きつけ、「第一近衛師団の不穏」の噂を論議するために、内大臣木戸候を訪問した。近衛師団長森赳中将は近衛公の友人、被保護者、遠い親戚の者であった。彼は叛乱者によって呼びかけられ、叛乱を支持せよと頼まれた一人であった。

木戸は近衛を軽くあしらうのである。近衛は真相を知らない。偽装クーデターの真相を知るものは、天皇、木戸、某中佐、阿南、森、大城戸、塚本、田中、そして荒尾、水谷、芳賀、高嶋ら、そして、叛乱グループの面々であろう。

近衛文麿

私はこの惨殺事件を調べてきて、ひとつ気になることがあった。それは井田正孝中佐である。彼は集団自殺をあおった張本人であったが、自決しなかった。そして「井田手記」を残した。この手記をもとに、『日本のいちばん長い日』他が書かれたことは間違いない。彼は後に岩田姓を名乗る。塚本憲兵中佐が戦後電通に入社すると、岩田は電通に迎えられる。一九六五年、塚本は「社長室長」となり、岩田は「総務課長」になる。後に二人は電通社内で出世していく。『日本のいちばん長い日』は一面、日本憲兵隊の物語である。塚本と井田（後の岩田）は、あの日の演出家から大きな役割をふりあてられていた。その二人は、戦後も、その演出家の庇護のもとで、日本最大の広告代理店・電通の力を最大限に駆使して、この『日本のいちばん長い日』の物語が大宅本の範囲を超えないように、絶えず監視の目を光らせていたのではなかったか、と思うようになったのである。これは私の取り越し苦労ではないであろう。

話を替えて本題に移らねばならない。

『さらば昭和の近衛兵』によると、八月十四日の朝から第一連隊と第二連隊の兵たちが皇居内に入っていたことが書かれている。

『日本のいちばん長い日』の主題の一つはニセ師団長命令書である。しかし、こんなものは最初からなかったも同然である。すでに十四日の朝から森師団長はその指揮権を奪われていたことが、この一件から分かるのである。阿南と大城戸と森の会合で、森の指揮権が奪われたのは確実である。天皇の発言にあるように、阿南の代行を荒尾軍事課長がし、森の代行を水谷参謀長と芳賀大佐がするのである。大城戸は木戸内大臣に報告し、木戸から天皇は聞いて、荒尾、水谷の師団長のニセ命令書のことを知るのである。天皇は何ら深く考えもせず、荒尾と水谷の

東部軍航空
部隊作戦室
九段下
田安門
神田橋
九段上
近衛歩兵第一
第二連隊
近衛連隊
兵営
正門
近衛師団
司令部
竹橋
大手町
乾門
三番町
御文庫
和田倉門
紅葉山
(通信所)
宮内省
坂下門
二重橋
半蔵門
馬場先門
衛兵所
(二重橋ぎわ)
東部軍司令部(第一生命ビル)
三宅坂
桜田門
警視庁
日比谷
陸軍大臣
臨時官舎
議事堂
日本放送協会
艦政本部

名を出したのであろう。

『さらば昭和の近衛兵』には続きがある。

平常なら近寄れないはずの御文庫周辺で、銃を立てて折り敷けの戦闘体制で御文庫をにらんでいる兵隊に、ある中隊では「御文庫に出入りする者をチェックするため」と説明し、別の中隊はいっさい説明がなかったという。

賢所付近に布陣した第一中隊は、「横浜に米軍が上陸したので、それと一戦を交えるため」と説明された。

第九中隊長の佐藤勇は、午後二時ごろ御文庫正面の花蔭亭にいた。彼は中隊からただ一人離れて、彼に従う九中隊員は一人もいなかった。佐藤は「陛下を外部に連れ出そうとする不逞の輩からお守りするため」と言われて、銃剣術有段の下士官数人の決死隊と通信小隊で御文庫をかためていた。

私をはじめ中隊人事係、小隊長の依田一夫、中隊長までがすっかりだまされていたわけだ。佐藤は新編成の第九中隊長として近衛師団勤務から転勤してきて、まだ日が浅かった。「戦闘部隊として一個連隊が宮城に入るのは連隊はじまって以来のことだろう。米軍上陸の報もないのに、宮城内で作戦が実地されようとしていること自体、容易ならざる局面であることを肌で感じた。もちろん、われわれに宮城での目的は知らされていなかった。それは宮城の警護というより、宮城を外部から遮断することであり、一時ではあったが宮城を占領したようであった」

と感想文を後に書いた第六中隊の柴田道泰のような考えを抱く兵もいた。

佐藤は任務に万全を期して、たまたま御文庫から出てきた侍従に天皇の動静をたずねた。変わった動きが御文庫に見られたらただちに踏みこむつもりで、「なにか異状があったら連絡して下さい」と頼んだが、逆に侍従は不思議そうに驚き怖れている様子を見せた。

近衛兵たちは、何のために皇居の中で銃剣を持って立っているのかを知らなかった。元首相の近衛文麿が木戸を訪問した場面も『さらば昭和の近衛兵』の中に書かれている。


一方、夕方近くなって近衛文麿が宮内省の内大臣室にかけこんできた。木戸を見ると、

「近衛兵に何か不穏な動きがあるのではあるまいか。注意した方がいいと思いますがね。宮城を中心にまわりの道路にも武装して、いっぱいですよ」

不安げな面持ちで忠告した。

「ほう、それは初耳です。気がつきませんでした。だれもそんなことを言ってくる人もありませんし……」

木戸は一笑に付した。しかし、近衛はきのう代官山新道から皇居に入ろうとして、機関銃を堤防に据えていた私たちに阻止されて不審をいだき、戒厳令で交通規制していた五・一五と二・二六事件と重ね合わせたのだろう。


この絵内正久は朝日新聞の記者から徴兵されて近衛兵となっている。五・一五事件と、二・

二六事件を連想しても無理がない。この本を続けよう。

その少し前に、数百人にのぼる第二連隊の近衛兵が軍旗を先頭に入ってきて、随所に配備され、朝からの姿勢をそのまま取りつづける兵隊の間に割りこんで、銃を構えた。その中の一人の兵隊の手記である。

「〔略〕われわれの関知できない何事かが、宮城地区周辺を中心に起きているであろうことは想像された。異常な雰囲気を感じながら、ようやく宮城に入ったのは十六時ごろであった。

富士見櫓の下を通り、百人番所付近でまた別命あるまで待機となった。二十時ごろになって富士見櫓の石垣の突端、百人番所におのおの道路をはさんで複哨を立てた。そして宮城内の勤務者以外はすべて強制的に停止させ、上官に連絡するよう命ぜられた。これは旧本丸や二の丸方向から、大手門や坂下門を通り宮城外に出ようとする者のチェックである。

私は歩哨係兼立哨者間の連絡係であったが、立哨者になぜこのようなことをするのか、兵隊の疑問にこたえられなかった」（斉藤孝一）

井田正孝中佐の著書『雄誥《おたけび》』（一九八二年、西田雅との共著）がある。どうも『日本のいちばん長い日』を中心に、ほとんどの終戦史はこの本や井田が残した「手記」や「談話」に影響されている。

この井田中佐の手記に、吉田鈞は『責任は死よりも重し』の中で反論している。貴重な意見である。

然し乍ら、指揮権のない一少佐や中佐がどうして最古参大佐の芳賀に撤兵措置を命ずることが出来るか、それは不可能な事である。また、正門の司令官室までの乾門から銃前哨に到る五個所の歩哨線を、どのようにして突破して行ったのか、然も乾門から車で入ったということなのでそれは通常皇族並みではないか。

また、守衛隊司令官や大隊長などの巡察の目をどのように潜り抜けて、椎崎、畑中、井田の三人が会談出来たのか、守衛を経験した近衛兵の実情からは理解出来ない疑問である。なお、指揮権のないものが撤兵を命ずることは出来ない。然も、恰《あたか》も近衛歩兵第二連隊を宮城占領軍の如くに表現しているが、それは事実に全く反するものである。故意に畑中らの妄想を補強しているにすぎない。軍旗を奉じて守衛隊の指揮に当っている連隊長が、若い少佐や中佐に頤使《ママ》されるようなことは、日本の軍隊では到底考えられないことである。

「日本の軍隊では到底考えられないこと」が起こったのである。『さらば昭和の近衛兵』と『責任は死よりも重し』のような事態が、十四日から十五日にかけての「日本のいちばん長い日」に起きたのである。私はこれを一人の演出家が創造したフィクションならぬ、リアリティの世界であったと書いているのである。日本という国は、このような想像をはるかに超えたリアリティを演出されて永らえてきた国家ではなかったかと言いたいのである。バーチャル・リアリティが本当のリアリティに変貌する国、それが日本の姿なのではないだろうか。

一九九五年、近歩二会の編集・発行による『或る近衛聯隊長の記録』が出版された。その中で芳賀連隊長の回顧談が出ている。

芳賀は宮城事件の責任を負わされて免官となり、郷里仙台に帰って余生を送ったが、或る日彼を訪れた高木秀明に、当時のことについて次のように語っている。

「おれは連隊が出動の命令をうけた初めから、おかしいと思っていたのだよ。十五日の午前三時ごろ、師団長の代理をしろと言われた時にその気持ちは決定的なものになった。しかしあの場合、偽命令に知らないで従ったということで収める外、方法はないと思った」

某中佐が下村海南の『終戦秘史』に少しだけ登場する。井田中佐の「談話」および「手記」とこの『終戦秘史』が終戦史の〝二大バイブル〟となった。では引用する。十四日の御聖断の後にこの文章は書かれている。某少佐となっているが。

大勢はここに決したのである。閣議の経過と照応《しょうおう》すれば陸軍の全貌《ぜんぼう》がおおよそ看取《かんしゅ》せらるることと思う。しかるに夜深く畑中少佐はさらに同志を語らい、まず近衛師団の蹶起をうながしてきた。森師団長には数日前に某少佐から抗戦に強力を頼んでいる。いかに説いても願っても、師団長は承知しない。よしんば陸相や参謀総長から何といってきてもだめだ、近衛兵はただ陛下の命ずるままであるといって動かなかった。

この『終戦秘史』にはもう一カ所、某中佐を連想させる場面がある。私にはそう思えるのであるが、読者はどう思うであろうか。録音盤騒動の最中の一コマである。先に引用した（六一頁参照）。もう一度引用しておく。

「あなたもこちらへ」

という。何事が起ったのかと引返し、将校の前に出ると、大隊長は、

「今あの室の入口に上衣をぬいでいた人は高松宮殿下ではないかと思うがどうだ」

と聞く。この深夜に高松宮様が宮内省の一室に宿直しているなどとは飛んでもない錯覚だが、たずねられるままに茶目気を出した矢部理事は、

「そういえばいかにも似ていますね」

と答えた。大隊長はまじめな顔で、

「○○中尉、あのお方のところに行って伺って来い、失礼のないように」

結局、人違いであったという結末になる。こんな話はない。しかし、下村は書けないのである。下村はこのとき、情報局総裁である。天皇の玉音放送の録音のために宮中にいる。軍人たる者、高松宮の顔を知らぬ者は当時として一人もいない。高松宮が「今、あの部屋の入口で服を脱いでいるのはなぜか」は、某中佐が「どうして服を脱いでいるのか、おかしいぞ」という懸念であろう。

しかし、下村は書き方をかえて、暗喩の形で書き、後世の史家に伝えようとしたと私には思

えるのである。彼の『終戦秘史』は、読み方によっては、史実をできるだけ伝えたい、との心が秘められている。

では、天皇が偽近衛師団長の主謀と名ざしした、水谷参謀長と荒尾軍事課長の行方を追ってみよう。あのバーガミニの『天皇の陰謀』を偽書とした秦郁彦の『昭和史の謎を追う』から引用する。

　しかし十四日午前十時に予定されたクーデター発動は結局、不発に終わる。成功させるためには陸相、参謀総長、東部軍司令官、近衛師団長の四人、悪くても三人が一致して動く必要があると判断されていた。四人のうち、森近衛師団長ははじめから見こみ薄で、同意しなければ監禁または殺害して水谷参謀を立てる予定だったが、梅津参謀総長が応じないという意外な事態となった。

　午前七時から始まって十分か十五分の短時間で終わった阿南・梅津会見の詳細は、唯一の立会人だった荒尾軍事課長が終生口を閉ざしたので、今も不明のままである。

　一九七四年、竹下は病床に荒尾を見舞い、両巨頭会見の実情を聞こうとしたが、死を目前にした荒尾は「阿南さんのことを思うと涙がこぼれるよ」とひとこと洩らしただけであった。(『荒尾興功をしのぶ』の竹下回想)

ブルークスの『終戦秘話』から引用する。荒尾のことについて書かれている。

当初のクーデター・グループの先輩将校であり、その名目上の指導者だった荒尾興功大佐はこれまた、根底的に変化した日本の〝身ぶるいするような状況〟に順応した。井田―岩田と同様に、彼は過去を葬ってしまった。商売繁昌の実業家の写し絵そのものである荒尾は、地味であるがりっぱな服装をしている。彼は東京の重要な地区の大きな自動車販売店の支配人である。商売も栄えており、彼もまた栄えている。

荒尾は第二次世界戦争の終末時における日本の出来ごとについて語るのにためらいがちである。荒尾は熱っぽい最後の時期のできごとの多くをよく覚えているが、その記憶は選択的である。クーデターの青写真を持って陸相阿南を訪ねた一九四五年八月十三日の晩のことは何ごとも思い出さず、また今では、その同じ夜の陸軍省での阿南との真夜中の会見についても、何も覚えていない。しかも、その前の晩、三笠宮に呼ばれたこと、十四日の午後、陸軍の最高指導者たちが署名した協定の作製について演じた彼の役割りについては、なまなましい記憶を持っている。

「何も覚えていない」のではなく、終生、口を閉じる以外に彼は生きていくことができなかったのだ。〝天皇タブー〟が、実業家となった荒尾の心を固く閉ざしているのを、荒尾と会見したブルークスは書いている。

荒尾はブルークスに阿南陸相について語っている。「日本陸軍を事故なく終戦に導いたのは、阿南の偉さである」と。ブルークスはこの荒尾の発言について、「この証言の底にある皮肉は荒尾のかくれみのであるか、それとも、この男は、阿南の業績に水をさすような役割など演じることができない人間であることを訪問者に信じさせる意図に出たものか、いずれかである」と書いている。

『昭和天皇独白録』の内容が正しいことをこれらのことから理解できよう。森は最初から監禁ないし殺害する計画がなされていた。それは、「三笠宮の終戦工作」に書いたように、有末精三参謀本部第二部部長に三笠宮が語った、天皇の三笠宮の「おたのみ」の中にあった。有末の大本営の長、すなわち参謀総長梅津美治郎は、三笠宮から天皇の「おたのみ」を聞いた。梅津は阿南にこのことを伝えた後に、「阿南、俺はこの偽装クーデターからおりる。森を監禁し、または殺害することを認めない。お前は勝手にしろ」と言ったにちがいないのだ。その話を二人の傍で聞いていた荒尾は驚いた。梅津はたぶんこうも言ったであろう。「阿南、お前にも、自由な行動をゆるすな、となっている。お前の代行を荒尾にやらせると決定している」と。

かくて、天皇の「おたのみ」通りの偽装クーデターとなったのである。秦はその内幕を知っているだろう。だけど秦は書けないのである。「阿南さんのことを思うと涙がこぼれるよ」と死を目前にした荒尾の言葉は重い。

『徹底検証・昭和天皇「独白録」』が一九九一年に大月書店から出た。山田朗、吉田裕、粟屋憲太郎、藤原彰が「一九九〇年十二月二日に行なわれた非公開シンポジウムの記録に加筆・修正を加えて成ったものである」との前書きがある。この四氏は天皇の戦争責任を追及する先鋭の学者たちである。私は四氏の本のほとんどを読んでいる。この本の中で、山田朗は次のように書いている。

「ポツダム」宣言受諾の詔書は十四日午后九時過ぎ署名したので、之ですべて確定したと思つたが、陸軍省は、放送がなければ効力がないと思つたか、放送妨害の手段に出た。荒畑（正しくは荒尾興功）軍事課長が、近衛師団長に、偽命令を出して欲しいと強要した。森（赳）近衛師団長は立派な人で、この強要に頑固に反抗した為殺された、そして師団参謀長（水谷一夫大佐）と荒畑との名で偽命令書が発せられた。

宮内省の電話線は切断せられ、御文庫の周囲も兵により包囲された。

まず事実関係として、人名が間違っているということがあるんです。たんなる記憶違いかもしれません。畑中健二という軍務課員（少佐）が首謀者なんですね。これと荒尾の名前がくっついてしまったようです。水谷参謀長の行動はたしかにおかしいんです。なにかどっちつかずのところがある。だから疑われても仕方のないところがあるんです。

しかしここには矛盾があります。この人たちが連名で命令書を出せば、これは偽命令書であることはすぐわかってしまいます。近衛師団長の名前で出さなければ偽命令にもならない、軍事課長と師団参謀長の命令では意味がないわけですから。天皇は軍事命令の形式にはよく通じていたのですから、このへんは少し混乱しています。

けれども、これは全体の流れからみると、八・一五クーデターの恐怖をことさらに大きく組織的なものであったと言っているような気がしてしようがありません。

私は山田朗の文章を読んで、あ……やっぱりと思った。「畑中健二という軍務課員（少佐）が首謀者なんですね」という文章に接し、ブルークスがいみじくも書いた「……彼らは巣にとまり、ほら穴に住んでいる。彼らの風習はただ単にいつものしきたりどおりである」を思い出した。山田朗は、この八・一五クーデターを〝決定版〟半藤本のとおりだと信じているのだ。

## 森赳、死線をさまよう

ところで、森師団長が殺されたのは十五日でなく十四日説、天皇の終戦の玉音盤の録音は十四日でなく十五日とする連隊幹部の話がある。終戦前夜の混乱ぶりを物語るものだ。

『さらば昭和の近衛兵』の中に、とても信じられないことが書かれている。

たとえば十四日の第二連隊の連続守衛上番の〝怪命令〟にしても、森師団長が生きていれば、承認をしただろうか――疑問がわく。すでに彼が殺されていたからこそ、勝手に偽命令を出して第一連隊の守衛上番を抑え、第二連隊を連続してそのまま皇居内に留めたという。

はたして、このようなことが起こったのであろうか。絵内正夫はこの謎に迫っていく。

第十二中隊長の小巻博の回顧記の概要によれば――

「十四日午後三時半ごろだったか。連隊長の指揮する一個大隊《ママ》が営庭での軍装検査をうけ、急きょ上番中の近歩一の守衛隊と交代したのは同四時をすぎたころだった。なぜ今までにないこのような交代が行なわれるのか知る由もなく、命令のままに行動した。守衛隊司令部には参謀がいて、その参謀が師団長が殺され、第一連隊長に師団長代理を要請したが応じてもらえなかったので近歩二に要請したという。もちろん連隊本部や守衛隊司令部からの話でなく噂であった。

師団長が存命であれば、朝上番した近歩一の守衛隊を交代させるような師団命令は出なかったであろうし、師団長が殺された情報などみだりに出るものではないと思う。また軍司令官（東部軍）が十四日夕方近く守衛隊にくるときの動きも、師団長が健在であればそんなことのないのが常識と思うからだ」

第二連隊長の側車当番である中村光次も、常時、師団兵器委員長室につめていた関係で、十四日の朝、森を監禁または殺害した後、師団参謀が師団長公印を盗用して偽師団長命令を発して、守衛隊上番をひきつづき第二連隊に命じたに違いないと信じている。

第十二中隊長の小巻博は十四日午後三時すぎに、放送協会の録音関係者が宮内省に入った後で、坂下門に布陣した。そんな関係で彼は巷間に伝えられる史料に疑問を投げかけている。

「十四日の朝、森を監禁または殺害した後……」という絵内正夫の疑念は、彼が皇居の中に直接入った近衛兵であるからこそ重視せざるをえないのである。十四日の朝、森赳は確かに生きていた。しかし、生きる屍《しかばね》のような姿で、近衛兵のみならず多くの軍人たちから尊敬され続けたあの姿に似合わずに。

「三笠宮の終戦工作」の項で有末精三の『終戦秘史 有末機関長の手記』を引用した。この中で、有末が三笠宮との十三日の会見記を記していた。その翌日の朝、突然に森赳が有末精三のところへやってくる。それは、たぶん、阿南陸相、大城戸憲兵司令官との会見の後である。某中佐も会見の場にいたかもしれない。有末は次のように書く。

八月十四日朝、わたしが第二部長室で朝食を採っていたところ、近衛師団長の森赳中将（第28期、中央幼年学校時代の同級生、わたしは士官学校で病気のため一期延期で第29期となる）が突然訪ねて来た。机の側に来て立ったまま、

「オイ!! 第二部長なんてものは誰れでも出来るよ。乃公《だいこう》でも勤まるよ。第一、貴様は皇太子様に勝ちもしない戦を勝つ勝つとウソを申し上げたじゃないか」

と詰問。わたしは、

「乃公は何も嘘を申し上げたわけじゃない、努力すれば勝つし、また勝つようにしなければならないと申し上げただけだよ」

と答えた。（わたしは七月の始めだったか、皇太子殿下が学習院初等科の生徒と共に当時奥日光に疎開しておられた時に、学習院長だった山梨勝之進海軍大将のご要望に応じて同地へ参上、殿下を含む殿下のご同期の生徒約六十名に対し、二時間近く至極平易に戦況のご説明をしたのであった）。

それから二、三押問答、わたしは、

「時に食事は終ったのか？」

と聞いたところ、

「貴様はよく飯を食うなア、死ネよ!!」

とキツイ一言。受けたわたしはただちに、

「死ぬ死なぬは乃公の勝手だ、考えさせてもらう。時に御所の方は大丈夫か」

と返事と共に質問したところ、森君は、

「憚りながら禁闕《きんけつ》守衛については指一本指させぬから、その点は心配するなッ」

と言い放って立ち去った。その後味は何とも言いようのないものであった。朝食をすませてから、隣りの第一部長室に作戦部長の宮崎周一を訪ねた。

宮崎中将は、森中将の同期生であった。

「オイ、森が来たろう」

とわたしの呼びかけに、

「ウン、来たよ、そして死ね!! と言って帰ったよ」

「乃公のところも同じだったヨ」

お互いが死んでお詫びをしたものかどうか悩んでいた時でもあり、ことに作戦部長として全作戦の企画、実行に精進していた宮崎氏の苦悩は想像するに難くなかった。彼は独語のように、

「時に第三部長の磯矢中将(伍郎、わたしの同期)が近来全然ものも云わずフサぎこんでいるようだナア」

と洩したので、わたしは、

「お互い、そんな心境にある今日、オイ、もし死のうと決心したら三人一緒に死のうじゃないか」

などと話して別れた。

宮崎氏の机の上には「万物流転」といったような揮毫の色紙が置いてあったし、部長室の壁には、諸葛孔明の前出師表の石刷が貼ってあった。

ちなみに森君はその晩、例の宮中へ録音盤を奪回に侵入するため、いわゆる叛乱軍の幹部が出動命令の発令を強要したのを峻拒して斬殺された運命の悲劇、この日の思い出、今にわたしの脳裏から去らない。

十四日の朝までは確かに森赳は生きていた。そして監禁もされていない。しかし、それから十五日午前二時に殺害されるまでの森の姿は、近衛兵が疑問に思うほどにはっきりしない。

十四日の朝、森は阿南と大城戸に会う。ここで、大城戸はあることを伝える。それは、彼の上司である内大臣もしくは某中佐経由のものであろう。その前日の十三日の午後、三笠宮は有末に「実は今朝、陛下から直々に『おたのみ』のお言葉があった」と語っている。

森の反対にかかわらず、近衛兵は、古賀参謀（中佐）の指揮のもと続々と皇居内に入っている。森は大城戸にこの中止を申し入れたにちがいない。そして逆に大城戸を介して、上位のある者からの通告を受けた。大城戸は内大臣または某中佐に報告するために宮中に消えた。森は自分の運命を即座に知ったにちがいない。それで最後の別れの言葉を言おうと、参謀本部に行き、有末中将と宮崎中将に会いに行く。彼ら三人は同期の桜だ。そして、二人に、「貴様は死ね」と言う。この森の最後の言葉は激しい。しかし、深い愛情にあふれる言葉ではないのか。有末も宮崎も口には出さないが森の立場を理解している。二人は三笠宮の下で終戦工作をする立場にある。

「憚りながら禁闕守衛については指一本指させぬから、その点は心配するな」

この捨てセリフほど悲しいものはない。もう禁闕守衛の命令一本、森は出せない立場にいたのである。

『木戸日記』の十四日に、「十一時、三笠宮皇族休所にて拝謁。三時二十分。三笠宮御来室、時局収拾につき御打合せす」とある。

阿南と森との会見を終えた大城戸憲兵司令官は、三笠宮と木戸幸一に、阿南陸相と森師団長のことを報告したにちがいない。「両者ともに動きません」と語ったことは間違いのないことだ。そして、すぐ後に天皇の最後の御聖断が出る。今度は三笠宮が内大臣とともに天皇に会い、「時局収拾につき御打合せす」となる。皇族休所での拝謁は、内大臣が三笠宮に敬意を示している。「三笠宮御来室」は、天皇のもとへの来室を意味している。だから「御打合せす」となる。

たぶん、森師団長が大城戸憲兵隊司令官による監禁状態に入ったのは、遅くとも十四日午後三時二十分の〝御打合せ〟以後の四時ごろ。早ければ十二時前となろう。

近衛兵が森師団長の姿を午前中のある時期から見ていないのは当然であった。

「特集・文藝春秋」の「天皇白書」（一九五八年）に掲載された、蓮沼蕃（当時侍従武官長）

の「戦慄の八・一四事件」から引用する。

当時の近衛師団長は森赳である。森は第二十八期生で、私より十幾年も後輩であるが、同じ騎兵隊の出身であるところから、よく顔をあわせていた土佐っぽで陰翳のないすっきりした人物。同じ土佐出身で同期の山岡重厚の義弟である。幼年学校、士官学校、大学校といずれも成績がよく上官から目をつけられていた。いつのころよりか禅による精神修養に務め、品川東海寺の太田禅師の教えを受け、禅師が京都大徳寺に移った後も、京都まで出かけたという。珍しい幅の広い軍人であった。

その森が十四日の夕方、私の部屋を訪ねて来た。森も大体の空気を知っていたであろうが、平常と何等変らない落ちついた態度であった。

「何か承ることはありませんか」

「別に何もないが……」

「今朝から米軍機が頻りにビラを撒布していますが、あれはほんとでしょうか」

「日本は降伏することになった。隊の方で何か変ったことでもあるか」

「多少動揺の模様がありますが、大したことではありません」

「こういう際だから、乱暴したり騒いだりする者があるかも知れないから、近衛師団長の責任は重いぞ」

「閣下、御安心下さい。決して御心配かけるようなことは致しませんから」

「君の平素を知っているから大丈夫だとは思うが、時が時だから自重せねばいかんぞ」

「よくわかりました」

こんな話をしたが、この人が健在である限り、宮城の護りは大丈夫だなと頼もしく感じた。立ち上って敬礼をして部屋を出ようとするとき、

「しっかりやってくれよ」

と重ねて念を押すと、

「大丈夫です」

と口辺に微笑を浮べて立ち去った。これが彼との最後の別れになろうとは露おもいもしなかった。


秦郁彦ほどは偽書ではない。しかし、この文章を偽書の類といいたい。『さらば昭和の近衛兵』や「近歩二第一大隊長（北畠暢男）の手記」に記されているように、宮城内に偽装の騒擾《そうじょう》状態がつくられていた。その事情からして、この会話は成立しない。偽装クーデター事件を、もっともな出来事として紛飾するために書かれたものにちがいないのである。

この蓮沼蕃元侍従武官長の手記には続きがある。


二十年三月、彼を近衛師団長にするとき、杉山陸相から「森を近衛に廻したいと思うがどうであろうか」と相談があった。

「結構です、森ならば立派に勤まると信じます」と答えたのはツイ昨日のような気がする。

これはあとで聞いた話だが、森は師団長の内命を受けたとき、義兄の山岡にこう語った

ということである。

「現在の情勢から勘案すれば、米軍は東京に近い関東地区に上陸を企図するのではないかと思われる。そうなると近衛師団長は陛下を守護して、東京で討死することが出来る。無上の光栄である。然し、政界の上層部には和平を策している者があるという。

そうなれば日本は満州の抛棄どころでなく、日清戦争以前の状態に追いこまれるかも知れない。その場合軍部の中も抗戦派と平和派に分れて争う事態も惹起しないとは限らない。そのとき近衛師団長の任務は非常にむつかしくなる。けれども自分は如何なる場合でも大義名分を誤ることなく、軍人として最後の御奉公をするつもりである」

だから彼はそのときから既に前途に横たわる大難を覚悟し、不退転の覚悟を決めていたものと思われる。

森はその足で師団司令部に戻ったが、その日夜半に暴徒の兇弾に斃《たお》れた。

たぶん、蓮沼蕃の前述のこの文章は下村海南の『終戦秘史』から引用されている。下村海南は続けて、森の言葉を書いている。

「いうまでもなく近衛師団長の大役は陛下の御ひざもとに死を以て最後の御奉公するまでである。極右派の者ども熱狂して大道を誤ることあるとも、森赳は大義名分を明かにして死処を得べきである」

〝畑中一派〟は〝極右派の者ども〟ではなかったか。そこに大義名分があったのか。いたずらに騒擾状態をつくっただけではなかったのか。蓮沼の文章は紛飾の臭いがしないか。

この蓮沼蕃は当時侍従武官長であり、宮中に勤務していた。森師団長が何の目的ももたずに訪れた、と書いている。すでに多くの近衛兵が宮中深くに入っている時である。どうも変な具合に書いている。同じこの場面をバーガミニは次のように書いている。

午前六時、森中将は彼に何が期待されているのかを知るために、自身で皇居にやって来た。守衛所から宮内省に御濠を入ってゆくと、彼の部下達が吹上御苑への門の一つ一つを全部固めているのが見えた。それは全く前例のないことだった。三近衛大隊の内二箇大隊が内宮構内を守るために召集されており、そして指揮者である森はなぜそうされたのか知らなかった。彼は、Ｂ29によってその朝撒かれたパンフレットを見ていたので、日本が降伏の危機に直面しているのではないかという鋭い疑惑を持っていたが、特別には何も知らなかった。宮内省で彼は天皇の侍従武官長に会い、彼から何が醸し出されつつあるのか感じ取ろうとした。しかしながら、彼が裕仁の最高軍事顧問から引き出せた最上のものは、典型的な宮廷風の勧告であった――「最後の試練がやってきた。厳しい警戒を以てそれが進められないならば、それは全くうまく進まないだろう」単純で職務熱心な男である森は東部軍管区防衛の任に当っている田中（静壱）大将に会うために出かけた。田中は彼に率直に、降伏するという天皇の決定を語った。近衛師団長森は思いに沈みながら、宮城の北にある彼の司令部に帰った。その夜遅く彼は「警戒を以て」振舞ったので、生命を失うことなったのである。

蓮沼侍従武官長と全く異なることをバーガミニは書いている。どちらが正しいのか、真偽は不明である。

しかし、森の存在が近衛兵に見えてこない以上、バーガミニの説も、どうやらおかしい。森はたぶん、最後の手段として、天皇の最高の軍事顧問である蓮沼侍従武官長に、「偽装クーデターを中止するよう天皇に言ってくれ」と申し込みに行ったと思われるのである。

だが、蓮沼は天皇のお言葉どおり動くのである。しかし、それも夕方でなく、朝ではなかったか。田中静壱東部軍司令官も某中佐よりの行動を取る。夜が明けるまで畑中一味を自由に動かせ、最後まで逮捕しない。八月十三日の天皇の三笠宮への〝おたのみ〟が功を奏すのである。「その森が十四日の夕方、私の部屋を訪ねてきた」と蓮沼蕃侍従武官長は書いている。まさか、蓮沼は森の生霊を見たのではあるまい。

ではもう一度、『さらば昭和の近衛兵』を見ることにする。幽霊がごとき森の姿が描かれている。

午後十一時すぎ、近衛師団長森赳が前ぶれもなく吹上御苑に入ってきた。御文庫の近くまできて児玉金作の姿を認めて、児玉から所属連隊と中隊、隊長名、兵力、「任務中異状ありません」と報告を受けた。

森は多くの兵が御文庫をとりかこんでいるのを見たが、(陸軍大臣の命令どおり、第二連隊が特別に警戒してくれている）と何の懸念も持たず、警備状況をたずねた。最後に、「しっかりお守りせよ」と励ました後、御文庫に向かい挙手の礼をして、静かに御苑を出ていった。森の最後の皇居巡察であった。

この場面を秦郁彦も描いている。『さらば昭和の近衛兵』からの引用と思われる。しかし、秦は次の文章を追加している

この区域は賢所衛兵所に詰めていた北畠第一大隊長の管轄だったが、何の連絡もなく副官も連れぬ森の巡察は異例中の異例だった。

森が兇刀に倒れたのは、それから二時間後であるが、密行に徹したせいか、守衛隊司令部にいた芳賀連隊長には会っていない。二人とも、何かを察知しながらあえて知らぬ顔で通そうとしていたとしか思えない。

私はこの最後の森の姿は、正直言って、後の斬殺事件を偽装するための〝工作〟の一つと思っている。十三日の森と全く異なる姿が描かれている。児玉金作が「任務中異状がありません」と報告するのは、正直言って馬鹿げている。異状だらけである。秦郁彦も、この森の最後の巡察に疑問を投げている。蓮沼の話は後日談である。森の訪問を十四日の夕方にすることによって、森が監禁されているのを隠そうと工作したとしか思えない。

私は、森をどこかに監禁し、十四日の早朝に師団長室の二階に連行し、そこで自決を願う森

を惨殺したと思うのである。あの井田が語る場面のほとんどは創作であろうと。ただ、井田は本当のことを一つだけ語っている。間違いなく窪田少佐は惨殺に加わっていないのである。窪田少佐は、この八月十四日にまったく登場しないのである。

ここで『終戦への決断』という本について書く。米国戦略爆撃調査団がルーズヴェルト大統領の指令に基づき一九四四年十一月三日に陸軍長官によって設置された。一九四五年八月十五日、トルーマン大統領は調査団に対日戦争における空襲の効果を研究するように指令を出した。こうして調査団が結成され、日本にやってきた。文官三百名、士官三百五十名、下士官五百名。

その報告書の一部が公開された。米国防総省、国立公文書館の極秘文書の中に、井田正孝の証言がのっている。聴取者は、連合軍司令部歴史課の日系二世、フランク・Y・ナカムラ（中村雄二）である。日時は一九五〇年五月二十三日（火）となっている。

井田は「一九四五年八月十四日午後四時過ぎ自分の部屋に畑中が来て」と語っている。畑中からクーデターの話を聞いた。しかし、井田は応じなかったという。その夜就寝中の十時頃、畑中と椎崎中佐が、森近衛師団長を護衛するように言った、という。十時四十五分頃、畑中・椎崎と出掛け、十一時頃司令部に着いたと、彼は証言している。森師団長殺害のシーンは『日本のいちばん長い日』の大宅本と全く同じである。

あの騒々しい八月十四日に、塚本憲兵大佐と行動を共にしていた井田少佐が午後四時ごろから十時まで就寝していたというのは考えられない話である。彼は陸軍省将校の全員による自決を要求していたのである。私は、彼が師団長室、否、二階にある森の私室に森を監禁していたと思う。森中将を監禁しえる人物は某中佐以外にいない。

某中佐は午後八時ごろから畑中・椎崎らを連れて宮中内を廻っている。井田は「十一時半師団長室に入った」と書いている。それから惨殺の場面となる時刻まで二時間以上、一人で森と会っていることになる。一中佐が中将と二時間半にわたって会談できるとは考えられない。それも「師団長命令を出せ」と、半ば強制的な発言である。

井田は「畑中はこの時竹下中佐と某宿舎で会ったらしい」と意味深長なことを喋っている。また〝某〟が出てくる。これは三笠宮が自ら書いているように、三笠宮のあの地下防空壕（仮の住居）であろう。十二時に阿南と会っている、と三笠宮が書いている。ここでもめ事があったのである。阿南と竹下が一緒に行動するのは当然である。森は井田の見張りを受けていた。そして三笠宮邸から一時半ごろに阿南と竹下は陸軍大臣の官舎に向かう。一方、三笠宮邸から出た畑中と椎崎と上原は某中佐とともに近衛師団に向かう。森は介添役の白石中佐を広島から呼びよせているので、自決させてほしい、と最後の哀訴を某中佐に迫る。

バーガミニは宮中の人物か、それに近い人から聞いたのであろう。次のように書いている（傍点は引用者）。

熱血漢の畑中は午前一時ちょっと過ぎに近衛師団司令部に戻った。森中将、井田中佐、それに某中佐はまだ、自決と日本の運命について議論していた。畑中が現われるや、井田中佐は部屋を辞去して、畑中、某中佐、それに新来者の陸軍航空隊の大尉が残って、終りまで話をつづけた。

井田は歴史の目撃者兼記録係を塚本憲兵中佐から命じられている。だから森近衛師団長の惨殺を一刻も早く各方面に知らせなければいけない。それで彼は水谷近衛師団参謀長とともに東部軍司令部に行く。その後で、陸軍大臣官邸に出向くのである。

この唯一の目撃者（某中佐を別にすれば）が、あの八月十四日の午後四時から十時まで、一人で陸軍省のどこかで寝ているわけがないではないか。

バーガミニは、「それに某中佐はまだ自決と日本の運命について議論していた」と書いている。自決を哀願する森中将の自殺を認めない、という結論がついに下されたのである。

森中将と、森が介添役のため、死の見届人として、わざわざ広島から迎えた白石中佐も一緒に殺されたのである。

バーガミニは次のように書いている。

夜の静けさと暗闇の中に、皇居の地域一帯に聞耳を立てていた者全部がこの発射音を聞いた。阿南陸相は一マイル離れた所で聞き、彼の同僚である森中将が意味深い死に出会ったことを実感した。宮内省の侍従達も発射音を聞いた。北の門の外に在る本部で、憲兵塚本もそれを聞いた。

私は、森師団長は師団長室の二階に監禁され続けたとみている。それは、大城戸憲兵司令官と内大臣木戸幸一と三笠宮の皇族休所での会談の後であるか、その前であろうと思う。森の行動が見られない十四日早朝説が正しいが、どんなに遅くとも十二時以前であろうと思う。師団長室は人が出入りする。二階ならば監禁し続けることができるからである。

そして、この二階の森の私室で窓が開けはなたれていたので、ピストルの音が夜のしじまを破り、陸相仮官舎のある三宅坂まで鳴り響いたのである。

ここに、偽装クーデターはリアリティを獲得した。このリアリティの中で天皇の御聖断が光りをました。平和天皇のイメージが平成の世まで広がっていくのである。

さて、もう一度、決定版『日本のいちばん長い日』から、森惨殺直前の一場面を紹介したい。半藤一利は次のように書いている。

午前一時－二時

やがて森師団長は重苦しい部屋の空気をさっときりひらくようにいった。

「諸君の意図は十分了得した。率直にいって感服もした。私も赤裸々な日本人として、いまただちに明治神宮の神前にぬかずき、最後の決断をさずかろうと思う」

井田中佐の肺腑にしみ通った、これほど中佐が期待していた言葉はなかった。中佐はこれでよしと思う。天皇の命令以外は、たとえ大臣、総長の命令であろうと近衛師団は動かさないと徹底していた師団長がとにかく師団長としてではなく、一日本人として、この緊急時にどうあるべきかもういちど考えてみようといった。それは井田中佐にとって十分すぎる返事である。たとえ、神宮参拝の結果、返事がやはり「否」であっても、努力の甲斐があったと考える中佐は、全身が一時に軽くなっていくように感じるのであった。

これは井田（岩田）正孝著の『雄誥』の内容とほとんど同じである。

私は半藤一利をまったく知らない。個人的には何の感情ももっていない。しかし、森はこんなセリフを吐くはずがないと思っている。十四日の朝、森が参謀本部を訪問し、有末と宮崎の同期の中将に会い次のように語った。

「貴様よく飯を食うなァ。死ネよ!!」

「ウン、来たよ、そして死ね!!　と言って帰ったよ」

同期の桜の中将たちに対して「おい、死ネよ!!」と森は語る。彼は高邁な精神の持ち主で、剛毅のもののふである。たかが中佐ごときに物を言うはずがない。「貴様何しに来たか、消えろ!!」の一言であろう。しかも井田は、半藤本によっても数時間説得したことになっている。半藤本はすべて、井田の手記か彼の口述に依拠している。少しも疑っていない。彼が塚本憲兵の下で働くエージェントであるにもかかわらず、何ら疑っていない。

井田（岩田）正孝は前述の『終戦への決断』の中で、米国戦略爆撃調査国の前で、次のように証言している。

十二時半頃師団長室に入った。森中将は心よく皆を迎え入れ、機先を制して人生観等を話し出された。しばらくして畑中は時計を見ながら私に「一寸用があるから出掛ける」と言って出て行った。後から分かったがこの時竹下中佐と某宿舎で会ったらしい。

かくて自分と椎崎とが森中将と話合い最初は頑として反対されたが最後に「皆の気持は

よく分かった。これから明治神宮に参拝して自分としての決心をつけようと思う」と言われた。ちょうどその時（一時半頃）畑中が帰って来て古賀等と共に師団長室に入って来た。十分位して森中将は参謀長水谷大佐を呼び入れ「自分はこれから明治神宮に詣りそこで決心する積りだが君はどう思うか」と訊ねた。水谷大佐はまだよく聞いていないと言うので森中将の指示に従い自分（井田）は水谷大佐と一緒に彼の部屋に行った。

大佐に自分たちの計画を説明していると十分位し（二時頃）一発の銃声が起こり騒々しいので出てみると畑中が出て来て真青い顔をして「時間がたつばかりですからついにやりました。許してください」と言った。

この井田証言と『日本のいちばん長い日』を比較すると酷似する。他の場面も同様である。しかし、この事件は、近衛兵の証言が出てきて、井田証言の偽証が証明された。あの午前二時の時点で、すべての劇はほぼ終了していたのである。ただ、リアリティだけが必要だった。

下村海南の『終戦秘史』をもう一度引用する。井田証言や半藤本と異なる。私はこの『終戦秘史』を正解とする。下村海南は心優しき人である。だから真相に迫るのである。

森師団長は声鋭く、

「貴様は何者だ」

「航空士官学校の上原大尉です。近衛師団が蹶起すると聞いてかけつけました」

「何が蹶起だ！」

畑中少佐はくりかえした。

「閣下本当に蹶起の御意思はありませぬか」

「全然ない！」

「畑中さん、もう最後の手段だ……」

〔略〕

師団長は左胸部を抑えながら辛うじて体を支えつつ、

「貴様等はおれの言うことが分からぬか、貴様らの軽率なふるまいが日本の立場をますます悪くすることに気がつかぬか」


下村海南は、この偽装クーデターが「日本の立場をますます悪くする」ことを知っていたからこそ、森の最期の言葉としたのである。たとえ、一時的に偽装クーデターが成功したとしても、必ずや歴史はその真相を明らかにするのである。たとえ〝天皇タブー〟が人を圧殺しようとも、人は森赳のような高邁な理想を持ち、剛毅のもののふでなければならないのである。下村海南はこの本の中に「禅の人森赳」と書いている。長い。しかし、全文を記す。

禅の人森赳
森中将は土佐高知藩二百石馬廻り役をつとめた家から出て、広島幼年学校と陸士では優等の成績を占めた。何の趣味もなかったが、早くより禅道に入り、品川東海寺の太田禅師につき、禅師京都大徳寺に移ればまたそのあとを逐《お》うて茶道の三昧に入り参禅を欠かさなかった。されば中国へ出軍の間にも華北の寺々をたずねた。森中将は在住民から敬慕《けいぼ》の的になっていた。近衛師団長となりし森中将につき、時の学習院長海軍大将山梨勝之進君の私への話には、皇太子殿下につき職掌柄《しよくしようがら》いろいろと会談したが、戦局急迫してから日光田母沢より先の去就につき委曲《いきよく》をつくした意見を聞いた。さらにさかのぼりかつて殿下の御教養につき所見をのべられたには敬服したという。中将の意見は今までのような神がかりの教育はよろしくない、さりとて欧米とは国情もちがう、儒学を中心にして最新欧米文化を消化し、とくに高遠な国際的な道義概念を織り交ぜたいということであった。数多い近衛師団長の中で、皇太子殿下の御教養につき深く念としたのは恐らく森中将のほかにはなかったと思うということであった。

それだけの思慮分別《しりよふんべつ》があったから、畑中一派に巻きこまれるようなこともなければ、いざとなって左眄右顧《さべんうこ》、優柔不断な見苦しい態度もなかった。当時もし近衛師団立てりという風説がひろがれば全国ははちの巣をつくようになろう、ために終戦が十日、半月のびても大変なことになる。少くとも森師団長が暴手に殺されたということは目前に反乱将校の士気を殺いだ、誤り伝えられて行動した近衛軍の眼をさました。

闇《やみ》から闇に葬られし終戦のかくれたる幕の中なる、尊い犠牲者森赳に対し、私は諸君と心から敬弔《けいちよう》の念をささげたい。

（私はその後大徳寺に太田禅師をたずねた。聞くところでは森将軍は西下の折はいつも大徳寺に立ちより、三日四日と禅師とさし向いで語り明かした。禅師は森中将の死をいたみ涙の中で法要を営んだ。その後健康すぐれず、あくる二十一年に物故したということであった)。

この項の最後に、大金益次郎(当時侍従次官)の「大人高士の面影——森赳陸軍中将」(一九七五年、新小説社・季刊「劇と新小説」三号所収)から引用したい。八月十三日の朝に森は大金に次のように語ったというのである。

「時局がこの様になったのは恐懼に堪えない。我が国の将来が懸って東宮殿下(皇太子)の双肩にあるように思われる。したがって東宮さまのご教育、ご補導こそ国家の重大事であり、次官におかれても、その任に当たる人物の選定に十分ご配慮を願いたい」

と、自分が尊敬している名を挙げて、立ち去った。

軍事にほとんど関係のないことをなぜ、わざわざ言いにこられたのか、私は不思議だったが、翌日、森師団長が反乱兵に殺害されたと聞いて、

「死期の迫ったことを冥々裡に感じて、将軍は国家と皇室の将来を遺言にこられたのだったのか……」

と改めて思った。

森赳は、自分の死期を確実に知っていた、と私は思っている。それゆえにこそ、森赳は大金益次郎に「我が国の将来が懸って東宮殿下の双肩にある……」と語り、「国家の重大事」を依頼したのである。

私は森が昭和天皇と三笠宮に大きく失望していたとみる。私の考えは間違っているのであろうか。

## 「神聖悲劇」が森赳を惨殺した

神聖悲劇とは、神聖なるものが、その神聖さを維持し続けるために、犠牲者を要求する劇である。日本劇場は、明治維新後、特に神聖悲劇を数多く生み続けてきた。この悲劇がついに日本の敗戦を生み、数百万単位の国民の犠牲者を出した。その犠牲者の一人が森赳である。彼の惨殺の場面をリアルに描写してきた。そして、森赳の死体に彼の無念を、日本人の悲しみの姿をかさねてみようと思う。

もう一度、『さらば昭和の近衛兵』から引用する。森赳の死体がいかに処理されたのかが描かれている。

いらだった拳銃が火をふいて森を倒し、制止した義弟の首に軍刀がひらめいた。

近衛師団司令部副官部詰めの師団長護衛兵で、第五中隊の岡沢伊久男は、空襲警報発令で師団長室前の前庭にある防空壕に避難していた。副官部詰めには第一、第二両連隊の兵が出向している。それでこの壕内に仲間数人とともに入っていた。師団長室には来客らしく、ときおり話し声がもれてきた。

だが、そのうち声高の争うような言葉が聞こえたかと思うと静かになり、また甲高い声となり、岡沢たちはいつにないことだけに気がかりだった。そのうち突然、銃声がした。

「おいっ、おかしいぞ、ちょっとのぞいて見るか」

岡沢らが防空壕から顔を出すと、どかどかと廊下を走る数人の足音がした。将校が玄関に待たしてあった自動車にあわてふためきながら乗り込んで、代官町新道の闇の中に消えた。

そこへ司令部の顔見知りの将校が血相を変えて壕に飛びこんできた。

「おいっ、誰でもいい、大至急、箱を二つ作ってこい。人が寝て入れるほどの大きさだ！」

岡沢らは師団からいちばん近い第一連隊の兵舎にかけこんで、手あたり次第に床板をひっぺがすと、師団作戦防空壕にかつぎこんだ。兵隊が泥靴で歩いたり、トイレへ急いだ上靴が踏みつけて、ささくれ立って、靴跡の残ったのもあった。かんなど大工道具がないので、泥まみれのままの分厚くて重たい、油がしみこんだ汚らしい箱ができあがった。

不気味な予感がしたが、互いに（まさか）と打ち消し合って緊張していると、さっきの将校が、

「箱を持っておれについてこい」

箱をそれぞれかついで師団長室の方へ行くと、仲間のひとりが顔面真っ青で、師団長室のドアの前で着剣して立っていた。やっと立っている様子だった。ドアの前に箱を置くと、

「おいッ、お前たち、これからのことは口外するな。もらしたらぶった切るぞ！　いいか」

その将校は軍刀の鯉口をきってみせた。師団長室では何人かの人の気配がした。（師団長が殺された）岡沢にも事情がのみこめた。そして互いに顔を見合わせた。（この箱は棺

おけだったのか）ほかの仲間も事情を察したらしい。

するとと今度は、階上の師団長寝室に祭壇をつくれと命令された。例の床板でつくった箱は、ずしりと重くなっていた。やっとこさ、二階へ運びあげた。机や腰かけを並べ急造の祭壇にした。

線香がないので、森が生前好んで師団長室で炊いていた香をくべた。供花をと師団の裏手の土手をさがしたが、野草の小さな花さえない。結局、手向けの花ひとつない、わびしい陸軍高官の祭壇だった。

井田正孝稿なる「宮城事件」が「日本週報」一九六五年八月十五日号に載っている。

三名はだれからともなく、虫の息の森に向かって挙手の敬礼をした。上級者に対する最後の敬礼であった。白石中佐は畑第二総軍司令官に随行中、森の義弟になるので、たまたま森を訪問して、この災難にあったもので、まったくのそばつえだった。

さてかれらはただちに別室におもむき、同志の近衛師団参謀の古賀尚《ママ》少佐、石原貞吉少佐がかねて用意していた近衛師団命令を発せしめた。古賀は東条英機大将の娘むこであって、畑中らと通報していたのである。

「三名はだれからともなく、虫の息の森に向かって挙手の敬礼をした。上級者に対する最後の敬礼であった」と井田は書いているが、『さらば昭和の近衛兵』の描く森惨殺の場面は異様である。「司令部の顔見知りの将校」とは水谷参謀長に間違いあるまい。彼が東部軍司令部に行き、狼狽《ろうばい》する様子を半藤本が書いているが、この文章を読んでから書いてほしいものである。ここには大事なことが書かれている。

「将校が玄関に待たしてあった自動車にあわてふためきながら乗りこんで代官町新道の闇の中に消えた」

これは、『天皇の陰謀』の中の次の一節と符合しないであろうか。

某中佐は、殺された者——宮廷儀式用の供犠——が横たわっている部屋から出て、外で待っていた若い将校達にうなづいてみせた。それから彼は、記録が明らかにしている限りでは、皇居の闇の中に消えてしまった。

「仲間のひとりが顔面真っ青で、師団長室のドアの前で着剣して立っていた。やっと立っている様子だった」とあるのは間違いなく畑中少佐であろう。では、上原大尉はどうなったのであろうか。返り血を浴びて、畑中とともに、そこに立っていたのではなかったのか。彼の姿が見えない。ただ、「師団長室では何人かの人の気配がした」と書かれている。井田中佐を中心に上原、椎崎がいたことは間違いない。

では、もう一つ別のデータを見ることにする。「週刊新潮」(一九九九年九月九日号)に掲載された「敗戦54年目の驚愕秘話・皇居の反乱でゴミ焼却炉に捨てられた近衛師団長の遺体」からの引用である。

この驚愕秘話を発表したのは、当時、少尉で近衛騎兵連隊旗手だった下村覺氏である。「下村氏は『次郎物語』の著者、下村湖人の長男。慶応義塾大学卒業と同時に入営し、幹部候補生を経て少尉任官。陸士出身でないただ一人の連隊旗手だった。五十四年目にして初めて秘話を語ったのは、『私ももう八十一歳になりました、このように一瞬の出来事で事態が逆転して、録音盤は救われ、今日の平和を招来できたという事実を、言い遺して置きたいからです。陸士出は、幹候上りが何をほざくというかもしれませんがね』」

このように下村氏は語っている。録音盤云々の件は別にして、彼の語る話はまさに〝驚愕〟である。この中の〝驚愕〟の部分を引用してみたい。

文中の最初の「この時」とは、森師団長が殺害された時である。

この時、じつは隣の部屋で騎兵連隊の佐々木民治少尉が仮眠中だった。佐々木少尉は剣道七段、柔道六段をはじめ武道合計二十七段という猛者で、師団長の身辺護衛役を務めていたのだ。下村氏が語る。

「物音に跳ね起きて師団長室に飛び込んだときには、既に事は終わっており、彼はそのまま身柄を拘束されて、一室に監禁されてしまった。やっと脱出して連隊本部へ帰りついたときの報告によると、森師団長の遺体は、師団司令部のゴミ焼却炉に隠されていたそうです。武人にあるまじき非道な扱いだと、悲憤慷慨していましたよ」

多分、森師団長が惨殺された後に、誰かがこの惨死体を「焼却炉の中にほうり込め」と言ったのであろう。その、ある将校が車で去っている。〝将校〟とあるのは〝某中佐〟であろうと私は確信する。どうしてか。『さらば昭和の近衛兵』の中に、「将校が玄関に待たしてあった自動車」に注目したい。畑中、古賀、椎崎たちはすべて自動車で陸軍省のある市ヶ谷から近衛師団長の部屋に来ている。この車で宮中に入ったり、出たりするのである。彼らでないとすれば誰なのか。

私が某中佐であると確信するもう一つの理由がある。

何人かが惨殺したとはいえ、陸軍中将森赳を焼却炉の中にほうり込めるのか。

これはまさしく日本古来からの神聖悲劇を連想させるものではないのか。

ブルークスは、『終戦秘話』の中で〝犠牲〟について書いている。日本には、「悲しみの引き受け人」がいるとする。

彼らは〝悲しみの引き受け人〟と称する人物を任命する。その人間が髪を梳くこと、からだを洗うこと、肉を食うこと、女を近づけることを許されない。彼らは幸運であれば、その男に貴重な贈り物をする。しかし病気になったり、災厄に会うと、それを悲しみの引き受け人が誓いを守ることを怠ったせいにして、あっさり、その男を殺してしまう。

森赳は「悲しみの引き受け人」となったのである。だから「あっさり、その男を殺してしまう」という結果となった。「あっさり、その男を殺してしまう」力を持つ者は象徴的な悲嘆を演出する力の具現者でなければならないであろう。「森の死骸」を「焼却炉にほうり込め」と叫びうる人間は、絶対なる権力を持つ天皇と、それに並ぶ皇位の人々となろう。

私は不敬な文章を書いているつもりはない。私は自分が確信し、真実と思っていることを書いている。森赳は「悲しみの引き受け人」となった。そして、某中佐は「玄関に待たしてあった自動車にあわてふためきながら乗りこんで代官町新道の闇の中に消えた」のである。

「森近衛師団長惨殺を諸作品に見る」の項に、「八・一五事件と憲兵の処置状況に関する報告」を記載した。この中のある一部を引用する。


之より水谷参謀長は前述の如く井田中佐より相談ありしも飽く迄不同意なる旨主張しありし時、隣室なる師団長室に於て俄然立ち騒ぐ物音と共に銃声聴えたるを以て〔略〕、畑中少佐、椎崎中佐及上原大尉は森中将殺害後直ちに宮城内に赴き、石原参謀は司令部に居残り森中将、白石中佐の遺骸を処理したる後、両名を追及する予定なりき。


とあるけれども、石原参謀の上司は水谷参謀長である。石原参謀は二人の死体の処理に専念したのではなかったか。このとき遺体は、一度焼却炉の中にほうり込まれている。これを、将軍が去った後に、引き上げたのではなかったか。

森師団長の部下の水谷近衛参謀長が急遽近衛兵を召集し、棺桶を作らせたものと私は思っている。古賀参謀は後にクーデターが終わった後に、森赳の棺桶の前で号泣し自決している。では畑中はどうか。

さて、ここで注目すべきことが一つ書かれている。それは『さらば昭和の近衛兵』の中の一節である。

「箱をそれぞれかついで師団長室の方へ行くと、仲間のひとりが顔面真っ青で、師団長室のドアの前で着剣して立っていた。やっと立っている様子だ」

畑中は、ピストルで森を射殺した後に、義弟の白石も剣で殺したのでは、と思えるからである。私は、飯尾憲士と異なり、上原はこの惨殺の一員ではないと思っている。しかし、バーガミニの『天皇の陰謀』では、上原は殺害者の一人として登場する。

　数分後、熱血漢の畑中は近衛師団長森を射殺した。航空隊大尉上原繁《ママ》太郎、この日本に於ける最大の軍人一家の末裔の一人は、剣を抜いて、広島からやってきた森の義理の弟の首を斬り落した。

このバーガミニの文章は、井田手記や不破参謀が書きしるした「東部軍司令部」の軍記録から得ているような気がしてならない。

塚本誠憲兵中佐は『ある情報将校の記録』の中で上原大尉を次のように描写している。

　〔十五日午前中〕私は自室の窓を開けて、早朝のすがすがしい冷気を胸一杯に吸い込んだ。すると一機の小型機が宮城の方向からお壕を越えて、西方へ低く飛び去るのが目に入った。あとでわかったことだが、航空士官学校生徒隊付の上原重太郎大尉（55期）が、森師団長殺害後急いでいったん帰校し、折り返し宮城の様子を空中偵察に来たのだった。

こんな偶然があるのだろうか。しかし、あったとしよう。私は上原大尉が死の汚名を着せられそうになったので、どこかへ逃亡しようとしたが、逃亡しきれずに埼玉県豊岡の陸軍航空士官学校に帰った、と思う。本当に白石を殺害していたら、畑中や椎崎、古賀たちとともに八月十五日に自害していたと思う。彼は自害をする気はなかった。四日後、憲兵が彼を説得する。その説得に応じ、校内の航空神社内の遥拝所玉砂利の上で腹を切ったのである。

そこで私は伊藤正徳の『帝国陸軍の最後』の場面を、あの惨劇の場面の正解とする。畑中がピストルで森を射殺し、上原の剣で森の義弟を切ったという説である。

ここまで書いて私は、加瀬英明の『天皇家の戦い』のあの場面を思い出した。直宮《じきのみや》（秩父宮、高松宮、三笠宮をいう）の一人から直接聞いたという、殺害の模様である。再度引用する。

この時、首謀者である畑中が戻ってきて、すれ違いに師団長室に入った。

ほとんど同時に、怒声と銃声が起り、拳銃と日本刀を手にした畑中が、蒼白な顔をして出てきた。水谷一生参謀長や井田が駆けつけると、師団長室は血の海で、白石中佐は首と胴が離れ、森中将は逃れようとするところを背中から斬られたらしく、俯《うつぶ》せになっていた。副官の川崎嘉信中尉が、二階から呼ばれて降りてくると、師団参謀の古賀秀正少佐が真青な顔をして立っていた。

「やっちゃったよ。仕方がない。もうやむをえない」

古賀は川崎の顔を見ると、そういった。古賀も、クーデター派の一員だった。不思議なことに、参謀長の水谷大佐以下、師団長が殺されたというのに、誰も犯人に対して抵抗しようとしなかった。みんな血を見て臆《おく》したのだった。

私は加瀬英明が直宮から直接に取材しているだけに、彼の書く描写はよくできていると思う。しかし、一カ所だけちがっていると思う。その個所は最後の「不思議なことに、参謀長の水谷大佐以下、師団長が殺されたというのに、誰も犯人に対して抵抗しようとしなかった」という個所である。私はこのことが不思議でもなんでもないことを書いてきたのである。誰が某中佐の行動に逆らえるというのか。

陸軍大臣も近衛師団長も、田中東部軍司令官も、「一死、大罪を謝す」として死んでいったのである。水谷参謀長以下、血が凍る想いでこの場に立ちすくみ、闇の中に消えていった某中佐を見送るだけであったのだ。

森惨殺というリアリティを獲得したこの「神聖悲劇」は、あっという間に終末を迎える。森惨殺をこの師団長室にいた連中が阿南や田中に報告することにより結末がやってくる。畑中は暗闇の中にうろつくだけの哀れなピエロの役を演ずる。某中佐が闇に消えたため、畑中は孤立無援となる。後章で玉音盤事件について書くことになる。畑中はまた登場する。

この項の最後に飯尾憲士の『自決』に書かれている畑中を紹介したい。

それは、飯尾が畑中健二の兄を訪れる場面である。畑中の兄は飯尾に「弟について問い合わせはなかった。あなたがはじめてです」と語る。私は、この兄の語る話を涙なくして読めなかった。畑中もまた、天皇教の犠牲者の一人であったのだ。

健二は、中学生のころ、陸士を志望していませんでした。目標は、京都の三高でした。度胸だめしに四年生のとき陸士を受験しましたら、三十何人に一人という難関でしたが、合格の通知が参りました。健二は嬉しそうでもありませんでした。陸士に行かない、三高を受験する、と言っておりました。ところが〝四修で陸士合格〟と地元の新聞が大きく報道しますし、町では祝賀の行事さえ行われました。なにしろ小さな町ですし、それに昭和四、五年ごろのことですから、ちょっとした騒ぎでございました。健二は渋っていましたが、中学校の先生たちや、父のすすめで、やっと陸士に行くことに決心したのでした。やさしい性格の弟でしたので、軍人向きでない、と私は思っておりました。三高に進んで文学方面のことをやりたかったようでした。

私たち日本人は、一人の偉大なる文学者を失ったのかもしれない。畑中健二は森近衛師団長を惨殺した。そして彼は「神聖悲劇」の犠牲となり、自らを惨殺し果てたのである。では、もう一人の「神聖悲劇」の犠牲者である阿南の最期を見てみよう。彼は森のように「あっさり、その男を殺してしまう」という場面での惨殺ではない。彼は自らを惨殺したのである。その場面がなぜ惨殺なのかを見ることにしよう。

十五日の零時ごろから、阿南は三笠宮と大口論をする。この模様は「三笠宮の終戦工作」の項で書いた。この後、陸相の住居で、酒盛りに入る。義弟の竹下が「そんなにお飲みになると、手許が狂って仕損じるかもしれませんよ」と言う。

「たくさん飲めば血行がよくなって出血が増える。それに剣道五段になった男には心配することはない」と阿南は笑う。

彼の心を察する術はない。しかし、私は次のように彼の心を推し測る。あるいは私の思いすごしか……。

──俺は、最期の死の場面を沖縄に求めていた。どうせ死ぬなら、玉砕の中で死にたかった。だから、沖縄行きを願ったのだ。それが陸軍大臣だ。最後の陸軍大臣になったとき、今日の自決を予想できたのだ……。

しかし、なんてことだ。俺一人が責任を取ると言ったのに、三笠宮は、畑中、椎崎、上原、古賀たちを引き連れて森近衛師団長の部屋に行き、自殺を願う森の惨殺でなければならぬと言うのだ。俺は最後の最後まで三笠宮に迫った。三笠宮はピストルに手さえかけた。「畑中、お前には未来がある……若死にするな、俺があんなに泥を喰っても生きろ！　といった意味が分からぬのか」。おい、そのピストルを持ってどこに行くのか。森を撃っても何ら変わらない。そんな姑息な手段は、いつの日か暴かれる時がくる。天皇という至高な存在に泥をぬることになる。

殿下……あなたも兄宮も天皇も国民に謝るべきではないのか……うるせいだと、そんなにあんたは偉いのか。二度とあんたの面なんぞ見たくもない。死んでやるさ。おい、お前たち、どんなことがあっても、森を惨殺するなと言ったのに……あ、ピストルの音が聞こえる……とうとうやったんだ……。

暁の光が阿南の全身にふりかかる頃、阿南は、「切腹の後に上着をかけてくれ」と竹下に言った。阿南は死んだ息子の写真を傍においた。自刃の準備に入ろうとするとき、案の定、宮廷の犬の大城戸三治憲兵司令官がやってきた。阿南の自決を急がせる目的であることは明白だった。阿南は竹下に「きみが会え」と言った。宮廷の犬は、森と白石の殺害、天皇の放送阻止の企てなどのニュースを伝えた。東部軍が叛乱兵の鎮圧に向かった、と。

秘書官もやって来た。……

自殺者は介添人の力を借りる。手間どったり、失敗しないためである。怒りに燃えた阿南は竹下の介錯の申し出を拒否した。阿南は、自分の死が天皇一族の安寧《あんねい》に役立つことを知っていた。自分が「悲しみの引き受け人」であることも知っていた。そこにある深淵は高貴さと卑俗の差であった。天皇族は高貴さというレッテルを自らの体いっぱいに張り付けて生きていた。阿南は、自分の惨めさを知った。

阿南はタタミの上でなく、部屋を縁取っているすべり戸の向こうの板敷きのベランダに座り込んだ。普通の切腹はタタミの上だ。罪を犯した人間は藁《わら》の敷き物を敷いた地べたの上だ。阿南は意識してタタミの上を避けた。己を罪人とするためであった。何の罪なのだ。高貴さの連中に敗れた自己の良心に対する罪なのだ。自分の部下たちを多数死に至らしめ、自分の息子をも戦死させた者への怒りを込めた罪の意識だ。「一死モッテ大罪ヲ謝ス」とは、多くの若人や民間人たちを死に至らしめた高貴なる者たちへの怒りの言葉だ。

人手を借りず短剣を咽喉の右側に突き刺した。突然、血のしぶきがほとばしり出た。死の苦しみの中で阿南は身もだえし、血をはき出し、ゆっくりと死んでいった。皇位につらなる者たちは、すべて、静なる時を持てる日がすぐそこにやってきた。――

この切腹場面は私の想像と思うものは思えばいい。私は、人間は最後には心に正直になると思っている。そこに、天皇への恋闕《れんけつ》の情はなく、自分の妻や子供への恋慕の情であろうと思う。そして叛乱兵に仕立てられた若い将校への申し訳なさへの情であろうと思う。

私は、十五日早朝、三笠宮と大喧嘩した阿南に想いを馳せた。そして、阿南をすばらしい人物との認識に達した。〝天皇タブー〟に果敢に挑戦した人物を失わせる日本に失望した。

こんな日本があの時から半世紀以上も続いているのに、そのことを気づきもせず、嘆きもせず生きている日本人よ、私は君たちに警告したい。もう一度、「神聖悲劇」の時代を迎えるかもしれない、と。危機意識を失った民族は大悲劇に遭遇するのだ。

もう一度、『さらば昭和の近衛兵』から引用する。

師団長寝室に祭壇をつくった関沢伊久男たちは、朝八時までに師団長ら二人の遺体を焼き終えるよう命令された。夜が明けそめたころ、二つの棺桶を師団裏手の空き地に運びだした。〔略〕ごうごうと唸る炎の中で遺体がぶすぶすと次第に消えていった。

森師団長と白石中佐の遺体を空き地で焼け、と命じうる人間の正体を考えられよ。

## 失われた二時間を求めて

昭和天皇は八月十四日の夜に玉音放送の録音をする。このことについては後述する。ここでは宮中ではなく、住居である御文庫の外に出てくる天皇の姿について書くことにする。

まずは、バーガミニの『天皇の陰謀』から引用する。

近衛兵の指揮官たる森将軍が天皇の最高軍事顧問に会い、東条が陸軍大臣に会っている時、裕仁は吹上御苑で夕べの散策をやっていた。天皇の後ろを畏敬の無言のまま随《したが》い歩いていた若い侍従が「御苑の中にかつて見たことのなかった軍人がいる」のを見て驚かされた。裕仁は樹下を徘徊《はいかい》している部下達にうなづいてから、黙って御文庫に戻った。そこで彼は鈴木首相が待っていて、弁解がましく内閣の進行状況を報告するのに出会った。

次に、秦郁彦の『昭和史の謎を追う』から引用する。

彼らがもっとも重視していたのは、阿南陸軍大臣が「直諫」のため参内するときに、その通路を確保しておくことであった。そこで佐藤と北畠は相談して御文庫（天皇の住居）

護衛の第二中隊とは別に、児玉少尉など両大隊から特に選抜した下士官四、五人の特別チームを吹上正門から花蔭亭（いくつかある東屋《あずまや》のひとつ）付近に配置しておいた。

吹上御苑の荒れはてた草むらでは虫がすだき、秋の気配が感じられたが、緊張に身をこわばらせていた児玉は、午後九時ごろ、御文庫のベランダに人影が立ったのに気づいた。

児玉は次のように回想する。


ドアを開けてベランダに立った人影は無帽の軍服姿で上履きのままでした。シルエットは、体つきから一見して昭和天皇その人と察しがつきました。

やがて天皇は地上におりられ、雑草茂る御苑の小道に歩を進められました。うつむき加減で後手に組まれてゆっくりとした足どりでした。我々は草かげに息をひそめてお姿を追いました。「敬礼しなくていいんだろうか」と迷ったが、そのうち天皇は何も気づかず、もと来た道を戻られました。暗くて顔の表情はわからなかったが、あまり元気のないようすに見えました。その間十分か十五分ぐらいでしたか。


十四日の夕べから十五日の朝にかけて、天皇は軍服姿で御文庫を出て歩くのである。某中佐（または某少佐、ひとりの将軍、将軍、高松宮に似たひと）が十四日の夕べから十五日にかけて皇居内や近衛師団に見かけられるのと同じように。

バーガミニはこの天皇の散歩について考察する。

すべての外側の観察者、特にアメリカ人に、神聖な天皇は日本軍国主義の首魁であるよりはむしろ犠牲者であったのだということを、信じこませるゼスチュアであった。午後の忙しい会議、裕仁の侍従武官長の警戒せよとの言葉、裕仁自身の吹上御苑での散歩——すべてがこの最後のゼスチュアの必要を伝える腹芸として仕組まれていた。

私はバーガミニと同じ考えを持つ。天皇の散歩は腹芸にすぎないと信ずる。

バーガミニが「近衛兵の指揮官たる森将軍が天皇の最高軍事顧問に会い」という中の、その最高軍事顧問は蓮沼蕃侍従武官長（大将）である。森と蓮沼との会見の模様についてはすでに書いた。蓮沼が書いている「十四の夕」説はおかしいのではと私は書いた。

『さらば昭和の近衛兵』や「北畠暢男の手記」などで、近衛兵はわけも知らず、ただ皇居内深く御文庫の傍まで配置されていたことは説明した。彼らは何もかも知らされず、ただ銃剣を持たされて立っていた。

それにしても秦は妙なことを書く。

「彼らがもっとも重視していたのは、阿南陸軍大臣が『直諫』のため参内するときに、その通路を確保しておくことであった」

すでに、阿南、梅津の陸軍首脳は、十四日午後にサインまでして「立たず」の方針を決定していた。読者は何も説明を受けずに秦の文章を読むと、本当にクーデターが進行していたかの錯覚におちいってしまう。たぶん秦は、あの十四日から十五日にかけての偽装クーデターを本物のクーデターと信じているのであろう。バーガミニの本を偽書だと決めつけるだけに、『昭和史の謎を追う』はさすがに上手に甘く仕上がっている。見事な天皇教徒が書いた、名著中の名著である。

平凡な才能（私はそう思っている）の中佐、少佐クラスの将校数人がクーデターを起こしえると秦や半藤の先生たちは信じている。

秦はこの『さらば昭和の近衛兵』を読んでいる。一近衛兵なんぞの談話など信じられるか、と思っているのだろうか。『さらば昭和の近衛兵』の続きを読んでみよう。

森師団長の後ろに東部軍司令官田中静壱、第二連隊出身の先輩で陸軍大臣の阿南が控え、三人とも考えを同じくして終戦前後の混乱をぶじに乗りきるべく、阿南みずから皇居に入って、全軍の指揮をとるものと芳賀は信じていた。そして全陸軍の考えが一本にまとまって、第二連隊がその頂点に立って索引力になるのだと思いこんでいた。芳賀はクーデターの真相を知って行動を起こしたのではなく、自分なりの都合のよい方に解釈して動いたようだ。

まして下級将校になると、上級職から言われた命令を自分で適当に解釈して納得し、あるいはわけがわからないまま尋ねることもせず。兵隊に命令した。兵隊いつも接している将校のいつもと異なる命令に、不審を抱きつついつもと同じく従順だった。不審を持っても兵隊が命令の理由を上官に質していては軍規が保てない。親しい兵隊同士ささやき合うか、ひとり自分の胸におさめておくしかない。

絵内正久は上級職と下級将校の関係を書いている。芳賀豊次郎第二連隊長は大佐で、八月中に少将になることが決定していた。古賀中佐、畑中少佐たちとは格がちがう。芳賀は少将以上の将軍から命じられ、「予定どおり軍旗を奉じて意気軒高、第二大隊の主力とともに皇居に乗りこんだ」ことになる。しかし、少将以上の何人《なんぴと》も芳賀大佐に命じていない。バーガミニが書いているように「某中佐の命令」以外にないのである。

だから芳賀は最初から、偽装クーデターであり、何もしないで兵を皇居に立たせるだけの行動と知っていたのである。絵内が書いているように、「芳賀は上機嫌で、部下にかこまれて談笑する声が私たちの室まで伝わってきた」のは当然である。どこにも危機はなかった。偽装の危機をつくった演出家がいただけなのだ。

『さらば昭和の近衛兵』を読み進めてみよう。真実が書かれている。

そんな将校たちの適当な解釈から、平常なら近寄れないはずの御文庫周辺で、銃を立てて折り敷けの戦闘体制で御文庫をにらんでいる兵隊に、ある中隊では「御文庫に出入りする者をチェックするため」と説明し、別の中隊はいっさい説明がなかったという。

賢所付近に布陣した第一中隊は、「横浜に米軍が上陸してきたので、それと一戦を交えるため」と説明された。

第九中隊長の佐藤勇は、午後二時ごろから御文庫正面の花蔭亭にいた。彼は中隊からただ一人離れて、彼に従う九中隊員は一人もいなかった。佐藤は「陛下を外部に連れ出そうとする不逞の輩からお守りするため」と言われて、銃剣術有段の下士官数人の決死隊と通信小隊で御文庫をかためていた。

まさに、このようなやり方を〝やらせ〟というのである。何の危機状態もないのに、危機状態を創り出すのは一演出家の力量によるのである。その演出家に演出を依頼したのはバーガミニがいう天皇である。どうしてか。「……神聖な天皇は日本軍国主義の首魁であるよりはむしろ犠牲者であったのだということを信じこませるゼスチュアのためだった……」

『さらば昭和の近衛兵』を続けよう。

私をはじめ中隊人事係、小隊長の依田一夫、中隊長までがすっかりだまされていたわけだ。佐藤は新編成の第九中隊長として近衛師団から転勤してきて、まだ日が浅かった。「戦闘部隊として一個連隊が宮城に入るのは連隊はじまって以来のことだろう。米軍上陸の報もないのに、宮城内で作戦が実施されようとしていること自体、容易ならざる局面であることを肌で感じた。もちろん、われわれに宮城での目的は知らされていなかった。それは宮城の警護というより、宮城を外部から遮断することであり、一時ではあったが宮城を占領したようであった」

と感想文を後に書いた第六中隊の柴田道泰のような考えを抱く兵もいた。

佐藤は任務に万全を期して、たまたま御文庫から出てきた侍従に天皇の動静をたずねた。変わった動きが御文庫に見られたらただちに踏みこむつもりで、「なにか異状があったら連絡して下さい」と頼んだが、逆に侍従は不思議そうに驚き怖れている様子を見せた。

この絵内正久の文章を読むと、天皇の〝ゼスチュア〟の姿がはっきりと見えてこよう。天皇の散歩にたいする近衛兵のいろんな考えを絵内正久は書いている。続ける。

そんな思いをこめていまも、草かげから木かげから第二連隊の兵士が体をかたくして、天皇の一足一足に目を注いでいた。

彼らは手にした銃が、じつは天皇に向けられていることをまったく知らないのだ。敵上陸軍から天皇をまもる銃と信じている兵。天皇を人質にしようとする軍隊からお守りするためと聞かされた兵。何かわからない相手から天皇をまもるための銃と考える兵。一兵として自分の銃が、天皇に照準を合わせていると気づいていないのだ。

(陛下はいつもこの時間に散歩されるのか。いままで衛兵に通報がないのは御文庫周辺だけのお散歩だからなのか)

(今夜、何か特別のことがあって気晴らしにご散歩を)

(虫の声を聴きにお散歩か)

そんなことを考える兵もいた。

戦争の結末が見えてきた。敗戦を国民になんと伝えるか。その悲嘆や困惑、失望を思えば心が痛む。国民を救い世界に平和をもたらす決断がついたいま、毎年、聴いた御苑の虫の声をやっと思い出されたのだろうか——というのは復員後の兵士の思

御文庫を背景にした昭和天皇御一家

い出だ。

天皇は望岳台の築山の端まで、虫の音を追うように足を運ばれた。あたりはすすきの穂が白く光っていた。このあたりは戦争前まで美しい庭園だった。それが人手不足と、国費のむだ使いを止めよという天皇のお考えで、すっかり荒れ果ててしまった。

天皇の〝最後のゼスチュア〟であったことを近衛兵たちは知らないのである。天皇はすべてを計算しつくして散策したのである。

絵内正久の文章を続ける。

天皇の跡を慕うように、お通りになった後から虫の音がいちだんと高くなった。やがて天皇のお姿が御文庫の中に消えた。明正午放送予定の、終戦の詔勅をみずから録音される時間が迫ってきた。お姿が吸いこまれると、兵隊はいっせいに深く息をついた。肩の力がぬけ緊張がとけた。草かげに息をひそめて敬礼もせず、そのお姿を追ったことで心にひっかかるものがあった。

十分たらずでお帰りになって、(やれやれ、一時はどうしたらよいものか)と迷った兵隊のほっとした姿が草むらのあちこちにあった。

天皇のこの散歩の場面を書いた本は他にないといってもいい。書いても数行である。半藤一利の『日本のいちばん長い日』は、この場面も無視している。

では、十五日早朝の天皇を見ることにしよう。東部軍が登場し、叛乱軍（ほとんど全部の本が「叛乱軍」としている。バーガミニだけは別）を鎮圧した後の天皇の姿を見ることにする。天皇家のために書かれた本である加瀬英明の『天皇家の戦い』を、まず引用してみる。皇族、直宮の情報、助言を得て書かれた本である。

空が明るくなってきた。藤田尚徳《ひさのり》侍従長は、五時少し過ぎたころ御文庫に入った。しばらくすると、三井安弥《やすや》、戸田両侍従が、反乱軍の警戒線を突破して、やってきた。そして、戸田は全員が慄然《りつぜん》とする情報をもたらした。

いよいよ反乱軍が、御文庫に突入することに決定したというのだ。

藤田が窓の鉄扉を一枚、音をたてないようにして、わずかに開いて外を見ると、御文庫と通用門の間の玉砂利の道に、一隊の兵士が将校に指揮されて、機関銃を据えているところだった。銃口は、御文庫に向いている。

やがて裏から、花蔭亭に泊っていた側衛の隊長である警部がやってきた。そして侍従に、近衛の大尉が自分たちの武装解除を要求しているけれど、どうしましょうかときいた。皇宮警察部長の命令でなければきけないと答えたらどうか、というと、「もちろん、その通りです」といって、胸を張って帰っていった。

加瀬英明は「一隊の兵士が将校に指揮されて、機関銃を据えているところだった。銃口は、御文庫に向いている」と書くのである。

あの終戦史の記録者井田（岩田）正孝は、半藤一利の『昭和史が面白い』の中で半藤の問いに答えている。

半藤　しかし、事実は、宮城占拠の近衛兵たちは御文庫に機関銃を向けているんですよ。
岩田　これは想像ですけどね、暗くて、どっちに御文庫があるかわからなかったのでは。
半藤　いや、いつも警備任務についている近衛兵ばかりなんですよ、占拠しているのは。
岩田　御文庫にいた侍従や女官たちの恐怖にかられた想像、いや妄想ですよ。近衛兵は泣いていますよ。

井田正孝でさえ、「想像、いや妄想ですよ。近衛兵は泣いていますよ」と語るのに、半藤はどうしても、「銃口は御文庫の方へ向けられていた」と言い張るのである。正直言って、半藤は井田ほどの人情味がないといえる。

それでは、『日本のいちばん長い日』の〝決定版〟を見ることにしよう。

藤田侍従長は一つだけ鍵をかけてない鉄扉をおしあけて、外をそっと見わたした。吹上門から御文庫にかけ、兵隊がぞくぞくと集められ、周囲に配置されていた。機関銃がすえられようとしている。そして銃口は御文庫の方にむけられていた。第三大隊の石川誠司上等兵は「天皇をよそへ移す計画がある。天皇を護るために、天皇を連れだそうとするものは何人たりともただちに射殺せよ」と命じられたのを記録している。

半藤は「銃口が御文庫の方に向けられていた」と書いたので、これを疑わずに、他の本の多くも右へならえしている。

では藤田尚徳の『侍従長の回想』を見ることにする。

反乱将兵は御文庫の周囲も、機関銃部隊で包囲して皇宮警士も、侍従たちも一歩も近づけぬ有様だった。ようやくにして徳川侍従と連絡をとったが、聞けば両陛下はお休みにもならず事態を憂慮なさっていたが、御文庫は別状ないとのこと。反乱軍兵士も宮内省の捜索に重点をおき、陛下のお側の危機は去った。

この『侍従長の回想』の中には「銃口は御文庫に向けられた」という文章が見つからない。『日本のいちばん長い日』の大宅本にはすでに「銃口が御文庫に向けられていた」が登場する。では、半藤の本が事実なのか、を検証しなければならない。加瀬英明の本は大宅本が書かれた十年後の一九七五年に出た。たぶん、大宅本から引用したとみられるからである。『さらば昭和の近衛兵』を見てみよう。

第二連隊長の側車当番である中村光次も、常時、師団兵器委員室につめていた関係で、十四日の朝、森を監禁または殺害した後、師団参謀が師団長公印を盗用して偽師団長命令を発して、

藤田尚徳侍従長

守衛隊上番をひきつづき第二連隊に命じたに違いないと信じている。

　このことはすでに書いた。この後に重要なことが書かれている。天皇は夜十一時ごろに散策している。その事実を踏まえたうえで、以下の文章を読んでほしい。

> 十四日夜十一時すぎ、守衛隊司令部から、「天皇陛下が十五日午前零時ごろ花蔭亭通用門より外庭東門をへて出御《しゅつぎょ》されるが、道筋の警護に万全を期すとともに、陛下に間違いないか注意をするよう」指示をうけた。
> だが、十五日午前零時をすぎてもお出かけがなく、皇宮警察に問い合わせても、そういう連絡がないとの返事だった。結局、車でお出ましを確認したのは午前一時ちょうどで、お帰りは二時ちょうどであったという。当日、第十二中隊は宮内省正面に布陣して宮内省玄関をにらんでいた。ふだん陛下の動静の報告は任務の性格上、分秒のちがいも許されない。

　また録音関係者を坂下門で捕らえたのは、午前三時に近かったという。世間で言われているより、現場に居合わせた責任者の小巻の話には説得力がある。これもまた、終戦直前の軍の混乱ぶりをそのまま示した、人も時間もくるっていたとしか言いようのない、日本の断末魔を如実に示すものだった。

　私はこの『さらば昭和の近衛兵』の、第二連隊長小巻博の談話を真実とする。「車でお出ましを確認したのは午前一時ちょうどで、お帰りは二時ちょうどであったという……分秒のちがいも許されない」
天皇はこの時間に宮内省に行き、二階の御政務室に入り玉音放送の録音をしている。『日本のいちばん長い日』の〝決定版〟を見てみよう。

閣議は終り、そして天皇の録音はこれからはじまろうとしていた。阿南陸相の自動車が官邸の前でとまったころ、十一時二十五分、陸軍大元帥の軍服姿の天皇は、入江侍従をしたがえて御文庫を自動車で出発、御政務室へ入られた。まだ警戒警報はとけていなかったが、宮内省防空課長松岡進次郎《まつおかしんじろう》が東部軍に敵機にかんする情報を照合《ママ》し、「東京にむかう様子がない」と東部軍民防空係藤井恒男《ふじいつねお》中尉の回答をえて、強行録音ときまったのである。

この天皇の録音の現場に下村宏情報局総裁がいた。彼が天皇の玉音放送の準備をした。下村宏(筆名、海南)の『終戦秘史』はたびたび引用した。正確度の高い第一級の資料であると、私は書いた。以下、玉音盤の録音場面をみる。

やがて後《ママ》十一時二十分ごろであったろうか、三井、戸田両侍従を従え陛下の出御あり、スタンドの前に立たれた。〔略〕陛下の入御《にゅうぎょ》は後十一時五十分ごろであったが、この第二回目の分があくる十五日の放送に使用されたので、録音盤は二回分共四枚全部、荒川理事から筧《かけい》庶務課長に手渡され、課長から侍従職の方へうつされたのである。

この文の途中はカットした。後章ではカットなしの文章を書く。私は下村が「後十一時二十分ごろに出御し、後十一時五十分ごろ入御した」とする点に注目するのである。

どうして、第十二中隊長の「ふだんの陛下の報告は任務の性格上、分秒のちがいも許されない」この報告を信じないでいられようか。

〝決定版〟半藤本の「阿南の自動車が官邸の前でとまったころ、十一時二十五分」というのは大きな矛盾点がある。どうしてか。三笠宮は十五日に阿南と防空壕で会い大口論となり、三笠宮の妻が仲に入って大口論を止めに入ろうとしている。しかし、半藤本や他の本はすべて、この時に阿南は陸相官邸に入っている。私は阿南自決の場面を描いた。この文章を書いているうちに、あの文章を訂正しなければ、と思った。しかし、あの場面はそのまま残すことにした。どうしてか。私の追跡の結果を知ってもらうために残したほうがいいと思ったのだ。

謎に挑戦してみよう。読者もともに挑戦してもらいたい。

どうして二時間近くも〝偽りの時間〟を創り出したのか、という疑問である。すべてが二時間くるっているわけではない。夜明け前には時間は正常に戻るのだ。絵内正久は「これはまた、終戦直前の混乱ぶりのまま、人も時間もくるったとしか言いようのない、日本の断末魔を如実に示すものだった」と表現する。まさに〝日本の断末魔〟の時が八月十四日から十五日にかけて存在したのである。

では、約二時間の時間の〝ズレ〟を追跡しよう。もう一度、蓮沼蕃の『終戦反乱』を見ることにしよう。原題は『戦慄の八・一四事件』である。私は八・一五事件でなく、八・一四事件という名をつけた彼の意味が分からなかった。終戦反乱とは、八月十五日を普通はさすからである。しかも〝戦慄の〟という形容詞がついている。蓮沼は森師団長に八月十四日の夕方に会ったと書いている。この日付も内容も真実ではなかろうと書いた。どうせ彼の書いていることだと甘く見ていた。しかし、彼は真実を一つ書き残しているのにやっと気づいた。私は気づいていたが信じなかった。

この手記には〝附記〟がついている。

「この一文は蓮沼蕃氏が昭和二十九年に死去された後に生前の取材をもとにとりまとめたものである」

蓮沼蕃は死の直前に、ほんの少しだが〝戦慄の八・一四事件〟の真相を後世のために書き残したのである。

二十四日午後は、予科士官学校の生徒が区隊長に率いられて、埼玉県川口の放送所を占領した事件があった。田中〔静壱〕は十五日の朝と同様、単身現場に急行した。

そのときは暴徒によって斃される覚悟をしていたようだ。然し、事件は田中の到着前に落着いており、更に田中の熱誠な訓戒は若い者の心魂にも徹したと見え、血を見ずして納めることを得て司令部に帰還した。終戦十日となれば、国内には混乱の渦は巻いていたが、もう軍隊による大きな暴挙は起こり得ないと見たのであろう。そしてこの時機を外せば生恥をかくと観じたのだろう。その時十一時すぎ、恰度《ちょうど》森師団長が殺害されたと殆ど同時刻に、死後の処置をきちんとつけて死んだ。

蓮沼は「その時十一時すぎ、(田中は)森師団長が殺害されたと殆ど同時刻に、死後の処置をきちんとつけて死んだ」と書いている。蓮沼は念を押して「殆ど同時刻に」と書いている。間違いなく、森師団長は十一時すぎに殺されたのである。そうすると、今までに書かれたすべての本(バーガミニを含めて)が書いているのは、十五日の午前一時すぎであるから、二時間の時間差が出じたことになる。

絵内正久の『さらば昭和の近衛兵』の二時間の時間差と、見事に一致する。

私はここまで書いてきて、やっと、この『日本のいちばん長い日』のもつ空恐ろしさが分かってきた。結論を書いてから前へ進もうと思う。

森近衛師団長は十四日の午後十一時すぎに惨殺された。そして、その死は十五日の一時すぎまで伏せられた。どうしてか。事後処理に時間がかかったからである。もう一つの理由は、森惨殺という事件をよりリアリスティックに演出するための工夫がなされねばならなかったのである。天皇は間違いなく玉音放送のスケジュールを十四日の午後十一時すぎと決めていた。その天皇のスケジュールを変更しなければならないことになった。

もう一つ考えなければならないことがある。予定されていた玉音放送の録音が遅れたのなら、そのように発表すればいいのに、遅れた時間を修正しないままになっている。時間を修正しない何かの理由がそこにあった、ということになる。

午後十一時ごろから午前一時すぎの二時間の空白の時間に、何か重大な、伏せなければならない事件があった、ということになるのではないのか。単純に考えてみよう。

この空白の中に玉音盤を制作できないような、天皇の周辺に何かが発生した、それを処置するために約二時間ほどかかった、ということであろう。

もう一度、午後十一時に戻らねばならない。そして、試行錯誤を繰り返し、真相に迫らねばならない。天皇と三笠宮と木戸幸一内大臣と阿南陸相の間に、何かがあったにちがいない。私の追跡は真実から大きく逸れるかもしれない。しかし、リターンする。そして、大きく逸れながらも、回り道しながらも、真実を捜そう。何かがきっと見えるはずである。

たとえ私の推測が間違っていようとも。

## 何が起こり、時が失われたのか

もう一度、八月十四日午後十一時ごろから十五日午前一時ごろの終戦直前の出来事を見ることにする。

私は、この時間のズレを考えだしたとき、一つの本の、ある数行にハッと気づいた。それは『昭和天皇独白録』の中の天皇の〝独白〟である。

天皇は宮中事件について語っている。再度引用する。

宮内省の電話線は切断せられ、御文庫の周囲も兵により包囲された。
幸ひ空襲の為窓の鉄扉が閉鎖されてゐたので、私の居る処は兵に判らなかつたらしい。
この騒動をきいて、田中静一（正しくは静壹）軍司令官が馳せ付け兵隊を取り鎮め、事は無事に終つた。
鈴木、平沼の私邸も焼かれた、平沼は陸軍に巧言、美辞を並べ乍ら、陸軍から攻撃される不思議な人だ。
結局二股をかけた人物と云ふべきである。

私がハッと気づいたのは、天皇の平沼騏一郎《ひらぬまきいちろう》に対する痛烈な評である。「平沼は陸軍に巧言、美辞を並べ乍ら、陸軍から攻撃される不思議な人だ。結局二股かけた人物と云ふべきである」とは、異常なる人物評である。

平沼と阿南の関係を追ってみよう。十四日午後十一時頃の日本の苦悩が見えてくる。終戦にいたるために、天皇が〝聖断〟を出す。この〝聖断〟については後述する。ここでは簡単に平沼と阿南の関係を書いてみる。

――八月九日、金曜日の朝、無条件降伏を受諾するという天皇の要望を議論すべく、多くの重臣が動きだした。天皇は首相、参謀総長、内大臣、海軍大臣、宮内大臣とあわただしく会った。そして、十一時すぎ、宮中で最高戦争指導会議が開かれた。この会議から本格的な終戦へ向けての終戦工作がはじまった。

八月九日午後十一時五十分。ポツダム宣言受諾をめぐる御前会議が御文庫地下の防空壕で開かれた。出席者は最高戦争指導会議構成員の五名（首相は除く）。このうち三名が反対、二名が賛成と意見は分かれた。それで、天皇と木戸は平沼枢相を説得し、この会議のメンバーに加えた。

会議は東郷外相、米内海相、平沼枢相の三名が、ポツダム宣言受諾の賛成。阿南陸相、梅津陸軍参謀総長、豊田海軍軍令部総長が反対となった。そこで天皇が御聖断を下したというわけである。平沼男爵はこのとき天皇を助けた。しかし、平沼は最後になって豹変する。

十四日の夜、玉音放送の詔書の原文をめぐって阿南陸相と米内海相が激論した。そしてやっと閣僚の全員が詔書に署名した。――

さて、私はこの激論の後かその前のあるときに、平沼枢相が阿南陸相に入れ知恵をしたのではないかと思うのである。

私はこの間のことを知ろうと本を漁った。しかし、これはと思える資料にめぐり合えなかった。しかし、一冊だけ見つけることができた。この本の中で幾度も紹介したブルークスの『終戦秘話』である。引用する。

詔書を批准するには、閣僚たちの署名を必要とするだけだった。十五人の大臣がそれぞれ判を押した。副書をすませると、阿南は、天皇の放送は次の日に回すことを強く進言した。軍と角を突き合わせたことがあり、その引き延ばし戦術をよく知っているものには、これは不吉な連想を与えた。いまでは市カ谷台の状況がまるっ切り無統制でないにしても、渾沌としていることを大部分の指導者たちが知っていた。陸相は何かの険悪な行動を保護するために、時をかせごうとしているのではなかろうか。

ブルークスの指摘は正しいと思う。一度は消えた偽装クーデターを再度燃え上がらせたのは、間違いなく某中佐と畑中一味であった。私はこの最後の会議ともいうべき場で、十五人の大臣が副書をすませた後に、阿南は平沼と会い、某中佐の動きについて話し合ったとみている。それはブルークスの次の文章が明らかにしてくれる。

阿南は夜明け前の放送は、民間暴動あるいは陸軍部内の予見できない何かの騒擾を引き起こす恐れがあることを、確信をもって主張した。下村は次の日の正午を提案し、内閣はそれに賛成した。

しかし、それでもって、ことは終わらなかった。この技術上の問題が片づくと、陸相はまた新しい障害物を持ち出した。連合国提出の条項受諾の決定を、発表の前に枢密院に付議することを要求したのである。その根拠は降伏は主権国家間の条約に準ずるというにあった。

日本人が書いたすべての本では、詔書批准に署名した判を押した後の阿南は、物わかりのいい男として登場する。その例を数点あげてみよう。〝決定版〟半藤本から引用する。署名し、判をついた後の場面を描いている。

阿南陸相のせねばならないことはすこし違っていた。彼は軍刀を腰に吊り軍服を正すと、感慨無量といった感じの東郷外相のそばに寄り、姿勢を正すと上半身を十五度に折って敬礼をし、「さきほど保障占領および軍の武装解除について、連合国側にわが方の希望として申し入れる外務省案を拝見しましたが、あのご処置はまことに感謝にたえません。ああいうとり扱いをしていただけるのでしたら、御前会議で、あれほど強くいう必要もなかったのです」といった。

すべてといっていいほどの本は、阿南が署名し、判をついた後の人物の変貌する場面を描いている。そして、その後に首相官邸に出向いて鈴木貫太郎首相に別れの言葉をつげる。

次に、鈴木終戦内閣書記官長の迫水久常の『終戦の真相』（一九六八年）から引用する。

丁度十四日午後十一時過ぎでありました。終戦に関する詔勅の公布に関する一切の手続を終り、各閣僚は夫々《それぞれ》退出された後、私は総理大臣室に於て、鈴木総理と相対座して居りました。大事を了《おわ》った後の一時でありますが、ただわけもなく涙が流れて仕方がありませんでした。そのとき戸口を叩いて、阿南大臣が入って来られました。軍刀をつり、帽子を小脇にかかえて、入って来られ、総理に対して直立不動の姿勢にて、「終戦の議が起りまして以来、私はいろいろ申上げましたが、この事は、総理に御迷惑をおかけしたことと思い、ここに謹んでお詫申上げます。私の真意は一つにただ、国体を護持せんとするにあったのでありまして、敢えて他意あるものでは御座いません。この点は何卒御諒解下さいますように」と涙と共に申されました。総理は、うなずき乍ら、阿南大臣の側近く寄られて、手を肩におき「そのことはよく判って居ります。しかし、阿南さん、日本の皇室は必ず御安泰ですよ。何となれば、今上陛下は、春と秋の御祖先の御祭りを必ず御自身で熱心になさって居られますから」といわれました。阿南さんは、これに対し、両頬に涙を伝わし乍ら、「私もそう信じます」と申されて、敬礼をして静かに退出されました。私は玄関までお見送りをして、総理室に帰って参りますと、総理は、「阿南くんは、暇乞《いとまご》いに来たのだね」と言われました。このときの光景は、私の終生忘れない所でして、殊《こと》に総理のお言葉は、誠に深遠な意味があると思います。この学問の教えである伝統の原理を体得した方でないと、出ない言葉であり、又意味の判らない言葉ではないでしょうか。

東郷茂徳外相、鈴木貫太郎首相との最後の別れの場面は、もの静かである。迫水久常は続けて次のように書いている。

当時の陸軍の状況から申しますと、若し阿南さんが終戦に賛成されたら、必ず部下に殺されていたと思います。若し阿南さんが殺されたら内閣としては、陸軍大臣を補充しなければなりません。当時の陸軍大臣は陸軍の現役大・中将ということになって居りましたので、その補充について軍が承諾しない限り出来ないのであります。若し陸軍大臣を補充出来なければ、鈴木内閣は総辞職する外ありません。あの場合、鈴木内閣が総辞職したらどうなりますか、終戦は出来なかったでしょう。阿南さんはこのことを知って命を保って、鈴木内閣をして終戦を実現させるために、あの腹芸をされたのです。若し心から終戦反対なら辞職されて了《しま》えばやはり鈴木内閣はつぶれて終戦は出来なかったでしょう。私は心から阿南さんを尊敬します。

この一見何でもない迫水久常の文章の中に、どうして阿南惟幾が最後の陸軍大臣に任命されたかの理由が書かれている。このことも後章で書く。ここでは、終戦のために、阿南が天皇のために必要で

鈴木貫太郎総理大臣

あったろうと思うとのみ書くこととする。

阿南が辞職しなかったがゆえに終戦がスムーズにいった。これは何人《なんぴと》も疑いえない事実であろう。しかし、疑問が残る。それは、三笠宮と阿南がこの後の十五日の朝、たぶん、十五日零時から一時すぎにかけて大喧嘩しているからである。首相官邸を出てからの阿南を追わないと何も見えてこない。ブルークスの『終戦秘話』を見ることにしよう。


枢密院は明治天皇の時代に勅命によって創設され、六つの分野がその管轄下におかれ、その第四は国際条約および協定だった。その勅命によれば、枢府の承認がないといかなる法律も制定できず、いかなる詔書も発布できない。平沼枢府議長を御前会議に参加させることによって、枢密院を出し抜こうとした鈴木の企図は、いま阿南の挑戦を受けたわけだった。

陸相は何かの不法行動の機が熟する時間をかせぐために、ブレーキを踏んでいるのではないかとの疑念が再び起こった。そのような問題についての専門家である村瀬（直養《なおかい》）が呼び寄せられた。法制局長官村瀬は、自分の解釈を述べ、妥協案について合意が成立した。詔書は十四日夜、発表と同時に効力を生じるが、枢密院はただ単に形式上、十五日朝、その問題について審議するというのである。

詔書のテキストは発表のため印刷局に渡された。そして、午後十一時、官報号外として組版され、印刷された。そしてこの時間（昭和二十年八月十四日二十三時）が、日本としては、太平洋戦争の正式終結時刻となった。

それでも疑問は残る。阿南と平沼は枢密院の「承認がないといかなる法律も制定できない」という法律を楯にとって、この詔書の無効性を訴え続けたと思えてならない。どうしてか？の疑問は残る。私は二人が森師団長の惨殺のニュースを知り、すばやい対応策を練る過程で、この詔書の無効性を訴えたにちがいないと思う。

首相、外相はたぶん、陸相と枢府相と会談に入った。この会談は内密とされた。それゆえ、存在しないものとなった。政府側は、法制局長官村瀬直養を急遽、首相官邸に呼びつけた。そして対策を練った。十四日深夜から十五日にかけて会議が続けられた。結論は出なかった。どうなったのか。三笠宮が阿南を自分の防空壕に連行しようとした。そして大喧嘩となった。天皇の玉音放送の録音は二時間延ばされた。

しかし、この間の出来事は秘密にされた。何もないことにされたのだ。

枢密院は六つの分野がその管轄下におかれ、その第四は国際条約および協定であった。枢府の承認がないといかなる法律も制定できない仕組みができていた。いかなる詔書も発布できないのである。

平沼は枢府議長としてこのことに触れた。阿南は同調した。しかし、天皇とその一族は明治天皇の勅命を無視した。そして、この詔書が正しいとした。その間に約二時間を要したのである。従って、玉音放送のために御文庫を出る時間が遅れた。この詔書に関する法解釈と解決方法は極秘とされ、存在しない時間となったのである。

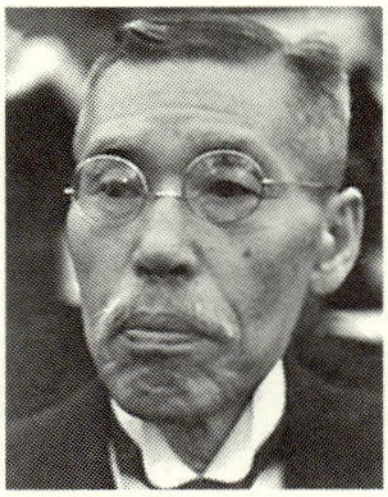
平沼騏一郎枢密相

では、その後の阿南と平沼の二人を再び追ってみよう。あの阿南の外相への挨拶、首相への別れの言葉……これらは空白の時間を埋めるための〝でっち上げ〟の可能性が大である。すべて、隠さなければならないものは隠されてきた。そのために御用学者が平成の今も大活躍しているのである。

もう一度、ブルークスの『終戦秘話』を見てみよう。文章の中に、「陸相は何かの不法行動の機が熟する時間をかせぐために……」とあるのは三笠宮の行動をさしているとしか思えない。確かに、この陸相と枢相の法解釈論争で時間は延びた。だがもう一つ、重大なことがあった。それは、この偽装クーデターをよりリアルに見せんとすることであった。

阿南はこの偽装クーデターから完全に手を引いていた。某中佐と畑中一派は、詔書の署名と判を押す作業が終わる頃に、森師団長を惨殺していた。しかし、この惨殺にリアリティをもたらすタイミングを狙っていた。

あの殺害は、畑中の剣であった可能性がある。ピストルが実際に使用されなかったのではないのか。どうしてか？　十四日午後十一時すぎにピストルを発射すれば少なくとも爆発音がするからである。午前一時すぎの近衛師団長室からの発射音は、二階の森赳の私室の窓を開け放し、窓の外へ向けて発砲されたものではなかったか。その発射音が一つの合図となり、天皇は車に乗り宮内省の二階での録音室へと入っていく……。この間のために二時間が空白となった。

迫水久常はいみじくも書いている。

「当時の陸軍の状況から申しますと、若し阿南さんが終戦に賛成されたら、必ず部下に殺されていたと思います」

阿南は終戦の最後の詔書に署名し、判を押すまで必要な人物なのであり、後は殺される（自決する）運命にあった、と迫水は書いているのだ。

迫水は次のようにも書いているではないか。

「若し阿南さんが殺されたら内閣としては、陸軍大臣は陸軍の現役大・中将ということになって居りますので、その補充について軍が承諾しない限り出来ないのであります」

阿南陸相の義弟の書く『終戦機密日誌』の十三日の最後の文章は「師団長ヲ大臣室ニ招致シ、聴カザレバ監禁セントスルモノ、大臣ガ呼ンデモ来ルコトナカルベシ。然ル場合ハ師団へ行キ、師団長ヲ斬リテ、水谷参謀長ニヨリテ事ヲ行ウベシトノコトトナル」である。

それでは陸軍大臣の運命はどうなっていたのか？　迫水久常は続けて書いている。

「若し陸軍大臣を補充出来なければ、鈴木内閣が総辞職したらどうなりますか、終戦はできなかったでしょう。阿南さんはこのことを知って命を保って、鈴木内閣をして終戦を実現するために、あの腹芸をされたのです」

阿南の「命を保って」後に自決せしめたのは誰であったのか。森赳は、近衛師団長だから、監禁の上で殺してもかまわない、とされていた。阿南は生かし続けておかないとならないとされた。しかし、陸軍大臣としての仕事は陸軍省内の荒尾軍事課長と畑中一派との合作とすることとなった。近衛師団長の代理は水谷参謀長となった。

天皇はすべての工作の裏の裏を知っていた。だからこそ、『天皇独白録』の中で天皇はこう語っているのだ。

荒畑《ママ》軍事課長が、近衛師団長に、偽命令を出して欲しいと強要した。森（赳）近衛師団長は立派な人で、この強要に頑強に抵抗した為殺された、そして師団参謀長と荒畑との名で偽命令書が発せられた。

森赳は最初から用なしとされた。それが、某中佐の最初からの計画だった。阿南惟幾は最後の詔書の署名と押印までの運命とされたのである。

もう一度、ブルークスの『終戦秘話』を見ることにしよう。陸相が東郷外相に別れの挨拶をした後に市ヶ谷台の陸軍省に立ち寄る場面である。

陸相は自分の部屋のなかを歩き回り、机の引き出しを掻き回していたが、やがて荒尾（興功）大佐を呼んで、吉積中将はどこにいるかたずねた。

荒尾は吉積が一夜を過ごすために、千葉市に住んでいた家族のもとに行ったことを説明した。中将は過去五日間、眠っていなかった。阿南は荒尾に葉巻きを一本与えた。そのとき若者たちの一団が大臣の応接室にどやどやとはいってきた。それはいつもの彼らではなかった。気分が変わっていた。すでに、その態度には困惑の〝どうしてこんなことになったのだ〟という疑惑のきざしがあった。

一致した屈辱感、憤激、平和拒否の決意に代わって、見解の矛盾衝突があった。あるものは阿南に自決を説き、あるものは山中に籠って、国を焦土と化すべきだと主張した。二、三のものは変わらぬ熱情をもって、裏切りものの平和派の一網打尽を力説した。しかし、その夜、市ヵ谷台に燃えあがった火を見たものはだれひとりとして、その炎のなかに希望を見出し得なかった。それはエネルギーの炎ではなく、絶望と罪悪感の炎だった。

阿南は多くを語るには、胸がいろんな感情で詰まりすぎていた。しかし、やっと「戦いは放棄された。あとは自分にまかせて欲しい」と告げることができた。その深い憂愁と言葉とが若者たちを圧倒して鎮まらせ、彼らはしぶしぶながら部屋から出て行った。陸相は身の回り品をとりまとめ、磨きあげた桜の木の鞘におさめた短い礼装用の剣を叮重にそのなかにくるみ、建て物をあとにした。書類から火へ、火から書類への狂気のようなどたばたはまだ続いていた。そのなかを阿南は公用車に包みを放り込み、三宅坂の陸相官邸に帰って行った。

十四日午後十一時ごろの時点で、阿南は森赳の惨殺事件を知らなかったかもしれない。しかし、十五日零時ごろには、森惨殺事件を知っていたことは間違いない。「戦いは放棄された。あとは自分にまかせて欲しい」という若者たちへの阿南の言葉は、次の行動を暗示しているのではなかろうか。陸軍省に残って阿南を待っていた若き将校の期待に応えるべく阿南は「三宅坂の陸相官邸に帰って行った」のではなく、本当の意味での〝決着〟を三笠宮とつけるべく、三笠宮の住む防空壕に車を向けたのである。

では、どのような話がかわされたのか。私は『「神聖悲劇」』が森赳を惨殺した」の項で書いた阿南の自刃直前の言葉の続きを書かねばならない。ノンフィクションの手法を無視して、阿南の死霊をよび出し、その死霊をして私のペンに書かせよう。

――私は森中将が惨殺されたことを知った……。若手将校たちの無念の声を聞いた。「戦いは放棄された。あとは俺にまかせて欲しい」と若手将校たちに約束した。なにがなんでもニセモノのクーデターだけはやめさせたかった。

三笠宮がすべてを動かしていた。俺は三宅坂の陸相官邸に向かうように見せかけて、運転手に「三笠宮のところへ行け！」と言った。そこに畑中たちがいた。俺は怒鳴った。「どこへ行くのだ。そのピストルは何のために使うのだ……」と。それから俺は三笠宮に言った。「詔書の承認を受けるべく枢密院を開くべきだ。法を無視してどうなるのだ。東郷外相も鈴木首相も無視してかまわない、と言っている。平沼枢相の主張が理にかなっている……」と言ったんだ。

三笠宮は承知しなかった。問答どころでなかった。三笠宮の妻が電話したのではなかったか。そこに木戸が入ってきた。木戸も三笠宮も法を無視してもかまわないというわけだ。

俺は怒鳴った――「そうか、お前たちは俺たち軍人のせいにして、お前たちが戦争を仕掛けたのではないという神話を創り出すために、こんな汚い芝居を創ったのか……」と。

三笠宮は怒りだした。俺は背を向けた。ピストルを手にし、俺を撃とうとした。三笠宮の妻が俺と三笠宮の間に入ってきた。俺は酒を飲み始めた。と銃声が聞こえた。そして三宅坂に帰っていたんだ……。

俺は酒を飲み始めた。と銃声が聞こえた。「なんだ、あの銃声は……」と思った。

そうか、今頃になって森が殺されたことを知らせようとするのか、なんという姑息な手段なんだ、畑中がピストルで殺したことになったのか、畑中よ椎崎よ古賀よ、お前たちに死ぬな、とあれほどいったのに……お前たちは欺されてしまった。

それほどまでに軍人を悪人に仕立てて、平和天皇を演じたいのか……よし、天皇が袖を通したシャツを着て、天皇からもらった短刀で我が身を血だらけにしてやるぞ……国体護持だけが目的ではなかったのか……そこまで軍人たちを悪者にしなければならなかったのか……

畑中、椎崎、上原の三人は三笠宮の防空壕を出て、近衛師団長室に入った。畑中は二階にかけ昇り、師団長の私室の窓をいっぱいに開けて、ピストルを空に向けてぶっ放した。ピストルの音は陸相の官邸にまで達した。

そこにいた古賀と石原の両少佐は、十三日の日に水谷近衛参謀長と荒尾軍事課長の作成になる近衛師団命令を取り出した。

八月十五日と書かれた下に空欄がつくられていた。その空白に時刻——〇二〇〇時——と記入された。そしてかねて取り上げていた森の印章（署名印）をそのニセ命令書に押し、ここに正式に認証された。

それを見届けると、某中佐と畑中一味は、二重橋の司令所に車で乗りつけた。近衛師団の第二歩兵連隊の二大隊がそこに配置されていた。連隊長の芳賀豊次郎大佐がいた。某中佐を背後にした状態で畑中少佐が芳賀大佐に命令書を手渡した。

二時間の空白がここに見事に埋まった。某中佐は皇居内の闇の中に消えた。

後年、芳賀は沈黙を守り通した。そして、ひとこと、「ああするしか仕方がなかった……」と述懐したのである。

元近衛兵、吉田釣の『責任は死よりも重し』の文章をもう一度引用しておく。

然し乍ら、指揮権のない一少佐や中佐が最古参大佐の芳賀に撤兵措置を命ずることが出来るか、それは不可能な事である。また、正門の司令室までの乾門から銃前哨に到る五個所の歩哨線を、どのようにして突破して行ったのか、然《しか》も乾門から車で入ったということなのでそれは通常皇族並みではないか。

また、守衛隊司令官や大隊長などの巡察の目をどのように潜り抜けて、椎崎、畑中、井田の三人が会談出来たのか、守衛を経験した近衛兵の実情から理解出来ない疑問である。なお、指揮権のないものが撤兵を命ずることは出来ない。然も、恰《あたか》も近衛歩兵第二連隊を宮城占拠軍の如くに表現しているが、それは事実に全く反するものである。故意に畑中らの妄想を補強しているにすぎない。軍旗を奉じて守衛隊の指揮に当っている連隊長が、若い少佐や中佐に頤使《ママ》されるようなことは、日本の軍隊では到底考えられないことである。

私はこの「日本の軍隊では到底考えられないこと」を考えてきたのである。八月十四日から八月十五日にかけて、現実に起こった〝真夏の夜の悪夢〟を再現してみようではないか。

「文藝春秋」（二〇〇六年二月号）に掲載された「総力特集・一九四五」の中にある、阿南惟正（阿南惟幾三男・元新日鉄副社長）の「阿南惟幾三男との最後の対話」を引用する。

十五日早朝、母から、妹や弟達と共に父の死を知らされた。三宅坂の仮官舎に行き、対面した父の死顔は安らかであった。父の死は、日頃武人の信念として説いていた幾つかの言葉を、身を以て示したものとして受け止める事ができた。

その夜、陸軍省のあった市ヶ谷台で、父の遺体は、戦時の式にのっとり茶毘《だび》に付された。通夜に参列した陸軍の将星たちの沈痛な表情と、夜空を赤く染めていた機密書類を焼く炎の色が、日本陸軍の終焉と、敗戦と云う厳しい現実を象徴していたように思う。

戦争の終結にあたって、父の真意がどのようなものであったか、基本的な考え方は次の二点だったと私は考えている。
(一) 如何に有利な条件で戦争を終結するか、四つの条件が取り上げられているが、特にその中で最も重要な条件は国体護持と云う点。
(二) 当時、海外に二百七十万、国内に二百二十万、合計約五百万の軍隊が配置されていたが、これを整々と収めなければならない、と云う点。
海外派遣の各方面軍からは、継戦を促す激烈な電文が続々と寄せられ、国内にはクーデターも辞せずと云う強硬意見があり、その中でどのようにして、この二つの目的を達成するか、苦慮していたに違い無い。最後には聖断によって終戦の方針が決定された中で、陸軍全体の責任を取るべく、自刃したと思う。

父の人間像については、薬師寺元管主、橋本凝胤師が墓碑に記された「性直にして温、親に仕えて至孝なり、平素厳を以て己れを持し、寛を以て人に接す」と云う言葉が良く表わしていると云われている。

この頃の最後に、モーリス・パンゲの『自死の日本史』から引用する。阿南惟幾の死を美しく描いている。名文である。

こうして阿南という一人の人間において、大日本帝国陸軍は死んだ——敗北によっておのが過《あやま》ちと驕《おご》りに気付いて。ヒットラーと阿南、いずれに高貴があるかは言うまでもあるまい。高貴とは責任を逃れぬ者にある。高貴はおのが引き受けるべき重荷を重すぎるとは決して言わない者にある。オイディプスもまたおのが意志をもっておのれを撃ち、おのが平和と民の平和のために、おのが罪を承認する。移ろいやすい勝利のかなたにある平和、それが戦士たる者の夢であり、その平和のためにこそ彼は戦う。彼が平和を見出すのは死ぬことによってだ。その平和が他の人にとっても平和になるなら彼にとってこれほど嬉しいことはない。阿南の偉大なる魂は、ヤーヌスのように、過去と未来を、平和と戦争を、過ちと恕《ゆる》しを、分かちかつ結び合わせる地点に立っている。

モーリス・パンゲのように阿南惟幾を賞賛する日本の史家は一人もいない。もし、阿南惟幾をほめれば、天皇の威厳に傷がつくと思っているからであろう。人は死に方によってその器量が分かるのである。もし、あのとき、もう少しはやく、天皇が国民に詫びて、死を選んでいたら、日本も、否、世界も大きく変わっていたであろう。天皇一人が生き延びたのである。どれだけ多くの人々が死んでいったのか。後章でその面から天皇を追求する。

阿南は自刃の最期のとき、義弟の竹下正彦に「米内を斬れ!!」と叫んでいる。この意味も後章で追求せねばならない。

# 玉の章

# 王の章

# 玉音盤はどこに消えたのか

下村海南の『終戦秘史』から引用する。下村海南（宏）は情報局総裁として、天皇の玉音放送の録音に立ち合ったからである。

昭和二十年八月十四日は日本の歴史に、また世界の歴史に逸《いっ》しられない画期的の記念日である。午前の御前会議により終戦の聖断が下され、その夜詔勅の玉音が録音されたのである。

宮内省の奥まりたる陛下の執務せられる部屋を放送室に、同じく十坪ばかりの相となれる部屋を録音室にあて、放送局のマイクロホンよりの連絡線はドアーを半開きにして、一回に二面とれる二台の録音機につなぎ、情報局と放送協会の幹部はじめが後三時半頃より待機していた。十時頃にようやく勅語書が下がる、侍従職にて無数に朱書されている原案文を奉書紙《ほうしょし》へ浄書《じょうしょ》し終り仕度万端《したくばんたん》ととのった。そこへ私がかけつける。侍従武官室に木戸内府、石渡宮相、広幡皇后大夫等と話し合う。ほどなく出御になるというので、録音機を据附《すえつ》けし一室をぬけて次なる奥の間に入れば、中央のあたりにマイクのスタンドが立っている。

かしこきかもマイクの前に立たせたまふ大御姿をまのあたりして
やがて後十一時二十分ごろであったろうか、三井、戸田両侍従を従え陛下の出御あり、
スタンドの前に立たれた。

このマイクの前で天皇は二回、終戦の詔書を読みあげた。下村は「午後十一時二十分ごろであったろうか」とマイクの前に立つ天皇の放送の時刻を書く。

しかし、私は二時間遅れとした。天皇は予定を約二時間遅らして録音マイクの前に立った、と。その理由の第一を『さらば昭和の近衛兵』の中（二七八頁参照）に見出した。また、蓮見侍従武官長の手記「戦慄の八・一四日事件」（二八一頁参照）によった。すなわち、森師団長が十四日の午後十一時すぎに殺されたことに触れた。もう一つ、詔書に署名・押印した阿南陸相が「正式に枢密院の承認を得よ」と騒いだことも書いた。何よりも御文庫から天皇が出られていない点を強調した。もう一つある。木戸幸一が十五日に阿南に会っている（五九頁参照）点である。

下村は「侍従武官室に木戸内府……と話し合う」と書いている。また「陛下の入御《にゅうぎょ》は後十一時五十分ごろであった」とも書いている。阿南が三笠宮と会い大喧嘩をしたのは、首相官邸を去り、三笠宮邸に行った時間からみて十五日午前零時ごろであろう。木戸はそれから三笠宮邸で阿南に会っているとすると、この点も矛盾が多い。

また、下村海南は「古賀少佐により起案された八月十五日零時近衛師団司令部の偽命令が発せられた」と書いている。ほとんどの終戦史では、その時間を午前二時とする。しかし、下村

海南の森師団長惨殺の場面を読むと、十四日午後十一時すぎの出来事に見えてくる。「十四日夜十一時頃から、畑中、井田、椎崎等同志は竹橋の近衛師団司令部に森師団長に面会を求め、近衛師団の蹶起を要望した」と書く。それからほんの十分たらずのうちに惨殺されたような書き方である。

私は下村海南が、森近衛師団長が十四日午後十一時すぎに殺されたのを知っているのを暗示すべく書いているように思えるのである。だから、下村海南は「古賀少佐により起案された八月十五日零時近衛師団司令部の偽命令が発せられた」と書いたのであろう。

下村海南の『終戦秘史』の続きを見よう。

石渡宮相、藤田侍従長らデスクの前にならび、私はスタンド近く三歩ばかりの所に侍立《じりつ》し、やがて恭《うやうや》しく頭を上げるを合図に第一回の放送が行われた。御下問《ごかもん》のままに普通のお声で結構でありますと御答えしたが、少し低いかと伺われた。陛下からも今のは少し低かったようだから、もう一度と仰せられるままに第二回のテストをお願いした。今度は声は高かったが、接続詞が一字抜けた個所があり、さらにもう一度という話もあったが、御辞退申し上げた。

陛下の入御は後十一時五十分ごろであったが、この第二回目の分があくる十五日の放送に使用されたので、録音盤は二回分共四枚全部、荒川理事から筧庶務課長に手渡され、課長から侍従職の方へうつされたのである。

下村海南は、「録音盤」は「二回分共四枚全部」と書く。それで一括して四枚を一カ所に保管したから、世に言う「玉音盤奪取事件」が発生したとなる。

では、玉音盤は実際に何枚あったのかを考察してみよう。

以下は、茶園義男《ちゃぞのよしお》の『密室の終戦詔書』からの引用である。

八月十五日の玉音放送は、誰に聞いても雑音激しく、天皇の一種抑揚の異なる肉声の印象と、ところどころ負けたらしい文言の記憶しかもっていない。しかしながら、玉音録音は上乗であった。宮内省二階での録音は、都合で二回とっているが、二回目の録音盤を電波にのせた。その試聴盤からの再録音テープがあるが、極めて明瞭なものである。〔略〕

この為に、録音機は二台で一セット――交互に録音盤を組ませるためである。これを二セット、つまり四台を持ちこんでいるわけで、一セットは予備なのである。

従って、一回録音で正副二つの録音が出来上がる。実際には二回録音だから、正副それぞれ二の計四組である。これを単純に四枚とした書物は多いが、それは誤りで十二枚というのが正しい（NHK放送博物館・橋本侑氏談）。

なぜかならば、先ほど述べた録音盤許容時間の関係で、各一台の録音機は一録音に三枚（これが一組となる）使用しているからである。つまり三枚で詔書朗読を通しているわけ――だから、玉音盤は四組（すなわち十二枚）というのが正しいのである。

さて、当夜この録音盤争奪からうまくまぬがれた四組の録音盤中、第二回の正副は、翌日NHK放送会館に運ばれて、それぞれの役目を果した。

要するに録音盤は四組（十二枚）あったと茶園義男は書いている。下村海南は、いかにも玉音盤争奪事件があったように演出するために、四組の録音盤中、第二回目の正副のみが玉音盤だと決めつけ、これを奪取されそうであったとするのである。茶園義男はその残りの玉音盤についてて一冊の本を紹介する。レナード・モズレーの『天皇ヒロヒト』である。

録音室に一人の使者が駆け込んできたのは、ちょうどこの二回目の録音の最中だった。使者は騒ぎが起こったらしいことを伝えた。それが何であるかはまだだれにもわからなかった。しかし、ともかく天皇を一刻も早く御文庫にお帰しするのが最善のように思われた。お車がわきの戸口にまわされ、天皇は木立ちのなかの曲りくねったタール舗装道を通って、すばやく御文庫に引き揚げられた。御文庫では皇后がお茶を用意して、天皇のお帰りを待っておられた。天皇がその茶をすすられている間に、いま吹き込まれたばかりの録音盤がかけられたのだが、それにじっと聞き入られる皇后も、目に涙を浮かべられた。

この一文からも〝二時間のズレ〟が見えてくる。十五日零時ごろに天皇が御文庫に帰ったのであったなら、皇居内は静まっていたはずだ。天皇が十五日午前二時ごろに録音を終えたちょうどその時刻に、ニセの近衛師団命令が発せられ、某中佐の演出のもとに近衛兵たちが動きだすからである。午前零時を予定していた近衛師団命令が二時間近く遅れたのである。

天皇は情報を全部知っている。水谷近衛参謀長と荒尾軍事課長の指揮のもと、畑中一派がついに動き出したのである。合図となったのは、近衛師団長の私室の二階から発射されたピストルの音であった。

ついに、叛乱が始まったのだ!!

この場面を大森実の『終戦秘史(2)天皇と原子爆弾』から引用する。


玉音の録音盤は二回分とも計四枚を鑵に収め、さらに袋に入れられた。

天皇と皇后は録音盤を試聴した。録音盤は、皇后の提案で、皇后付女官に預けられた。その女官は、皇居内の哨兵線を巧《うま》く突破し、女官の局《つぼね》の中の金庫に隠匿《いんとく》した。金庫は、また局の中の中国風の掛軸の後側に隠され、女官四人が掛軸の前で寝た。玉音盤は必要時に放送局に手渡されるまで隠匿されたのであるが、皇后がこの隠匿法を発案したのはおだやかでない。軍のクーデターが予知されたのだ。


大森実は皇后が「軍のクーデターを予知していた」から妙な手を打った、と書いている。なにも女官四人が掛軸の前で寝ることはないではないか、と思えてならない。

ここでも大森は下村海南と同じ説をとる。

続きを見ることにする。

阿南陸相が危惧《きぐ》していた陸軍クーデターが発生したのは、十四日夜十一時ごろだった。井田中佐、畑中少佐、椎崎少佐、上原大尉らが一橋竹橋の近衛師団司令部に駆けこみ、師

団長森赳中将と面会して、近衛師団の蹶起を説いたが容《い》れられず、畑中がピストルで森を射殺した。〔略〕

午前零時、クーデター・グループの古賀少佐が起草した近衛師団司令部の偽《にせ》命令が、近衛連隊に発令された。

大森実は明らかに、十四日午後十一時すぎに森が惨殺され、午前零時に近衛師団司令部の偽命令が出たとする。蓮見蕃の見解を下村海南とともに伝えている。

次に、〝決定版〟半藤本から引用する。

半藤一利は大森実と下村海南の説をとらず、「近師命第五八四号・近師命令　八月十五日〇二〇〇」と書いている。それでは、玉音盤の行方を半藤本から引用する。

録音盤は二組（一組二枚）で、録音担当者によって二個の罐にそれぞれおさめられた。罐のままでは蓋があいてしまう恐れがあるということで、長友技師は、荒川局長をつうじて筧課長に、適当な容れものはないかときいた。きかれて筧課長は適当な容器が思いつかず首をひねっていたが、やがて防空服をいれるカーキ色の木綿製の平たい袋をふたつ探してきた。

この話は延々と続く。結局この袋は徳川侍従が受け取り、「皇后宮職事務官室に運び、整理戸棚の横にある書類入れの軽金庫に納めた」ということになる。この玉音盤がどこに収められたか、ということで数頁を費やすのは馬鹿げている。そんなに大事なものならば録音した場所にそのままおいて、入口の鍵をかけておけばよい。そこは天皇の執務室でもあるのだから。

私は、〝決定版〟半藤本を読むたびに疲れはててしまう。どんな袋なのか、どうでもいいではないのか、と彼に問いたくなる。どうもこれは〝創作〟らしいのである。下村海南は当事者である。彼はそんな創作はしていない。

それにしても不思議な日本の現代史である。あの偽師団命令でさえ、午前零時説と午前二時説がある。圧倒的に二時説が多い。それは、森師団長惨殺の時間を午前一時すぎから二時の間とするからである。

永積寅彦《ながづみとらひこ》（元皇宮伝育官）が『昭和天皇と私』の中で金庫室について書いている。

――終戦の玉音盤を守るために、侍従らが逃げて入った部屋、金庫室というのはどこにあるんですか。
永積　一階に金庫室はありません。それは、防空壕じゃないでしょうかね。内大臣なんかを、徳川義寛さんが案内して避難させたというのも金庫室です。
――その金庫室というのは、どこにあるんですか。
永積　金庫室というのは防空壕のことです。防空壕のことを多少カムフラージュするため、戦前から金庫室といっていたんです。

天皇は空調設備も娯楽室も調っていた堅固な半地下式の防空壕に住んでいた。これを「御文庫」といった。侍従たちは宮内省の庁舎にいた。この建物の地下防空壕を「金庫室」と呼んでいた。何もわからない若き将校たちは、近衛兵たちに宮中省に入り、金庫室をさがさせた。実際は、録音の後、天皇が一組を御文庫に持ち帰り、録音器にかけて皇后と聴いた。残りの二組は徳川侍従が預かり、たぶん下村海南とＮＨＫの関係者が一組を録音機材と一緒に車の中に入れた。それを知っているのは、録音に立ち合った一部の侍従たちと下村海南とＮＨＫの関係者であった。

どうしてこのことが分かるのか。答えは簡単である。ＮＨＫの車の中を近衛兵は一度も探していないからである。

元近衛兵・吉田釣の『責任は死よりも重し』からの再度の引用である。

古賀参謀は、すでにこのとき第二大隊長の北村信一大尉に対しても、宮内省へ行き録音盤を捜索してくるように命じ、更に相浦紀一郎大尉にもその支援を命じていたことは先述の通りである。彼らは数名の部下と共にその捜索に当ったが、二人も部下達も共に宮内省に入るのは初めてで、皆目勝手が分からず片っぱしから探していくより外なかった。然も、直属上官でない椎崎、畑中の二人に対して多くの兵士たちは、日頃の教育から与えられたその任務遂行について、現役兵の彼らは参謀たちに疑念さえも持ち始めていたのである。北村も、相浦もかなりの時間手分けして捜索したが録音盤は発見出来ず、止むなく諦めて司令部に帰り、発見は不可能であった旨を古賀参謀に報告したのである。

近衛兵は忠実に古賀参謀、そして椎崎、畑中の言いなりに動いた。ただ、それだけのことであった。〝決定版〟半藤本のようなことはなかった。元近衛兵の言い分を聞こう。

戦後のこの録音盤捜索問題は誇張報道の典型である。殊に映画などでは多くの近歩二の兵たちが宮内省に乱入して、手当り次第に部屋中を引っ掻き廻すという乱暴極まる行動を映し出している。中には日露戦争の二〇三高地攻略の決死隊さながらに白襷をかけた兵たちが、激しく動きまわってさながら戦場の如き光景を登場させるものもあった。漫画にもならないものである。

全く必然性のないこうした創作が堂々と発表されたところに残念ながら、米国盲従の姿が写し出されていると考えられて情けない。天皇守護の任務を有する近衛兵でさえも、これほど程度の低いものであったと言いたいのであろう。あのとき実際に宮内省へ入ったものは前後合わせても僅か数十名の人数であり、然もそれは極めて整然たる行動であったのである。

この元近衛兵・吉田釣の言葉はとても重い。現代史家たちのほとんどは、兵に対して軽蔑的に書いている。特に、この八月十五日の出来事を〝近衛兵の叛乱〟ととらえている。少しの疑問を感じることなく冷たく扱っている。彼らは上から与えられた資料を「全く必然性のないこうした創作」に仕上げている。吉田釣の弁明に耳を傾けよう。

然も実に前記のように体を張って捜索を拒否した者に対しては、その心情を思いやるという武士の情を知る軍人らしい若者たちだったのである。尤《もっと》も諸門閉鎖で録音盤が外部への搬出不可能という中で、元々は宮内省などの捜索は不必要であった。このことは誰にも暗黙の内に分かっていたことである。将校も兵士も全軍から選ばれたという自負のある者たちであったから、理非は明白であったと考えられる。

従って、故なき誹謗はこれを是正しなければならないのである。実態は主として三組に別れた各組十余名程度の将兵の捜索に過ぎず、事故らしきものも僅か一組の中の下士官の一人が宮内省の役人か、侍従だったかを殴ったことのみであった。勿論、軍隊内でも正式にはビンタは禁止されているので、悪習であることには間違いはなく、よく言えば緊張しすぎていたための錯誤であったともいえるだろう。何れにしても二連隊の兵士たちは、映画の如き行動を誰も一切とっていないのである。

私は吉田鈎の文章を読んでいて、現代史家の連中のほとんどに腹が立ってきた。「従って、故なき誹謗はこれを是正しなければならないのである」

私は、現代史家たちの〝故なき誹謗〟に果敢に立ち向かっていこうと思う。俗な言葉かもしれないが、あえて書くことにする。

「そうそう、なめなさんなよ」

吉田鈎の『責任は死よりも重し』を続ける。

なお、古賀参謀にしても佐藤大尉からは、既に数台の車に分乗した下村総裁以下十余名の放送局幹部の抑留を知らされていて、録音盤も恐らくはその車の中にあるものと予測していたようであった。従って、古賀参謀の宮内省捜索命令も、畑中少佐らを納得させるだけの形式的なものではなかったかと思われる。

元々二連隊の将兵の質の高さをよく承知していた古賀参謀は、椎崎、畑中両参謀との摩擦回避のための措置として、このような無意味な宮内省捜索命令を下したものと思われてならないのである。何れにしても二連隊は禁闕守衛に全身全霊を打ち込んだ近衛兵の典型であった。陛下に銃口を向けるようなことは絶対にあり得ないことである。

私は吉田鈞の「玉音盤は車の中にあった」説をとる。しかし、別の見方もしなければならない。それは、徳川義寛（元侍従）の『徳川義寛終戦日記』に、あることが書かれているからである。彼の〝八月十五日〟の日記を見ることにする。徳川義寛は天皇の御文庫へのお帰りを午前零時〇五分としている。

午前〇・〇五　陛下は御文庫へお帰りになった。私はお見送りしてから、侍従室に戻ったが、しばらくして放送局の人が録音盤の容器二個を持って来られ、筧総務局庶務課長がそれを受け取った。筧庶務課長は傍に居た私に侍従職でお預り願いましょうかと言われたので、私はお引受けし、階下の事務官室に持ち帰り、書類入の軽金庫に収めた。

（一）録音盤　正（二回目）レコード（ディスク）六枚（片面）

（二）録音盤　副（一回目）レコード六枚（片面）中にある紙片に「副」「廃棄」と書かれている。中にある円形紙片に印刷して、OHIRA TRADING. Co. STANDARD SOUND RECORDSと記されている。筧庶務課長から受けた時と同じ状態で鑵二箇がある。

但、正の録音盤（二回目）は昭和二十一年ＧＨＱに提出し、同年五月二十二日返戻された。鑵の径八寸七分、厚さは一寸五分、鑵の上に次のように記されている。

A Set of Recording of Imperial Rescript Read by The Emperor on 15 August 1945 Central Liaison Office (Political Sect.)

そしてその鍵は所定の引出しに収めた。軽金庫は室の奥にあり、周りを書類で埋めたので、気づかれるようなことはないと思った。この事務官室は隣が武官室で、そのまた隣が武官室であったために、一度も捜索されることはなかった。

天皇はＮＨＫ技官からレコード盤についての説明を受けた。天皇は下村情報局総裁が正午の放送に必要なレコード盤を持って帰ることを了承した。天皇はレコード盤を御文庫に持ち帰り、皇后と聴くことにした。残りの盤は侍従を通し、厳重に保管し、後日、宮中の書庫に持参するように指示したと、徳川義寛は記している。しかし、これには続きがある。

午前十時過に録音盤を放送局へ届ける段になって、三井侍従と岡部侍従とがわれわれの室を出たのを見送ってから、私は御文庫へ参上した。枢密院会議の折の準備のためであった。御文庫附属室内の御休所にＲ・Ｃ・Ａのポータブル・ラジオを備えつけて、正午の放送を枢密顧問官にも拝聴出来るよう準備した。

この日記は都合よく書きかえられている。日記とはいえ、途中に「正の録音盤（二回目）は昭和二十一年、GHQに提出し、同年五月二十二日返戻された」という点である。

私見だが、宮中の記録文書保存の棚の中に入れられたままのものを、GHQが貸出しを要求したものと思える。

ここにも、金庫室が登場する。

皇居内の地下防空室

地下金庫室は庁舎の二階に入口があり、地下一階にまで達する長い階段を降りて到達できる防空室であった。金庫のような頑丈な鉄扉があったので、われわれは金庫室と呼んでいたのである。外から合図なしでは決して入れないから、危急の際の絶好の隠れ場所であった。地下室及び其の廊下の一部には御手許にあった品物を置いてあったので、私は出入りする機会は多かったけれども、入り口が解り難いので、一部の人以外には殆ど知られていなかった。

この一文を読んでから、〝決定版〟半藤本をもう一度読みなおすと面白いだろう。そうすれば、吉田鈞が『責任は死よりも重し』の中で「全く必然性のないこうした創作が堂々と発表されたところに残念ながら、米国盲従の姿が写し出されていると考えられて情けない」と書いた意味が理解できよう。

吉田釣が書いているように、「近歩二の兵たちが宮内省に乱入して手当り次第に部屋中を引っ掻き廻す」ような行動はなかったのである。

軍人は殺され、国民は爆撃死しているとき、天皇とその一族や侍従たちは、巨大な金庫室の中で生き延びるべく闘っていた。何に対してか。アメリカに日本を売りつけ、日本の軍人や国民を戦争好みの人種に仕上げるためにだ。その手先たちが、平成の世になっても、天皇賛美の歌をうたい続けている。

## 「玉音盤事件」は国民にどのように伝えられたのか

下村海南の『終戦秘史』を見ることにする。「古賀少佐により起案された八月十五日零時近衛師団司令部の偽命令が発せられた」後の出来事である。

私はこの偽命令が八月十五日午前二時に出た、と書いた。二時間のズレについては説明した。天皇が御文庫に帰られたのは二時すぎであると書いた。従って、下村宏（海南）情報局総裁とNHK放送局員たちが宮内省を出たのは二時半〜三時ごろであろう。そうすると、畑中一派の偽装クーデターの時間と一致する。

偽命令とは知らず近衛連隊は宮中と放送局に乱入した。かかることとは露知《つゆし》らず、朝は終戦の御前会議、午後は終戦の閣議、次いで大内山《おおうちやま》の終戦詔勅玉音の録音に奉侍《ほうじ》した私は無事録音のテストをすまし、宮相はじめ三、四と控え室にて小やすみする。閣議はなおつづきおらんもはかりがたしと、心急きつつ懐中電灯のかすかなる光りをたどりながら宮内省の表玄関に出る。放送協会と情報局の自動車が我等一行を乗せて烏羽玉の真暗き中を坂下門へかかった。空襲のサイレンが暗夜に鳴りつづけている。いつにない数多くの近衛兵隊が現われて物々しく停車を命じた。誰何《すいか》すると、今どこやらへ連絡しているとか、打合わせしているとかいうばかりである。

下村宏情報局総裁と放送局の人々は、何もなく、無事に録音ができたので、放送予定の録音盤と機材などを車につんで宮内省を出た。その録音盤を侍従にわたし、手ぶらで帰るほどの馬鹿はいない。宮中人がテロが発生しましたから、録音盤は宮内省のどこかに移しますとは言っていない。下村ら一行は坂下門へと向かった。NHKに帰るためである。

この文章を読むと、あとの出来事がすべて、某中佐と畑中一派の芝居であることが理解できよう。吉田鈞が『責任は死よりも重し』の中で書いたように、玉音盤は車の中にあった、のだ。下村宏の回想を続ける。

真暗闇の中を東車寄の坂へむけ登りはじめた。まさしく変事突発疑いなしと不安の念を抱きつつも、一行皆口をとざせるまま東車寄を右に二重橋近くまで来たかと思うと車が止まった。まだ空襲のサイレンが聞えている。空は真暗闇である。

あとで聞けば二重橋畔の衛兵所であった。一行は五坪にも足らぬ一室にとじこめられる。将校は一人も顔を見せない。一兵卒は、

「私語を禁ず、喫煙しちゃならん、この紙へ次々に位階勲等氏名を書いて……ウソを書いちゃいかんぞ」

下村らは位階勲等氏名を書いた。彼ら一行はここではじめて、クーデターを、しかも偽装クーデターを知るのである。下村は続いて回想している。

何としても暑苦しい。庭に面したる窓々もぴったりとしめ切られ、狭い部屋は蒸しあつくなるばかりである。〔略〕

ただ、この間三十分ぐらいで交代する着剣の三人の或一組の兵卒の中に、伍長らしいのが戸口に立ち、絶えず出入口の扉を左右にあおり動かしている。内廊下の扉だから、あおっても屋外の風ははいらない、涼しく感じられるはずもない。しかし幾分とも涼しくしよう、換気しようという温い志は五体に涼しくも感じられ、心づかいのほどに心から感動を覚えたのであった。〔略〕今では同じ味方でありながら我等は捕虜扱いにされている。それだけにわずかに見いでし一伍長？　の態度をうれしく感じた。あとから陸軍の知友にその氏名をしらべてくれと頼んだが、終戦のさわぎでそのままになっている。もしこの記事を見た諸君の中から、その氏名なり居処なりが分ったならば知らしてほしい。私は親しく心から謝意を表したい。

下村海南は当時情報局総裁（国務大臣）であった。私は彼の『終戦秘史』を読みつつ、「この人は、きっと心のやさしい人だ」と思い続けてきた。だから、そう、心やさしい人だからこそ、真実に立ち向かえるのである。

読者は思い出してほしい。下村海南は、高松宮とそっくりの人が宮内省の一室で着替えをし、宮内省の中へと消えていった、と書く勇気を持つ人である（六〇頁参照）。下村が「その氏名なり居処なりが分ったならば、知らしてほしい。私は親しく心から謝意を表したい」と願った男こそ、誰あろう、あの『さらば昭和の近衛兵』を書いた絵内正久その人であった。彼はそこにいた。空白の二時間の証言者が。彼の『さらば昭和の近衛兵』を見よう。

私がその部屋に入ったとき、二ヵ所の出入り口も窓もぴったり締められて、捕われ人たちは蒸し暑さと濁った空気の中で不安と恐怖から脂汗をにじませ、人いきれで動物的な異臭が室内に立ちこめていた。大入り満員の窓のない真夏の留置場だ。

(これはひどい。どんな罪か知らないけど、これでは気の毒だ。せめて処刑されるまで涼しい空気でも……)生ぬるい汚れた室内の空気を入れかえるのに、私は衛兵所玄関に通じる廊下と裏のトイレに出る三ヵ所の木製の重たいドアを全開にした。張り番をする兵隊もたまるまい。(まあ上官もいかんとは言わないだろう)と踏んだ。〔略〕

これには後日談がある。昭和三十一年(一九五六年)、「週刊朝日」の終戦特集号。下村海南は徳川夢声との対談「問答有用」の記事の中で、このときの喜びをふたたび語った。私の室の空気の入れ替えがよほどうれしかったと見える。

「扉をぱたんぱたんやって、濁った空気を入れ替えてくれたあいう兵隊もいるものか」と兵隊への認識を改めたという話に夢声はうなづいた。「週刊朝日」にあて「扉の主は私」と名乗りでると、その手紙が次週号に掲載され、思いもよらず元大臣からはがきがきた。「ぜひ会って当時の詳しい話を聞きたい」と謝辞とともに、捕われた人の思い出が書かれていた。しかし、その約束を果す前に、彼は急死してしまった。

下村海南には、絵内正久から近衛兵のことを聞き出して、新しい『終戦秘史』を書いてほしかった。某中佐のことは書けなくても、彼なら真実に近い「新・終戦秘史」を書けたであろうと思うのである。

それではこの場面も、〝決定版〟半藤本に見ることにしよう。

五坪にも足らぬ小さな部屋。硬いベッドと、どこの兵舎でもみかけるようなテーブルと二脚の長椅子がおかれているだけの殺風景なところに、十六名の人間が押しこめられたのである。庭にむいている窓はぴたりと締めきられ、暗幕が厚くたれさがっていた。息苦しく蒸し暑くて、男たちはあぶら汗を流しはじめた。いったい何が起ったのか？　いつまでつづくのかわからなかった。十六人の男たちは彼らのおかれた立場と彼らの将来について、希望のかけらをももつことができなかった。なにか死を宣告された人間のような気がするのである。

兵がやってきて、「この紙につぎつぎに位階勲等氏名を書いて……ウソを書いちゃいかんぞ」といいながら、テーブルの上に一枚の紙片と鉛筆とをなげだした。鉛筆はころがって、鉄製の灰皿に当ってカチンと音をたてた。

その音を心細く聞きながら、川本秘書官は鉛筆をとりあげると、代表してまず情報局関係のものたちの氏名を書いていった。終ると放送協会関係の人たちの代表に鉛筆をわたした。つぎにボディ・ガードの私服警官、運転手……こうして十六名の、大臣から運転手までの男たちの〝籠城〟がはじめられた。しかも、籠城はつぎに少尉が姿をあらわしたとき、無情残酷きわまりないものとなった。少尉は表情をまったく動かすことなく一同にいった。

「私語を禁ず、喫煙してもならん」

生命を賭けた行動をしているとき、寛大な処置をとることはひきあわないとでもいうのか。川本秘書官は少しむっとして、それではとばかり、「上着をぬいでもよいでしょうか」ときいた。少尉は吐き捨てるようにいった。

「いかん。いいな、命令だぞ」

ベッドと二つの長椅子に十六人、おたがいに身体をくっつけあって坐っても、腰かけるところもない仲間がでてきた。若い放送局の技術員たちがこの役目をひきうけ、交代で、しかも無言で、立ったり、坐ったりした。扉の内側に着剣した二名の兵が立ち、一同をにらみわたした。扉は大きな音を立ててしめられた。


半藤一利にはまことに申し訳ないが、あなたの書く文章は全編、この調子である。そこには〝情〟の一片さえない。私はこれ以上の評をしない。

次に徳川義寛の『侍従長の遺言』を見ることにする。半藤によると、玉音盤を死守した〝ヒーロー〟として登場する人物である。


午前四時半ごろでした。彼らは近衛の兵士で、侍従の私を斬るような気はない。「内大臣はどこにおられるか知りませんか」と穏やかに尋ねてきた。ところがそこへ反乱首謀者らしい将校が三人来た。彼らは内大臣の部屋を探していたようです。私が答えないので、その将校の一人が、兵士らの後ろから、「斬れ」と言った。

私は「斬っても何にもならんぞ」と言い返した。入江さんは戦後、私が「斬るなら斬れ」と言ったと書いていますが、そんなことを言ったら、ほんとうに斬られかねない。

その将校が「側近や大臣がけしからん。日本精神がわかっているか」と言うから、「日本を守っているのは君たち軍人だけではない。皆で力を合わせていくべきだ」と言い返した。

そこへ別の方から来た一隊の兵士たちの軍曹が、突然、私の右頬をなぐりつけた。彼になぐり倒されていなかったら、斬られていたかもしれませんね。

この軍曹は若林彦一郎さんという名で、十年ぐらい後になって、知人の紹介で役所に訪ねて来ました。いまは茶器を制作しているとかで、家宝の古鏡を溶かして作ったという茶釜を置いていきました。

彼の話だと、彼らは玉音盤でなく、御璽《ぎょじ》を探していたのだそうです。反乱の首謀者らは、ニセの詔書でも作ろうとしていたんでしょう。でも御璽は内大臣秘書官によって詔書に押された後、十四日の午後九時半過ぎには吹上の御文庫の侍従の元に戻っており、すでに庁舎内には無かったのです。

首謀者三人とは畑中、椎崎、古賀であろうか。彼らも某中佐に踊らされていたことが、この徳川義寛の告白で分かろうというものである。某中佐は、宮内省に首謀者らと近衛兵を乱入させ、一方では玉音盤を捜させ、一方では御璽を捜させた。あるはずのないものを捜させて、リアリティを演出したのである。
下村海南が書いているように、高松宮によく似た人物が着替えをし、宮内省に入っていった。そして、木戸内大臣と蓮沼侍従武官長と三人で、宮内省に首謀者たちと近衛兵を入れること、皇居警士は沈黙を守ることを認めさせたのであろう。そうとしか私には思えない。
〝決定版〟半藤本では徳川義寛と将校たちとのやりとりが、リアルに書かれている。もう私は彼の本を引用する気にもなれない。正直言って〝勝手にしやがれ〟の心境である。
以上で半藤一利の本からの引用を、一切、やめる。

私は八月十四日から十五日にかけての事件でバーガミニと、ブルークスの本が真相をよく伝えていると書いた。まず、バーガミニの書く八月十五日の一場面を引用する。

午前三時二十分に、畑中の部下が建物の捜索をはじめそうなことを恐れて、一人の侍従が寝床から内大臣木戸を起して、兵士達が不穏の形勢にあり、彼を見つけたら殺すかもしれない、と忠告した。木戸は彼の室にあった機密書類をトイレで流して処分し、天皇財産の紙幣類が蔵められている建物の地下の大きな鋼鉄製の金庫室に退避した。宮内府ならびに一団の秘書官、衛士と共に、彼はそこで爾余の夜をすごし、そこの中に金縁証巻よろしく閉じこもった。

バーガミニのこの文章は徳川義寛の日誌とほぼ一致する。彼は金庫室の意味をよく理解していた。次はブルークスの『終戦秘話』を見ることにする。徳川義寛が殴られる場面である。

徳川が内大臣と録音盤の所在について尋問され、いためつけられている間、廊下は絶え間なく反乱将校が行ったり来たりしていた。そのうちひとりの皇宮警官が通りかかった。徳川はそれを呼びとめて、自分の苦境を係のものに報告するように命令した。反乱軍はその警官を取り押えたが、侍従は警官には果たすべき任務があり、そのまま行かせるべきだといい張った。それを聞いた一人の反乱下士官が、徳川の横面を殴りつけたが、警官は放免された。そして、そのあと三十分もの間、彼らはなおも徳川の尋問をつづけたが、何の甲斐もないのを知ると将校は侍従をも同じく釈放した。

近衛兵が暴力を振るったのは、この徳川侍従殴打事件のただ一件のみである。暴力沙汰も、部屋を荒らし廻ることも一切なかったのである。それでは、日本人によって書かれた八・一五事件を見てみよう。池田一彦編集による『昭和史（8）終戦の悲劇』を引用する。この中に「玉音盤奪取事件」がある。記録者は作家の豊田穣である。

一方、古賀参謀は、近衛歩兵二連隊の第二大隊長、北村信一大尉に録音盤の入手を命じた。北村大尉は、下村総裁と同乗していた放送協会矢部国内局長を呼び出し、宮内省に案内させた。廊下で小柄な徳川義寛侍従が彼らにつかまった。

「内大臣室に案内せよ」

しかし、徳川侍従は、いくら殴られても案内しようとはしなかった。第二大隊は、宮内省内を走り回って、各室を探した。内大臣または宮内大臣を見つければよいと考え、探したが、見つからなかった。兵士たちは、録音盤の隠してある皇后官職事務官室にも乱入して、あたりを荒らし回った。録音盤の入っている軽金庫もあけられた。しかし、下の方に、厚いふくさに包まれた録音盤の箱はついに見つからずにすんだ。室内にいた徳川侍従は、足音も荒々しく兵士たちがひきあげて行く後ろ姿を見て、ほっと胸をなでおろした。

この頃、宮内大臣石渡荘太郎と内大臣木戸幸一は、地下の金庫室で危険と不安に背中を汗で濡《ぬ》らしながら、軍隊が去るのを待っていた。

だいたい、日本の作家や史家はこの程度のことしか書かない。しかし、続けよう。次は、読売新聞社編の『天皇の終戦』である。

反乱の兵士たちは宮内省を中心に、天皇のお住まいであるお文庫近くまで入り込み、機関銃隊を配置した。すでに下村総裁をはじめ放送局の一行は坂下門で監禁され、宮内省は電話線を切られ、木戸内大臣、石渡宮相、侍従たちは地下金庫室に避難した。入口に徳川侍従がとっさの気転で「女官湯殿」の札をかけたので、抜刀した将校たちは軍靴をざわつかせただけで通りすぎていった。

この文章もすごい。「女官湯殿」とは見事な創作ではないか。ひょっとすると、女官湯殿が地下の金庫室の中にあったのか、と疑いたくなるほどの名文である。次に、家永三郎編の『日本の歴史（7）』である。家永三郎は反天皇制論者のはずである。

八月十五日／八月十五日午前三時二十分、木戸内大臣は、とつぜん浅い眠りのゆめをさまされた。訪問者は、天皇のもとにつかえる侍従の戸田康英《とだやすひで》であった。かれは、午前一時ごろから、近衛師団の一部将校らが反乱をおこし、宮内省の電話線を切断し、天皇の休んでいる御文庫を包囲し、宮城占領のクーデターがはじまったという、おどろくべき知らせをもたらした。

木戸はただちに起床した。ことは重大である。一歩誤まれば、ゆうべまでの戦争終結の工作は、いっぺんにご破産《ママ》になる。

事実、陸軍の畑中健二少佐、井田正孝中佐らをリーダーとする反乱軍は、木戸内大臣が事件の第一報を聞いたのとほぼ同じころ、近衛師団長の森赳中将を射殺し、殺した師団長の名を用いて命令をだし、宮城占領計画を実行しはじめていた。もし、それが成功すれば、陸海軍のなかにある強硬な抗戦派の行動への導火線になるかもしれなかった。〔略〕

木戸内大臣は、重要書類を破いて便所に流し、宮内省地下室にかくれた。宮内大臣の石渡荘太郎もそこにひそんでいた。そして正副二枚の録音盤は、それをあずけられた侍従の徳川義寛の手によって、宮内省一階の事務所の軽倉庫という目立たないところにかくされていた。

家永三郎は編者であるから責任はとれないというかもしれないが、この文章もひどすぎる。金庫室を軽金庫とはどういうことか。

しかし、この事件のいちばん核心に迫っているのは角田房子の『一死、大罪を謝す』である。この本はたびたび引用した。

坂下門の中隊長から「乗用車一台捕獲」の報を受けた大隊長佐藤大尉は現場に急行し、下村総裁のいることを知って、《この車の中に玉音盤がある》と思いこんだ。彼は一行を乗車のまま司令所へ連行し、軟禁したが、車の中を調べようとはしなかった。〝玉音盤〟は車中にあると確信していた佐藤は「これで降伏の御放送はなくなり、全近衛師団が蹶起し、東部軍が立ち上るならば、全軍これに呼応すること疑いなし……」と思ったと書いている。

従って佐藤は宮内省で〝玉音盤〟を捜索したこともなく、それを部下に命じたこともないという。彼が古賀の命令により、部下と共に宮内省で捜し求めたのは木戸内大臣であった。

ほとんどの日本の史家は……と私は書いた。だが例外的な史家がいたのである。角田房子が書いているように、世に言う〝玉音盤事件〟なるものは存在しなかった。誰々がこの事件をでっち上げたのかは、名前を挙げて書かないことにしたい。私は史家を故意に傷つけたくないからである。

玉音盤は三枚ずつ四組、計十二枚が制作され、そのうち一組が天皇、もう一組が侍従の手に渡り、最小限必要な一回目と二回目の二組六枚ほどがＮＨＫの車の中にあったというのが真相のように思える。吉田釣は宮内省の中で玉音盤をさがした、と書いている。しかし、実際に玉音盤捜しを指揮した佐藤大尉は、玉音盤捜しを命じたことがなかった、と告白している。すべては、古賀参謀の指示に従ったまでであった。その背後には某中佐の影があったのだ。

二〇〇五年に左近允尚敏《さこんじょうなおとし》の『敗戦』が出版された。この中の一文をこの項の最後に記す。現在もあいかわらず、同じような八・一五宮城事件が伝わり続けていることを読者は知るはずである。


加藤書記官は、「木戸内府はどこか陛下のおそばでしょう。石渡宮相は防空本部に行けば分かるかもしれません。何しろ私はここに監禁されて二時間もたっているのだから、お二人が今どこかなど分かるはずもありません」と言った。彼は二人が安全であることをひそかに喜こんだ。不満な畑中は、別の捕虜に陛下の録音盤の所在を尋ねたが、だれも知らなかった。

宮内省の地下壕では、石渡宮相以下数人がいて何とか電話で連絡しようとしていた。ようやく近衛師団司令部と通じたが、出た相手は名前も森師団長の所在も言わない。先に出たはずの下村情報局総裁や加藤書記官の所在も不明である。

この『敗戦』は基本的に『日本のいちばん長い日』とほぼ一致する。この八月十四日から十五日のクーデターを真正とし、畑中一派によるものとする。玉音盤事件も本当に発生したとする。これからも同じような創作の物語が永遠に語り継がれていくのであろうか。

せめて、角田房子の『一死、大罪を謝す』の持つ真実がこの世に語り継がれてほしいものである。

## 天子の変身、サムライの落日

バーガミニは『天皇の陰謀』の中で、某中佐なる人物を描いた。ブルークスは『終戦秘話』の中で、ひとりの将校（または将校）を描いた。私はこの〝某中佐〟と〝ひとりの将校〟が同一人物に非常に近いと書いてきた。また、下村海南が『終戦秘史』の中で書いた〝某中佐〟またはʺ高松宮に非常によく似た人物〟も某中佐と非常に近いと書いてきた。そして絵内正久が、〝将軍〟と書いている人物も同様に某中佐に非常に近いと書いてきた。その某中佐、すなわち、ひとりの将校をもう一度クローズ・アップしたいと思う。

〝ひとりの将校〟についてはすでに書いた。『終戦秘話』のその部分を再度引用することからこの項を始めようと思う。

午前三時ごろ、ひとりの将校が御文庫の入り口に現われて、側衛隊長に、その五人の部下の武装を解除するように要求した。側衛隊長は狼狽して、その要求を入江（相政）侍従に告げた。入江、保科（武子）夫人（皇后の女官長）その他のお付添いたちは、この脅迫的要求にびっくり仰天して、どう返事すべきかを相談した。

〝ひとりの将校〟は御文庫の側に近衛兵を配するために、皇居警士を排除しようとしたのである。クーデターのクライマックスは、御文庫の側に近衛兵を配置し、「銃口を天皇に向ける」をもって完了とする計画が最初からたてられていたためである。入江侍従たちはそこまで近衛兵たちが配置されるとは知らず驚いた。それで入江は〝ひとりの将校〟にしばらく待機してもらうことにした。続ける。

彼らは皇宮警察官は皇宮警察部長の命令によって武器――サーベルを帯びている、部長の命令による以外は武装を解くわけにはいかないと、将校に答えることにした。側衛隊長はその言葉を伝え、職員たちは将校が考えこんでいる間息をこらしていた。

皇宮警察部長の命令であるとし、将校、すなわち、〝ひとりの将校〟に答えた。その将校は考えこんだのちに、ひとつの提案をしたと思われる。御文庫の中の聖なる方の意見を聞いてこいと。聖なる人は、ひとりの中佐の申し出を心よく受けた。それで皇宮警士たちは、御文庫の場を離れ、近衛兵による御文庫への配置を認めた。続けてブルークスの本を見る。

やがて将校はその説明で納得して立ち去った。将校が向かって行った彼方のくら闇のざわめきが、いるのは彼ひとりではないことを示していた。

将校は納得して暗闇のなかに消えた。将校は古賀参謀、畑中少佐、椎崎中佐たちに、近衛兵を御文庫の周囲に配置せよと命令した。「銃口を御文庫の方へ向けてもかまわない。皇宮警察部長が納得したから、その由を近衛兵に伝えよ。そして古賀参謀がその指揮をとれ」と命じ、他の若い将校を引率して皇居内の闇にひそんだのである。時間は二時間ほどねじれている。ブルークスが書く〝午前二時ごろ〟よりももう少し早いであろう。

ブルークスの本を続けよう。

いまではすっかり不安にかられた職員たちは、こっそりと、すべての窓や出入り口の鉄扉を締め、いかなる乱入をも阻止するようにした。それから万一にも反乱兵たちがやって来たら、陛下をどこに隠すかについて、周章狼狽した何のまとまりもつかない論議が行なわれた。結局、陛下は起こさないことに決めた――さしあたりは。

天皇は大元帥の軍服姿のままに御文庫の部屋に帰りつくと、侍従の一人に命じ、先ほど録音した玉音のレコードをかけさせた。くつろいだ天皇は藤田尚徳侍従長を呼びつけ、書斎の片付けを命じた。ナポレオン像を書斎の片隅に隠させた。それから、すでに用意していたリンカーン像をナポレオン像のあった場所に置かせた。天皇は八月十五日の正午を期して、米軍が東京に進駐し、皇居内に入りこむのを想定し、藤田侍従長に書類の整理を命じた。また、木戸内大臣に電話させ、天皇の戦争関与をにおわす書類を処分するように指示した。

かくして、天皇の変身の準備がほぼ終了するころ、かのクーデターも終了の時を迎えるのであった。

では、八月十五日午前二時ごろの様子を見ることにしよう。角田房子の『一死、大罪を謝す』

からの引用である。

東部軍司令官田中大将は事の重大さをさとり、近衛師団に駆けつけて事件を終結させようと決意した。だが高嶋参謀長はこれを押し止めた。叛乱将校はすでに森師団長を殺害している。その直後、田中軍司令官がまっ暗な混乱の現場で説得に当れば、血迷った彼らがさらにどんな暴挙に出るか計り知れない。そうなっては、いっそう事態を悪化させる。もう少し確実な情報をつかんでから出馬していただきたい、と高嶋は説得した。田中は焦慮の色を見せながらも、参謀長の言をいれた。

ほとんどの本は、この角田房子のように書いている。私は高嶋辰彦の田中軍司令官への説明をとても納得できない。私は、森近衛師団長惨殺は蓮見蕃説をとり、八月十四日午後十一時すぎと書いた。その殺害後、井田中佐と水谷近衛参謀長は東部軍の蹶起をうながしている。高嶋東部軍参謀長は八月十四日の午後十一時半ごろには、森惨殺を知っている。角田房子は八月十五日午前一時すぎに森は殺されたと記している。いずれにしても、その時点で叛乱分子数名を鎮圧することはいたって簡単のはずである。しかし、事実は、八月十五日の朝四時ごろまで全く動かないのである。

考えられる唯一の鍵は、某中佐が田中静壱東部軍司令官と高嶋東部軍参謀長に手をまわしていたからである。もし、彼らが手を打てば、そして宮廷の犬、塚本誠憲兵中佐が立ち上がれば、畑中一派は簡単に処分できたはずである。某中佐、あるいは、ひとりの将校は御文庫の周囲に近衛兵の配置に成功し、しかるのち、または前に、宮内省の扉をあけさせ、近衛兵を中に入れさせるのである。それなのに東部軍も憲兵隊も皇宮警察も、知らぬ存ぜぬをきめこむのである。

このような事態を納得させられて、私たち日本人は「日本人の歴史観」を形成されて、何ら疑うなと洗脳され続けてきたのだ。日本人史家の誰もが、このような事態を当然として受け入れている。どうしてか。彼らはバーガミニやブルークスのように、そこに、某中佐やひとりの将校の存在を考慮しないように飼いならされているからである。これ以外に考えられようか。

だから、朝四時ごろに、田中静壱東部軍司令官が登場するや、あっという間に叛乱軍は姿を消すのである。

ともかくも角田房子の『一死、大罪を謝す』は、終戦史の本の中でも秀逸である。続きを見ることにする。

高嶋は情報を集めるため、不破、板垣の両参謀を近衛師団に急行させた。午前三時であった。

不破と板垣は、叛乱軍に占領されている竹橋を突破して、近衛師団司令部にはいった。二人は灯火管制下の暗がりの中にものものしく歩哨の立ち並ぶ廊下を手さぐりで進み、ようやく参謀室にたどり着いた。そこには石原参謀が一人残っているだけで、畑中はじめ他の叛乱将校は宮城内にはいっていた。

石原はわずか十日ほど前に近衛師団の参謀になったばかりの少佐である。彼は不破、板垣の激しい詰問に対して一語も答えず、軍刀の柄に手をかけて彼らを睨《にら》みすえるばかりであった。やむなく両参謀は凶行現場である師団長室へ向かった。不破は、次のように書いている——

「師団長室の内部は酸鼻を極めていた。森師団長は寝衣のまま肩先きに一刀を浴び且拳銃弾を受けて血海の中に斃《たお》れていた。また第二総軍参謀白石通教中佐は一刀の下に美事に首を打ち落されて、全身血を浴びて倒れていた」

私は〝将軍〟が「森赳を焼却炉の中にほうり込め」と叫んだと書いた。また、近衛兵たちが棺を即席で作った、とも書いた。たぶん、二人の遺体は、粗末な箱の中にほうり込まれていたと思う。不破は書いている。「森師団長は寝衣のまま……」と。もし、一階で井田や畑中たちと長い間話し合っていたとしたら、寝衣というはずはない。森は二階で監禁され続けていた。それで寝衣となっていたのだ。この事実をすぐに知りながら、田中静壱東部軍司令官が動かなかった。

読者よ、どうか〝天皇タブー〟の洗脳から解放されよ。そうすれば、私がいわんとすることが、容易に理解できるのである。

もう一度、ブルークスの『終戦秘話』を見ることにしよう。またもや〝ひとりの将校〟が登場するのである。

二重橋の衛兵所にひとりの将校がやってきて、捕まっている連中のなかからＮＨＫの技術主任を呼び出した。そして黙ってついて来いと命令し、待たせてあった自動車に乗りこんだ。彼らの車はゆっくりと門を通り抜け、宮城前広場を横切り、日比谷通りに出て、公園沿いを通りすぎ、NHKの建て物に向かった。

建て物のなかにはいると、反乱将校は放送主任の事務室の所在を聞いた。事務室は上の階にあり、技師はそこに連れて行かれ、すでにそこに閉じこめられていた他の連中といっしょに押しこめられた。

この中の「二重橋の衛兵所」の中に、下村情報局総裁とNHKの録音班が閉じこめられていた。私は二重橋は皇居の中でも特別の橋で、天皇のみが使用する橋であると書いた（七〇頁参照）。この橋を渡れるのは、天皇か直宮しかないのである。ここで私は〝ひとりの将校〟（または時として将軍）を直宮の中の一人としても間違いなく、たぶん三笠宮に限りなく近い直宮であろうと思う、とのみ書いておく。

〝ひとりの将校〟は反乱将校を置いて去っていく。たぶん時間は午前四時から五時の間である。この反乱将校は間違いなく、畑中一派である。後述する。

それでは田中静壱東部軍司令官の活躍する舞台へと読者をご案内しよう。バーガミニは次のように『天皇の陰謀』の中で書いている。

阿南の寝室から北東半マイルの皇居の中では、東部軍管区司令官田中が、要所から要所へと駈け廻り、次々に兵士達を兵舎に戻していた。彼の眼は燃えていた。彼の立派な口ひげは、オックスフォード在学中に初めて生やしはじめたものだが、著しくはね上り、よじれていた。彼の鐙《あぶみ》の革は、彼が叱責の箇条を数え上げ、強調する度に、彼の乗馬靴に酷くぶつかった。それは、彼の最も高貴な夜であった。なぜなら、彼もまた自決を決心していたから。阿南の級友であり旧友であり好敵手であった者として、彼は死なないですますことはできなかった。彼は、陸軍が天皇に従って規律正しく降伏を受け容れるかどうかについて、九日間というもの頭を悩ましぬいてきた。今や、皇居に於て兵士達は彼の命令に即座に従った。時間の問題として、聖域の内には暁の鳥の囀《さえず》りの他には何の騒ぎもなくなったのである。

木戸幸一内大臣の『木戸幸一日記』を記す。

八月十五日
午前三時三十分、戸田（康英）侍従来室。今暁一時半頃より近衛師団の一部反乱せるものの如く、行動を起し、本省の通信施設を占領遮断し、御文庫も包囲せられ居り、連絡とれずと云ふ。容易ならぬ事態故、直に起床、一度は皆の勧により侍医宿直室に入りしが、再び部屋に帰り、機密重要書類を破り、便所に流し、それより四時二十分頃、石渡宮相と共に金庫室に入りて事件の進行をひそかに観察す。

この中の「四時二十分ごろ」は木戸の勘違いか、故意によるものであろう。某中佐とともに、この偽クーデターの主役の一人は間違いなく、木戸幸一内大臣その人であった。

次に読売新聞社編の『天皇の終戦』を見る。

古賀参謀は芳賀連隊長に、師団長もしぶしぶながら（反乱に）同意されたと告げ、大本営増加参謀だといって現れた畑中少佐は、陸相もやがて到着すると言ったが、連隊長はようやく事態をいぶかり出し、東部軍参謀長高島辰《ママ》彦少将との電話連絡で「師団命令」がにせものであることがわかった。そして「今後貴官らの言葉は聞かぬ。帰れ」と叫んだ。

夜明けを待ちかねていた東部軍司令官田中静壱大将が幕僚とともに宮城に現れた。椎崎中佐らを説得し、連隊長に撤兵を指示し、天皇に事件の解決を報告した。内大臣、宮相たち、情報局総裁一行は解放された。

もし、読者が私の書き続けてきた〝天皇タブー〟の洗脳から解放されていたら、この全文が、「師団命令」が〝にせもの〟であると同様に〝にせもの〟であることが分かるであろう。読売新聞社の方々には申し訳ないが、真実を追求していくと、こういう結果に達したのである。別に、読売新聞社に他意はない。

次に、蓮沼蕃の『終戦反乱』（原題「戦慄の八・一四事件」）を再び引用する。森赳惨殺の時間を八月十四日午後十一時すぎと明記した当時の侍従武官長の手記である。

田中の話はこうであった。

午前に陸軍省に行ったが若い将校の間に何か不穏の空気が見られた。午後三時ごろ畑中少佐が来て意見具申をしたいといったが「貴様らの意見は判っている、帰れ」といって追いかえした。晩の十一時すぎになって森師団長が殺されたことが報ぜられた。早速渡辺第一連隊長を電話口に呼び「不動－待機」と命じ、近衛師団の指揮は軍司令官が執行する旨を伝達した。芳賀第二連隊長は既に宮中に入って連絡がとれない。そこで直ぐ宮中に出かけようとしたが参謀長高嶋辰彦少将が暗いところでは間違いが起き易いからと強く引き止めた。

夜のあけるのを待って、第一連隊に行き、渡辺連隊長に師団命令であること、森師団長は既に殺害されていることを告げ、営庭に集合せる部隊の解散を命じ、乾門から宮城に入ると、芳賀連隊の兵が警備している。大隊長、中隊長、小隊長がいる。それらに事情を説明しているとき、芳賀が駆けつけた。

芳賀から夜来の経過を報告させ、速《すみやか》に兵を撤収して原配置に戻るように命じ、御文庫に出頭し、侍従を通じて「只今軍司令官が参上致しました。もはや御憂慮遊ばされるには及びません」と申し上げ、それから私の許に来たのであった。

「それはよくやってくれた。だが森には気の毒なことになったね。道理でいくら電話で呼んでも出なかった筈だ」

「いや全く惜しい軍人を殺しました。責任を痛感しております」

田中の面上には悲痛な翳《かげ》が見えた。私は妙な予感がした。

この蓮沼の文章に、はっきりと「晩の十一時すぎになって森師団長が殺されたことが報ぜられた」と明記されている。前にも書いたが（二八一頁参照）、「その夜十一時すぎ、恰度森師団長が殺害されたと殆ど同時刻に、死後の処置をきちんとつけて死んだ」と、蓮沼蕃は明記している。天皇の最高軍事顧問で、宮内省にいて、直接田中司令官から聞いた話を書いているのに、どうしてこうも後世の史家のほとんどは、この文章を無視してきたのか。

蓮沼蕃は一九五四年に死んでいる。蓮沼と同じように、森惨殺後の近衛命令を十五日の午後零時と明記した当時の情報局総裁下村海南は一九五七年に死んでいる。

私は「失われた二時間」を追求してきた。

終戦の詔書は、十四日の午後十一時ではなく、本当は十五日午前一時ごろに出来上がったのではないかと追求してきた。それゆえに、森師団長惨殺時間も二時間のズレが生まれたのではないかと考察した。しかし、これは別の人の考察を待たねばならないだろう。

この終戦の詔書に関して、入江相政の『侍従とパイプ』の中に枢密院会議の模様が描かれているので引用する。十五日の午前中について入江相政は記している。

御放送は朝七時というのが変更されて正午になった。放送局が占領されたりしていたためだろう。

昼前から大本営の付属室で枢密院の本会議が開かれた。正午が近づいたので、いったん休憩にして放送をうかがうことになった。陛下は会議室の隣の小さな部屋にお移りになり、枢密院の議長以下顧問官はせまい廊下にならんだ。陛下のいらっしゃるお部屋からラジオをとおしてのお声が流れて来た。ドアをあけてあるから廊下にもよくきこえた。議長の平沼さんは長身を二つに折って半白の髪をふりみだして嗚咽《おえつ》、歔欷《きょき》していた。

そのあと会議はまた続行された。この会議がすんだあとで、当時枢密顧問官だった本庄繁大将は私に「本土にはまだ三百万からの軍隊があるのに降伏なんて」といった。以前侍従武官長だったころからのなじみだったから、こんなことをいったのだろう。「兵隊だけいくらいても戦争はできませんよ」といおうかと思ったが、その必要もないと思ってやめておいた。この本庄大将も間もなく自刃した。田中大将の自刃とは別の意味だったが。

外務省編『終戦史録（5）』の第五十七篇は「枢密院における東郷外相の説明、玉音放送、内閣告諭、鈴木内閣の総辞職」である。この章の前文を見ることにする。

八月十五日午前十一時より午後一時まで（正午録音放送のため暫時休憩する）天皇親臨のもとに、枢密院会議が開かれ、政府より鈴木首相、東郷外相が出席し、東郷外相よりポツダム宣言受諾の経緯につき詳細説明があった。なお、外相説明の要旨は、後に書き物として、各顧問官に配布された。

この『終戦史録』の中に東郷外相の「終戦に際して」が記載されている。外相説明の最後の部分のみをここに記す。

……等の如き諸点に付ては事態を明かにし万一先方にして強圧的態度を執るが如き場合

には不慮の困難に遭遇し先方も亦不利となるべきことをも説明し四ヵ国政府が我希望に対し切実に考慮を加ふるの要ある旨を指摘し八月十五日朝瑞西《スイス》政府を通じ之を米国政府に伝達せしめたのであります。

以上は戦争終結に関連する国際情勢の推移及只今（八月十五日午後一時）迄の措置の概要であります。

文中の「八月十五日朝瑞西《スイス》政府を通じ」に注目してほしい。ほとんどの本は「八月十四日十一時すぎ」となっている。

深井英五の「深井英五覚書」（「文藝春秋」一九五一年十二月号）を引用する。

今其の解釈を明かにせんとすれば種々観念上及び用語上の問題を惹起し、進行を阻止すべきを以て、先方申来《もうしこし》の儘《まま》に受諾すること聖断あり。十四日午後十一時詔書発布せられ、此の発布の通知と共に十一日附先方申来《もうしきた》りの通り受諾する旨回答せり。

深井英五は日本銀行総裁から一九三八年に枢密顧問官になり、一九五三年に『枢密院重要議事覚書』を出した。常識的には、深井英五の「午後十一時詔書を発行、この詔書の内容をアメリカ政府に通知」で納得させられている。しかし、東郷外相が「八月十五日朝瑞西政府を通じ之を米国政府に伝達せしめた」のである。

この深井英五の「覚書」の中には、枢密院の顧問官たちが〝占領〟をめぐって論議する場面が出てくる。ここではすべて省略する。

平沼議長が「他に発言なきを以て閉会（午後一時半）」とある。

阿南は、枢密院を早朝に開き、その承認をもって終戦の詔書をつくり、それをアメリカ政府に通告せよ、そして正午の玉音放送にもっていけ、との正論を吐いたのである。

アメリカに正式に通告したのが、十五日朝となった。この間たぶん二時間。天皇はこの間、御文庫にいた。そしてアメリカに終戦の詔書の英訳（簡単なものである。ここでは省略）を送り、アメリカ政府が受諾したのを待って玉音放送をすべくマイクの前に立ったのであろう。

私はこの深井英五の「覚書」の中に気にかかる文章を発見し、少々驚いた。以下引用する。


鈴木内閣は十五日午後三時総辞職せり。意見を決定して輔弼《ほひつ》の責を尽し得ざりしを理由とす。果して前記感想の通りなり。

「今暁（十五日）近衛兵暴動を起し宮中を占拠せんとし一時外部との交通を遮断せり。師団長は殺されたり。

（某中佐は師団長を強要して命令を発せしめんとし、師団長応ぜざりしを以てけさがけに斬りたり。鎮撫したるは東部軍司令官なり。某中佐自刃せり）

阿南陸軍大臣は自決せり（近衛兵暴動の後）

鈴木総理大臣と平沼枢府議長の私邸暴徒の襲撃を受け全焼せり。身体無事、暴徒は横浜方面よりの軍兵と横浜工専学校の学生なり。先ず総理官邸に来り放火せしも消し止め、総理の官邸にあらざるを知りて二手に分れたり」

この深井英五の「覚書」が八月十五日に書かれていることに注目したい。深井はこの日、間違いなく、天皇の御文庫の中にいた。それで多くの情報を仕入れ、枢密院の議事録をその日のうちに整理し、と同時に「覚書」をしたためた。だから、他のどんな資料よりも正確度は高い。その中にある〝某中佐〟の文章のみを抜粋する。

某中佐が師団長を強要して命令を発せしめんとし、師団長応ぜざりしを以てけさがけに斬りたり。鎮撫したるは東部軍司令官なり。某中佐も自刃せり。

〝某中佐〟が畑中ならば彼は少佐である。〝某中佐〟がいたとすれば何者なのか、私には正直いって判然としない。情報の混乱の中であってみれば、畑中少佐を中佐と間違えた可能性は否定できない。だが畑中はピストルで自決している。自刃ではない。椎崎中佐もピストルで自決している。謎は残る。精密な『枢密院重要議事覚書』(一九五三年)を後世に残した人の「覚書」である。「文藝春秋」一九五一年十二月号にも発表された、この「覚書」はその一部である。歴史上、第一級資料を毎日のごとく書きとめた深井英五がいいかげんなことを書くはずはない。

しかし、ここで、〝某中佐〟は何者なのかは、読者の判断にまかせるしかない。

深井英五は、すべてを知っている。しかし、〝某中佐〟としか書けないのである。

もう一つ、重要なことが書かれている。

「師団長応ぜざりしにけさがけに斬りたり」である。

この点は私も疑問に思い続けた一点である。午後十一時すぎ、森赳近衛師団長はある人物から、最後通告を受けた。森は殺された。しかも日本刀で。そして二時間後、終戦の詔書が正式にアメリカに送られ、天皇が玉音放送を録音した後に、某中佐（深井英五の〝某中佐〟を意味しない）と畑中一派が再び師団長室まで車で来た。畑中は「けさがけに斬り殺されている師団長の私室である二階の窓を開けはなし、ピストルを発射した」……

そして畑中とその一味は間違いなく〝某中佐〟の車にのり込み、皇居へと入っていく。〝某中佐〟その人を認めた守衛の皇宮警士や近衛兵たちは、たとえ二重橋であろうとも、文句一つ言えずに通してしまう。

この八月十四日から八月十五日にかけての「日本のいちばん長い日」とは何であったのか。正直言って、私は十年間ほど、コツコツと資料を集めてきた。小さな新聞記事、週刊紙、雑誌、書籍を集めてきた。そしてそれらの資料を読むほどに、自分の頭が混乱していくのを自覚した。それはきっと、明治維新以降の大きな歴史の闇が、この八月十五日の事件の中にかくれている、と気づくにいたったからであろう。後章でこの闇に挑戦しよう。

東郷外相筆記、深井英五の「覚書」などを読み、ふと私はまた、阿南陸相が枢密院の承認を受けて終戦の詔書を出せと迫った謎につ

深井英五枢密顧問官

いて考えていた。阿南は、それを口実に、真夏の夜の悪夢を防ごうとした。しかし、三笠宮は真夏の夜の悪夢こそが、終戦に導き、そして天皇制を維持するために必要だと信じたのであった。だからこそ、二人の葛藤劇ゆえに、大きく二時間のズレが生じたのであろうと。本当の終戦の時は、十四日午後十一時すぎでもなく、また、正午でもなく、枢密院で平沼議長が「これで、終戦の詔書は枢密院全員の賛成で承認されました」と言った時であろう。日本人は、その大事な時刻さえ知ることができずにいる。阿南は最後の最後で真実に徹し、そして真実ゆえに自刃したのであった。

畑中一味の行末を追ってみよう。

〝ひとりの将校〟の車に乗って畑中少佐と椎崎中佐らは、午前五時ごろ、NHKに連れてこられた。この時点で、ひとりの将校は完全に姿を消した。畑中少佐は一枚の〝宣言〟を記した紙片を持っていた。当直の技師に放送の準備をするように命令した。このとき、軍の発表がなされた。それは空襲情報であった。畑中少佐は第十二スタジオから出てニュース編集室に入った。ニュース編集次長は畑中の申し出を拒否した。また彼は第十二スタジオに引き返した。そこに館野守男アナウンサーがいた。彼も口実をつくり、畑中の申し出を拒否した。NHKの技術員たちは畑中一派の申し出を拒否するために発信所間の連絡線を切った。

これ以上、この場面を書くのをやめよう。ひとりの将校に振りまわされた哀れなピエロたちは東部軍の追跡は逃れることができた。何人《なんぴと》といえども、たとえ田中静壱大将といえども〝ひとりの将校〟の車を停めることさえできなかったのである。

万策つきた畑中と椎崎は、宮城前（二重橋と坂下門の中間）の芝生の上で八月十五日午前十一時三十分に自決するのである。
また、古賀少佐は宮城内賢所を遥拝した後に、午前十時ごろ近衛師団長森赳の遺体の前で割腹自殺するのである。〝某中佐〟に心ならずも動かされた苦渋の胸をあかさんとしたと私は思っている。
『機密終戦日誌』の十五日を見ることにする（カタカナをひらがなにした）。

八月十五日　木曜日
一、次官閣下以下に報告
二、十一時二十分椎崎、畑中両君宮城前（二重橋ト坂下門トノ中間芝生）ニテ自決
　午後屍体ノ引取リニ行ク
三、大臣、椎崎、畑中三神ノ茶毘、通夜
　コレヲ以テ愛スル我カ国ノ降伏経緯ヲ一応擱筆ス

次に、畑中健二少佐と椎崎二郎中佐の遺書を記す。〝ひとりの将校〟と車に乗って放送会館に行く寸前に芳賀豊次郎大佐に遺言を差し出したのである。

椎崎二郎中佐
「至誠通神」

畑中健二少佐
今はただ思いに残すこともなかりけり
　暗雲去りて御代となりせば

遺言を差し出した椎崎中佐が言った。

「連隊長殿、私は急いで執務室から直行して参りましたので、拳銃を持って来ませんでした。どうか、私に拳銃を貸してください。お願いします」

芳賀は実弾の込められた拳銃を椎崎に渡した。椎崎はその拳銃を手にし、畑中と一緒に〝ひとりの将校〟の車に乗った……。そして最後に坂下門と正門との中間にある芝生の上で、二人は対座し、互いに相手に銃口を当てあい、静かに拳銃の引き金を引いた。そこには、〝ひとりの将校〟の姿はなかった。

古賀秀正少佐は佐藤大尉に別れの言葉を贈った。

「俺さえ責任を取ればいい。後輩たちには絶対に後を追わせない。生き残って祖国再建のために尽くして欲しい。責任は死よりも重いことを認識してくれ」

「先にいくよ」

佐藤大尉と別れると古賀はその足で賢所衛兵所の方へ歩いていった。やがて古賀は森師団長の霊前に座して、実に見事に割腹し、さらに拳銃を頭部に当てて自決した。このとき、古賀秀正には、生後間もない女の子がいた（この頃の遺書以下を書くにあたり、主として吉田釣の『責任は死よりも重し』を参考にした）。

田中静壱東部軍司令官のことを書くことにしよう。下村海南の『終戦秘史』から引用する。

田中軍司令官のあらためて宮中御文庫に参上し、蓮沼侍従武官長侍立拝謁をたまわりしは午後五時十五分であった。心労ただならぬ玉顔を拝し、涙をたたえる忠誠たぐいなき老将軍には陛下より、

今朝ノ軍司令官ノ処置ハマコトニ適切デ深ク感謝スル、今日ノ時局ハ真ニ重大デイロイロノ事件ノ起ルコトハモトヨリ覚悟シテイル。非常ノ困難ノアルコトハヨク知ッテイル。シカシ、カクセネバナラヌノデアル。田中、コノ上トモシッカリヤッテクレ。

語る人聞く人、眼にはただ涙があった。

誓ッテ聖旨ニ副イ奉リマス。

感激にあふれて老将校は嗚咽しつつ御前を引下った。

天皇の「シカシ、カクセネバナラヌノデアル」という言葉は意味深長である、とのみ記しておく。まことに「カクナッタノデアル」。

下村海南の『終戦秘史』を続ける。八月二十四日の夜のことを記している。

この日夜九時頃から司令官公室にて高島《ママ》参謀長はじめ塚本副官等と公私何くれとなくさぐさ話し合い、十時頃床をのべさせ、副官は次の部屋へかえる。長官室にて何かごとごと物を片付ける音が聞えていたが、十一時十分頃、「塚本お世話になった」という大き

な声が聞える。副官はかけつけ、戸を開けんとした瞬間にピストルを発した音がする。軍司令官は椅子にもたれ銃をとり落した。しっかりして下さいという副官の声に、万事よろしく頼むと二回くりかえし、五分後に絶命した。

蓮沼蕃侍従武官長が「戦慄の八・一四日事件」で書いているように、田中静壱大将は森赳近衛師団長が惨殺された時間をえらんで自決したのである。下村海南の本を続けよう。

田中大将はすべて計画通り自決の存念を果した。軍装略綬佩用《はいよう》の上安楽椅子に腰をかけ、前に机を置き、その上に恩賜の軍刀、帽子、白手袋、明治天皇像、恩賜の煙草、観音経、甘露《かんろ》の法雨《ほうう》、入歯、杉山元帥はじめ各軍司令官直轄部隊長、高島《ママ》参謀長、塚本副官、および家族へ五通の遺書がならべられ、別に十五日午後御文庫に於て下されたる「御上の言葉」の一通があった。大将は無上の光栄として一通を郷里へ、一通を物入れに、一通を机上に置いてあった。

私はこの文章に触れつつ、阿南陸相の自決の場面と比べて、その差の大きさに驚いた。阿南の死はまさに〝憤死〟であったと思う。

下村海南は、田中静壱大将が真珠湾攻撃に反対であったことを詳述している。しかし、ここでは省略する。そして次の言葉でこの田中静壱大将の記述を終える。

下村海南よ、あなたは一近衛兵にお礼を述べるほどの優しい人であることを私は理解した。

サムライたちの落日に涙をながす、誠の人なのだ。

一国が大いに興り大いに敗れる。そこには数知れぬ犠牲者がかくれている。知られずにいる。忘れられている、軽視されている。マ元帥は有史以来かつてなき無血終戦と放送した。無血終戦……それは陛下直々の終戦放送があったからである。同時にそこに表に裏に数知れぬ人柱があった。森近衛師団長があった。田中東部軍管区司令官があった。

下村海南はこの文章の後に「阿南陸相の自決」を書く。この本の大半は、森と田中、阿南への想いの文となっている。まことに下村海南が書いているように「一国が大いに興り大いに敗れる。そこには数知れぬ犠牲者がかくれている」のである。

この項の最後に藤田尚徳の『侍従長の回想』の中から一文を引用する。

やがて夜は白々と明けて八月十五日。真夏の夜明けの訪れは早い。私は侍従室で陛下の御召しを待っていた。侍従たちが陛下の御様子を知らせてくれる。陛下は軍装のままで、時に庭に出たり、自室に坐られたりして夜を過され、一睡もなさらなかったらしい。

やがて御召しによって御文庫書見室に出た。階下の後にはリンカーンとダーウインの像があった。朝の陽が二人の偉人像を白く照らしていた。陛下は深く椅子によられている。連日連夜の御辛苦から顔の色もすぐれない。「はっ」とするほど陛下の表情には力がなかった。

陛下の胸中を拝察して、私は顔をあげることも出来なかった。すでに反乱将兵の姿は近くになかった。だが、つい先刻まで夜眼にも白い銃剣の光が御文庫の窓脇にまでちらつき、機関銃をガチャガチャさせる音が、この書見室にまで聞えたであろう。

陛下は声をおとして申された。

「藤田、いったい、あの者たちは、どういうつもりであろう。この私の切ない気持ちが、どうして、あの者たちには、分らないのであろうか」

暗然とした表情で、つぶやかれた。

天皇が藤田尚徳侍従長に語ったあの日こそは「日本のいちばん醜い日」であった。あのときの言葉こそは、「日本のいちばん醜い言葉」であった。

「どうしてそのように思うのか」と私に問う人があれば、私は答えたい。

「ただ、私はそのように思うだけです」

この項を終えるにあたり、もう一度、吉田釣の『責任は死よりも重し』の一文を引用する。この一文を読みなおし、天皇が「あの者たちには……」と言った意味を読者は真剣に考えられよ。それ以外に日本の未来はない。

然し乍ら、指揮権のない一少佐や中佐がどうして最古参の芳賀に撤兵措置を命ずることが出来るか、それは不可能な事である。また、正門の司令官室までの乾門から銃前哨に到る五個所の歩哨線を、どのようにして突破して行ったのか、然も乾門から車で入ったということなのでそれは通常皇族並みではないか。
かくて、サムライたちの落日の時がやって来たのである。

## 皇居前広場の奇々怪々

『木戸幸一日記』の八月十一日に次のような記事がある。

三時半、石渡宮相を其室に訪ひ、勅語をラヂオにて御放送被遊《あそばされ》ては如何との意見につき、懇談す。

三時五十分より四時五十五分迄、拝謁、ラヂオの件其他を言上す。

五時、宮相を訪ひ、ラヂオ放送に対する聖上の思召は何時にても実行すべしとの御考なる旨を伝ふ。〔略〕五時十五分、武官長を訪ひ、ラヂオ云々を伝ふ。

天皇と木戸たち宮中人は、終戦工作が本格化し始めたときに、どのように国民にこの工作の仕上がりを説明するかをすでに考えていたのである。天皇の「思召は何時にても実行すべしとの御考なる旨」を考慮するならば、天皇の終戦工作の重要な作戦の一つが見えてくるのである。それは偽装クーデターの騒動のなかでの玉音放送を予定していたことである。

八月十五日の正午の放送について書くことにする。八月十五日の放送の内容、すなわち終戦の詔書がいかなるものかについては、後章で詳述することにする。人々は、その内容について知ることなく、ただ、ただ、天皇の正午の玉音放送を聞いて、戦争の終結、日本の敗北を知ったのである。だがこれはキレイごとすぎる。
『グラフィックカラー昭和史(8)終戦の悲劇』(池田一秀編)に、迫水久常(終戦当時鈴木内閣書記官長)と豊田穣(作家)の対談「終戦秘話」が載っている。

迫水　詔勅の審議が進んでいくうちに、これをいったいどうして発表するかという話になってきたわけです。普通だったら鈴木総理大臣の談話で出すか、あるいは単純に内閣発表という形式をとるのですが、それでは納まらないんじゃないかという話になってきました。そしたら阿南陸軍大臣が「畏《おそ》れ多いことだけれども先ほど、陛下がああおっしゃったが、陛下にお願いをしたらどうだろうか」という話になったのです。
豊田　それでは、陛下の御発言を頼りにして、玉音放送をお願いしたらよかろうと、真っ先に口を切ったのは阿南陸相ですか。
迫水　そうです。阿南さんです。
豊田　そうですか。私は鈴木総理だったかなと、思っていました。
迫水　それで阿南陸軍大臣が私を顧みて、「書記官長すぐに陛下の御放送文の起案をせよ」と言われるのです。しかも、口語体でいっていただこうという考えですよ。
豊田　それは鈴木総理がそう言われたのですか。
迫水　鈴木総理が私にそう言いました。私は謹《つつし》んで畏《かしこ》まって「では、陛下の御放送の原稿を私が作りましょう」と言って作りかかったわけです。
豊田　口語体でですね。

迫水　口語体で。ところがまずまいったのが一人称でした。「朕《ちん》は」というのを「私《わたし》は」とおっしゃるのか……、今は、「私《わたくし》は」とおっしゃいますよ、しかし当時は、何とおっしゃるのか、それがわからないので、私はちょっと困った。

結局、迫水は天皇の口語体の詔書文を作れなかった。それで総理大臣のところへ行き、「とても口語体では書けません。この際はむしろ詔勅を陛下に御朗読願ったらどうでしょう」と言った。また、迫水は阿南陸相に直接了解を求め、ここに玉音放送という方向になる。

当初、八月十五日早朝七時の放送が予定されていた。阿南はこれに反対した。枢密院会議を開き、正式に承認を得てからにしろ、と主張した。かくて八月十五日正午放送となった。迫水久常が淡々と豊田穣に語っているようなものではなかったであろう。

しかし、終戦になると、鈴木貫太郎も迫水久常も、激論をかわした阿南惟幾をほめるのである。そして天皇の終戦工作に協力し続けた米内光政元海相については無言を守るか、無視するのである。米内は生き続け、戦犯にもならなかった。この元海相の実像にも後章で迫らねばならない。

もう一つの本を紹介したい。岡部長章《ながあきら》（元侍従）の『ある侍従の回想記』である。彼はNHKに玉音盤を運んだ宮中人について書いている。私は、玉音盤はNHKの車に入れられ運ばれた、と書いた。しかし、徳川義寛が防空壕（俗に金庫室）から出して侍従たちがNHKに運んだのも事実らしい。クーデターをリアルに演出するために、侍従たちは全員、皇室のために協力したのであろう。引用する。

すると今度は、「どうやって放送局まで運ぼうか」という相談です。やはり同じように、使わない録音盤を正装した書記官が立派な車で捧げ持っていき、いい方の録音盤は防空服を着た書記官がダットサンででも運ぶに限るということになりました。

後で聞いた話では、大型車に加藤進総務課長と筧書記官のふたりが乗り、私の鞄を床に置き、広蓋に入れた方を捧げ持って放送局に着いたということでした。これは危ないやり方でしたが、無事に届けられたのですから、なによりのことでした。

この玉音盤事件の真相を知らない人が読んだら、本当に危なかったように見える。この本は一九九〇年に出版されている。終戦から四十五年たっても、宮中人は、このように玉音盤事件を伝えて、あの偽装事件を本物に見せるべく工夫し続けているのである。徳川義寛が「防空壕（金庫室）の中に入れ、一度も玉音盤がどこにあったかと問はれなかった」と書いているのに、このように書く元侍従がいる。それを真に受けて、疑いもせずの史家がいる。この話はこれまでとしよう。

日本放送出版協会刊の『放送五十年史』（一九七七年）から引用する。

午前七時二十一分、定刻より二時間二十一分遅れて放送は開始された。放送員館野守男の、正午に迫った天皇ご放送の予告アナウンスである。

「謹んでお伝えいたします。かしこきあたりにおかせられましては、本日正午、おんみずからご放送あそばされます。まことに恐れ多ききわみでございます。国民は一人残らず謹んで玉音を拝しますように。なお、昼間送電のない地方にも、正午の報道の時間には特別に送電いたします。また官公署、事務所、工場、停車場、郵便局などにおきましては、手持ち受信機をできるだけ活用して、国民もれなく厳粛なる態度で、かしこきお言葉を拝し得ますようご手配願います。ありがたき放送は正午でございます。なお、きょうの新聞は、都合により午後一時ごろ、配送されるところもあります」

このアナウンスは、要点を繰り返し、九分間放送された。

この放送は午前五時開始の予定であった。しかし、〝ひとりの将校〟が畑中らを放送局に入れて去ったことはすでに書いた。この中にも「ひとりの将校が、技術局長荒川大太郎《だいたろう》を衛兵詰所から連れ出して先導させ、内幸町の放送会館に急行した」と明記されている。この間の経過はすでに書いたので続きを見よう。

昭和二十年八月十五日午前十一時、放送会館二階の第八演奏室には、宮内省、情報局、東部軍、日本放送協会幹部が集合して、正午の放送を待った。録音盤は、宮内省から運ばれていた。放送用の一組は、宮内省総務局長加藤進が供奉服（宮中の制服）に巻きゲートルという姿で雑のうに入れ、警視庁の車で運んできた。予備の一組は同省庶務課長筧素彦が宮内省の車で運び、技術局長荒川大太郎が受け取って、そのまま地階の予備スタジオへ運んだ。〝玉音放送〟を送出するスタジオは、第八演奏室のほか、地階の予備スタジオと、第一生命館地下の放送室の三か所が準備されていたのである。

この中の「第一生命館地下の放送室」に注目したい。玉音盤をＮＨＫ職員は詰所から解放されると三カ所に分けた。どうしてか？　まだ空襲される恐れがあったからである。それで第一生命ビルに、ＮＨＫの職員が車で持ち帰った玉音盤をセットし、万が一にそなえたと解釈できよう。たしかに宮中から届いた分を使ったのは間違いないであろう。三カ所の放送室の準備に注目したい。続きを見る。

東部軍の小沼治夫（少将）が、録音盤を持つ加藤を警護して第八演奏室に入った瞬間、スタジオ前の廊下にいた一中尉が、やにわに加藤のうしろから躍りかかってこれを奪おうとした。東部軍通信主任の鈴木重豊《しげとよ》（少佐）が背後からこれを抱き留め、羽がい締めにして憲兵に引き渡した。反乱首謀者の畑中らは、既に皇居前の松林で自決していた。

〝ひとりの将校〟は畑中一味をＮＨＫに連行した。この『放送五十年史』の中に、「反乱部隊の主力は放送会館と日産館との間の道路に待機し、表玄関、内玄関には着剣の歩しょうが立っていた。目撃者の談話によれば、その兵力は四、五十人、一個小隊程度であったという」と書かれている。その中の一人がたまたま残っていて、洗

第一生命館（日比谷）

脳されたままに行動に出たのであろう。ここにも、某中佐と畑中らに動かされた近衛兵の哀れな姿がみえる。続けて引用する。

第八演奏室の副調整室では、録音盤のテストが始まった。

この放送は、国内放送、海外放送、東亜放送の全系統を動員して、日本本土と中国占領地、満州、朝鮮、台湾、さらに南方諸地域に送られる。このため昼間一〇キロワットの放送出力を六〇キロワットに増力し、昼間送電のない地方にも特別送電の措置がとられた。

放送直前の午前十一時四十五分、東部軍放送室からのアナウンスが入ってきた。「東部軍管区情報。ただいま、本土上空に敵機なし」。久々に明るい防空情報であった。

正午の時報のあと、放送員和田信賢がマイクに向かった。

「ただいまより重大なる放送があります。全国聴取者の皆様、ご起立願います」。続いて「君が代」。奏楽の余韻が消えて、情報局総裁下村宏がマイクの前に立った。

「天皇陛下におかせられましては、全国民に対し、かしこくもおんみずから大詔を宣らせたもうことになりました。これより、謹みて玉音をお送り申します」

全国民に戦争終結を告げる天皇のお声が、静かに、抑揚を伴って流れ出た。

「朕深ク世界ノ大勢ト帝国ノ現状トニ鑑ミ非常ノ措置ヲ以テ時局ヲ収拾セムト欲シ茲ニ忠良ナル爾臣民ニ告グ

朕ハ帝国ヲシテ米英支蘇四国ニ対シ共同宣言ヲ受諾スル旨通告セシメタリ……」

下村海南（宏）は『終戦秘史』の中で、次のように書いている。

正午になる、いよいよ有史以来かつてなかりし玉音の放送である。和田アナウンサーに次ぎ君が代の演奏あり、連日連夜夢に夢見る心地しつつ今さらに神明の加護に威謝しつつ、私はうやうやしく玉音をお送りする旨申上げ、ここに終戦の詔勅は放送されたのである。私としては千古未曾有の国難に当り、この意義深き職域に奉公せしことを何とことばのつくしようもなき感激である。満室声をのみ涙に光っている。拡声器をおいてある会館の外には電車も自動車もトラックも鳴りをひそめて停車している。みな頭《こうべ》をたれている。みな泣いている。声を立てて泣いている。

この下村海南の「みな頭をたれている。みな泣いている。声を立てて泣いている」に注目してほしい。本当に泣いていたのか？　を追求してみるつもりでいる。本当に泣いていたのか？本当に？　『放送五十年史』の続きを見ることにする。

電波は山を越え、海を渡り、ラジオを聴く人の胸にさまざまな波紋を描いていった。天皇のご放送に続いて和田信賢は、「かしこくも天皇陛下におかせられましては、万世のために太平を開かんとおぼしめされ、きのう政府をして米、英、支、ソ四国に対し、ポツダム宣言を受諾する旨、通告せしめられました」と伝え、詔書が発せられたのであるから、一億国民はひとしく、このご趣旨に沿わねばならないことを伝達した。また、和田放送員によって再度「終戦の詔書」が朗読され、内閣告諭や、これまでに連合国と交換された外交文書の要旨、ポツダム宣言の内容、それに八月九日から八月十四日の御前会議に至るまでの要旨、ポツダム宣言の内容、カイロ宣言の内容、それに八月九日から八月十四日の御前会議に至るまでの経過の概要などが詳細に放送された。三十七分半の放送であった。

ただ、この放送には雑音が多く、内容が非常に聴き取りにくかったのは、中継線の減衰によるものであった。また難解な詔書の字句のために、多くの人は容易に内容がつかめなかったが、和田放送員の経過説明や詔書の朗読によって、人びとは事の真相を知った。

この玉音放送は小森陽一の『天皇の玉音放送』(二〇〇三年)に附録として付いている「玉音放送CD」によって聴くことができる。しかし、原文をよく読んでから聴くことをすすめる。とても難解な文章である。この文章の解説を後章でする。『放送五十年史』を続けて読んでみたい。

アジアの広い地域に分散する部隊の中には、終戦の趣旨、命令がじゅうぶんに伝わらず、なおしばらく抗戦態勢をとる部隊もあった。また、一部の軍人の中には、抗戦継続を積極的に主張して行動する者もあった。日本の敗北を信じないでグアムやフィリピンの密林の中で、その後、三十年近くも孤独の逃避生活と戦った将兵すらもあった。しかし、ほとんどの国民は、八月十五日正午の放送をそれぞれの思いを込めて聴き、敗戦という現実をかみしめていた。

この放送は、八月十五日以降も数日間にわたり海外放送で送出された。詔書は各国語に翻訳され、時差を考慮して順次放送された。翻訳の国語は二十数か国語に達した。

八月十五日午後、東京では、二重橋の広場にぬかずく人の姿が引きもきらなかった。午後七時四十分、鈴木首相の「大詔を拝り奉りて」が放送され、その後、夜九時過ぎまで詔書の奉読やポツダム宣言受諾までの経過が繰り返し放送された。

京城では、〝玉音放送〟の中継のあと、市内のあちこちで爆竹が鳴り、どらが響き渡った。京城中央放送局では、朝鮮の民衆に対して、「総督府はアメリカ進駐軍の接収を受けるまで全道の治安維持に当たらねばならない。進駐軍が到着する日まで総督府に協力してもらいたい」と、日本語と朝鮮語によって放送した。

新京にある満州電信電話株式会社の放送総局は、八月十五日、東京からの中継放送が終わると、直ちに北満の前線部隊に終戦の経緯を放送し、また、在留邦人に及ぶ限りの情報を放送して混乱を鎮めることに努めた。そして八月十九日、放送総局はソビエト軍に接収された。

一方、樺太では、国境を越えて進撃してくるソビエト軍をのがれて、豊原付近には避難民が続々とふえていた。豊原放送局は、避難民の集まっている公園などに拡声機を備えてニュースや告知放送を続けていた。そして八月二十三日の夕方、同放送局も、ソビエト軍によって接収され、その短い任務を終わった。

長い戦争は終わった。八月十五日、鈴木内閣は総辞職した。そして日本放送協会の戦時放送も、その歩みをこの夜、停止したのである。

八月十五日の出来事を知るのに、いちばん都合のよいデータは、この『放送五十年史』であると思い、延々と引用してきた。

八月十五日の正午から日本は一変する。私はここで、東京の「二重橋前の広場にぬかずく人の姿」に的を絞って、いろいろな角度から考察してみようと思う。

八月十五日の玉音放送を聞いて、それぞれの感想を述べた人々の本がたくさんある。しかし、私は二重橋前を中心に書くことによって、日本のあの時の姿をクローズアップする。

藤田尚徳の『侍従長の回想』を読むことから二重橋前を見ることにしよう。

そして思い思いが、出勤の時間をぬすみ、登校の道をかえて、続々と宮城前広場の玉砂利を踏んで来たのである。正午の玉音放送があってからは、その人波は一段と増し、二重橋前は悲嘆と興奮と虚脱が渦巻いていた。あるいは座し、あるいはひれふし、感極って思わず万歳を叫ぶものもある。

この日の二重橋前の光景を、朝日新聞は次のように報じていた。私はふるえる手でこの新聞を読み、陛下のお机にもこの新聞はひろげられていた。陛下も、これを溢るる涙でお読みになったに違いない。この記事は、一記者謹記の形で綴られている。

この「朝日新聞」に出た二重橋前を描写した文章はとても長い。藤田尚徳はそれを全文掲載している。ここでは一部分のみを記す。

溢れる涙、とめどなく流れ落ちる熱い涙。あゝけふ昭和二十年八月十五日、「朕ハ帝国政府ヲシテ米英支蘇四国ニ対シ其ノ共同宣言ヲ受諾スル旨通告セシメタリ」との大詔を拝し、大君の在します宮居のほとり、壕端に額づき、私は玉砂利を涙に濡らした。唇をかみしめつ、またかみしめつ、道行く兵隊の姿を見ては胸かきむしられ、「作れ飛行機」の貼紙を見ては、宮城への道々を悲憤の涙を流し続けた私であった。胸底を抉《えぐ》る八年余の戦ひのあと、歩を宮城前にとどめたそのとき、最早《もは》や私は立つてはをられなかつた。抑へに抑へて来た涙が、いまは堰《せき》もなく頬を伝つた。膝は崩折れて玉砂利に伏し、私は泣いた、声をあげて泣いた。しやくり上げ、突き上げて来る悲しみに唇をかみ得ず、激しく泣いた。男子皇国に生を享《う》けて、またいつの日かかくも泣くときがあらう。拭ふべき涙ではない。抑へるべき嗚咽ではない。泣けるまで泣け、涙ある限り涙を流せ、寂《せき》として声なき浄域の中に思はず握りしめる玉砂利、拳《こぶし》を握つて私は「天皇陛下……」と叫び、「おゆるし……」とまでいつて、その後の言葉を続けることが出来なかつたのである。〔略〕

すすり泣く声あり、身を距《へだ》たる数歩の前、あゝそこにも玉砂利に額づいて、大君に不忠をお詫び申し上げる民草の姿があつた。私は立ち上つて「皆さん……」と叫んだ。「天皇陛下に申し訳ありません……」それだけ叫んで声が出なかつた。だが私は一つの声を聞き、二つの声を耳にした。「わかります」「私も赤子の一人です」「この上どんなことが起らうとも……」この声はそれだけ言つて、もうあとは嗚咽にかき砕かれた。

新聞各社はおそらく十四日夜遅く、終戦の詔書が出るのを知る。それまでは書くことができない。朝刊を昼すぎにするよう指示を受けた。それなのに、どうして、このような記事が正午の玉音放送の直後から出てくるのか、奇々怪々の始まり、始まり、である！

直宮《じきのみや》や天皇族からデータを載き、あの『天皇家の戦い』を書いた加瀬英明さえ、この記事にはあきれている。「文藝春秋」（二〇〇五年二月号）に、「捏造された『宮城前号泣記事』」を加瀬英明は書いている。

当時の新聞は物資が窮乏していたから、裏表二ページだった。当時、朝日新聞社で働いていたOBを取材したところ、この日の新聞は正午前にすでに刷りあがって、玉音放送が終ったころには、都内の販売店や、地方へ積み出しが始められていた。地方によっては、朝刊が夕方から夜になって配達された。この日だけは前日の閣議で、終戦の詔勅が放送されてから配達することに、決っていた。

この記事は玉音放送の前に書かれていた。捏造だったのである。

朝日新聞社の社報「朝日人」（一九八四年八月号）に、当時の整理部長・杉山晴美と第二面担当・大島泰平による証言が掲載されている。以下は『朝日新聞社史』（一九九五年）からの引用である。

一記者謹記とあるのは当時第二報道部のベテラン末常卓郎（故人）が執筆したもので、

そのことは大島君が記憶していた。大島君のいうには、正午の玉音放送開始時間に合わせて末常記者は皇居前に行っていて取材した。すぐ社の方に帰ってきたが、感動のあまり筆が執りにくい状態であったという。この原稿を整理部に渡したのが十二時半ごろ。それから印刷におろして三時ごろ発送した。〔略〕結局、普通の場合は前夜印刷するのだが、このような緊急事態だったので、十五日は午後編集が終わって印刷、発送と夕刊なみの朝刊発行となった。発送も、当時の手不足から隣組組織を利用して、まず隣組に発送して読者の家にそれぞれ渡したものである。

佐藤卓己は『八月十五日の神話――終戦記念日のメディア学』の中で、この朝日新聞の〃公式見解〃を批判している。この朝日新聞の〃公式見解〃が奇々怪々であるのは、佐藤卓己の評を読むまでもなく、普通、新聞を読む力を持つ人ならば、だれでも理解できる。

さて、加瀬英明の「捏造された『宮城前号泣記事』」に戻ろう。続きを引用する。

翌日の朝日新聞の朝刊には、十五日の午後の皇居前広場の光景を描写した記事が、もう一度、載っている。「二重橋前に赤子の群　立上る日本民族　苦難突破の民草の声」という、見出しがある。

「……すべての者に共通なことは、この群衆の一人一人が泣いてゐるといふことだつた。(略) すべての者が声をあげて泣きじやくつてゐるのだつた、(略) 天皇陛下、お許し下さい、天皇陛下！　悲痛な叫びがあちこちから聞えた、一人の青年が起ち上つて『天皇陛下萬歳』とあらんかぎりの声をふりしぼって奉唱した（略）」

この記事は「大御心《おおみこころ》を奉載し、苦難の生活に突進せんとする民草の声である、日本民族は敗れはしなかつた」と、結ばれている。しかし、前日の記事の三分の二くらいの量しかなく、前日の記事のほうがはるかに臨場感があるし、胸を打つ。記事を捏造する時のほうが想像力が働くから、力がこもるのだろう。


文中の「（略）」は加瀬英明が略したものである。この引用部分の「記事を捏造する時のほうが、想像力が働くから、力がこもるのだろう」に注目したい。加瀬英明は十六日付の記事は直接取材した記事だから間違いない、と書いているのである。だから「想像力が働かない」と。「すべての者が声をあげて泣きじゃくっているのだった……」。これは本当なのか。こんなことが現実にあったのか？

加瀬英明は『天皇家の戦い』の中で皇居前広場を次のように描写している。


放送が終ってしばらくすると、皇居前広場には三々五々と、市民や下級軍人が玉砂利を踏んで集まってきた。

もう数百人になっている。

痩《や》せた体を、国民服やモンペ姿、軍服に包んでいる。鉢巻きを締めている工員風の男女もいる。若者、中年の男、女、老人、若者、老人……

立ちつくして、黙祷《もくとう》する者。座って、砂利に顔をすりつけている者、最敬礼をする者、泣きながら、調子を揃《そろ》えて『君が代』を歌う者がある。隊伍《たいご》を組んできた者もあれば、数人で、あるいは一人できた者もある。

みな、皇居のほうに向っている。ところどころで両手を挙げて、「天皇陛下万歳」が叫ばれる。太陽が照りつけている。時間とともに、人数が増えている。

突然、中央にいた男が叫びはじめた。国民服を着ている。

「みなさん！　天皇陛下に申し訳ありません！　おゆるしを願いましょう！　おゆるしを乞いましょう……」

あとは、声にならない。見ると、『朝日新聞』という腕章を巻いている。

帰る者は、ほとんどいない。立っている者も、膝《ひざ》がくずれて、玉砂利の上にぬかずいてゆく。

激しい泣き声が、高く、低く、波のように広場を渡っていった。

名文である。八月十五日の朝日新聞の記事を「歴史の捏造」とする加瀬英明は、その捏造の記事をそのまま載いて書いている。

加瀬はこの本の中でも、「この新聞はすでに正午には刷りあがって」と、予定原稿であったことを書いている。しかし、「もっとも、『朝日新聞』の記者団は玉音放送が終ると、皇居前にでかけた。すると、泣けて、泣けてしかたがなかった。そして、もう新聞がでていたので、記事にあるとおりに『みなさん、天皇陛下に申し訳ありません』と叫んだのである」と『朝日新聞社史』と同じような弁明をする。

加瀬の『天皇家の戦い』はまことに、題名のとおりに、天皇家の人々が国民といかに戦っているか、を書いている。続けて、この本の続きを読んでみる。

翌日の朝刊には、十五日の皇居前広場の光景を描写した記事が、もう一度、載っている。「二重橋前に赤子の群　立上る日本民族」という見出しがあって、記事は「大御心を奉戴」している以上、「日本民族は敗れはしなかつた」という言葉で結ばれている。

日本を戦争に導いた責任は、軍人と新聞にあった。そして軍は解体され、罰せられたが、新聞はそのまま残っている。軍服に対しては深い猜疑《さいぎ》心が植えつけられたが、どういうわけか新聞に対する警戒心はないのだ。

この加瀬英明の文章はまさしく「天皇家の弁明」であろう。天皇家が戦争に責任がないという弁明である。それで都合がよいので、朝日新聞の皇居前の記事を利用するというわけである。今日でも、同じような関係が皇室と新聞には続いている。

もう一つ、皇居前広場で人々が土下座している写真である。『天皇家の戦い』でも、「皇居前広場の国民（『朝日新聞』八月十五日掲載）」として、皇居前にひれ伏す国民の姿が載っている。加瀬英明は「捏造された『宮城前号泣記事』」の中で〝やらせ〟の写真についても触れている。

もっとも、皇居前広場で人々が土下座している〝やらせ〟の写真を、十四日の段階で撮っていたところもあった。

私の連載誌が発行されて、すぐに青森市の花田省三氏から、この件について経緯を説明した手紙をいただいた。花田氏は学校教員だということだったが、当時は学生で、工場動員によって福島市にある航空無線機工場で働いていた。そして上司からいわれて、東京に外注部品を催促するため上京した。

花田氏の手紙から、引用しよう。

「十四日、何時《いつ》ものように栄養失調の足を引き摺《ず》りながら、宮城前の明治生命館六階にあった日立製作所の事務所へ、ネオン管の催促に行った。（略）

そこを出て、『宮城前に来たから拝んでいこう』という気持で二重橋の方へ歩いていったところ、丁度《ちょうど》『写真』の位置で、腕章を巻いたカメラマンに呼びとめられ、『写真を撮りたいので、そこに土下座してほしい』と云われた。他に写真のように多くの人々が座らされ、『撮しますからお辞儀して下さい』と云われて撮られたのです。

後で振り向くと、件《くだん》のカメラマンが腕で涙を拭っていたので、『何か様子がおかしい』と思い、又、『何かの記念になるかもしれぬ』と思って、『写真ができたら譲って欲しい』と頼んでみた。すると、『この写真は特別なものだから呉れる訳にはいかない。しかし、明日正午過ぎたら社に来てみれば、或いはあげられるかもしれぬ』と云って、又涙を拭っていた。

妙な気分で、その場を去ったが、それでも、まだ敗戦終戦ということは思い浮ばなかった。翌十五日、大変暑い日であった。（略）」

花田氏は都内で玉音放送をきいた直後に、占領軍が上陸すれば、「男子は皆去勢され

（略）女子は連合軍の用に供される」ということを、人々が「真面目に」いうので、「一刻も早く東京から逃れる」ために、「福島までの切符を捜した」のだった。

それにしても、私が取材したところでは、玉音放送の数時間後に都内でこの朝日新聞を手にした読者のなかで、不思議に思った者がなかった。当時も今も、従順な読者が多いのだ。

ルビは世界で日本語しかないが、新聞には「やらせ」とルビを振るべきだと、思う。

〔文中、（略）は作者〕

なんとも不思議な文章を加瀬英明は書いている。この写真については佐藤卓己が『八月十五日の神話——終戦記念日のメディア学』の中で考証している。引用する。

加瀬の取材はおそらく正しいだろうが、連載を単行本にする段階で大きなミスを犯している。『天皇家の戦い』（一九七五年）の当該部分には「皇居前広場の国民（『朝日新聞』八月十五日掲載）」のキャプション付きで玉音写真が掲載されている。この写真は朝日新聞社のものではない。八月十五日付の『朝日新聞』の玉音写真は、二重橋を写した風景写真で人物は確認できない。この写真は同盟通信社が撮影したものである。『週刊新潮』連載時の写真〔『天皇家の戦い』に載っている写真：引用筆者注〕には典拠記載がないので、編集部が勝手に付けた「資料写真」だったのだろう。その経緯が忘れられ、加瀬自身も単行本化する際に「朝日新聞掲載写真」と思い込んでしまったようである。

加瀬英明は「それにしても私が取材したところでは、玉音放送の数時間後に都内でこの日の朝日新聞を手にした読者のなかで、不思議に思った者がなかった。当時も今も、従順な読者が多いのだ。ルビは世界で日本語しかないが、新聞には『やらせ』とルビを振るべきだと、思う」とぬけぬけと書いている。

加瀬英明は『天皇家の戦い』の中で、近衛兵の反乱を描いている。私はそれを引用した。あの描写は、天皇家のための〝やらせ〟ではないのか。あの八月十五日の皇居前広場の描写も。私は八月十五日について書かれた本をたくさん読んできた。あの日、あの広場にいて、そのことを書いた人の記事を捜した。ない、ないのである。

ほぼ諦めかけたとき、私は〝おや〟と思う文章にめぐり合った。それは、『木戸幸一関係文書』(木戸日記研究会編著、一九六六年)を読んでいたときである。

木戸は『木戸幸一日記』だけでなく、たくさんの手記を残している。八月十五日の手記も残している。

一面、一般国民は永年の圧迫感から解放せられたと云ふのか、八月十五日御放送のあった後、続々と宮城前広場に集まった群衆の中から万歳万歳と云ふ声が屡々《しばしば》聞かれた。之を役所の事務室で聞いて居ると敗戦と云ふのに何んだか奇妙な感じを受け、之を以て見るも国民が絶望的な戦争に堪へきれず、如何に平和を望んで居たかが如実に示された様に思はれた。

木戸幸一内大臣のこの観察日記の中に真実が書かれている。戦争を嫌っていた国民が皇居前広場に集い、「天皇陛下万歳」ではなく、ただ、「万歳！」「万歳！」と叫んだのである。

一人でも伏している者があれば天皇の第一の守護者である内大臣はそれを記すであろう。だから木戸は「敗戦と云ふのに何だか奇妙な感じを受け」たのである。

朝日新聞の記事も、加瀬英明の記事も、すべて〝やらせ〟である。あの八月十四日から十五日の事件も全部、〝やらせ〟である。

しかし、八月十五日がすぎ、しばらく日が経つと、皇居前にひれ伏す人々が登場する。私はこの点も疑問に思い続けていた。そしてあるとき、『女たちの八月十五日』（葦原邦子他）を読んでいると、萩原葉子の「苦しかった毎日」の中に謎を解く鍵を見つけた。作家・萩原葉子は詩人萩原朔太郎の娘である。彼女が終戦直後の生活を描いている。

十五年にもわたる戦争を「聖戦」と言わせせられ、勝つと信じ込ませられ、「耐えがたきを耐え、忍びがたきを忍び」で、多くの人の命を奪われた挙句《あげく》に、玉音放送一つでけりをつけられたことにどこか納得がゆかなくても、誰一人として苦情めいたことは言わなかった。

皇居二重橋前の玉砂利の上に正座し、天皇陛下にご挨拶《あいさつ》して来たのは、アパートの古い住人だった。電灯がもれる注意や、防空訓練の指導役で活躍していた男が、することがなくなり、女房達にも皇居を拝んで来るようにと、命令していたのだ。夫が怒って「あの男の言いなりになるな」と反対したので、私は行かなかった。

萩原葉子の書いた文章には解説の一文もいるまい。〝やらせ〟は今日でも続いている。一九六九年一月二日、奥崎謙三が新年参賀の皇居長和殿のバルコニーに立って聴衆に手を振っていた天皇に向かって、「ヤマザキ、天皇を撃て」と叫び、パチンコ玉を発射した。あの事件からしばらくして、天皇一家は防弾ガラスのかなたから手を振るようになった。平成の今日でも、某宗教国体と某宗教団体が中心となって、動員をかけ、正月に皇居で旗を振って、「万歳!」「万歳!」と叫ぶのである。これも、〝やらせ〟ではないのか。

〝やらせ〟だらけの事件がどうして起き続けるのか。私はそこに〝天皇タブー〟があると主張し続けてきた。奥崎謙三は『ヤマザキ、天皇を撃て』を一九七二年に出版した。あれから三十年以上がたつ。松浦総三は『松浦総三の仕事』の中で、この本について書いている。


この本は、その奥崎謙三の供述書である。かれは、その青春時代を侵略戦争に徴兵され、中国大陸やニューギニアの深く暗い密林を、多くの兵士とともに彷徨して、熱病を病み、いくたびか死地をさまよう。そして、ほとんど倒れた兵士のなかで、かろうじて生き残った。奥崎は、これらのいわれなき死が、終極的には天皇の命令によるものであることを悟った……という。理論や思想だけではない。斬れば血がでる体験的天皇制批判であることが版を重ねた原因であろう。

私には、松浦総三の書いているような「斬れば血が出る体験的天皇批判」を書くべき〝体験〟がない。しかし、私は別の意味で〝精神的体験談〟を持とうと努力してきた。私は〝天皇タブー〟を見続けて平成の世を生きている。私はこの〝天皇タブー〟を撃つべくこの本を書いているのである。

八月十五日早朝、木戸内大臣邸、鈴木貫太郎首相邸、平沼騏一郎邸などの焼き討ち事件が発生した。この事件は一切省略したい。すべて宮廷の犬、憲兵がらみの〝やらせ〟であったとのみ記しておく。

# 秘の章

# 秘の章

## 太平洋戦争はどうして起こったか

私はこの章を書くにあたり、友人の一人、F（元通訳業）のもとに手紙を出した。その中で三つの質問をした。

一、太平洋戦争はどうして起こったか。
二、原爆はどうして広島と長崎に落とされたのか（この詳細は後述する）。
三、公称大正天皇の息子たちの双互関係はどうか。

（三）についてはFは次のように書いてきた。

公称大正天皇の息子たちの双互関係、裕仁の種は大室寅之祐《おおむろとらのすけ》、そして秩父宮の種は東久邇宮とみています。高松宮も東久邇宮の子である確率は高いが、これを裏付けるデータはありません。三笠宮の種が東久邇宮である確率は高松宮の場合よりも高いと見ます。理由、まず三笠宮にまつわるユダヤ臭と東久邇宮フリーメーソン説とのつながり、それと、貞明が高松宮を出産した後流産してお腹を七年間休ませていることです。

裕仁の種は西園寺八郎とする私の説と異なるが、他のFの説は正しいと思う。貞明皇后の流産は河原敏明の『昭和天皇の妹君』にも記載がある（このことは後述する）。

さて、太平洋戦争がどうして起こったか、の私の質問に、Fは私の予想をはるかに上まわる新説を書いてくれた。

この質問に答えようとしたとき、小生はあたかも禅僧が、その師から「即参《そもさん》」と問答を仕掛けられながら、即座には「切破《せっぱ》」と応ずることが出来ずに逡巡している姿を連想しました。これは戦争の本質に関する哲学的な問いです。小生の歴史観や世界観を問うものともいえましょうか。

私はこの文章を読み、納得した。さすがに国際関係の通訳を長年していた男は読みが深い、と私は思った。私は彼に「戦争の本質に関する哲学的な」思索を求めたのであった。戦争の本質に関して、哲学的な思索を講ずるべく私は今まで書いてきたのである。Fの手紙を続けよう。戦争の本質が書かれている。

まず、「どうして」という日本語を Why という英語と同義の語として捉えるならば、小生としてはこの問いに答えることが出来ません。戦争は、「おこす」ものであって、「おこる」ものではないと考えているからです。Philosophically speaking（哲学的にいえば）

戦争とは男の覇権（制覇）欲を満たすための手段である。なぜ、男の欲であって、女の欲でないのかは、本論の範疇外なのでここでは触れない。ホモサピエンスの男（雄）は、その発生以来覇権を争い続けてきた。動物の世界でいうならば、縄張りの争いである。群れが形成され、その群れの長が選ばれ、群れの中、あるいは複数の群れの間で争いや殺し合いが起こる。これが戦争である。

Fが書いているのは、人間（ホモサピエンス）も動物の一種だから、当然、争いや、殺し合いをするというのである。この一点から太平洋戦争を論じないと、太平洋戦争の本質が見えてこない。続ける。

戦争を右に掲げた視点で捉えるとき、正邪・善悪という論理的な分析は間違いであることがわかる。あの戦争は起こしてはならなかったとか、人道に反する戦争犯罪であるとかいうこと自体が的はずれなのだ。

人間の雄が、その覇権欲の発露として、戦争を起こすのであれば、戦争自体の正邪・善悪はさておくとして、人間から覇権欲を取ってしまえば、この世から戦争がなくなるではないか？　この議論は正しい。だが根本的なポイントを逃している。それは覇権欲をなくした雄はもはや人間ではないということである。

こう考えてくると、最近はやりのホモやレズ、モノセックス、ユニセックスなども念頭にチラつくのだが、これも本論の範疇外なので触れないことにする。一言だけいうならば人間としての本性を充分に具備していないヒューマノイドが増えたために、先進国と称されるホモサピエンス群間における戦争の確率が低くなったということである。

戦争の本質を〝覇権〟の中に求めよ、という説である。日本の史家たちにいちばん欠けているのが、この哲学的考察である。ヨーロッパはソクラテス、アリストテレス、カント、ヘーゲルと、この人間のもつ根源的な本能である〝覇権〟を論じてきたのである。ヘーゲルはこの〝覇権欲〟を、否定の否定による肯定という筋道を通じ、生存の保障を得よ、と説いたのである。日本人でヘーゲルの哲学について知る者はほとんどいない。Fの説を聞こう。

そこで、太平洋戦争をWhyでなくてHowの見地から評価する。この戦争はGlobal Hegemony（世界覇権）を目指すホモサピエンス群間の衝突であった。換言すれば、アメリカ、イギリス、日本、その他の主権国家間の衝突であった。地球の裏側では、フランス、ドイツ、ソ連他の群れも争っていた。群れの長のレベルでは、あくまで群れの利益が追求された。少なくともそういう建前にはなっていた。

ところが、これらの群れの背後にはDivide and Conquer（分割して統治せよ）の法則を駆使して群れをお互いに疲弊弱体化させ、ついには自分達だけで世界（Globe）の覇権を独占しようとする小グループがいた。この小グループを別名、陰の政府、New World Orderまたは「陰の帝国」という。今やホモサピエンス群れの多くの長がこのグループの手先となっている。

私がながながと太平洋戦争の原因についてこれから書いていくのは、この小グループの力についてである。Ｆは哲学的に、そして何よりも世界史的な視野に立って、この〝闇の権力〟の姿を描く。日本の史家の一人として語らず、書かない真実を、である。

この小グループが世界覇権をとなえるためには、まずは強力なホモサピエンス群が保有するローカルな覇権を叩かねばならない。それでフランス革命が起こされ、アメリカが独立し、南北戦争が画策され、ロシア革命が起こり、第一次世界大戦も仕組まれた。その後、ユダヤ人を中心として国際連盟という An Expression of Global Hegemony（世界覇権意思表示）をデッチ上げてみたものの、アメリカ、日本などの強力ホモサピエンス群の離反で崩れてしまった。

せっかく叩いておいたロシアでは自分達の手先として働くユダヤ人が大量に粛清される。ロシアを追われるユダヤ人の行先をどうするか？　そこでヒトラーという亜流メーソンの群長をふとらせてロシアを叩かせる一方、ヒトラーのユダヤ人嫌いな点を利用して、ロシアからの使える良質のユダヤ人の流出を促進する。ヒトラーの覇権を成就させないために、イギリスを歯止めに使う。そのために親独の王や首相を排除する。

第二次世界大戦は最初はヨーロッパで起こった。日本の史家は右のような観点から、日米の太平洋戦争を見る能力が欠乏している。さて、Ｆは日米戦争の本質に迫る。

極東に位置する日本という群れは、かつて、ロシア群を叩くためにイギリスを仲介として利用したのだが、この群れが目指す覇権が目障りになってきた。これを叩くにはアメリカ群を利用すればよい。そこで仕組まれたのが対日経済封鎖であり、Pearl Harber（真珠湾）奇襲だったわけだ。Pearl Harber は演出効果満点。アメリカ群の個体（国民）の総意を大逆転させて、戦争に持ち込むことが出来た。

二〇〇五年の九・一一の小泉郵政改革選挙と同様、ユダヤの智恵が発揮された。だから、太平洋戦争の本質は日米戦争だったわけだ。

一方、アジア人の自決をスローガンに掲げていた日本人としては、大東亜戦争と称することで筋が通る。

それではFの結論を見ることにしよう。戦争の本質が何であるかを彼は書いている。

日米開戦は「小グループ」にとって大きな副次効果をもたらした。それはアメリカが自動的にドイツの敵国となることにより、ドイツにいいようにやられていたイギリスの後押しが大ぴらに出来るようになったことである。ロシアも案外だらしないので、この群れにもテコ入れが必要だった。そこで豊かなアメリカ群の助力を活用したのが Lend Lease Program（武器貸与法）だったということになる。

一方、日本群は日米戦争でこっぴどく叩いておいた。原爆の試射（落）場にも使用して、完全に小グループの配下においたと思ったのだが、後ほど、この日本群がまた経済面での覇権にからんで来るという事態が起こる。加えて十八世紀末、A Bunch of Yellow Pigs（黄色い豚の群れ）だと思っていた中国群が覇権争いに参加することになり、「小グループ」も頭の痛い展開である。

このような展開を背景にして日本群ホモサピエンスがいかに対応すべきか？　これもまた本稿の枠を越えるので、またの機会に言及することとする。

私の設問に対するFの答えである。Fの答えの中に、どうして太平洋戦争が起こったかが書かれている。私とFはキャロル・キグリー教授の『悲劇と希望』（未邦訳、一三五〇頁の大作）やシーグレーヴ夫妻の『ヤマト・ダイナスティ』や『ゴールド・ウォリアーズ』、『ドラゴン・レディ』等を読み、九・一一同時多発テロ事件について調査し、同時に、大室寅之祐や貞明皇后について研究しあっている。すべてが一本の線でつながるのを知っているからである。

かの太平洋戦争のとき、ホモサピエンス・ジャップスは天皇ヒロヒトという長《おさ》の群れであった。天皇ヒロヒトはこの群れのジャップスを「民草《たみぐさ》」といっていた。人間と思っていなかった。たった一銭五厘の葉書一枚で中国やタイやフィリピンにほうり込んだのは天皇ヒロヒトだった。私は天皇語録の中に、民草でなく人民とか国民とかいう言葉を使って（民草でもいいのだが）思いやりのある言葉を喋っていないか捜したが、ないのである。Fの手紙を読みつつ私は思った。新しい視点から戦争を追求しようと。

私はこの本を書きつつ思い続けたことがあった。それは、あの太平洋戦争はどうして起こったのであろうか、という点であった。

私は太平洋戦争の原因をさぐるべく本をたくさん読んできた。しかし、これは、という本にめぐり合えなかった。それゆえ、自分自身で考えるしかないと思うようになった。

太平洋戦争勃発を真珠湾攻撃に求めるのは正しいとしても、日本はどうして真珠湾を攻撃するようになったのであろうか、その本当の原因はどこにあるのだろうか、と考えたとき、私の脳裡に浮かんだのは、イギリスの「王冠を懸けた恋」といわれた、英国王エドワード八世とシンプソン夫人のラブ・アフェアーであった。

一九三六年、英国王ジョージ五世の死去にともない、エドワード八世が即位した。

ドイツのラインランド接収に伴う諸事件を発端として第二次世界大戦を企む闇の勢力がいた。エドワード八世は、「君臨すれども統治せず」の英王室の伝統を破り、ドイツとの戦争への突入を阻止しようとした。闇の勢力の中心にいたロスチャイルドはエドワード八世を退位させるべく行動に出た。ロスチャイルドは巧妙にフランスの自らの城にエドワード八世を宿泊させ、アメリカ生まれで離婚歴があるシンプソン夫人を国王の寝室に忍ばせた。若き国王はシンプソン夫人と情交にふけった。

シンプソン夫人はアメリカの作家で、左翼指導者アプトン・シンクレアの姪であった。しかもユダヤ人であった。この王とシンプソン夫人の逢瀬の便宜をはかったのが、ユダヤ財閥モルガン家の娘ファネス子爵夫人であり、また航空次官のフィリップ・サッスーンであった。この恋を利用して、英国国教会のカンタベリー大僧正とロンドン大学のラスキー教授が離婚歴のある女性との結婚は認められないと主張した。この二人ともロスチャイルドの廻し者であった。

チャーチルは国会でこの件を取り上げ、「国王の退位を問題にせよ」とアジった。ビーバーブルックは彼の新聞で「国王よ退位せよ」と民衆を煽った。エドワード八世は在位十一カ月で退位し、シンプソン夫人と結婚、ウインザー公となった。エドワード八世の弟ヨーク公がジョージ六世として即位したのである。

私がどうしてこの「王冠を懸けた恋」について書いたのか。私が書いた「日本のいちばん醜い日」の八月十五日の出来事は、日本のアンタッチブルの〝秘めごと〟が大きく影響しているのではないか、と思ったからに他ならない。

その〝秘めごと〟ゆえに日本は太平洋戦争に誘い込まれ、ついに敗北という最悪の結果になったのであろうと思ったのである。回りくどい表現はやめる。その〝秘めごと〟とは、孝明《こうめい》天皇暗殺、そしてその皇子の睦仁《むつひと》親王も殺され、替え玉が天皇になった、ことである。

多くの本がこの事実を書いてきたので別の視点から、この事実を検討してみる。

「終末から」（一九七四年八月号）に載った益田勝実の「天皇史の一面」を見ることにしよう。

日本政府の至高絶対の権威と民衆の最後の実力行使は、同じもの「てんのうはん」でなければならなかったとすれば、それが聴き耳を恐れての隠語にせよ、天皇制の未来、未来の天皇制を結果的に先取りしてしまっている。自分たちの秘匿しぬこうとする最後の結集形態が、明治憲法が「神聖ニシテ侵スベカラズ」と規定したものに置き換えられたのは、かれらが現実の天皇と天皇の名によって力を

「王冠を懸けた恋」の二人

ふるう者とをいかに怖れたかをあらわし、裏返しに、自分たちの側の潜在的な力をいかに頼みにしていたかを示していよう。未来の「てんのうはん」はなにか。隠語の力学関係が、わたしの心にダーンとなにかをぶっつけてくる。

孝明天皇

益田勝実は長州の国家老益田弾正《だんじょう》の一族である。彼は山口県熊毛《くまげ》郡田布施《たぶせ》町麻郷《おごう》に生まれ、孝明天皇の長子睦仁の替え玉となり、後に明治天皇となる「てんのうはん」のことを書いている。続ける。

> 天皇様をお作り申したのはわれわれだとは、明治以前に生まれた長州の老人たちによく聞かされたことだったが、近代天皇制以前には、京都に天皇家はあったが、天皇の国家はなかった。尊皇派が考えていた天皇の国家の考えは思想として獲得されたもので、現実に京都にいる天皇という実在の人物に合わせて作られたものではなかった。かれらが求めている天皇と現実の天皇と、いくらか融和出来るうちはよいとして、その矛盾が激化すると、……激化すると、天皇を取り換えてしまうほかなくなる。

わが家に空襲で焼けるまであった孝明天皇使用の皿は、おそらくまだ長州と天皇の間がうまくいっていた、蜜月時代にもたらされたものだろう。奇兵隊挙兵の翌年、一八六六年（慶応二）の暮れには、孝明天皇は、謀殺されてしまった。もちろん、仕組んだのは江戸幕府ではない。志士側で、天皇が倒幕の障害になりはじめたからである。今日では、このことはもう公々然の秘密となっている。

大室寅之祐は田布施町の生まれ。私は二〇〇六年十月、この田布施を訪れた。光市と柳井市に挟まれた寒村の風景がそこにあった。私は知人と大室寅之祐について学びはじめていた。私の手元に知人が作成した一枚の系図がある。簡単に記すと、伊藤博文（林家が伊藤家の本家）と「虎ノ門事件」を起こした難波八助《なんばはちすけ》は一族である。また宮本顕治（日本共産党）も一族。そして、木戸幸一も系図に入ってくる。京都大学教授でマルクス主義を木戸幸一、近衛文麿に教えた河上肇《かわかみはじめ》も一族である。そして、大室寅之祐の生家の近くに岸信介《のぶすけ》一族の生家もある。この地から代議士の国光五郎、難波作之助《さくのすけ》が出ている。また、元外相松岡洋右《ようすけ》も岸信介の一族である。あの終戦内閣の最後の内務大臣安倍源基《げんき》も大室寅之祐の生家の近くである。これは偶然とはいえない何かがあるだろう。

益田勝実は「奇兵隊挙兵の翌年に……」と書いている。『中山忠能《ただやす》日記』の中に、「寄（奇）兵隊天皇」の言葉が出てくる。

私は田布施麻郷に行った。麻郷とは麻を作る郷ということであろう。麻から麻糸をつくり、この糸を漁業関係に売って生計をたてていたのではなかろうか。山が海に迫り、瀬戸内でありながら孤島のような感じがした。

この田布施村が「たぶれここのみぞ」（『狂心渠』）からきているという説がある。私は単に寺に布施された村と考えるのであるが。

沖浦和光の『瀬戸内の被差別部落』や『瀬戸内の民俗誌』を読む

明治天皇

と、瀬戸内海の沿岸、島々に、いかに被差別部落が多いかがわかる。この内界の家船漁民たちの姿が描かれている。彼らは『浮鯛抄《うきたいしょう》』という古い巻物を大事にしている。『浮鯛抄』は「紀記」の仲哀天皇二年の条から出てくる神功皇后伝説から書き始められている。大室寅之祐の生家が漁業をしていない点を考えると、大室家は「河原巻物」を持つ一族であった、と思われる。大室家が南朝の末裔《まつえい》であるという説があるが、確たる証拠は私の調べた限りではなに一つない。むしろ、北朝鮮系の被差別部落民ではないのか、と思っている。

岸信介

「週刊朝日」（二〇〇六年十月六日号）に「家政婦は見た——安倍晋三研究」が出た。〝家政婦〟として四十年余りを安倍家に仕えた一人の女性・久保ウメさん（八十歳）が安倍一族の真実を語った。その中で安倍晋三の父・晋太郎について次のように語っている。

お棺に入れるときにあの人の骨格、あれはやっぱり日本人のものじゃないと思ったの。肩の幅から下までまっすぐに定規を引いたみたいな。これは完全に韓国の体形。自分で「僕は朝鮮だ、朝鮮だ」と言ってたけれども、なるほどこれは朝鮮だなと思った。だから、あっちですごくモテたってよ。彼が元気で、もうちょっと本気で働ける時間があったら、「北」の問題もとうに解決していたと思うの。晋太郎さんの死は、つくづく国の損だった。

大室寅之祐は熊毛郡田布施村（現在は田布施町）の出身である。

丹羽基二の『地名苗字読み解き事典』の中に〝熊毛〟の解説がある。

由来＝クマ・ケのクマは曲《クマ》で、湾曲した地形、毛は場所。海岸、峡谷、河川などいずれにしてもクマを用いる。熊は当て字だが、霊異のつよい文字として古代は多用

類姓＝熊毛《くまげ》、隈川《くまがわ》・熊切・熊口・熊来《くまく》・熊沢・熊本など

まさしく私が訪れた田布施町は瀬戸内海に面しているとはいえ、その周辺の海岸線は湾曲していた。そして、山がその周辺の海岸に迫っているのであった。隣接する光市と柳井市は、広い平坦な土地である。この両市に挟まれた田布施町の状況は今も変わらない。正直いって、住むのに悪条件だらけの土地であった。

この丹羽基二の『地名苗字読み解き事典』の中に、〝布勢〟の字が見える。

フセの文字はほかに布瀬、伏勢、布西、などがあるが布施が原意に近い。いわゆるほどこしのことである。これは旅行、寺社参拝、その他の宿泊する貧しい者を無料または安価で泊める公共施設のこと。多くは土地の寄進者がいてその費用に当てた。旅行中病気になった者なども介護した。全国にあったが、地名になって残っている。

類姓＝布施、布世、布瀬、布制、布生、布西、扶瀬、普勢、伏屋（以上みなフセとよむ）など。

この布施に田の字がのっている。この田が上についているのは意味があるのだろうか。〝田布施〟とは、田を布施する意味からきているのではないかと私は考える。北朝鮮系の人々の信仰する〝白山信仰〟を封じ込めるために、時の権力者が寺院に全権力を特別に与えた特殊部落が田布施という地名になったのではなかろうか。そういう視点から田布施町（昔は村）を観察すると、やたらと寺の多さに気づくのである。

鹿児島にも田布施村があった。現在は加世田《かせだ》市金峰《きんぽう》町というけれども、ここは昔は田布施村といった。小泉純一郎の父、小泉純也《じゅんや》はこの地の出身である。彼は上京して小泉又次郎《またじろう》の一人娘・芳江と結婚して小泉家の婿養子となって小泉姓を名乗り、義父の地盤を継いで代議士となった。小泉純也は朝鮮の姓を持つが、この結婚により日本国籍を得た。長州の田布施と薩摩の田布施、直近二代の首相が同じ田布施一族の末裔なのだが、これは偶然ではないだろう。

小泉又次郎

私は北朝鮮系の日本人であろうと、被差別部落民であろうと別に何ら問題なしとする。しかし、天皇家に結びつくだけにどうしても追っていかなければならない。

どうしてか。答えはいたって簡単である。

英国王エドワード八世が離婚歴のある夫人と結婚しようとし、ついに王位を捨てざるをえなかった例を引いたように、日本の天皇家もエドワード八世を退位させた闇の権力（人々はよくその勢力を「フリーメーソン」とか、「イルミナティ」と呼ぶ）に幕末以来狙われ、脅迫され続けていたのではないかと思うからである。それが〝天皇タブー〟を創り出し、日本を悲劇の道へと進ませたのではないか、と思うからである。

私は、闇の権力とかフリーメーソンという言葉を使わないで、「国際金融同盟」という言葉を使いたいと思う。ユダヤの国際金融資本家たちが中心となって作った組織である。この同盟については後述する。もう少し、天皇家の出自について考察する。もう一度、明治維新のころに戻ってみよう。

イギリスの外交官アーネスト・サトウは幕末に活躍した。アーネスト・サトウは天皇になる前の大室寅之祐と会っていた可能性が大である。彼は上司のハリー・パークス公使から日本の政情を調べるようにいわれ、鹿児島の苗代川《なわしろ》に行く。ここは、慶長三年（一五九八年）、朝鮮から虜囚として連れてこられた四十三人の男女が、島平の浜辺に遺棄されたように、維新後、苗代川の住民は、創成期の近代日本のただ中に遺棄された。『東郷茂徳伝記』と同書の「解説」（萩原延壽《のぶとし》）に、この間の歴史の闇が詳述されている。

いわば二百七十余年のサイクルが廻って、この村のひとびとは、再び島平の浜辺に立ち、今度はあのとき他郷に連れ去られた同胞と同じように、母国の姓名を捨て、その言語を忘れ、その風俗を改めて、あたらしく移住してきた土地に同化しようとする〔略〕。

東郷茂徳は明治十五年（一八八二）十二月十日、朴茂徳としてこの苗代川で生まれた。〔略〕なお、東郷という姓は鹿児島ではとくにめずらしいものではなく、朴家が「入籍」した東郷家と、提督東郷平八郎の家とは関係がない。

こうして、五歳の時から、朴茂徳は東郷茂徳を名乗るように

小泉純也と純一郎

なった。

私はどうして終戦時の外相、東郷茂徳をここに登場させたのか。その理由は三つある。その一つは、あの明治十年（西南戦争があった）のあわただしさの中で、アーネスト・サトウがパークスの命令とはいえ、朝鮮人の被差別部落の調査報告書を作成しているということである。サトウは日本の国土の中に朝鮮系の人々が多数いて、差別されているのを見た。西南戦争は被差別部落の問題が大きく影を落とした戦いである。もう一つは、終戦内閣にどうして東郷茂徳が外相として迎えられたのか、というのが二つ目の理由である。それは、終戦にあたり、昭和天皇が最も信頼できる人物を内閣に入れたことにある。東郷茂徳は、明治天皇＝大室寅之祐と同じ出自を持つと考えられたのではなかったか。

　さらにもう一つ、東郷茂徳を起用した理由がある。それは天皇の財宝を隠蔽する役を東郷茂徳に命じた点にある。天皇はいちばん大事なことをするのに、日本人よりも朝鮮人を信用したといえる。この財宝隠蔽工作は後述する。

『歴史の流れの中に　最後の内務大臣安倍源基』なる本を源基の子息の安倍基雄《もとお》が出版している。この本から引用する。

　余談となるが、石城山のある熊毛郡という小さな郡は、明治においてこそ名の通った人々は住んでいないが、昭和に入ってからは後述の岸、佐藤兄弟をはじめ、戦前、外相として鳴らした松岡洋右、司法界での大ボス岩田宙造、戦前戦後にわたって活躍した賀屋興《かやおき》宣《のり》（育ったのは広島であるが、上の関の近くの出である）、安倍源基そして最近では宮本顕治など、主として政治の面で名の通った人々を輩出している。

「明治天皇となった大室寅之祐がそこに生まれたからこそ」の一文がぬけている。安倍基雄は続けて書いている。

安倍源基は明治二十七年二月十四日、山口県熊毛郡曾根地方《ちほう》に安倍半次郎、美津子の長男として生まれた。曾根村は前述した田布路木から上の関の方向に進んだところで、人口三千人程度の村落である。現在は町村合併により、大野村、佐賀村とともに平生町に合併され平生町曾根となっている。岸、佐藤兄弟の出身地として知られ、また天照皇大神宮教（踊る宗教）の中心地としても知られる田布施村（現田布施町）は隣村の一つにあたる。

安倍源基の生家と大室寅之祐の生家は田布施川をはさんで、すぐ傍にある。安倍基雄はその事実を隠している。この関係があればこそ、最後の内務大臣に天皇は最も信頼できる安倍源基を任命した。そして憲兵たちは操られ、八月十四日〜十五日の「日本のいちばん醜い日」の演出が安倍源基の闇の力添えを得てなされたのである。

安倍源基と安倍晋太郎を結びつける系図を私は発見できていない。しかし、大室家と安倍家は確実に結びついているとみている。

東郷茂徳外務大臣

安倍基雄は微妙な言いまわしで出自に触れている。

時折り「安倍源基さんは、安倍能成や安倍晋太郎さんと御親戚ですか」と聞かれることがある。血縁的には何のつながりもない。しかし、これらの人々の家紋が、わが家の家紋と同じ〝立梶の葉〟であると聞いたことがあるので、何百年も前には関係があったのかもしれない。

わが家の言い伝えはともかく、安倍の姓が愛媛県(安倍能成は伊予の出身)、大分県に多いこと、曾根も海に面していることなどからみて、瀬戸内海をつたわってこの一族がひろがっていったと考えられ、毛利にしたがって山口県にきたというよりは、それ以前から根を生やしていた一族であり、毛利の台頭とともに、それに臣従していったというのが事実ではあるまいか。

私はこの一文を読んで、ハッとした。どうしてか、を書いてみよう。

「日本のいちばん長い日」、すなわち八月十四〜十五日までの内閣を見るとき、大分県出身の大臣や軍人の多さである。列記する。

阿南惟幾(陸軍大臣)=竹田市出身
梅津美治郎(陸軍参謀総長)=中津市出身
豊田副武(海軍軍令部総長)=杵築《きつき》市出身

これらの三人はすでに書いた。阿南は竹田市という熊本県に近いところの出身。彼は鈴木貫太郎が侍従武官長のとき侍従武官として天皇と親しく接していた。その関係で陸軍大臣の拝命を受けた。梅津も豊田も、地図を見ていただければ分かるが、瀬戸内の海で結ばれた土地に住んでいた。

安倍が語るまでもなく、大分県の国東《くにさき》半島の沿岸部と田布施や曽根は昔からさかんに交流していた。私は安倍源基の一族も大室寅之祐も、その「家船」の交流の中から結婚の相手を求めていたのではなかったかと思ったのである。重光葵《しげみつまもる》（東久邇宮内閣外相）は同じ国東半島の安《あ》岐《き》町出身。南次郎元帥は同じ半島の日出《ひじ》町出身。これもたんなる偶然ではない気がする。

天皇は終戦を迎えるにあたり慎重に人選した。鈴木貫太郎の妻が天皇の乳母であった。貞明皇后はクエーカー教徒であり、その乳母も熱烈なるクエーカーであった。鈴木首相が最後の陸相を阿南にする。阿南は同じ大分県出身で、大室寅之祐一族と海で結ばれている国東半島出身の軍人たちとの交流もあるからである。それをやはり、国東半島出身の重光葵が背後から支える、という構図が浮かんでくる。

なお、鈴木内閣の、内閣総合計画局長官・秋永月三は中津市出身。梅津と同じ市である。秋永の後任の池田純久は宇佐市出身。宇佐市も中津市も、瀬戸内海に面している。

この大分閥の存在を近衛文麿元首相は危惧していたのである。この面からも、田布施に生まれた明治天皇の姿を見ることができよう。

豊田副武軍令部総長

家船民俗は時とともに消えていった。それとともに、瀬戸内の血縁関係も薄れていき、大室寅之祐一族の物語も忘れられていったのである。

もう一度、益田勝実の『天皇史の一面』から引用する。明治は遠くなりにけり、か。

天皇制を悠久の昔からのものと考えることは出来ない。天皇家と天皇制はひとつにして見るべきではなかろう。天皇制は近代百年の政治的創作で、新しいわれわれと同時代のものである。戦後、ある日、総理大臣吉田茂が、突如昔のように天皇に対して臣茂と言いはじめ、人びとを驚かしたが、昭和のはじめ、わたしの子どもの頃には、昼間の銭湯には、伊藤博文がはじめて臣博文とやらかした時のことを、覚えている老人たちが集まっていた。禁裡様から天子様、天皇陛下へ移り変ったことをかれらは知っていて、天皇ファンが多かったが、大した出世をしたものよ、と感心されてもいた。一代の成り上り者明治天皇を偉いとほめ、息子の大正天皇の精神異常のエピソードをさまざまに公言する老人たちの寄合は、数年後にはもう銭湯からも姿を消した。安政・万延・文久生まれが急速にいなくなったからである。

大室寅之祐が南朝の末裔であるとする説について、少しだけ書いておきたい。世に「河原もの」という系図がある。多くの部落民がそれを持っている(部落民以外の人々も)。しかし、江戸期、系図を作成する商売人がいて日本全国津々浦々にまで、この種の系図が流布したのである。その系図はほとんどが南朝の系図である。しかも大室寅之祐の家には、その系図さえ残っていない。田中光顕《みつあき》の「大室寅之祐（そのように書いていないが）南朝説」が語り継がれているのを唯一の証拠とするのが現状のようである。

南朝正統を名乗った天皇が戦後期、あふれ出た。熊沢天皇、三浦天皇……。私は、大室寅之祐よりも、むしろ、熊沢天皇説と三浦天皇説に愛着をおぼえるとのみ記しておく。「河原もの」にゆめゆめ欺されるな、と書いておく。

私はもう一つだけ記しておきたい。

明治天皇替え玉説を調べるために私はたくさんの資料を集めた。山岡荘八の『明治天皇』も読んだし、外国人の書いた明治天皇関係の本もほとんど読んだ。この点から明治天皇を記すことはやめにする。ただ、私は、明治天皇の母である中山慶子《よしこ》について調べているときに驚いたことがあるので、その一点のみを記す。

明治天皇の生母、中山慶子の墓が豊島ヶ岡墓所（東京・文京区）にある。ここには、彼女の父の中山忠能の墓もある。現在の中山一族の長は中山重啓《しげよし》である。

私はあるルートを通じて、中山重啓の情報を入手した。明治天皇の母の墓を、明治天皇はじめ、現在にいたる皇族たちの一人としてお参りしていない事実を知った。中山重啓は高齢だといわれる。彼の執事は「ご生母に関しては箝口令がしかれていますので、一切お答えできません」の一点ばりであった、と私の知人は私に伝えてくれた。

私は、明治天皇が、生母と言われる中山慶子と会っていたのかを調べた。しかし、外国人の書いた本の中に一回会っているらしい場

中山慶子（明治帝の生母）

面を見つけたが、どうも疑わしい。私は確信した。明治天皇は孝明天皇の息子ではなく、間違いなく、山口県熊毛郡田布施村麻郷の出身であった、と。この人間関係の冷たさが——たとえ生母でなくてもいいではないか。会えばいいではないか——日本の暗黒をより深くし、日本を太平洋戦争へと突き進ませたと思えてならなかったのである。

昭和天皇も今上天皇も、その他皇族たちも、自分たちが孝明天皇の子の睦仁の血統につながらない、山口県熊毛郡田布施村麻郷での特殊被差別部落出身者・大室寅之祐の一族であることをはっきりと認識していることの証にならないのか。もし、孝明天皇の子孫と認識するのなら、明治天皇の生母の中山慶子の墓を粗末にすることはないであろう。

『昭和天皇独白録』を再度見ることにする。この独白録は、一九四六年三月十八日（月）午前十時十五分より午後〇時四十五分までの間の独白である。

大東亜戦争の遠因

この原因を尋ねれば、遠く第一次世界大戦后の平和条約の内容に伏在してゐる。日本の主張した人種平等案は列国の容認する処とならず、黄白の差別感は依然残存し加州移民拒否の如きは日本国民を憤慨させるに充分なものである。又青島還附を強いられたこと亦然りである。

かゝる国民的憤慨を背景として一度、軍が立ち上つた時に、之を抑へることは容易な業ではない。

〈注〉大正八年（一九一九）、第一次大戦が終ると、平和会議が招集されて、連合国二十八カ国がパリに集まった。日本全権は西園寺公望。このとき各国の人種差別的移民政策に苦しんできた日本は、有色人種の立場から二月十三日に〝人種差別撤廃〟案を提出した。しかし、さまざまな外交努力にもかかわらず、日本案は四月十一日に正式に否決された。日本の世論は、この報に一致して猛反対でわき上った。

さらに大正十三年（一九二四）五月、アメリカはいわゆる「排日移民法」を決定する。それは日本にとって「一つの軍事的挑戦」であり、「深い永続的怨恨を日本人の間に残した」ものとなった。日本の世論は憤激以外のなにものでもなくなった。「アメリカをやっつけろ」「宣戦を布告せよ」の怒号と熱気に国じゅうがうまったといっていい。日本人の反米感情はこうして決定的となった。

天皇の独白の内容もすごいの一言。それにもまして、〈注〉なる解説はさらにすごいの一言で、開いた口がふさがらない。なんと幼稚な解説であろう。この天皇の「加州移民拒否の如きは」については、私の前著『天皇のロザリオ』の中で詳述したので省略する。

日本がヴェルサイユ会議で〝人種差別撤廃〟案を提出した。この案は結局否決される。ヴェルサイユ会議とこの後の条約について書かれた本は多い。正確に言うと、欧米では、の話である。しかし、日本の史家がこの会議の持つ意味を十分に理解して書いたと思われる本はない。ただ、この〝人種平等権〟の否決にいたる経過を書いた本は数冊ある。

さて、私はこの会議が日本の運命を大きく変えたと記すのである。その岐路となったのは大きく分けて二点ある。

国際的視点から見るならば、ヴェルサイユ会議で、ドイツが連合国側に第一次世界大戦の賠償金を支払うことが決められた。しかし、ドイツは賠償金を支払う能力がなかった。そこでいかに賠償金を取り立てるかの会議が続く。そして結論が出た。国際決済銀行（以下、ＢＩＳとする）が誕生した。一九三〇年のことである。モルガン財閥系のファースト・ナショナル銀行、ドイツ帝国銀行、イタリア銀行、フランス銀行、各国の主要銀行や中央銀行がオーナー銀行になった。日本は天皇の銀行である日本銀行と横浜正金《しょうきん》銀行が加わった。日本銀行は山本米治《よねじ》を、横浜正金銀行は北村幸治郎を役員に送りこんだ。

ＢＩＳにやってきた人間たちは何をしたのか。第二次世界大戦の準備に入ったのである。このことは、ゆっくりと説明することにする。

もう一つ、日本にとって大事なことが決定された。この件に関しても、ＢＩＳの件についても、日本史家の書いた本には触れられていない。〝某中佐〟について一行も書く能力も意志も持ち合わせない連中は処置なしである。

ヴェルサイユ条約で闇の権力者たち、ＢＩＳを創り出す連中は日本に罠を仕掛け、日本はまんまとその罠にひっかかった。

彼らは日本に委任統治諸島を与えたのである。一九二〇年十月十五日、国際連盟は日本の南洋委任統治を確認した。〝貸与〟であり、〝供与〟ではない。日本は後に国際連盟を脱退するが、太平洋委任統治領の年次報告書をかかさず提出しているのである。日本はその委任統治諸島を自由に使用することができた。商船の停泊地となり、民間航空の給油地となり、そして、軍艦の停泊地となり、軍用機の給油地となったのである。

このことは何を意味するのか。アメリカは太平洋を横断するのに、オーストラリアやシンガポールを経由するしかない。自国の基地がない、という結果になった。これが真珠湾攻撃の伏線となるのである。

委任統治諸島を日本は無償で与えられ、その与えられた意味を忘れ、あたかも自国領のごとく考えて、日本海軍は戦略規模を拡大していった。『天皇独白録』や、その〈注〉にあるような〝人種平等案〟の不可決などは、全くナンセンスの一語である。

日本全権の西園寺公望はフランスに長いあいだ留学また滞在したときにフリーメーソンに入った可能性がある。彼は、この委任統治諸島を日本が獲得したとき、日本の未来を、太平洋の暗雲を知っていたはずである。

どうして日本はその進路をくるわせたのかを、別の角度から見てみよう。そして、再び、ＢＩＳと委任統治諸島について書こう。

## 皇室の「秘めごと」から歴史の闇を見る

坊城俊良《ぼうじようとしなが》は明治天皇、そして大正天皇に侍従として仕えた。彼は晩年、『宮中五十年』を世に出した。その一文を見る。

このことは、大正天皇が非常に明朗な御性格であったということだけでなく、その時代までは、たしかにそういう御自由が許される伸び伸びした空気があったのである。皇室と国民の間を厳しく隔てるようになったのは大正中期以降からで、昔はそうではなかった。終戦後、厳しすぎた警戒がいくぶん緩和され、今の陛下の地方御巡幸が、国民との親しい接触の姿で行われるようになったとき、皇太后様は〝これで本当によくなった、しかし昔はまだよかった……〟と仰せられたほどである。

この坊城俊良の文章を読んでも分かるように、大正時代に入ると、明治時代の重苦しい時代は去り、軽やかな空気が日本に漂いはじめたのである。

文学作品にも、絵画にも、歌にもその傾向がはっきりと現われてくる。

しかし、大正中期以降、時代は重苦しくなっていく。ロシア革命、そして第一次世界大戦が終わる。前にも書いたがヴェルサイユ条約……それに共産主義の登場の時代を迎える。

陽気で闊達《かったつ》な大正天皇では、これからの日本の将来に不安であるという空気が濃くなっていく。オーストリア、ハンガリーの王室もつぶれていく。共産主義が日本に出現する。

こうした中で大正天皇の病気が重くなっていく。この時代を別の角度から見ることにする。『昭和の劇　映画脚本家・笠原和夫』という本がある。笠原和夫、荒井晴彦、絓《すが》秀実の三人の対談からなる本である。笠原和夫は東映で時代劇、戦争もの、やくざ物を手掛けた脚本家である。

映画「日本暗殺秘録」が一九六九年に東映で製作された。監督は中島貞夫、脚本は笠原和夫。笠原和夫は「日本暗殺秘録」のシナリオを書くにあたり、いろんな人物に会い、それから物語を構成する。二・二六事件の関係者に会う。笠原の〝弁〟に耳を傾けられよ。世にも恐ろしき真実が語られる。

笠原『日本暗殺秘録』は昭和四四年でしょ。その五年後の昭和四九年の一二月に、街頭でバッタリと河野司さんに会って、「実はちょっと話したいことがある」と言われてバーに連れていかれたんですよ。「潜水艦」という軍関係のバーなんですけどね、このバーなら大丈夫だと河野さんが話しだしたんですけど、「実は今、東久邇さんに会ってきたんだ」と。東久邇宮さんは戦後最初の首相だった人ですけど、その人に聞いてやっと事件の真相がわかったと、つまり河野さんとしては、なぜ、弟たちがああいう事件を起こしたのかということをずっと調べていたわけですよね。

大正天皇

で、それは何だったかというと、結局、二・二六事件というのは壬申の乱だったんだと。つまり大正帝に子供ができなくて、貞明皇后に何人か男をあてて、それで子供を生ませていったと言うんだね。「だから、ずいぶん、あの兄弟は顔が違いますよ」と。裕仁さんにしても、秩父宮、高松宮、三笠宮と、全部顔が違うと。それで貞明皇后なんだけど、女というのは最初に押しつけられた男というのをイヤがりますわな。それで、ものすごく長男――裕仁さんに拒否反応を持ったらしいんですよ。で、誰だかはわかりませんけど秩父宮のお父さんが貞明皇后のハートを射止めていて、それで秩父宮さんを溺愛したらしいんです。だから貞明皇后としてはなんとしても裕仁さんをハズして、第二子の秩父宮を天皇の座に送りたいというのがあったんですね。それを画策したのが山県有朋でね。だから、昭和天皇の妃を決定する際、色盲問題があったでしょ。

右から昭和天皇、高松宮、秩父宮の三宮

結　宮中某重大事件ですね。

笠原　そう。それで結局、山県は宮中クーデターに失敗したわけですよ。それで責任をとって辞めたあと、すぐにそのストレスで死んじゃうんですね。

結　宮中某重大事件って、活字でしか知りませんでしたけど、なんであんなに重大なのかわからなくて（笑）。

笠原　それで、秩父宮さんもそういう自負を持っていたわけですね。若い時から、兄貴よりも自分が皇位を継ぐべきなんだと。それで自分に協賛してくれる人がほしいということで陸軍の中に入っていくわけですよ。彼は陸軍の将校でしたけども、例えば安藤輝三大尉は非常に秩父宮に恩顧を受けたりしていてね。

東久邇稔彦－明治二〇年（一八八七年）一二月、久邇宮朝彦親王の第九子として生まれる。明治三九年（一九〇六年）、東久邇宮家を創立。大正九年（一九二〇年）よりフランスに七年間留学。昭和一四年（一九三九年）、陸軍大将。敗戦直後の昭和二〇年（一九四五年）八月一七日に初の皇族内閣を組閣し、降伏文書などの終戦処理にあたったが、二カ月後、治安維持法廃止などをめぐり総辞職した。昭和二二年（一九四七年）一〇月、皇族籍を離脱。その後、テキ屋など様々な職につくほか、新興宗教の教祖に担がれたこともあった。平成二年（一九九〇年）一月二〇日、死去。

ここに重大な宮中の〝秘めごと〟が書かれている。語った人は元皇族である。この東久邇宮の語る真実を私たちは重く受けとめなければならない。明治維新において、大室王朝（決して南朝王朝ではない）が生まれ、昭和に入って昭和天皇王朝が生まれたのである。万世一系の天皇神話はかくも脆《もろ》いものであった。

　この東久邇宮の言葉を裏付ける一つの資料を引用する。大正十五年（一九二六年）十二月二十日、フランス大使ポール・クローデルは本国に至急電報を送った。

東久邇宮稔彦

君主の病気と死は最も悪い時期に起こるかもしれない。日本において新年は一年の最大の祭りであり贈答と喜びのときである。すべてが停止し注文が取り消された。商人とその債権者にとって数えきれぬほどの損失である。

しかし、まったく苦情も咎めもきかない。国民の大多数にとって天皇は半ば神なるもの、少なくとも日本人の魂の最も秘められたものと結び付いた暗黙の同意でありまたそうであると信じさせられている。

貞明皇后

多くの日本人が皇太子の余りにも明白な虚弱さをくやしがっている。現在イギリスにいるずっと頑丈で活発な秩父宮と彼を交代させようというぼんやりとした可能性があらわれている。

このポール・クローデルの電文が私たち日本人に教えるところは、フランスの大使が、天皇家の〝内なる秘密〟を調べて、本国に送っていることである。皇太子の裕仁は摂政であり、この年の十二月二十五日の大正天皇の死にともない昭和天皇となる。その五日前の電文の中に日本の暗い未来が暗示されているということである。大正時代の明るさが去り、暗い時代が到来したのである。

私たち日本人は、元・東久邇宮である東久邇稔彦が提起した「大正帝に子供ができなかった」問題から遠ざかっている。その結果、この日本がどのようになっていったのかを考えようともしない。私はこの東久邇稔彦の発言を真正面から受けとめてみようと思う。単刀直入に書く。

昭和天皇の父親は誰なのかを追求してみようと思う。

私は最初は明治天皇ではないか、と考えた。理由はいたって簡単であった。昭和天皇はことあるごとに「明治大帝は……」と語る場面が多いが、父親である大正天皇について語る場面が全くといっていいほどないのである。しかし、私は木戸幸一の『日記』を読んでから、自分が考えていた、明治天皇が昭和天皇の父親であるという説を疑うことになった。その木戸幸一の日記は一九三六年（昭和十一年）十二月三十一日（水）の中にあった「月日不明」の長い文章である。

二・二六事件（昭和十一年二月二十六日）のあった年、七月一日の『木戸日記』に、「午後一時、大臣室に大臣、次官、廣幡太夫、岩波、大金両氏及余参集、島津治子氏の行動並に小原龍海の処分につき協議す」とある。また、『木戸日記』九月一日に「十時、渡邊別当来庁、島津事件につき、打合す」とある。九月二十二日の『木戸日記』には、「島津治子は、検事総長（光行次郎）の意見にて警視庁にて精神鑑定をなし、病院に監置することになり、二十五日に実する筈」とある。

では、「月日不明」と書かれた島津治子の調書の中から、二点の気になる霊視を見ることにする。

一、高松宮の生霊――宮様の御生母である大正天皇様の女官の死霊。山内源作、小森雄介等より聞く云々。
一、大正天皇の侍従の死霊――皇后の御相手――八郎氏。関屋次官の談、九条家より質ねらる云々。

高松宮の母は、松下トヨノ（貞明皇后に仕えた女官）であるという説がある。しかし、この点は追求しないことにする。私が問題視するのは、「大正天皇の侍従の死霊——皇后の御相手——八郎氏」である。

この八郎氏が、西園寺公望の養子である西園寺八郎であることは間違いのないことである。原田熊雄記述『西園寺公と政局』（第五巻）に島津治子事件についての記載がある（昭和十一年九月二十四日記述）。

三日に警視総監に會つたところが、「まあ大體今のところ、かれこれデマがありますけれども、無事なやうであります。大演習中陛下のお留守の時の警備が非常に大事だと思ひます」といふ話であつて、なほ入船館の問題とか、或は島津元女官長の問題等をもいろいろと話してゐた。

自分が「元憲兵司令官秦中将と島津元女官長とは相當に関係があるから、秦のやつてをつた天津教とかなんとかいふやうなものが関係がありはしないか」といふ話をしたところが、「その方面も調べてゐる最中である」といふことであつた。

この記述には「注」がついている。

島津治子　大日本聯合婦人會理事長・昭和十一年八月二十六日、不敬邪教事件嫌疑にて検挙。

この島津治子不敬罪の嫌疑での逮捕については、河原敏明が『昭和の皇室をゆるがせた女性たち』という本の中で詳しく書いている。この本の第八章「元皇后女官長が不敬罪で逮捕――島津治子」によると、島津治子は旧薩摩藩主島津久光の子珍彦《うずひこ》の次女で、良子《ながこ》皇后の従姉妹《いとこ》にあたる。本文から引用する。

翌大正十三年一月、裕仁皇太子と良子が結婚したことで、治子は東宮《とうぐう》女官長という栄職についた。つい半年前までは教育者としては知られていたが、名流夫人の一人にすぎなかった。治子が、一躍宮内省の高官に任命されたのである。

しかし、島津治子の夫の島津長丸男爵が急死したため、女官長の地位を失う。やがて彼女は失意のうちに新宗教にのめり込み、ついに霊視を行なうにいたるのである。

この島津治子を書くにあたり、河原敏明は『木戸日記』から引用している。

「卑くも皇太后陛下（貞明皇后）、秩父宮、同妃殿下におかせられては自由思想を抱持せられ、我が国の維新道を〝オミット〟する云々の文書あり」

しかし、高松宮、西園寺八郎について私が引用した記事に触れていない。ここらあたりに、皇室御用達ジャーナリストである河原敏明の限界が見えるのである。

河原敏明は『昭和天皇の妹君』という本も書いている。この本にはサブタイトルがついている。——謎につつまれた悲劇の皇女——。三笠宮が生まれたときに、同時に一人の女児が生まれたという。その皇女の生涯を彼は追求している。ここでは省略する。彼の本から貞明皇后について書かれた部分を引用する。

貞明皇后節子《さだこ》は五摂家の一つ、九條道孝公爵の第四女で明治十七年六月二十五日、東京神田の邸で生まれた。

ご生母は野間幾子といい、元治二年、十六歳のときから九條家に仕えた人である。節子は生後七日目に東京府下高円寺村の農家大河原家に預けられた。いまの杉並区内だが、当時は武蔵野の面影を濃くとどめる鄙《ひな》びた里だった。

雑木林や草むらの中に田畑が広がり、藁《わら》ぶき屋根が点在する牧歌的な情景。中央線もまだ開通していない。

節子は近所の百姓の子と一緒に、土にまみれて戯れる毎日だった。生来の黒い肌が、そのころは黒光りしていたという。

五歳のとき九條家へ戻り、華族女学校の初等科へ入学。十五歳の夏、皇太子嘉仁《よしひと》親王の妃に選ばれ、翌明治三十三年五月、晴れのご婚儀を経て赤坂の東宮御所に入った。十五歳と十一ヵ月、当時としては適齢期であった。

翌年の四月二十九日には裕仁親王（今上天皇）がご誕生。ついで雍仁《やすひと》親王（秩父宮）、宣仁《のぶひと》親王（高松宮）。その後はおめでたの御沙汰がなく、ようやく十一年のちに生まれたのが崇仁《たかひと》親王、即ち三笠宮である。幼名は澄宮《すみのみや》という。

河原敏明は「ご生母は野間幾子」と書いているが、私はちがうと思う。皇后はこの生母に会うこともなく、死後も墓参りもしていない。九条家を去った後は、絶交に近い状態にある。だが、農家大河原家にはたびたび訪れている。私はこの農家の娘ではないかと思っている。

しかし、異論がある。大室寅之祐の田布施に隣接する柳井市に住む歴史家松重楊江《まつしげようこう》が私に語った説である。

貞明皇后の本当の名前は朱貞明《しゅていめい》です。明治維新で職を失った旗本たちの娘の中から、美女を選び城内に入れて「千代田遊廓」なるものを伊藤博文らがつくりました。そこは、天皇や重臣たちの遊び場でした。そこに朱貞明がやってきました。才色兼備ゆえ、天皇や伊藤博文に見染められて、やがて大正天皇の妃になったのです。

私は二〇〇六年の秋、松重楊江氏を柳井市に訪ね、大室寅之祐について話を伺った。二〇〇七年一月に彼が出版した『二人で一人の明治天皇』の中にも「千代田遊廓」が出てくる。貞明皇后の若い頃の写真を見ると、とても当時の日本女性の顔ではないと思うのである。

松重氏は、大室寅之祐南朝子孫説を展開する。この点で、私は松重楊江説と異なる。しかし、彼のお陰で、私たちは明治天皇が大室

生後まもない昭和天皇

寅之祐であるとする説を知りえたのである。多くの史家が、この説の裏付けを取り、確実なる証拠を提供してきたのである。

高松宮と三笠宮の父親が誰であるのか、私は今のところ確信をもって言えない。しかし、秩父宮の父親についても自信をもって言える。彼の父親は間違いなく東久邇宮である、と思っている。その証拠の一つは『西園寺公と政局』の中に発見できる。秩父宮と東久邇宮が、いつも行動を共にしている様子が克明に描かれているからである。秩父宮が過激な連中と交わると、西園寺公望が東久邇宮に注意せよ、と説得する。この逆の場面も描かれている。秩父宮は昭和天皇と会う場面が非常に少ない。兄弟としての親しみを見せつける場面を捜しても困難である。彼らが父親がちがうのはこの面からも見てとれる。

一九二一年（大正十年）十月二十七日、陸士十六期生三人が南ドイツのバーデンバーデンにあつまった。欧州出張旅行中の岡村寧次《やすじ》少佐、スイス公使館付武官の永田鉄山《てつざん》少佐、ロシア大使館付武官の小畑敏四郎《おばたとしろう》少佐。そして翌日、ドイツ駐在中の十七期生の東条英機少佐が加わった。彼ら四人はここで、長州閥の解消、人事の刷新、統帥と国務の明確な分離、国家総動員体制の確立などを話しあい、互いに誓いあった。この四人を背後から操ったのが、誰あろう、東久邇宮その人であった。ここから米・英と戦争することになる「南進策」が生まれてきた。この政策を東久邇宮と進めてきたのが秩父宮であった。

秩父宮は複雑な性格の持ち主である。この東久邇宮と秩父宮が日・独・伊の三国同盟の本当の推進者であったことを知るべきである。太平洋戦争への道は一本道であった。

明治天皇、昭憲《しょうけん》皇太后に仕え、両陛下の崩御《ほうぎょ》後の大正三年に退官した山川三千子は『女官』

（一九六〇年）の中で次のように書いている。両陛下とは、大正天皇と貞明皇后をさす。

この両陛下こそは、悲劇の帝王でございましょう。大正天皇を失われてからの皇后は、まるで「黒衣の人」といわれてもよいような、黒一色の生活をされ、自分自身の手で加えられるそのような鞭はなにがため、とありましたが、その謎はやはりご自分の心だけがとかれるものでしょう。お四かたの息子もあげられたのですから、お睦まじい時もあったのでしょう。

御賢明にわたらせられすぎて、となげいた人もあったとか。亡き天皇をしのばれる時があるなら、ふと浮ぶざんげのお心持がなかったとは申せませんでしょう。

私はこの山下三千子の文章を読んで、彼女は貞明皇后の秘密を知っていると思ったのである。島津治子と同じように女官たちの間で〝秘めごと〟が語り継がれていたのであろう。「ふと浮ぶざんげのお心持」の中に、その〝秘めごと〟が隠れているような気がするのである。彼女は続けて書いている。

天皇があられたればこそ、皇后になられたのですから。

小山いと子の『現代の皇后』の記事中に、昭憲皇太后のお目に止って、良子姫がお呼出しを受けたなどとありましたが、そんな事実はありませんでしょう。〔略〕

貞明皇后は個性の強い方でございました。また秩父宮を特に愛しておいでになったのは事実のようですが、いわゆるお嬢様の母親かたに対する態度がはっきりちがっていたと書かれていますが、それはあの時代の皇室の風習として当然のことなのです。

山川三千子がはっきり書いているように、貞明皇后は「秩父宮を特に愛しておいでになった」のである。昭和天皇と秩父宮の葛藤が二・二六事件を生む。しかし、秩父宮は逆境に弱く、昭和天皇に屈服する結果となる。

貞明皇后は「ざんげ」の歌をたくさん詠んでいる。そのうちの一首を記す。

いかにせむ　ああいかにせむ
くるしさの　やるせだになき
わが思ひ川

河原は貞明皇后について、次のようにも書いている。

貞明皇后は大正天皇崩御のあと、生涯喪服のような黒一色の、ロングドレスを着用しつづけた。また毎朝二、三時間は必ず天皇の霊を祀る「御影の間」にこもり、日々の出来事と、宮廷の消息などを生きる人に対するよう、声をあげてご報告するのが日課であった。

その十畳の和室が、いかに皇太后にとって神聖な場であったかは、女官や職員がその「御影の間」に面した廊下を渡るときは、皇太后の存在に関係なく、「膝行《しっこう》」せねばならなかったことでもわかる。

貞明皇后は晩年に近づくにつれて、過度の恐怖心を持つようになる。学者の中には、太平洋戦争を早期に終わらせようとして、貞明皇后が平和を訴え続けたと書いている人がいる。しかし、彼女は恐怖心から戦争反対を叫んだだけの人であった。後章で詳述する。幼少の頃に明治天皇に、そして後に大正天皇に仕えた坊城俊良の『宮中五十年』には、天皇と弟宮たちの未来を暗示する文章がある。

昭憲皇太后が、沼津の御用邸に御滞在中、御機嫌伺いにあがったことがある。そのときちょうど皇孫殿下お三方お揃いで来ておられ、皇太后や女官たちと遊んでおられたが、その御様子を、目を細めて、うれしそうに眺めていた香川皇太后宮太夫は、私をかえりみてつぎのような感想をもらした。

只今は三殿下とも、何のこだわりもなく無邪気に遊んでおられるが、お年を召してからは、それは大変な御苦労が、今日では想像もできない御苦労があろう……。

この述懐は、今日でも私の胸中に深く刻み込まれている。必ずしも現在の日本を予言したとは思わないが、将来の困難なるべき国の歩みを、香川さんともなれば、明察しかつ憂えていたのであろう……。

この本に書かれている皇孫殿下に三笠宮は入っていない。昭憲皇太后（明治天皇の皇后）も香川皇太后宮太夫も、三人の皇孫殿下の親がそれぞれ異なっていることを知っていたのであろう。大正天皇と貞明皇后が結婚して十一カ月で男子誕生となる。国じゅうが祝賀ムードにつつまれる。この中で大きな悲劇が進行中だったのである。貞明皇后が九条家の第四女ではないと私が思うのは、この皇后の持つ運命的な悲劇性の中にある。

ユダヤを中心とする国際金融財閥は、情報を利用して国家を動かしてきた。ヨーロッパで起こったことが日本で起こったとしても不思議でもなんでもない。彼らユダヤ財閥は多くの右翼や左翼にたえず秘密資金をわたし、日本の秘密情報を入手していたのである。

ユダヤ系の多くの商人、外交官、学者たちが日本にいた。彼らの役割の一つが情報収集であった。なかでもキリスト教の宣教師がこの面でいちばんの活躍者であった。多くの政治家や実業家が情報を売って報酬を得ていた事実は数え切れないほどある。また、ドイツやフランスに多くの軍人たちが留学したが、彼らのほとんどは白人の女を抱かされていたのである。帰国後、彼らは脅され続けて、隠れエージェントになっていくのである。

坊城俊良は「若き日の秩父宮」について書いている。

秩父宮殿下の御青春の頃は、山の宮様、スポーツの宮様として世間にも知られていたごとく、山登りなどお好きでもあれば、お上手でもあった。私も、登山やスキーのお供をしばしば仰せつかったものだ。そうしたことから、つぎのようなお便りを、遠くスイスからいただいた。

昭和天皇は背も低く、猫背である。スポーツは水泳が主で、ゴルフを少々するだけである。貞明皇后と昭和天皇はほとんど会っていない、といっていい。母と子の情愛の場面を私は捜したが発見できなかった。また、大正天皇と皇太子時代の裕仁もほとんど会っていない。実に寒々しい父子の世界の中に生きていたのである。

貞明皇后が秩父宮を溺愛し、彼を天皇にしようと工作したことは事実である。このことゆえに日本の未来が大きく悪い方向に転回していくのである。

戦前、不敬罪なるものがあった。刑法の中に、「皇室ニ対スル罪」があった。第七十四条と第七十六条がそれにあたる。

第七十四条
天皇、皇太后、皇后、皇太子又ハ皇太孫ニ対シ、不敬ノ行為アリタル者ハ、三月以上五年以下ノ懲役ニ処ス
神官又ハ皇陵ニ対シ、不敬ノ行為アリタル者亦同ジ
第七十六条
皇族ニ対シ不敬ノ行為アリタル者ハ二月以上四年以下ノ懲役ニ処ス

戦後、この不敬罪は消えた。しかし、心の中に残存し続けているためか、ほとんどの日本人史家たちは依然として皇室の〝秘めごと〟

青年時代の秩父宮

について書こうとしないのである。

昭和天皇の父親が誰であるかを知ることは日本人にとって重要なことである。このことを知りもしないで、日本の現代史を書いても仕方がないのである。私はこれから、西園寺八郎について書く。それは、私が彼こそが昭和天皇の父親であると信じるからである。私の説が万が一間違っているとすれば、それはそれでいい。新しい昭和天皇説が出ることを期待する。私は捨て石でもかまわない。

では、昭和天皇の父親が西園寺八郎であるという説について詳述することにする。


私は敗戦後のあるとき、たぶん中学生のころ、古本屋である雑誌（たぶん「真相」誌）を買ってきて読んだことがある。その中に、西郷八郎（これは西園寺八郎の偽名であろうか）なる人物が、東宮御所に行き、皇太子の嘆きの傍から貞明妃を連れ出して情交にふける場面が描かれていた。この記憶が今日でも鮮明に残っている。そのとき以来、私は西園寺八郎が昭和天皇の父親ではないかと思っていたのである。その一方で、明治天皇の子供説や、大隈重信説、田中光顕説が登場してきたので、そのつど資料を捜したが確かなものを見つけることができなかった。私は、木戸幸一の『日記』の中に、島津治子元女官長の霊告を見て、「これだ!!」と確信したのである。

昭和十七年出版（第十四版）になる帝国秘密探偵社の『昭和人名辞典』（第一巻・東京篇、谷元三著作・兼発行人）の中に、西園寺八郎の記述がある。記述の前半は西園寺公望について書かれている。この部分は省略する（一部口語体とした）。

西園寺八郎　正三勲一　公爵　貴族院議員　宮内省御用掛
従一位宣下特に国葬〔引用者注：西園寺公望公爵は昭和十五年十一月に死んだ。国葬となった〕の禮を賜ふ君は公爵毛利元昭弟、明治十四年四月四日二十二日生れ、同三十一年先代大勲位西園寺公望の養嗣子となる。総理大臣秘書官〔引用者注：桂太郎内閣秘書官〕、式部次長、東宮職御用掛、主馬頭、侍従職御用掛等歴任、昭和八年四月現職就任。同元年十二月、大喪使事務官、同二年大禮使参与官、同十五年十二月襲爵被仰付會て帝室制度審議会御用掛たり。宗教・浄土宗。趣味・馬術、旅行、釣、「家庭」、長男公一（明三九年）牛津《オックスフォード》大学卒、雑誌「グラフィック」発行、創美社代表。長女愛子（明四四年）……〔以下略、後述する〕

西園寺八郎の長男の公一《きんかず》に注目したい。この出版がなされていた頃、公一はゾルゲ事件で調査を受けていた。この件は後述するが、もし、西園寺八郎が昭和天皇の実父だとすれば（私は確信しているが）、ゾルゲ事件で政府の秘密書類を盗み出し、尾崎秀実《ほつみ》に渡していた公一と昭和天皇の父親は同じ、すなわち、秩父宮、高松宮、三笠宮よりは皇統に近い兄弟となる。

西園寺公一の回顧録『過ぎ去りし、昭和』を見ることにする。

僕自身は縁が薄いけど、父親《オヤジ》とじいさんは、皇室との縁は深いな。
父親の西園寺八郎という人は学習院で大正天皇と同級だし、宮内省に勤めていて、昭和天皇がヨーロッパに旅行した時は、随行している。考えかたも僕と違って天皇中心主義で、関東大震災や二・二六事件の時も、皇居へ行ったきり、自宅になんか帰ってこない。家族のことより天皇、皇室のことを先に考える人だった。

西園寺八郎は毛利元徳（公爵）の八男。明治十四年生まれ。侍従、式部次長など歴任。昭和二十一年死去。

西園寺八郎は毛利藩の支藩の一つ、徳山藩の毛利元徳《もとのり》の八男として生まれる。萩の毛利藩（本藩）の毛利敬親《たかちか》の養子になる。明治十七年（一八八四年）、「華族令」が出た後に、毛利八郎は毛利敬親のもとを離れ、西園寺公望の養子となった。西園寺公望の娘、新と結婚した。西園寺八郎は伊藤博文の暗躍の中からつくられた可能性大である。明治天皇も伊藤博文も大正天皇に子種がないのを知っていた。大正天皇と同年輩の毛利八郎に的を絞ったのであろう。大正天皇の同級生として貞明皇后に近づけたのである。貞明皇后もすべてを承知の上で皇后になったのであろう。

従って、西園寺公一が語るがごとく、昭和天皇の幼少の頃から、西園寺八郎は東宮御用掛として傍に居続けるのである。

原敬の『原敬日記』（第二巻）に次のような記述がある。明治四十三年（一九一〇年）一月二十日。

……桂〔当時首相〕其秘書官西園寺八郎を使して西園寺（公望）より其の趣旨を聞きたり、

其は已むを得ざる次第なりと云ふに付……

原敬は内務大臣のとき、大正二年八月から十月にかけて、部下を使い、「待合《まちあい》探偵報告」を作成している。大正二年九月三十一日、西園寺八郎（秘書官）が、高橋義夫（元三井）、福澤桃介（代議士）、室田義文（貴族院議員）らと待合「千代松」で会っている。十月二十一日には待合「秋香外」で、彼は十人の仲間「東京倶楽部」と会席している。大正三年四月、東宮御所に御学問所ができる。西園寺八郎は桂太郎の秘書官から東宮御所での御用掛となった。

次に、西園寺八郎が東宮（裕仁）御用掛として、東宮外遊に同伴することについて触れる。当時の侍従武官長・奈良武次は『侍従武官長奈良武次「日記・回顧録」』を残している。二〇〇〇年出版の柏書房版を見ることにする。

大正九年（一九二〇年）七月三十一日　土　晴

午后四時西園寺八郎（式部官、西園寺公望の養嗣子）氏来訪、殿下御教育の方針並に御外遊の件等に付き話あり

九月十七日　金　晴

此日午后西園寺（八郎）式部官参殿、来二十日皇太子殿下瑞西（スイス）公使引見、信任状代受の打合せをなす。

午后五時頃西園寺式部官と共に自動車にて帰宅、殿下御洋行問題の話し並に殿下御日常の動作に関する意見を聴く。

十二月十三日　月　晴、寒

此夕午后五時西園寺八郎氏の招待に応じ松平慶民、二荒芳徳（宮内省大臣官房調査課書記官兼参事官）二氏と共に会食す、此際東宮御洋行問題に付て種々話しあり。

大正十年（一九二一年）二月七日　月　晴

午前八時出宅。西園寺（八郎、式部官）を往訪し殿下御渡欧に関し打合す所あり、夫より御殿に出仕す。

二月二十六《ママ》日　土　晴

此朝西園寺八郎氏暴漢の為に襲はる、其結果として巡査二、憲兵一自宅に来り警護す。

この場面を児島襄の『平和の失速』の中から引用する。

二月二十七《ママ》日——

皇太子洋行の随員である西園寺元老養嗣子八郎が、襲撃された。

午前七時ごろ、東京市麻布区飯倉片町七番地の西園寺八郎邸に六人の「怪漢」が乱入し、電話線をひきちぎり、門のかんぬき、棍棒をふるって各部屋を破壊してまわった。

寝間着姿で朝食中の西園寺八郎が飛び出し、日本刀をふるって応戦すると、六人は、皇太子の御渡欧を延期させよ、と叫んで、かんぬきでなぐりつけ、顔面および右肩に「全治一週間乃至《ないし》十日間」の傷をおわせた。

「仮令《たとい》殺されても延期は願はれない」

西園寺八郎は顔面をおおう鼻血にむせびながら叫び、隣家の相良頼紹子爵邸に逃げこんだ。

六人は、警官がかけつけると、おとなしく「兇器」をすてて逮捕され、政治結社「抹殺社」同人であると名のった。

私はながながと東宮御渡欧について書いてきた理由を書かねばならない。この事件が「東京朝日新聞」に報道された。どうやら、児島襄がおおげさに書いているほどの事件ではなかったのである。この新聞の記事の中に出ている談話を児島襄は引用している。私は次の談話を読んだときに「ハッ」としたのである。それは、時の首相犬養毅の一言であった。

これは親父と息子と方角を違《たが》へたのかな、フウム。

息子の方へ行くところを、間違えて親父のところへ行ったとは、の意味にとれる。息子は東宮であろう。東宮のところへ行かず、親父の西園寺八郎へ行ったとは……フム、の意であろう。政治のトップクラスは、西園寺八郎が東宮の実の親であることを百も承知していたのではないのか。代議士三木武吉の談話もなかなか面白い。

「西園寺八郎志士に襲はるさ。暴漢ぢゃないよ。活動写真のチャンチャンバラバラの一幕だ」

頭山満をはじめとする勢力が、東宮の渡欧を阻止しようと躍起になっていたのである。

さて、ヨーロッパに向かう船の生活場面の一コマを、波多野勝の『裕仁皇太子ヨーロッパ外遊記』から引用する。

柔道も同じだった。それまで皇太子を投げ飛ばす者などいなかった。相手をすることになった西園寺は遠慮なくドシン、ドシンと投げた。さすがに皇太子は「もう西園寺御免だよ！」と悲鳴をあげたらしい。〔略〕それは宮中生活から見れば、信じがたいような艦内御学問所教育であった。

私は東宮の「西園寺御免だよ！」の言葉の中に、「とうちゃん、かんべんしてよ！」の言葉を連想するのである。では、父親とされている大正天皇と東宮の関係はどうであったのかを見ることにしよう。

侍従武官長奈良武次は、死の直前の大正天皇に幾度も（毎日のように）会っている。彼の日記を再び見ることにする。

大正十四年（一九二五年）六月四日
午前十時二十分聖上〔大正天皇〕出御、拝謁、御変りなく御元気なき様拝す。
――西園寺（八郎、式部次長、東宮職御用掛）、阪口（鎮雄、皇宮警視、東宮職御用掛）と協議し午后五時半に到る。

西園寺八郎は式部次長となり、東宮職御用掛となっている。十一月に入ると大正天皇は歯痛を訴え続けている。頭痛ではない。脳はやられていないのである。

十一月二十日
聖上御歯痛尚繃帯《ほうたい》遊ばされ居る由にて出御なし

同じような大正天皇が描かれている。
翌大正十五年三月五日の日記を見る。

聖上、別に御変りはあらせられず、三人の御扶助にて室内御歩行御練習の由。

八月十日に大正天皇は葉山へ行幸する。私は奈良武次の日記を読んでいて、不思議に思えてならなかった。彼は天皇に連日のように会い、会話をする。しかし、重病になっても、皇太子も高松宮も三笠宮も、大正天皇を見舞っていないのである（秩父宮はイギリス留学中）。皇太子は葉山に行く前の天皇に会っている。それも一時間ほどだ。奈良武次はその時間も克明に記している。葉山へ車で宮城を出るときもこの三人の皇太子たちは見送りもしない。葉山には二回ほど東宮が訪れる。このときも一時間ほどしか大正

外遊中の昭和天皇と西園寺八郎（左）

天皇に会っていない。

私は彼の日記を読みつつ思った。この四人の子供は大正天皇と全く関係がないと。そして思った。たとえ血がつながっていなくても父子の情が少しぐらいあってもいいではないかと。また、こうも思った。大正天皇は、脳病で死んだのではなく、何か妙な薬を飲まされ続けて、喋れなくなったからではないか、と。死ぬまで脳はさえていたと思っている。奈良武次の『日記』がその証となろう。

一九二八年（昭和三年）十一月十日、京都皇宮紫宸殿《ししんでん》上において、昭和天皇の即位式が行なわれた。

木下道夫の『宮中見聞録』から引用する。


即位の大礼は、国を挙げての国家的慶祝行事ではあるけれども、当時、内閣と宮内省とは系統を別にしていたため、新たに内閣に大礼使という組織が編成され、近衛文麿公を長官とし、鳩山一郎内閣書記官長と関屋貞三郎宮内次官とを副とし、その下に政府と宮内省との面々が大勢参加したのである。然し、大礼の中心そのものは、儀式であるから、事実は、宮内省式部職の人々の働きにまつところが多かった。殊に、西園寺八郎式部次長は、大正天皇の御即位式に働いた経験者でもあり、且つ、性来、記憶力と統率力とに非常に優れた人物であったため、殆んど同氏を主軸として、長期に亘る繁雑な大礼行事が一糸乱れず、円滑に廻転していったのである。これは、決して過言ではない。

木下道夫は当時、侍従兼皇后宮事務官であった。
当時侍従次長であった河井弥八は『侍従次長河井弥八日記――昭和初期の天皇と宮中』を残している。一九二八年十二月二十八日の日記から引用する。

大礼関係者に対する行賞あり。一木宮相は桐花章を、次官は旭日章を、西園寺氏は一等瑞宝章を賜はる。宮田総監、黒田（英雄・大蔵）次官亦然り。近衛公、鳩山翰長及予は旭日重光章を奉授せらる。九時三十分親授式、十時三十分奉授式あり。侍従及女官は原則として全部叙勲せられたり。武官長、武官は賜杯、侍医頭、侍医の一部は賜杯、一部は叙勲なり。

この文章を見ても、一木宮相と関屋次官の次に西園寺八郎が大いなる叙勲の栄誉を賜わっていることが分かるのである。
この大礼について少しだけ書きたいと思う。
宇垣一成の『日記』を見ることにする。

一九二八年十月三十日
此等儀式の為に国費公費を通じて一億近きものを消費することは不景気にして衣食に窮するもの多き現状に昭して如何乎。
一九二八年十一月十八日

大礼間に於ける警察の取締りは頗《すこぶ》る厳重なりし。常識はずれに厳に過ぐる所もありしが如く非難の声や頗る高し。

この大礼は〝見せる〟ことを主体とした。それは、皇室に対する国民の赤誠を披瀝しうる機会を確保することにあった。簡単に表現すれば、「みじめなもの」であってはならなかった。そのためにはどうすればよいのか。〝見せる警備体制〟が要求されたのだ。

萩野富士夫は『昭和天皇と治安体制』の中で次のように書いている。

警備全般について治安維持と静謐保持を大義名分として全民衆を幾重にもさまざまな角度から掌握し、監視下においていった。そこでは民衆は常に警戒される対象としてあり、特に在日朝鮮人・被差別部落の人々・精神病者などは、ただそうであるがゆえに否応もなく一段と厳しい監視の下におかれたのである。

この大礼のときから、視察、尾行、予防検査、そして拷問にいたる手段がとられていくのである。この実施のために特高警察が力をつけていくのである。共産主義の恐怖が煽られ、異端思想の持ち主であるという理由で、拷問が公然となされていくのである。田布施村から出た明治天皇とその一族たちは、神聖天皇のイデオロギーを、この大礼をもって主張しだすのである。その主役が誰あろう、西園寺八郎その人であった、というわけである。

この一九二八年は西園寺八郎の力が最高に発揮された年であった。

次に、『岡部長章日記――昭和初期華族官僚の記録』から引用する。

昭和四年一月二十三日

新聞に西園寺八郎氏式部長官を受諾せぬ旨の記事あったから、関屋次官に電話をかけ確かめた処、大臣より交渉中とのこと。尚ほ大臣は九時半遇《あ》ひたいといって居られるとの話ゆへ、同刻五番町官邸に一木宮相を訪ふ。直ちに面会。受諾の挨拶をなし二、三注意を受け、又西園寺氏が自己の恐《ママ》り易き性格に鑑み、且松井大使等が適任なるべく自分の性格を矯《た》むる為に地位を道具に使ふは面白からざるべし等、昨日は受諾されざりしが、是非受けてもらふつもりなりとの話。〔以下略〕

一月二十五日

九時半、関屋次官を永田町官舎に訪ふ。足痛の為臥床の所で引見さる。西園寺氏長官の諾否を尋ねたるに、同氏は相当強固なる辞退の意を懐《いだ》き居り、長官としては外交官と口がきけぬ様にては職務勤まらずとの考へにて、昨日宮相より重ねて勧誘したる筈なるが、結果如何を聞かず。〔以下略〕

『侍従次長河井弥八日記』から引用する。

一九二七年（昭和二年）二月十二日

東京倶楽部に至り原田熊雄男を訪ふ。山本信次郎（宮内省御用掛）、三矢、宮松両氏在り。山本、原田両氏は、侍従長に西園寺氏を推薦したき旨を以てす。

西園寺八郎が式部長官や侍従長になる可能性があったことは、これらの「日記」の記述からみても明らかである。しかし、彼は御用掛、主馬頭（主馬寮長官）として終始するのである。しかし、その実力は群をぬいていたのである。関東大震災後のある日の出来事を侍従武官長の奈良武次は『奈良武次回顧録草案』の中に記している。

西園寺八郎の意見頗る多く、同氏の直情径行も度を超へ横暴を極め、宮内省内匠頭小原全吉と共に本省の内にも東宮職の内にも批難段々多くなれり。〔略〕西園寺が殿下の御乗馬熟達に付き清岡御用掛と共に努力したる其功労は認むるも其無遠慮なる横暴は各方面より指弾され居るは事実にして当然なり、予は之を強く呑み込み歯牙に懸けず、予の信ずる所に邁進せり、小原内匠頭は間もなく免職せられたり。

この直情径行の度を超えた西園寺八郎が退職させられない、ということは、彼が昭和天皇の父親であることに起因するのではないのか。

しかし、西園寺八郎と木戸の仲は悪化の一途をたどったようである。『木戸幸一日記』の昭和八年三月から五月に次のような記述がある。

三月十日

三信ビル内東洋軒に於て、議長招待会あり、出席す。帰途、近衛公と同行、公邸を訪ふ。西園寺八郎君の進退問題につき、余の屡次廣幡侯と話合ひたる要領を話し、意見を交換す。十時過帰宅す。

三月二十九日

午前十時、鎌倉に内大臣を訪問、宮内大臣よりの依頼にて西園寺氏辞任の場合には、宮内省御用掛として依然宮内省との関係を絶ざることに致したいとのことにて、其の諒解を求む。承諾を得。

五月三十一日

午後六時より内大臣邸に於て、奈良武官長（前武官長）の辞任につき送別の晩餐会を催さる。陪席す。斉藤総理、荒木陸相、一木前宮相、湯浅宮相、奈良前武官長、本庄祭武官長、鈴木侍従長、大谷次官、西園寺八郎氏、岡部子爵、河井「弥八」審査局長官等であった。総理陸相等の来訪で新聞方面が異常に緊張して騒いだのは、寧ろ滑稽だった。

奈良武次侍従武官長と西園寺八郎が同時に宮内省を去ったのである。しかし、西園寺八郎は宮内省御用掛の職には残った。しばらく、西園寺公望の静岡・興津《おきつ》の別荘で暮らす。この特別の処置を見ても、西園寺八郎と昭和天皇の関係が特殊なものであることがわかるのである。『西園寺公と政局』（第二巻）の昭和七年十一月三日の記述を見ることにする。

一木宮内大臣が、「公爵も小山については反対ぢゃあないだろうか」といふことであったから、自分は「貴下の御推薦ならば、公爵は無論反対はなさるまい」と答へておいたことを申上げ、次に宮内大臣は次官は省内から採る方針らしいとお話したところ（以下は西園寺公望公のお話し・筆者注）

「それは省内の連中があれこれと騒ぐからで、殊に八郎なんかは、全く事情が判りもしないくせに余計な口出しをするからだろう。自分に言はせれば、大臣、次官を外から持ってくることによって、始めて宮内省が、いわゆる時代に即した宮内省としての存在の意義をもつので……」

西園寺八郎が宮内大臣の人事に介入している様をみて、西園寺公が「八郎なんかは……」と原田熊雄（西園寺公の秘書）に語っているのである。宮中で、内大臣の次に重要視される宮内大臣の去就に介入できる実力者であることは、西園寺八郎の特殊な地位を垣間見せるのである。いくら西園寺八郎が西園寺の養子であったとしても、この特殊な地位を得られるものではなかろう。こうした中で、西園寺八郎は一時的にしろ、宮内省を去り、西園寺公の住む興津で無為の日々を過ごすことになる。

このときの様子は『西園寺公と政局』の中に書かれているが、省略したい。

西園寺八郎の長男の公一《きんかず》の回顧録を一度紹介した。その中で公一が「関東大震災や、二・二六事件の時も、皇居へ行ったきりで、自宅になんか帰ってこない。家族のことより天皇、皇室のことを先に考える人だった」と書いているのを見た。西園寺八郎はまた、宮中の御用掛に戻っていたのである。昭和八年〜昭和十年頃の二年間は謹慎していたものと思われる。

『木戸幸一日記』の昭和十五年十一月二十四日を見ることにする。

十一月二十四日（日）　曇

二時、三浦（謹之助）博士来訪、西園寺公御容態の説明を聴く。

十時五分、興津原田男より電話あり。

午後九時五十四分、西園寺公遂に薨去の旨報じ来る、嗚呼。国家の前途を思ひ真に感慨無量なり。

西園寺八郎は西園寺公望の死去とともに、西園寺公爵となった。すなわち、貴族の最高位となった。私は西園寺八郎の人生を追ってきた。それは、彼が昭和天皇の父親であると思えばこそ、である。

私の考えは一つの仮説にすぎないかもしれない。将来の研究に待つしかないのかもしれない。それは、それでよしとしよう。しかし、この仮説に立てば、貞明皇后の極端なほどの長州嫌いも、薩州系の良子を東宮の嫁にしようとした、宮中某重大事件も説明しうるのである。後述するが、ヨハンセン・グループとの深い交わりも納得しうるのである。また、秩父宮を溺愛し、彼を皇位につけようと暗躍したことも理解できるのである。

次に、『西園寺公と政局』（第六巻）、昭和十三年四月十七日口述を見ることにする。最後の元老・西園寺公望が皇室への憂慮を述べる場面である。

「まあ、自分なんかがいなくなってから後のことだろうけれども、木戸や近衛にも注意しておいて貰いたいが、よほど皇室のことは大事である。まさか陛下の御兄弟にかれこれいふことはあるまいけれども、しかし取巻きの如何によっては、日本の歴史にときどき繰返されたように、弟が兄を殺して帝位につくといふような場面が相當に数多く見えてゐる。かくの如き不吉なことは無論ないと思ふけれども、また今の秩父宮とか高松宮とかいふ方々にかれこれいふことはないけれども、或は皇室の中に変な者に擔がれて何をしでかすか判らないやうな分子が出てくる情勢にも、平素から相当に注意して見てゐてもらはないと、事すこぶる重大だから、皇室のためにまた日本のためにこの点はくれぐれも考へておいてもらはなければならない」

ということを公爵は真剣に心配してをられた。自分も「木戸や近衛にも折をみてよく話しませう」と申し上げておいた。

立命館大学西園寺公望伝編纂委員会の『西園寺公望伝』（第四巻）に、嗣子八郎に書き残した遺言が記されている。

一、デスマスク並に死顔の写真は絶体《ママ》写すべからず。
二、我が伝記編纂すべからず、する者あらば一切断る事。並に銅像彫刻も同じ。
三、私書並に報告類等総べて焼却し終れり。
四、一切の書物並に印・硯・骨董の類は公一と相談の事。但し急に処分すべからず。よくよく取調の上処分すべし。

西園寺公望は毎晩、毛筆で日記をつけていた。それを亡くなる前に全部焼き捨てた。もし、この「日記」が残っていたならば、と惜しまれてならない。

高松宮の『高松宮日記』から引用する。

昭和二十一年七月三日（水） 雨

西園寺八郎[1]逝去ニツキお菓子料、榊料供ヘル。

珍シク何ニモナククラス。

夜、日赤社長、副社長、理事ト会食（社長、中川辞メルノデ、島津近ク国際会議ニユクノデ）

（注）1・宮内省御用掛

最後の元老西園寺公望の深い憂慮は的中した。天皇と三人の直宮の葛藤劇の中から、日本は太平洋戦争の深みにはまっていくのである。秩父宮と東久邇宮は絶えず行動を共にする。私は秩父宮の父親が東久邇宮であろうと思っている。東久邇宮は明治二十年（一八八七年）生まれとなっているが、もう少しはやく生まれていた、と私は思っている。彼の一族は複雑である。この点は紙幅の関係上追求しなかった。『西園寺公と

西園寺公望

政局』（全八巻）を通読していただければ、私の説を納得していただけると思う。

秩父宮はヒトラーを崇拝し、彼のもとへと行っている。親ドイツ政策を東久邇宮と推進するのである。この二人の宮の周辺には、西園寺公が憂慮したような「変な者」がいつもうろついていた。天皇と三人の直宮《じきのみや》の仲は複雑である。この複雑さを解明しようとしないために、日本現代史は、日本の深層に迫りえないのである。それゆえに、今日の平成の時代においても、国際金融資本家たち、いわゆる闇の世界の支配者たちに日本は脅迫され続けているのである。真実はさらけ出し、新しい日本の出発点とすべき時代を迎えねばならない。私はその一念から、西園寺八郎の生涯を追求してみたのである。

「帝国秘密探偵社」の資料を一度紹介した。しかし、西園寺八郎の「家庭」について書かれた部分は省略した。ここに記すことにする。

「家庭」

長男公一（明治三九年）牛津《オックスフォード》大学卒、雑誌「グラフィック」発行、創美社代表。長女愛子（明治四四年）聖心女子学院卒。三男不二男（明治四三年）、東大法科卒、日銀勤。二女春子（大二年）、聖心女子学院卒は男爵住友吉左衛門に、三女美代子（大四年）聖心女学院は阿部一蔵に各嫁し、二男・二郎（明四〇年）は経済学士、同妻芳子（大六年）は分家す。

西園寺公一については少しだけ書いた。ゾルゲ事件で起訴されかかるが、罪をのがれる。それは、西園寺八郎の影響力によるものであろう。娘たち全員がカトリックの学院を卒業していることも気になる。皇室にキリスト教が深く浸透していたゆえであろう。

私は二女春子が住友吉左衛門に嫁していることを知って、「ハッ」としたのである。

シーグレーヴ夫妻の『ヤマト・ダイナスティ』の中に次のような一節がある。

裕仁は一九四四年に材木の蓄えで大もうけしたはずだが、御料林の価値も御料地の値上がり分を含んでいなかった。天皇家は日本一の大地主で、ほとんどは徳川幕府が崩壊したときに天皇家に直接もたらされた〔明治維新後に獲得したものがほとんどである：引用者注〕。まさしく当時の日本の大地主であったのだ。もちろん、ヒロヒトの自己申告の中には、本土や海外の隠匿された財宝は含まれていない。SCAPの審査官が、この検査をパスさせたのであるが、彼は不機嫌そうに記したのだ。「正確さという面では、この部門では問題外とされた」

占領が終わり、日本人の専門家が天皇家の財宝を再計算した。その中には皇居や御用邸の不動産、工芸美術品などは計算外としたが、それでも六百六十億円を超えていた。

私はこのシーグレーヴの本を読み、納得した。それは天皇と男爵住友吉左衛門が特殊な関係にあったがゆえであると思ったのである。天皇家の御料地のほとんどが住友財閥の力で移動し、売却されたのである。一九四四年、住友林業の所有地が莫大に増加するのである。

「裕仁は一九四四年に材木の蓄えで大もうけしたはずだが、御料林の価値も御料地の値上がり分も含んでいなかった」とシーグレーヴが書いているのは事実である。紙幅の都合上、これ以上は書かないが、私は明治から戦前までの御料地獲得に執念を燃やす田布施一族の歴史を追求してきた。そして、この帝国秘密探偵社の資料とシーグレーヴの本を読みあわせ、納得した。西園寺八郎の「家庭」について書かれた「帝国秘密探偵社」の資料には、もう一つ、気になることが書かれている。「三男不二男（明四三年）東大法科卒日銀勤」である。

後述するが、日本銀行と横浜正金銀行を使って、天皇裕仁は国際金融同盟の一員として活躍するのである。天皇裕仁と西園寺不二男は深く結びついている。

『木戸幸一日記』から再度引用する。

昭和十七年四月三日（金）　晴

午後二時、帝国ホテルに至り西園寺不二男と鮎川《あゆかわ》春子嬢の結婚を媒酌し、午後五時よりの披露宴にて挨拶をなし、新夫婦を新宅に送りて、九時過、帰宅す。

太平洋戦争に突入して五カ月後、鮎川一族と天皇一族は姻戚関係を結ぶのである。鮎川義介《よしすけ》については後述する。日産コンツェルンの総師と天皇一族が血族となった可能性あり、と記して、この項を終わることにしよう。

# 天皇ヒロヒトは南進策をとった

柳田国男は一九〇五年（明治三十八年）に『幽冥談』というエッセイを書いている。彼はこの中で、「いまの憲法は宗教の自由を認めている。けれども、国益に有害な宗教を認めない。その有害な宗教とはなにか。つまり幽冥教である。人間が死んだらあとでも魂は残るというふうに信じて生きた人は実際にいたし、かつての民衆が信じてきたということがあるとすれば、それは否定できない……」と書いている。

私は、この柳田国男の創作したらしい〝幽冥教〟という、国益に添わない宗教を、読者一人ひとりが独自に創作して持つことをすすめる。簡単な表現をするならば、「与えられたものは一切疑ってかかれ」ということである。〝幽冥の境〟の中に入り、天皇教が創作した神話を捨て去れ、ということを私は読者に言いたいのである。

その天皇教が創作した神話の一つが、日本共産党である。日本共産党は反天皇ではないのか、と考えている読者がおられれば、〝幽冥教〟を信じ、天皇及び国家体制（平成の世における）に疑いの眼を向けよ、と説得する。教祖を持つ宗教はすべて毒であるとの認識を持つことである。天皇教、キリスト教、仏教、回教、マルクス教、創価学会、統一教会……これらすべてを幽冥教に変えて自由を得られよ、と私は言いたいのである。幽冥教の中に入り、信じるものが生まれれば、キリスト教の信者にも、統一教会の信者にも、勝手になればいい。

大室寅之祐の田布施の小さな特殊被差別部落から、多くの政治家や実業家たちが輩出した。その中で忘れてならないのが、マルクス主義者たちも、この部落とその周辺から出てきたということである。その中の傑出した人物が河上肇《かわかみはじめ》であり、宮本顕治であった。そして彼ら二人は天皇教護持のために、その生涯を捧げるのである。

どうして天皇と共産党が結びつくのか。これはいたって簡単な答えで読者を納得させよう。田布施村を出て、一代の成り上がり者の「てんのうはん」となった明治天皇と伊藤博文らは、優雅なる生活をたのしんだ。大室寅之祐は馬に乗ったり、相撲をとったりし、それに飽くと、江戸城に造った千代田遊廓で女たちを抱きまくった。

生活が一変した。彼らは自分たちの秘密を隠す方法を数多く、しかも巧みに採用した。大名や貴族たちを優遇するために華族令をつくり、公・侯・伯・子・男などの新しい貴族たちを大量につくった。

その反面、不満分子を抑えねばならなかった。治安維持体制を強化した。明治、大正、昭和へと時代が変化すると、彼らは赤化革命を恐れるようになった。日露戦争の勝利の後にロシアに革命が起こった。天皇制を維持するには、赤化革命を防止するしかない。天皇制は赤化革命を逆手にとり、これを採用することにした。日本はマルクス主義を極端に取り入れた天皇教国家社会主義の国家となったのだ。日本ほど、マルクス主義を巧妙に取り入れた国家はなかったのである。

あの田布施から河上肇が出て、京大でマルクス主義の教授となり、木戸幸一(後の内大臣)、近衛文麿(後の首相)、原田熊雄(西園寺公望の秘書、国際金融財閥のエージェント)らにマルクス主義を教えたのである。

この連中が天皇教国家社会主義を学び、これをもって日本を破滅へと導いたのである。河上肇と宮本顕治が田布施村から出たが、同じ山口県の萩から野坂参三《さんぞう》が出てくる。彼については、私は前著『天皇のロザリオ』の中で詳述した。ここではすべて省略したい。ただ、彼が、天皇の銀行・横浜正金銀行から金をもらい続け、モスクワ・アメリカ・中国へとわたり諜報活動した多重スパイであった、と書いておく。ソヴィエトのスパイ、アメリカのスパイであった野坂参三は、何よりも天皇教のスパイであった。

私は、日本が南進政策をどうしてとるようになったのかを、すなわち、どうしてアメリカと戦争をするようになったのかを書く。そのために野坂参三も書かなければならない。「日本共産党は唯一、太平洋戦争に反対し続けた政党である」とは、日本共産党が主張し続けている〝定説〟である。本当にそうであろうか。この〝定説〟に挑戦する。

太平洋問題調査会(IPR)が一九二六年にできた。ロックフェラー一味がつくり上げた機関であった。公設機関ではない。太平洋の平和を維持するためという甘い文句にのって、新渡戸稲造、松岡洋右、鶴見祐輔たちがいとも簡単に、何ら疑うことなく参加した。日本側の幹事長はキリスト教会の斉藤惣一《そういち》であった。

渡部悌治《わたなべていじ》の『ユダヤは日本に何をしたか』から引用する。

第三回会議は昭和四（一九二九）年十月、京都で開催され、アーノルド・トインビーやジョン・ロックフェラー三世らが出席した。米国代表はゾルゲ事件のバックとなった男でソ連スパイであったオーエン・ラティモアであった。

親英・親米と見せながら、実はコミンテルンに身をおいていた西園寺公一らもこれに参画し、また米・英と特にソ連との対日・対中謀略ルートもこれを主流とし、後に日本の国政の主軸を狙ったゾルゲもまたこのルートを辿っていたのである。すなわち西園寺公望、牧野伸顕らを表面に立てた術策にも、実はこのルートを通じた原田熊雄及び西園寺公一らの工作が絡んでいたのである。

天皇の元老西園寺公望は、私は、国際金融家たちに弱点を握られて、彼らのエージェントになったとみている。牧野伸顕は宮内大臣となり大正天皇を早死させたが、彼もエージェントであるとみている。この二人は、吉田茂や樺山資輔らを使い、アメリカに極秘情報を流し続けた〝ヨハンセン・グループ〟の首魁である。西園寺公一や原田熊雄は単なる配下の一員である。

一九三三年、野坂参三は日本の公安の助けを受け、変名（「ロイ」）となり、ゾルゲに日本を売るための工作をすべくアメリカに渡る。野坂参三は画家の宮城与徳《よとく》をゾルゲのもとに送りこむ工作に入る。ゾルゲ機関とは、日本の公安と野坂参三一味が天皇教護持のために組織したものである。

渡部悌治の『ユダヤは日本に何をしたか』を続けて読むことにする。

ゾルゲがドイツ共産党を脱して、ロシア共産党に入党したのは一九二五年の一月である。その前年には孫文とヨッフェとの協約があり、ソ連とコミンテルンとが国民党と協力することを宣言、北伐の封建制度と不平等条約による侵略から中国を解放するということで、国民党員と共産党員との協力が打ち出されたのである。

翌一九二六年にはゾルゲは党の情報局次長となった。一九二九年にはコミンテルンを脱して党の中央委員会の機密部員となり、赤軍第四本部のベルディンに命ぜられて、対中国工作に出ている。尾崎秀実がスメドレーを介してゾルゲに会ったのが、翌一九三〇年上海においてである。なおこの三月には、東西経済調査局が満鉄から独立し、その前年には当時上海の駐在武官であった重藤千秋を大川周明が訪ねている。

私は西園寺公一と尾崎秀実から、ゾルゲが日本の重要機密文書を得て、これをスターリンに送り、スターリンは日本の南進政策を知った、という説を認めるわけにはいかない。どうしてか。日本の公安の犬、野坂参三がゾルゲのために働いているとみられるからである。

ここで、日本の史家の定説を覆す新説（？）を紹介したい。ポール・マニングの『米従軍記者の見た昭和天皇』から引用する。

リヒャルト・ゾルゲ

諜報活動は日中戦争から真珠湾攻撃までの期間、昭和天皇が軍事機構を首尾よく動かす上で重要な役割を果たした。日本軍がシベリア国境沿いの満州に進駐すると、ソ連のヨセフ・スターリンは警戒心を強めた。彼は日本が「北進論」を選択し、ソ連に侵略する前兆かもしれないと思ったのである。というのは、日本の多くの政治家や軍人たちが天皇に対ソ戦をしきりに促していたからだった。昭和天皇は木戸内大臣を使い、赤軍諜報部の日本の出先機関と接触させ、自らの真意を知らせることでスターリンの不信感を払拭させた。

天皇の内意を受けた木戸は西園寺公一に会った。西園寺は木戸の話を注意深く聞き、木戸と尾崎秀実との会合を手配したのである。尾崎はリヒャルト・ゾルゲ（日本在住の第一級スパイ）に極秘情報を提供していた朝日新聞の記者だった。天皇からの情報は赤軍諜報部経由でソ連の独裁者であるスターリンのもとに届けられた。彼が天皇を信用したことで、日本は難しい時期に対ソ戦を回避することができたのである。天皇の意思は日本が大きな戦争のための準備ができたとき、「北進論」ではなく、「南進論」を採用するということだった。昭和天皇はソ連との危険な衝突を避けることができるだけの実利的な考えの持ち主だったのである。

残念なり、と言うべきか、日本の史家は、天皇が諜報活動の陰の主役を演じたということを知ろうとしない。あの八月十四日～十五日の事件の陰の主役が天皇であったことを思えば、マニングのこの論理は素直に受け入れられよう。

私はたくさんのゾルゲ事件の本を読んできたが、ほとんど例外なく、西園寺公一と尾崎秀実が極秘裡に国家の情報を盗み出しゾルゲに渡したとの〝ストーリー〟で出来上がっている。日本の憲兵たちは一市民のトイレの落書きまで手帳に記して上司に報告していたのである。ゾルゲが多くの女たちと情事にふけり、バイクを乗りまわし、公然と尾崎秀実や他のニュース提供者と会っていたことは全部、木戸幸一内大臣に報告されていた。天皇と木戸は大いに喜び、西園寺公一に情報を提供しまくっていたのである。

どうして「南進論」なのか？　私はそれが、日本の進路となるように仕組まれたと書いてきた。日本の運命だった。敗北するように、日本は明治維新のときから仕組まれていた、と書いてきた。エドワード八世がシンプソン夫人と結婚しようとしただけで王位を捨てなければならなかったように、日本の天皇家も知られてはならない〝秘めごと〟が多すぎた。

私はフランス大使クローデルの本国外務省宛ての至急電報を紹介した。あの電報は、大正天皇の死が迫るなかで、秩父宮を天皇にせんと、宮中の奥深くで策謀があることを伝えている。大正天皇は唯一といっていい味方の原敬首相を暗殺される。そして、牧野伸顕が宮内大臣になると、死に至らしめる政策の渦の中に入れられる。はっきり書こうと思う。私は少しずつ、ある毒薬を飲まされて殺されたと思っている。

宮中某重大事件がその背後にある。秩父宮の天皇工作がかさなったなかで、大正天皇は病気になっていくのである。貞明皇后は長州閥に、少女のときからのスキャンダラスな過去の人生をすべて握られている。山県有朋を失脚させるために、ヨハンセン・グループの首魁の牧野伸顕と組み、杉浦重剛《じゅうごう》と頭山満《とうやまみつる》をその仲間に入れる。彼らが「南進派」の一味でもあった。

マニングの『米従軍記者の見た昭和天皇』の続きを読んでみよう。

確かに、天皇は通常の外交手段、つまり外務大臣を通じてすべての情報をスターリンに伝えることができた。しかし、天皇はスターリンがソ連のスパイが盗み、秘密の経路を通じて送ってきた情報だけを信用することに気づいていたのである。

日本の官憲はゾルゲの動きをすべて知っていた。そして知らぬふりをしていた。ゾルゲは野坂参三がアメリカに行き、ゾルゲが工作要員をさがしていた頃、モスクワに行った。スターリンは、日本と中国を戦争状態に突入させるべく、日支闘争計画案を国際金融同盟から受けていた。ゾルゲはスターリンから新しい任務を与えられた。フランクフルト新聞の日本特派員になりすましベルリンに行く。そして、ユダヤグループの準備工作で日本にやってくる。ソ連軍の少将待遇である。

野坂参三が日本に送りこんだ宮城与徳の仕事は、ゾルゲ機関の中に入って、日本共産党をつぶすための秘密工作であった。ゾルゲの仕事も宮城与徳の仕事とかさなっている。その理由は簡単である。日本共産党員の中に、本当の意味——天皇一族が日本共産党をつくった——を知らず、戦争反対を叫ぶ連中がいたからである。ヨハンセン・グループの首魁牧野伸顕は娘婿の吉田茂を使い、〝共産主義の恐怖〟を近衛文麿らに吹聴させるのである。

南進論と共産主義恐怖論の根は一つである。スターリンも日本共産党つぶしに一役買っている。太平洋戦争に突入する前に、日本共産党が袴田里見《はかまださとみ》という天皇教のスパイ一人を残してほとんど壊滅するのは、野坂、スターリン、そして木戸幸一らの策動によるものだ。

ゾルゲが日本に来て最初にとりかかった仕事は色ごとの中に見出せる。ソプラノ歌手の関屋敏子、田中花子、草間和子……どうして女か？　答えはいたって簡単である。天皇と木戸を喜ばすためである。情報員が女たらしのほうが、情報が伝わりやすく、バレにくいからである。女を利用して活動する諜報員、天皇も木戸も、八月十四日～十五日の事件のようにリアリズムを好んだからである。

コミンテルン第七回大会が一九三五年にモスクワで開催された。ゾルゲはモスクワに行っている。野坂参三はアメリカからモスクワに帰り、この大会の日本代表となっている。

この大会で人民戦線テーゼが採択される。ここで中共と国民政府の統一戦線の話し合いが行なわれる。ここで南進策を日本がとるように策を練ったと思われる。ゾルゲは赤軍第四部のウリッキの指揮下にあった。野坂参三がこのウリッキを知らぬはずがない。

ポール・マニングの『米従軍記者の見た昭和天皇』をもう一度引用する。文の中にラルフ・Mが出てくる。マニングが独自に発見したスパイの一人であるが、日本人にはほとんど知られていない。

この日米戦争の開戦前の時期、木戸は近衛を使って（もちろん尾崎経由で）ゾルゲに多量の情報を流していたのだ。昭和天皇はクレムリンに情報ルートを持っていたことになる。木戸はロシア人の心理を知っていた。ソ連では、秘密のルートで届いた情報は何であれ、公式の外交文書より信用したのである。一方、ラルフ・Mもゾルゲと同じく、近衛からの極秘情報をワシントンに送信していた。木戸はクレムリンとホワイトハウスの両方に情報ルートを持っていたのだ。この状況は昭和天皇を喜ばせた。

ポール・マニングは野坂参三の実像を知らない。木戸幸一内大臣が持っていたクレムリンの最高の情報ルートは、間違いなく、野坂参三のルートであった。

多くの資料がソヴィエト連邦解体とともにクレムリンから出てきた。その資料から、野坂参三の過去がかなり暴かれた。世にいう多重スパイ説である。しかし、野坂参三が天皇のためのスパイであった、とする文書は闇に消えている。野坂参三が天皇のスパイ、アメリカのスパイ、クレムリンのスパイのみならず、国際金融同盟、すなわち、闇の支配勢力のスパイであったことは間違いのない事実である。

小林峻一らの『闇の男』の中に、野坂参三の妻が逮捕され、釈放された話がうまく処理されて書かれている。しかし、これはスターリンを知らない男たちが書いた創作にすぎない。スターリンはどんな人物であれ、一度スパイ容疑で逮捕した以上、地獄の苦しみを与えたのである。野坂参三はモスクワに帰り工作する。そして妻の龍《たつ》は釈放される。

私はこの龍の釈放の裏に、国際金融同盟の動きを見るのである。彼らが第二次世界大戦を仕掛けたと私は書いてきた。野坂参三は天皇のスパイから出発し、ついにクレムリン、アメリカ、そして国際金融同盟のスパイに仕上げられ、次に中国共産党の内部深くに侵入していくのである。その国際金融同盟がつくった太平洋問題調査会の第六回国際会議がアメリカのヨセミテで、一九三六年の八月十四日から二十九日の間に開かれている。

この会議にゾルゲ機関の一味の尾崎秀実が日本側委員として出席している。

野坂参三はこの年の五月九日、モスクワを出発し、南回りルーマニア経由でパリに行き、ニューヨーク経由で空路、ロサンゼルスに行く。ニューヨークよりコミンテルン宛てに「アメリカで活動せる情報部員、組織部員をモスクワで養成させる」ことを提案している。『実録野坂参三』（近現代史研究会編著）の中に、このことが書かれている。

私は、太平洋問題調査会の第六回国際会議に出席した尾崎秀実とのコネクションを野坂参三が手配していたと考える。太平洋問題調査会はロックフェラー一味、ロスチャイルド財閥、そしてソヴィエトの謀略機関であった。日本の有職者の連中はこの調査会を「欧米の学者や政治家と太平洋の問題を学術的な立場で議論する機関である」と語っているが、彼らは謀略機関の手の内で踊らされていたのである。南進策がこの会議では討論されていない。しかし、「北進策を日本がとるべきではない」ことが討議されたのである。尾崎は帰国後、満州の軍事会社にいた日本共産党員に資料を作らせる。この背後にも間違いなく野坂参三がいたと思われる。この年の六月ごろから年末にかけて野坂参三の行方は不明となる。私は尾崎と行動を共にし、日本に帰国後、秘密裡に満州に入り、モスクワに帰った、とみる。

渡部悌治の『ユダヤは日本に何をしたか』をもう一度引用する。とても奇妙なことが書かれている。

昭和十八年（一九四三年）の秋、ハルに対してなしたスターリンの言明によっても、対日戦の方針に変更なかったことが知られたにもかかわらず、ソ連に日米戦休止の仲介役を引き受けさせるキャンペーンを読賣新聞が煽り立て、陛下御自ら仲介の件について仰せ出されたについては、西園寺公一と原田熊雄らの暗躍があったと疑われる。

私は逆に、西園寺公一や原田熊雄たちが、天皇と木戸、近衛に踊らされていた、とみるのである。ゾルゲ・ルートで一方的に数万点の機密資料を垂れ流した天皇、木戸、近衛は、一方でソ連に日米和平の仲介を依頼すべく闇のルート（たぶん野坂参三のルート）で知らせ、その情報を読賣新聞に流したのであろう。

南進策こそはアメリカとイギリスとの戦争そのものを意味した。別の面から南進策について考えてみよう。天皇家の〝秘めごと〟がまた、見えてくるのである。

笠原和夫らの『昭和の劇　映画脚本家・笠原和夫』の一部を紹介した。この本の中に書かれていることに注目したい。

笠原　そう。つまり絶対的な貧困なんですよ。努力して何かすれば、もう少しいい生活が送れるというものじゃないんですよ、上に天皇制がある以上は！　天皇制があって軍隊があって、軍隊に徴兵されちゃえば何もかも全部パアになっちゃう。そういうものが頭にズシーンとのしかかっている中での貧乏というのは、そう呼んでいいのかわからないけども絶対的貧困なんですよ。それが今の人にはわからない。

絓　その「絶対」というものが、おそらく天皇制の絶対制とどこか通じるんだと思うんですよ。

笠原　そうです。通じるんです。で、もう、どうにもならないというね。

私たち平成の世に住む人々は、あの時代の貧乏を理解できない。農村は働き手を兵隊にとられ、娘たちの多くは売春婦になっていった過去を知ろうとしない。天皇とその一族が優雅な生活を続ける一方で、日本人のほとんどは、どん底の生活に落とされていた。
四〇九頁を見てほしい。この文章には続きがある。その続きを書くことにする（一部重複する)。

結　宮中某重大事件って、活字でしか知りませんでしたけど、なんであんなに重大なのかわからなくて（笑)。
笠原　それで、秩父宮もそういう自負を持っていたわけですね。若い時から、兄貴よりも自分が皇位を継ぐべきなんだと。それで自分に協賛してくれる人がほしいということで陸軍の中に入っていくわけですよ。彼は陸軍の将校でしたけども、例えば安藤輝三大尉は非常に秩父宮に恩顧をうけたりしていてね。
荒井　それで銃殺される時、安藤だけは「秩父宮殿下万歳」となるわけですか。
笠原　そう。それで二・二六事件というのは、そもそもの出発時から三つの波《ウェーブ》があって、最初の末松太平とか大蔵栄一とか、あのクラスの連中が起こし始めた時はアナーキズム的なんですよ。で、次の第二波で、いわゆる皇道派というのが出てきて東条英機とか石原莞爾といった軍官僚＝統制派を排除しようと。つまり、ある種の軍革命をしようとするんですよね。それで第三波というのは一種の実戦主義で、組織化された反乱に持っていこうと。だから、僕は大蔵さんに会って話を聞いたんですけどね、「違う」というんですよ。自分たちが考えていた革命というのは、ああいう二・二六事件みたいなものとは違うんだと。

じゃあ、大蔵さんたちファースト・ウェーブが考えていた革命というのは何かというと、結局のところ、天皇制をなくすことだったんですね。それで、秩父宮がどのへんで主導権を持ったのかはわからないんだけど、秩父宮としても天皇制なんてもう古い、廃絶しなければダメだと。それができるのは皇族である自分しかないんだと、そういう自負がすごくあったらしいんですね。で、ある日、安藤と二人きりで話した時に、自分としては天皇制をやめるつもりだと。大統領制——共和制にするんだと。ただし、最初の大統領は自分がなるしかないんだけども、何年かあとには一般の人から選ばれる大統領制にしていこうと。それで安藤は絡まれちゃったわけですよ。それまで安藤は、そういう革命に対して批判的だったんですよね。でも、秩父宮さんがそういうふうに打ち明けてくれて、その時に秩父宮さんから、自分がいかにお前を信じているかわかってくれと銀時計を渡されたわけです。それで安藤はガターンと惹かれちゃってね。しかも、他の若手将校たちにしてみても、ある種の行き詰まり感があったわけですからね。つまり軍縮だとかいろんな問題で、陸軍の将校クラスでも、いつクビになるかわからないみたいな状況があったわけでしょ。今のリストラと同じですよ。あの頃は、みんなサーベルをマントに隠して電車に乗ったという時代ですからね。

笠原は秩父宮が主謀者であるという説を裏付けるために、次のように語る。以下は私の説と多少異なる。しかし、真実をついている点にかわりはない。続ける。

結　軍人の地位が下がってきたわけですね。

笠原　そうです。軍人だとわかるとイヤミを言われるんで、軍刀をわざわざ抱えてマントに隠していた。それくらいの時代でしょ。みんな行き詰まっていたわけですよ。そういう時に、ひとつの波《ウェーブ》が起きてきた。それで、飢える者が食べ物に飛びかかっていくように、それに乗っかっていったんですね。それを秩父宮さんはうまくリードしていけばよかったんだけど、そこが皇族出身のアレでね、あとは他人任せになるんだよ。〝まあ、安藤、あとはよろしくやってくれ〟みたいなことになっていっちゃう。

荒井　それで反乱が起きた時、秩父宮は弘前にいて、東京まで上ってこようとするんですよね。

笠原　第二師団を率いてね。それで仙台で武装列車をつくって歩兵連隊をつんで、二月二七日に上京するはずだったんですよ。ところが、ダメになったという知らせが反乱軍将校のほうから第二師団に行って、第二師団は急遽、武装列車を中止させる。それで、弘前の秩父宮のところに天皇がじきじきに連絡して「動くな」と。そういう指令を秩父宮は受けちゃった。それは大元帥のおっしゃることだから動けないわけだ。結局、秩父宮もそこでダメだと思ったんだよ。それで事件が収拾したあと、秩父宮は富士山麓へ追放されるでしょ。もちろん結核の療養という名目があったけど、はっきりいって、あれは追放なんですよ。

軍服姿の秩父宮

二・二六事件を私は、天皇と秩父宮が秘かに練った偽装クーデターとの説をとる。秩父宮は秘かに仙台から遠回りの鉄道を使い東京に出て来て、高松宮と会談し、その後で二人で天皇と会っている。この事件をいかに収拾するかについて話している。

笠原は、この本の中で奇妙なことを語っている。

笠原　不思議なのは、二・二六事件にしても、初期の連中が持っていたある種のアナーキズムみたいなものが、時間とともにどんどん日蓮宗に取りこまれてしまっているんですよね。まあ、北一輝という存在がそうなのかもしれないんだけど、あのへんの若手将校は、みんな日蓮宗になっちゃってるんですよ。これが僕にはよくわからないんですよね。確かに日蓮宗というのは、日蓮がそうだというわけではないんだけれど、ある種の力というか――力に対しては力でもって接するという教えがあって、反抗的なある種の暴力性というのがあるんですけどね。

この笠原和夫の発言は、日本の深層海流を暗示している。どん底の貧乏の中で生まれた天皇教の神の一族とその反転である現世のどん底の人々は、ある時は反発しあい、ある時は結びついて現代史を生きてきた。どん底に生きる人々を恐れている神の一族は、たえず何かを仕掛けなければ生きていけない。そこに暴力性が要求される。

八月十五日のあの事件と二・二六事件は共通する。前者は三笠宮が策を練り、後者は秩父宮が策を練ったのである。天皇教はたえず、暴力装置を作ってはそれを策動して生きながらえてきた。どん底の人々は、大きく二つに分かれた。天皇教の側に立って、ともにその暴力装置に加担する一派とその逆の立場の人々である。統制派は天皇側について南進論を推し進めた人々である。皇道派はその暴力装置に対抗すべく日蓮宗に救いを求めた。
平成の世はどうなっているのか、私はあえて語らない。それは読者自ら考えて行動すべきだからだ。私はといえば、〝幽冥教〟の立場から静観するのである。
もう一度だけ、笠原和夫の発言を聞いてみよう。日本の分岐点を笠原和夫は書いている。

二・二六事件にはそういう背景があったわけでね。今、二・二六事件の将校というのは、軍国主義的なものとして見られたりするわけだけども、僕は非常に不愉快ですね。実際、二・二六事件で生き残った人たちの話を聞きますと、自分たちが陸軍の主導権をとったらば、絶対にアメリカとは戦争を起こさんだろうと。大陸からは撤兵して満州は自治州にすると。それで太平洋の資源については、一切、こっちから攻めることはない――こういうふうにやったはずだと言ってるんですね。僕はそれを認めていいんじゃないかと思うんですけどね。第一、野戦でもって、あるいは艦隊なら艦隊でもってその第一線で戦っている連中というのは、戦争というのはそんなになまやさしいものではないということはわかっていますからね。

まさに、笠原和夫が語るとおりである。軍人のほとんどが、軍人たちの一部（天皇教の暴力装置に組み込まれた軍人たち）を除き、アメリカと戦争する拙劣きわまりない行為を知っていた。それでも天皇とその一族は戦争を仕掛けるのである。その謎を徹底的に究明しようとして私は書いてきた。

ねずまさしは『天皇昭和紀（上）大日本帝国の崩壊』の中で次のように書いている。

二月二十六日午前四時、第一師団の歩兵第一および第三連隊の営門から、部隊は堂々と市内へ出発した。昨夜からの大雪で、東京は一面の銀世界。千四百名からなる部隊は、怪しまれずに、目標に向かって行進し、岡田首相官邸、高橋蔵相邸、斉藤内府官邸、渡辺教育総監官舎、鈴木侍従長官舎、陸軍省、参謀本部、警視庁、朝日新聞社、牧野前内府（神奈川県湯河原温泉の伊東屋旅館）、靖国神社などにおしよせた。首相官邸では警官四名を射殺して侵入、首相の弟松尾海軍大佐を首相と誤認して射殺した。さらに高橋蔵相は軍刀で虐殺され、斉藤内府は銃殺され、渡辺総監は機関銃でころされ、鈴木大将は重傷をうけた。かくて彼らは、目ざす重臣五人を殺した、と信じて陸軍省などに引揚げた。ただ首相官邸だけは包囲したままであった。牧野は早くも旅館からのがれていたため、護衛の警官が射殺され、旅館は焼かれた。西園寺ももちろん、ねらわれたが、彼らが樹立する政府首班の天皇への取次ぎを依頼する必要からか、襲撃直前になって突然中止した。

この中で「牧野は早くも旅館からのがれていた」と書かれていることに注目したい。牧野伸顕は数多くのテロの標的となってきた。しかし、そのつど、直前にいつも逃亡に成功した。

これは何を意味するのか。彼が背後でこれらのテロを操っていた黒幕であったことを意味する。岡田啓介首相も難をのがれた。事前に彼の娘婿の迫水久常（終戦時の鈴木内閣書記官長）

が岡田首相を連れ出すのである。迫水久常は、皇道派とみられていた。実際は岡田のスパイだった。このクーデターの主謀が秩父宮であることを書いた。このクーデターを、天皇、高松宮、三笠宮、牧野伸顕、岡田首相らが事前に知っていたのである。天皇がこの事件を事前に知っていた証拠がある。甘露寺《かんろじ》受長《おさなが》の『天皇の背広』には次のような記述がある。


とうとう、やったか……

そして暴徒は、その後どの方面に向ったか判らないか。まだ他にも、襲撃された者はないか……全くわたしの不徳のいたすところだ。


天皇は彼ら将校を「暴徒」と決めつける。

原田熊雄の日記には「朕の命令の出でざるに、勝手に朕の軍隊を動かしたといふことは、名目はどうあろうとも朕の軍隊でない」と書かれている。

この言葉の意味は重い。天皇ははっきりと「朕の軍隊」という言葉を使っている。軍隊を動かすとは天皇のなすべきことだと、天皇は言っている。二・二六事件のときに激昂した天皇はその後の軍の動きに冷静であったのは、自ら軍隊を動かしたからである。この事件が統制派の南進策を勢いづかせ、太平洋戦争へと突っ走っていく、大きな要因となった。

2・26事件「勅命下る 軍旗に手向かうな」

すなわち、天皇に逆らって、戦争反対を呼ぶ軍人たちの姿が消えることになった。ねずまさしは続いて次のように書いている。

天皇以外に、陸軍のなかで、暴徒とみとめた人間は、参謀本部の石原莞爾大佐ひとりであった。しかし、石原は、天皇と同じ立場で、そう信じたのではない。反乱軍の行動力や配置、装備、千四百名程度の兵力をみて、とくに放送局を占領していない戦術的に拙劣な行動をみて、天皇の命令で軍隊を出動させれば、反乱軍は容易に負けるという戦術的な判断から、暴徒とみとめ、鎮圧する態度をとったわけだ。

天皇は最初から「暴徒」と断定しえたのは、秘かに秩父宮と共同歩調をとったからだと私は書いた。しかし、政府要人が数名殺されたり、傷を負ったから、二・二六事件は本物のクーデターとして位置づけられ、誰も疑わない。ねずまさしも、である。

このクーデターと酷似するのが、あの八・一五の「日本のいちばん醜い日」である。将校と兵隊のかわりに、将校と近衛兵を使った。リアリティを見せるために、一人とはいえ、森近衛師団長を惨殺した。石原莞爾がいみじくも指摘した放送局を占拠するというマネまでもしたのである。この二つの偽装クーデターは、秩父宮と三笠宮の暗躍がなければ決して実行されなかったのである。真の首謀者の二人はいまだに闇の中に消えているのである。

二・二六事件をきっかけに統制派が頭角を現わす。その中の一人、佐藤賢了《けんりょう》は『大東亜戦争回顧録』の中で次のように書いている。

そのころ東条は中央にはいなかった。満州で憲兵隊司令官をしており、そちらで二・二六事件に少しでも関係あると見なされた者はいっせいに検挙し、軍紀の確立につとめていた。私が陸軍大学から陸軍省に転じたあと、東条は憲兵隊司令官から関東軍参謀長に転じた。その東条があるとき上京してきた際、ひさしぶりに招かれて夕食をともにした。

「君が皇道派からぬけたからだよ」

ある人はあとで私にそういった。

「まさかそんなことはあるまい」

私は簡単に打消したが、とかくそんな風にいわれやすかった。それはともかく、その夜私は当時の中央の内情をくわしく話した。私は東条が中央に出てくる日を望んでいた。中央には東条のように、がむしゃらに軍紀をしめなおす人が必要であったからだ。

この事件（一九三六年二月二十六日の事件。二・二六事件）の結果、どのように変化したのかを書いておきたい。

北進策をとる皇道派の将軍・将校たちが主流からはずれ、東条一派——あのバーデンバーデンで密約した一派。東久邇宮と結ばれた一派——の統制派が軍の要職をしめるのである。統制派は南進策を主張する人々である。秩父宮は、自らが天皇になろうとしてクーデターを起こさせた可能性大である。笠原和夫もその説をとる。しかし、私は天皇と秩父宮が陰で秘かに結びつき、二・二六事件を若手将校に起こさせ、南進論一本にすべく行動したのではないかと思っている。

この一九三六年が日本のターニング・ポイントになるのである。一九三六年、ゾルゲと西園寺公一と原田熊雄、尾崎秀実の暗躍。もう一つは日本共産党の野坂参三の動き。これらと二・二六事件が糸のようにもつれあって連動したことは間違いないのである。

二・二六事件以降、天皇により軍紀がひきしめられる。天皇はその役を東条英機に命じ、陸軍大臣から首相に任命する。東条英機は佐藤賢了中将を軍務局の要職につけ南進策を推進させる。太平洋戦争への道である。

木戸幸一は戦犯で巣鴨プリズンに入り、一九四六年三月六日、第二十六回目の尋問を受ける。

問　先日これらの人物について話し合っていたとき、この軍務局の佐藤（賢了）中将の話が出ました。南進を実行するために武力を行使することに対する彼の態度はどうでしたか。

答　佐藤は武藤（章）の部下で、必要なら戦争に訴えても南進すべしとの考えでした。

天皇は皇道派を一掃し、統制派を参謀本部に配し、ついに自らの住む御文庫の中に彼らを入れて太平洋戦争に突入するべく机上演習を始める。誰ひとり天皇に逆らえる者なし、であった。この机上演習の中から、真珠湾攻撃とシンガポール攻撃が登場してくる。そのためにいちばん役に立ったのがヴェルサイユ会議で日本に与えられた、委任統治諸島であった。

一九四〇年十二月三日の『木戸幸一日記』を見ることにする。日米開戦の一年前の日に天皇が木戸幸一に語った言葉である。私は天皇ひとりが一年後の戦争、そして大戦後の世界の様相を知っていたことに驚くのである。

今日蘇《ソ》聯《連》は世界に於て最も恵れたる環境にあり、動かざる程有利となる状態なれば、従って所謂気位も高くなり居り、日ソの交渉には容易に希望する如き返事を与へざるべしと考へらる。何れにしても、此の大戦の後には、蘇と米のみが傷まずして、他の列国は皆疲労することとなるは殆ど疑ひなきところなり。さすれば、此両国の間に挟まれたる我国は蓋し非常に苦心せざるべからざる環境に置かるるものと信ず。而し、さりとて必ずしも悲観するを要せず。是等の両国も附近に強大なる競争国を失へば自然に気がゆるみてやがて腐敗するは必至なれば、我国にして所謂臥薪嘗胆の十年を覚悟し、質実剛健なる気風を作興すれば、有終の美を挙ぐるは困難ならずと信ず云々。

天皇は太平洋戦争の前から、闇の権力者たちが創作した、世界のグランド・デザインをどうやら知っていたらしい。近々日本が「非常に苦心せざるべからざる環境に置かれる」とは、戦争以外のなにものでもない。大戦後に、まさしくアメリカとソ連が世界を二分する大帝国となることも知っていたらしい。

それにもまして、「十年を覚悟し」さえすれば、「有終の美を挙ぐる」とは、敗戦後五年で、一九五〇年に講和条約ができ、日本は再び独立となる、ということであろう。そのために、一年後に戦争に入るべく努力をしているのだ、と天皇は語っているように思える。

その裏に見え隠れするのは、「木戸よ、このようにして日本を導かなければ、天皇一族の運命が風前の灯となるのだよ。お前も協力してくれ」との天皇の哀訴である。「有終の美を挙ぐるは困難ならずと信ず云々」となるのである。この「云々」の中で天皇は自らの苦境を訴えたのではないか。大室寅之祐の代から天皇に仕えた木戸孝允《たかよし》の孫の木戸幸一は「天皇と一蓮托生の命である」と答えたのではないのか。

天皇が「蘇聯は世界に於て最も恵れたる環境にあり……」と語るのは、あまりにもソ連の状況を知らなすぎる。数千万の同胞を殺し、数千万の同胞を奴隷の状態においていたスターリンの国のことに無知でありすぎる。

天皇はあるルートから、一枚の極秘文書を渡されたと私は考える。その文書に木戸に語っていた内容が書かれていた。「有終の美を挙ぐるは困難ならず」とは、「敗北しても、天皇の命は保証され、国体は護持する」との確証を得たとのことではないのか。日本の国民の〝民草〟に天皇が想いを馳せる素振りをするのは、「終戦の詔書」の中だけである。それも見せかけ以外のなにものでもない。

戦争は決定的となった。書き古された物語はやめよう。敗北が近づいた日本の姿を描くべく場面を移そうと思う。

少しだけ書く。天皇が脅されてなんかいなかったと思っている人が多いであろう。私はルーズヴェルト大統領も、チャーチル首相も、スターリンも、闇の支配者たる国際金融資本家たちのグループに脅迫され続けていた、と書く。天皇においておや、である。このことを次の項の中で書くことにしよう。

この項の最後に、木戸日記研究会編の『木戸幸一関係文書』の中から引用する。以下の木戸の文章が書かれた日付は明記されていない。

陛下の御聖断で戦争をやめることが出来たのだから、開戦のときも御聖断で回避できたであろうとの論を聞くが、開戦前の日本は世界の五大国に列し、また三大海軍国の一つであつた。それがさらに支那事変以来の三百億の予算で陸海軍備を充実しており、実際事変のために使用された予算はその一、二割に過ぎず、大部分は軍のポテンシアルエナージーとして蓄積されていた情況下で、ハルノートのようなものを突付けられたとして、日本がこれを受入れたとしたら一体日本はどのようなことになつたであろうか。

このような論をなすのは、政治というものの全く解らない検事達のいうことに過ぎない。

木戸幸一は太平洋戦争必然論を語っている。まことに日本は国際決済銀行（ＢＩＳ）により、利益追求システムの中に組みこまれ、ついに必然的に戦争状態の中に入っていく。木戸幸一は戦争そのものの本質を見事に描写している。

## 鶴の一声、近くて遠し

『木戸幸一日記』の一九四一年八月七日を見ることにする。

三時半、近衛首相参内、拝謁の後、四時より四時半頃迄、懇談

一、油は海軍が二年、是とても戦争をすれば一年半しかないと云ふ。陸軍は一年位とのことだ。

一、そこで結論から云へば、右が事実なりとすれば、到底米国に対して必勝の戦を為すことは出来ないと云ふ外はない。

一、米国を外にして手近に油の供給源を求むれば蘭印と北樺太しかない。

一、蘭印を攻略するにはシンガポール、フィリッピン等を先づ制覇するにあらざれば困難であらう。而して之等の行動中に油井は破壊さるゝであらうから、必要量の油を得るには到底一年半では難しいと思ふ。

一、蘭印に手を出せば、米国は参戦するであらう。そうすれば仮りに油が出るとしても、英米の潜水艦航空機の脅威下に長距離の輸送は非常に危険率多く、果して所期の成果を挙げ得るやは頗る疑わしい。

一、若しそこに誤算があったとすれば、由々敷大事で、我国は油の不足丈で手を挙ぐる

外ないと云ふことになる。

近衛文麿首相は天皇にも同様の報告をしたのであろう。それでも天皇は南進論を進める軍人たちを参謀にし、大本営を宮中に移し、真珠湾とシンガポール攻撃計画に熱中するのである。では、近衛文麿の石油への懸念はどうして現実とならなかったのか。二年ももたず、一年から一年半の石油しかなかったのに、どうして日本は四年近くも戦争し続けることができたのか。

ここにも大きな謎が隠されている。

ナチス・ドイツは日本と同様に石油がなかった。だが、ロックフェラー系のスタンダード石油とロスチャイルド系のシェル石油が、ナチス・ドイツが崩壊するまで石油を提供し続けたのである。戦争を互いに戦う国家と、国際金融資本家たちとは別々の行動をとったのである。では日本はどうなのか。

ここに、日本の石油とナチス・ドイツを結びつける本があるので紹介する。チャールズ・ハイアムの『国際金融同盟』である。文中に登場するデーヴィスはアメリカの石油ブローカーである。

デーヴィスは今一度、ルーズヴェルトとの会談を設定しようと努力した。彼は大統領からの返事を待っている間に、所有のタンカーをパナマ船籍に変更し、イギリスの検閲から逃れてリスボン、ハンブルグ、そして他のヨーロッパの港に入港できるようにした。また、彼は日本のタンカーではなくパナマ船籍のタンカーを使って、日本に石油や軍事的にきわめて重要な原料などを定期的に輸送していた。というのは、イギリス情報部が海上の日本船を臨検してドイツ人乗組員を逮捕していたからである。デーヴィスはテキサス州のブラウンズヴィル港の職員であるUボートの元艦長と共謀して、この元艦長が海上封鎖を密かに突破する手助けをしていた。

アメリカは公式には日本への石油の輸出を禁止した。しかし、アメリカ国籍の船、または日本国籍の船によるものが禁止されただけであった。あの太平洋戦争中も密ルートでアメリカの石油、重要な原料（タングステン、四塩化エチル等）が日本へ送られた。

これが戦争の本当の姿なのだ。昭和天皇はこのからくりを知っていたが、近衛首相や木戸幸一内大臣に秘密にしていた。

あの国際赤十字社のシステムは、戦傷者を救うためにつくられたのではない。国際金融同盟の連中が、商売（＝戦争）をスムーズに長きにわたって続けるためにつくられたのである。太平洋の委任統治諸島で秘かに石油や重要物資が日本の赤十字の船に移される。この船は攻撃できないという国際条約ができているので、安心して石油や重要物資を日本は購入できた。

では、あの大戦中、その莫大な支払い代金はどうしたのか、という問題が出てくる。この代金の主なものは、アジア支配の途中で略奪した、金、銀、プラチナ等の貴金属である。その一部は日本に持ち帰り（赤十字のマークをつけた船で）、マルフクという金貨に鋳造する。これを現地に送り、食糧等の必要物資の現地での購入にあてる。残りの金塊や宝石類は、スイスの国際決済銀行（ＢＩＳ）に送る。ここで貴金属をドルまたはスイス・フランにし、迂回経路で必要物資の支払いにあてる。残ったドルやスイス・フランは、国際決済銀行か、同一系統のスイス国立銀行の秘密口座に入っていく。かくて、戦争が長びけば長びくほどに天皇一族と、秘密裡に天皇一族を支えた財閥の資産は天文学的に増えていった。

近衛文麿首相は幾度も天皇に戦争の中止を訴えた。天皇一族は日清戦争、日露戦争を通じて多額の賠償金を得て、その一部をスイスの銀行に入れることで逆に彼らから弱味を握られた。ルーズヴェルトは借金漬けで弱味を握られていた。チャーチルしかり。スターリンは過去の悪行のほぼ全データを握られ、彼ら国際資本家たちを〝御主人様〟とよんでいた。フルシチョフ元首相の『フルシチョフ回想録』にそのことが克明に書かれている。明治、大正と続く皇室のスキャンダルを彼らはすべて記録していた。スイスの秘密口座もスキャンダルの種になりえた。ここに、近衛首相の忠告を無視して太平洋戦争に突入しなければならなかった日本の悲劇の源がある。

この国際決済銀行を舞台にして、戦争は続けられたのである。日本銀行と横浜正金銀行の大株主は天皇であった。天皇は、二人の役員（それ以外に事務局員たちも）をこの国際決済銀行に送り、取引をさせていたのである。天皇の代理人の役員が金儲けに奔走する場面がハイアムの『国際金融同盟』の中に書かれている。

一九四二年夏、フランス政府の閣僚であり、ナチス占領下のパリにある民間銀行のヴォルムス銀行の役員であるピエール・プシューは、イブ・ブレアール・ド・ボアサンジェーとBISで会合を持った。プシューはボアサンジェーにドワイト・D・アイゼンハワー大将が北アフリカに侵攻する作戦を計画中であると語った。彼はこの情報を友人であるヴィシー駐在のアメリカ国務省代表ロバート・マーフィーから手に入れたのである。ボアサンジェーはクルト・フォン・シュレーダーにこの情報を伝えた。シュレーダーと他のドイツ人の銀行家たちは直ちに、フランスの取引銀行と同調して、九十億フラン相当の金貨をBIS経由でアルジェに搬送した。ドイツの敗北を予測して、ドルの為替差益でぼろ儲けを狙ったのである。ナチスの協力者たちはほとんど一晩で、自分たちの持ち金を三億五千万ドルから五億二千五百万ドルまで増やしたのだった。この取引に関しては、BISのトーマス・H・マッキトリック、ヘルマン・シュミッツ、エミル・プール、そして日本人役員たちも共謀に加担していた。この取引の別の協力者でナチス最高司令部にいる他の幹部たちに、この秘密を洩らした者がいた。この男はバチカンの諜報活動グループに所属する工作員だった。この情報は、一九四六年六月二十一日にオットー・アーベッツがアメリカ政府当局者に宣誓供述したことで明らかになった。

この一文は、「戦争とは何か」を如実に示している。戦争は国家間の利害、憎悪の衝突から起こるものだけではなく、巨大なマネー・ゲームでもある。ヒトラーもスターリンも、それを知り尽くしていた。ルーズヴェルトとチャーチルはマネー・ゲームをさせられていたのである。天皇が仕掛けた南進策は、巨大なマネー・ゲームの創造であった。

この面を考察しないから、私たちの日本史は欺瞞だらけのエセ日本史となっている。天皇とその一族は、三井、三菱、住友らの財閥と組んでマネー・ゲームをしていたのである。それゆえ、国際決済銀行に日本銀行と横浜正金銀行が参加したわけである。この銀行に加入していなければ、中国本土に攻め込む力さえなかったのである。ひと度、この銀行組織に加入してから天皇とその一族は、国際金融のグループ、主としてロスチャイルド財閥の手の内に落ちていったのである。ドイツのアフリカでの敗北を見こして、日本の役員たちも、スイスという黒い貴族たちの巣窟でマネー・ゲームに興じ、天皇のために金を稼ぐのである。戦争がいちばん金の儲かるゲームであることを天皇ヒロヒトほど知りつくした人物は日本にいなかったし、これからも登場しないであろう。

第二次世界大戦はどのように仕掛けられたのか。その第一はヴェルサイユ講和条約にあった。このことはすでに触れた。ドイツの植民地をとり上げた。そのお陰もあり、ほとんど戦争に参加しないのに、日本は委任統治諸島を手に入れた。

もう一つの大きな原因があった。戦勝国はドイツに支払えないほどの賠償金を課し、再軍備することを禁じた。そして、国際連盟をつくった。日本はこの連盟に加わり、大国の夢を追うことになった。領土の略奪と資源の獲得競争の渦中に必然的に日本は突入した。ドイツの賠償金を受け取るとの名目で、国際決済銀行ができ、ドイツに秘密裡に多額のドルを貸し与えた。そしてナチス・ドイツを育てた。共産主義の恐怖を煽る一方で彼らは太平洋問題調査会をつくり、中国を共産主義国にすべく動いた。日本の天皇も野坂参三を使い、共産党国家中国の援助をした。これらはすべて、マネー・ゲームの面を持っている。

これらの動きに国際決済銀行がからんでいるからである。彼ら、この国際決済銀行を実質的に支配する国際金融同盟は、次々と日本に甘い汁を与え続けた。

たとえば、一九三二年二月五日、多門師団（多門中将率いる関東軍師団）がハルピンに入城する前に、ハルピンのシナゴーグにロマノフ王朝の遺宝の数々が置かれていた。ハルピンの富豪のソフスキーの財宝などが服部正彦の部下に押収されて満州国建設の資金と化けた。青島《チンタオ》の中国銀行の倉庫に大量のヘロインがあった。これから軍人たちはヘロインやアヘンの売買をやって大金を稼ぐ。

すべては彼らユダヤの国際金融資本家たちが考えた、日本を戦争に導くための甘い汁だった。満州国建設の金は麻薬によったと認めるべき時がきているのだ。

満州国がアヘンの国であったことを示すデータの一つが細川護貞の『情報天皇に達せず』の中に出てくる。細川護貞は近衛文麿の秘書をしていた。近衛の娘婿、元首相細川護熙の実父である。一九四四年十月十五日の「日記」である。


十四日午前九時吉田茂氏の永田町の邸に行く。此の日松野鶴平氏の招きにて、近衛公、鳩山氏吉田氏等と共に深川に海の獵に行く。風強き為海産組合長佐野氏宅にて雑談、帰途吉田邸に公、鳩山氏と立寄り雑談の際、白根宮内次官は東条礼讃を為し居る由鳩山氏語り、一体に宮内省奥向に東条礼讃者あるは、附け届けが極めて巧妙なりし為なりとの話出で、例へば秩父高松両殿下に自動車を私《ひそ》かに献上し、枢密顧問官には会毎に食物衣服等の御土産あり、中に各顧問官夫々のイニシアル入りの万年筆等も交りありたりと。又牧野伯の所には、常に今も尚贈物ある由。鳩山氏は東条の持てる金は十六億円なりと云ひたる所、公は夫《そ》れは支那に於てさう云ひ居れり、主として阿片の密売による利益なりと。共謀者の名前迄あげられたり、余も何かの会合で十億の政治資金を持てりと聞けり。過日の海軍懇談会の折も、昨今の東条の金使ひの荒きことを矢牧大佐語られたり。或は多少の誇張もあらんも、多額の金を持参し居るならん。夜金子（堅太郎伯）家を問うての雑談中、故伯の病革《せま》る頃日々百人前の寿司と、おびたゞしき菓子薬品等を東条より届けたりと。鳩山氏は、「かくの如き有様なれば東条復活の危険多し」と云はれたり。

一九四五年十月にGHQが発表した皇室財産は三十七億二千万円。当時の皇室財産を日銀物価価格（一九九〇年）で計算すると、三百十一倍となり、七千九百十二億円。東条の十億とか十五億円がいかに天文学的数字であるかがわかる。

今の貨幣価値で数千億円の金を、東条はアヘン取引で稼いでいたことになる。これが戦争なのである。国民の大半が飢餓線上にあり、住む家も焼かれていたとき、天皇から首相に任命された男は天文学的な利益を上げていたのである。

ねずまさしは『天皇昭和紀』の中で、「この阿片の金額十億円うんぬんは、流言にすぎないようである。阿片問題は厳然と存在したし、あるいは東条がそれから利益をえたとしても、この金額は疑わしい。細川日記はただこの流言を記したにとどまる。しかし、阿片と東条の関係は高松宮も知っていた」と書いている。たとえ流言にしても、近衛文麿の言である。たんなる流言ではあるまい。この細川護貞の一文の中に、戦争とはマネー・ゲームの一面がある、という私の説が正しいことが証明されよう。

三井と三菱はペルシャから年ごとに船を出し、アヘンを仕入れ、朝鮮に送った。それをアヘンかヘロインにして中国人に売りつけた。その金の大半は天皇と三井、三菱の懐に入った。その一部で国際決済銀行を通じてアメリカから必要な軍需物資を仕入れた。戦争を長びかせるよう、国際決済銀行を実質的に支配する国際金融同盟が、天皇を指導したのだ。天皇とその忠実な部下である東条英機首相は、戦争を長びかせることで天文学的な利益をあげた。「戦争を続けよ」、これが天の声であった。

私は真珠湾攻撃についても、その後の戦況についても一切書かない。どうしても書く気がしないのである。真珠湾攻撃もシンガポール攻撃も、八百長だと思うからである。敗け続けた戦争の中での政変を少しだけ書いてみたい

『木戸日記』の一九四二年年九月一日を見る。

この中で天皇は、東郷茂徳外相の辞職を認めたことが書かれている。天皇は「この際政変のおこることを憂慮した」のである。

東郷外相は東条首相に、「日本の国力から比較して、無限の長期戦は不可能であるゆえ、できる限り早い時機に、米英の本格的な反撃が強まらないうちに、講和すべきだ」と主張した。しかし、東条首相は反対した。天皇は東条の長期戦、そして勝利論を支持した。東郷外相は辞任し、重光葵が外相になる。

重光は大東亜構想を立て、東条を納得させた。三笠宮が駐支総軍司令部輔任（若杉参謀）として新政策のために行くのも、この構想のためである。重光が立てた構想に基づき、大東亜省設置問題が浮上してくる。

東郷茂徳は講和こそが日本の唯一の道であると説いた。天皇は東郷を切り捨てた。天皇は一刻も早い講和を求め戦争を終結したい、という希望を持つことなく、敗戦の直前までいくのである。

重光葵は『昭和の動乱』の中で次のように書いている。記者とは、重光葵本人である。

> 記者は、直ちに新政策を東亜全域に及ぼすことに着手した。それとともに、議会を通じてこれに関し国民的諒解を得るに努め、この努力は、これまであまり説かれなかった日本の戦争目的を高調することになって現われて行った。日本の戦争目的は、東亜の解放、アジアの復興であって、東亜民族が植民地的地位を脱して、各国平等の地位に立つことが、世界平和の基礎であり、その実現が、即ち日本の戦争目的であり、その目的を達することをもって、日本は完全に満足する、と云うのである。

この重光の大東亜戦争の大賛美構想が、平成の世でももてはやされている。日本はアジアの解放のために戦争をしたのだという説である。私が主張するような説は、彼ら戦争賛美者たちに言わせると〝自虐史観〟ということになる。

私の故郷大分県の出身であるが、重光葵が立てた説はまやかしであり、それゆえ、天皇と東条を喜ばせ、戦争が長びいた、とする。こういう説を外相たる者が説いたために、講和への気運が一気にふっとんだのである。

重光葵外務大臣

もう少し、重光外相の調子のよい弁を聞いてみよう。

支那に対する日本軍の態度には、余りにもマキアヴェリズムが多かった。日本の政策は、日本民族の公正なる精神を、支那民族に明瞭に示すことが基礎でなければならぬ。新政策は、南京政府を相手にしたものでもなく、また、単に重慶政府との駆引き《かけひ》のためでもなく、日本が真に何処にあるか、を実証せんがために実行されたものである。

日本人は戦略という立場から思想を展開する能力にとぼしい。重光はこの点を全く理解していない。満州、中国本土で日本人は何をして生きていたかを理解していない。麻薬を売りつけ、その上がりで軍人たちは飯を喰っていたのに、何が大東亜構想なのだ。

そして重光外相の努力が実り、一九四三年秋十一月に、東京において重光外相が自慢する「歴史的大東亜会議が開催された。自覚したる東亜民族の会合であって、アジア人の考える世界観を協議宣言せんとするものであった」

こんな会議にうつつをぬかし、大東亜宣言を出す前に、一刻もはやく終戦工作をし、敗北宣言を出し、国民の犠牲を一人でも少なくすべく努力すべきではなかったのか。

重光葵は「平和問題の取扱い」についても書いている。なんとも空々しい文章である。

日本軍部は、この戦争を最後まで闘う決意を示し、若し中途半端の平和を語るものがあれば、容赦なくこれに制裁を加える、という有様であった。軍部の独裁的実権は、陸軍大臣を中心にして強力に運用せられ、その政策を擁護するために、憲兵隊を政治警察として使用した。憲兵は、国内における平和を論ずるものを反戦主義者とし、敗戦を口にするものを反軍思想家として弾圧した。軍はかようにすることが勝利への途であり、国を保つ方法であると思った。憲兵は、重臣、内閣員、代議士及び自由主義者を厳重に監視し、外務大臣もその例外ではなかった。

ここに戦争を故意に長びかせようとする天皇の姿が見えてくる。「憲兵隊を政治警察として使用した」のは天皇と木戸幸一内大臣であった。大室寅之祐の隣村から出た最後の内務大臣の安倍源基はいつも木戸幸一のところへ行き、憲兵隊の報告をしていた。

安倍源基は田布施川の向こう岸に住んでいたことはすでに書いた。木戸幸一の「日記」の一九四一年四月から十月までの半年間を見てみよう。

四月二十二日
四時半、安倍源基氏来邸　面談。
七月二十九日
午前九時、安倍源基氏来訪、時局を深憂し、意見を述べらる。
八月二十八日
七時、安倍源基氏来訪、最近の内外情勢を中心に懇談す。
十月十一日

七時半、安倍源基氏来訪、政局を憂ひ種々の意見を陳べらる。

木戸は警察関係の連中と三日に一回ほどの頻度で会っている。これらはすべて天皇に上奏され、また天皇から伝送される。平和運動を抑圧し、終戦工作を妨害し続けたのは、天皇ヒロヒトその人であったことを理解しないと、戦争の本当の意味が分からない。

阿部牧郎の『危機の外相・東郷茂徳』から引用する。大東亜省新設に反対する東郷外相が描かれている。

外務省の命運をかけて東郷は抵抗した。もともと日本のエゴイズムがむきだしの大東亜共栄圏構想には反対だった。アジア諸国の主権を尊重し、平和的手段で相互の発展をはかってこそ、この戦争に植民地解放の大義名分がそなわる。縄張《なわば》り意識もなくはなかったが、理念のうえからも大東亜省の誕生などゆるしてはならなかった。

首相や書記官長と折衝をかさねた。勝ち戦を背景に東条首相は頑《がん》として応じなかった。閣議で東郷は三時間にわたり東条首相と激論をかわした。孤軍奮闘だった。休憩時間に首相は辞表提出を東郷にもとめてきた。東郷は拒否した。戦争を拡大する一方の東条内閣を、このさい閣内不一致で退陣に追いこんでやろうと考えていた。

だが、天皇が内閣の更迭《こうてつ》に反対だった。やむなく東郷は辞表を出し、軽井沢へひきこもった。十七年秋の時点では、たとえ外相をつづけたとしても戦争終結に奔走する機会はつかめそうになかった。東条内閣から離脱して、なによりもほっとした思いが濃かった。

安倍牧郎は「十七年の秋の時点では」と書いているが、天皇も東条も、日本を終戦に持っていく気など全くなかった。私は国際金融同盟、すなわち、国際決済銀行に蠢動《しゅんどう》するいかがわしい連中と組んで、マネー・ゲームに天皇と東条もどっぷりと漬かっていたと見ている。

スターリング・シーグレーヴとペギー・シーグレーヴの夫妻が一九九九年に『ヤマト・ダイナスティ』を、続いて二〇〇三年に『ゴールド・ウォリアーズ』を出版した。この二冊の中で天皇家の財産に触れている。

特に『ゴールド・ウォリアーズ』は、全編これ天皇家の財産の形成というストーリーである。秩父宮は「黄金の百合《ゆり》」といわれた黄金獲得の主人公であり、御殿場で静養（結核のため）していることにして、東南アジア一帯から黄金を奪取するリーダーであった、と書いている。

私はこの二冊、特に後者を読み衝撃を受けた。この本の内容が真実であるのかどうか、どこまで信じていいのかどうか、迷っている。それで、本書の中には引用しないことにした。

しかし、この本が世界中の多くの人々に読まれていることに日本人は目を向けなければならない。韓国でも中国でも翻訳されて読まれている。韓国と中国の反日運動への影響大である。

この本を読み、私はとても悲しくなった。一部は真実であろうと思う。そして、シーグレーヴ夫妻は身の危険を感じて姿をくらましているというが、ひょっとすると、この本は国際金融財閥を中心とする謀略機関が日本に仕掛けた〝罠〟の一つなのかもしれないとさえ思う。

東条英機総理大臣

日本人だけが、昭和天皇を「無私の人」と思っている。真実はまったく違う別人であったことは、ほぼ間違いのない事実である。次の項でこの真実性を別の角度から追求する。シーグレーヴ夫妻の『ゴールド・ウォリアーズ』の翻訳本が一日もはやく出版されることを願っている。私は今、この本のどこが正しく、どこが間違っているかを研究中であると書いておく。

明治天皇こと、大室寅之祐の部落・田布施の出身の岸信介のことについて書く。岸信介が皇族なみの蓄財をし、これをスイスの銀行の秘密口座に入れていた、と異色の歴史家八切止夫《やぎりとめお》の本にある。これを裏付ける記述が、先に引用した、近衛文麿の秘書の細川護貞の『情報天皇に達せず』の中に書かれている。

一九四四年九月四日の「日記」に次のように書かれている。

伊沢多喜男氏父〔近衛〕を訪問され、「岸は在任中数千万円、少し誇大に云へば億を以て数へる金を受けとりたる由、而もその参謀は皆鮎川〔義介〕にて、星野も是に参画しあり。結局此の二人の利益分配がうまく行かぬことが、内閣瓦壊の一つの原因でもあつた。これについては、さすが山千の藤原が自分の処で驚いて話した」と。

岸信介、元外相松岡洋右、鮎川義介（日産コンツェルン総帥）は、大室寅之祐の田布施の一族である。しかも親戚関係にある。この三人は満州国のリーダー的存在である。大室寅之祐が明治天皇にならなかったら、ただ一介の商売人であったろう。

松岡洋右は満鉄の総裁をし、岸信介は総務庁次長（満州国の実質的副総理）となり、利権をほしいままにした。東条英機の貯財は岸信介の世話によった。

岸信介の財は東条英機の貯財を大きく上まわっている。岸の財産はスイスの秘密口座に入れられ、安倍晋太郎、安倍晋三と確実に受け継がれている。田布施秘密閥は今も健在である。文中、星野とあるのは、元の満州国総務長官の星野直樹で、東条内閣では書記官長をしていた。当時、岸は商工大臣であった。

細川護貞が語らんとしているのは、戦争を終結させるために、東条英機を首相の座から降ろそうとした岸信介は立派だという風評があがったが、本当は、今の金で数百億から数千億の国家の機密資金の奪い合いの結果、岸が大室寅之祐一族の力を利して東条英機を捨てた。東条英機は〝田布施に敗れたり〟ということで、これはもうあきれて物も言えない……ということである。東条英機や岸信介は国家存亡の秋《とき》に、いかに自分の懐に金を入れこむかの競争をしていた……と、細川護貞はあきれ返っているのだ。

俗な言いかたに、「親が親なら子も子だ」とある。親の天皇ヒロヒトはもう少しスケールの大きいマネーを操っていたことが、この一つのエピソードからも見えてこよう。シーグレーヴが『ゴールド・ウォリアーズ』で書いた天皇一族の貯蓄のための戦争は、あるいは本当のことではと思えてくる。

極貧の中で生きてきた人間がある日、ある時、突然に財を築くと変貌してしまい、過去を捨て去って別人になる。唄の文句じゃないが、よくある話ではないか……。

鮎川義介

天皇と東条のマネー・ゲームをつたえるエピソードを一つ紹介する。ねずまさしの『天皇昭和紀』に次のように書かれている。

天皇の東条信任の厚さを示す例がもう一つ戦後に明らかとなった。昭和二十年十一月七日、日本占領の連合軍総司令部は、軍需財閥の三菱が東条に一千万円を贈ったと公表したとき、三菱は直ちに事実無根と発表した。まもなく総司令部は東条の貯金が十万円（今日の評価では五千万円から一億円）であること、これが彼が陸相と首相のときに天皇から贈られたものであると公表して三菱の抗議を承認した。

三菱は東条に金を渡していない、と抗議したが、それはどうもおかしい。たしかに天皇から東条英機に金はいっている。たった十万円ではないだろう。あのケチな岸信介が数千万円から億の金を東条英機にわたしている。GHQの報道から約半年後、GHQは再度、東条英機への三菱からの贈与を公表した。マーク・ゲインの『ニッポン日記』には次のような記載がある。一九四六年三月二十八日の日記からの引用である。

東条が自殺を企てたその家は、岩崎家からの贈物で、東条一家には三菱財閥の情深い当主から現金、株券その他で一千万円の額があるという報道が行なわれた。

満州国を牛耳った男が五人いるとして、「二キ三スケ」という言葉が昔、はやったらしい。

東条英機、星野直樹、松岡洋右、鮎川義介、岸信介。このうちの三スケが田布施の一族で、親戚にあたる。

阿部真之助は「岸信介論」(『阿部真之助選集』所収)の中でこの点に触れている。

> 二キ三スケのうち二キは政治の実権を握り、三スケは経済、産業の実権を握っていた。この三スケがいずれも長州人で、鮎川は松岡と同期の桜であるだけではなく、遠縁にあたる。この三人の関係抜きで「満業」設立の真相を理解することはできない。

三スケが大室寅之祐と同じ長州の田布施と深い関係があればこそ、「満業」の設立がなった。言い換えれば、天皇ヒロヒトと深く結びつく一族が満州国建国をなした、ということである。そのために、国際金融資本家たちがこの満業に深くかかわり、協力したのである。鮎川義介は日産財閥をつくったが、その資金の大半はロスチャイルド財閥から間接的に流れ出たものであった。

阿部真之助は「二キ三スケのうち二キが政治の実権を握り、三スケは経済、産業の実権を握っていた」と書いているが、これは日本の評論家の甘さと勉強不足を如実に示している。経済と産業の実権を握る者が政治の実権を握りうる者である。星野直樹も、東条英機でさえ、天皇の案山子《かかし》かパペット以外のなにものでもなかった。だから、東条英機は東京裁判で死刑判決を受けて刑死する。

星野直樹

東条英機が殺される前に「天皇陛下万歳！」でなく、「南無阿弥陀仏」と言って死んだとする本に出合った。まことに死期にふさわしい言葉であった。合掌!

東京裁判で東条英機を死刑に追い込み、天皇ヒロヒトを救うべく暗躍した田中隆吉《りゅうきち》（少将）は『敗因を衝く』という本を書いたが、どこを読んでも「敗因を衝く」という頁にめぐり合えなかった。それはそうだろう。天皇無罪論を展開する男には無理な話である。でも、面白い文章にめぐり合った。それは「悪質実業家の横行」という項の中にあった。

外地における実業家の罪悪に至っては、内地におけるよりもさらにはなはだしい。その利潤追求のためには、敵側にすら物資を供給した。しかも彼らが軍の占領地域に進出するや、不純なる軍人と結託して、軍管理の名のもとに敵側の政府と何ら関係なき無辜《むこ》の人民の事業を強奪し、ひたすら自己の私腹を肥すに日もまた足らぬ有様であった。

この文章に呼応する内容が岩見隆夫の『昭和の妖怪岸信介』の中にある。福家俊一《ふけとしいち》の談とある。その一部を引用する。

実はこれは極東軍事裁判でオレも国際検事団からさんざん調べられたことだが、アヘンの上がりが莫大だったんだ、甘粕さんは。里見某という男が上海でアヘンの総元締めをやっていた。このアヘンがインドのベルナス・アヘンで英国の軍艦が堂々と上海に陸揚げするんだ。臨検など出来やしない。それを里見に売る。英国にとっては大きな財源だった。

英国は国際連盟で「アヘンは人類の敵だ」なんて叫んでいてウラでこんなことをやっていたんだね。これこそ国際的謀略だよ。

　それはそれとして、その莫大なアヘンの上がりが軍事機密費として使われた。


戦争がマネー・ゲームであることが理解できたであろうか。

田布施のこのグループにやがて、吉田茂が一族として加わってくる。上海にいたサッスーン、ジャーディン・マディソンというロスチャイルド財閥から援助され財をなした吉田健一は、ある長崎の女郎が生んだ子供を養子にする。吉田茂その人である。その子が長じて東大法科に裏口入学し、牧野伸顕の娘と結婚する。満州利権を守るため、田布施の一族と血の契《ちぎ》りを結ぶ。のちにヨハンセン・グループを作り、天皇の承認のもとに、アメリカ大使のジョゼフ・グルーに極秘情報を流し続ける。こうして、マネー・ゲームは続くのである。

しかし、戦争はいつの日か終わらなければならない。

それはヒトラーの敗北であり、日本への原爆投下であった。ヒトラーの敗北と日本への原爆投下は深いところで密接に結びつく。次章で、原爆投下を書くことにしよう。

原爆投下まで、一羽の鶴は鳴かなかった。嗚呼！　悲しいかな！

もし、鶴の一声、はやければ、せめて、広島と長崎に原爆は落ちなかったものを！

鶴の一声は近くて遠かったのだ！

# 醜の章

# 醜の章

## 原爆投下の謎に迫る

原爆はどうして落ちたのか？　この謎に迫ってみたい。「太平洋戦争はどうして起こったか」の中で紹介したFに再度登場してもらうことにしよう。Fの原爆観は非常にドライである。それだけに真実に迫る凄みがある。

原爆が落とされた（a）理由、ならびに（b）投下先と、（c）投下のタイミング、それに（d）投下方法とに分けて考える。

（a）原爆は武器として製造されたものであるから、その使用（投下）は必然的なものであり、別に理由はありません。武器である限り、その使用自体を否定することは出来ません。

（b）黄色い猿（日本人）の密集地に落とすという選択肢の陰には、White Superiority Complex（白人であることの優越感）があると見ます。

（c）Global Hegemony（世界覇権）の立場からは、あの時点で日本に落とすことが対ソ戦略上意義大と考えます。日本が公式に手をあげてしまってからでは、もう当分落とし先が見つからない。

（d）広島では朝の通勤時間帯をねらい、それも一旦は瀬戸内海へ抜けて、日本人を安心させておいてから、反転投下して最大の殺戮効果をあげている。長崎の場合は、福岡《ママ》の通勤時間帯をねらったが果たせず（悪天候）代替の長崎への投下となったため、タイミングがずれ、かつ、殺戮効果もあまり上がらなかった。従って、ウラン爆弾とプルトニウム爆弾のスケール・メリットを比較分析することが出来なかった。

Fが原爆投下の理由として挙げた「原爆は武器として製造された」ゆえに、「その使用自体を否定することは出来ません」とは当然である。しかし、武器として製造される以上、その理由があるはずである。そしてまた、その使用された日が八月六日であるというのも偶然ではないはずである。その場所が広島であり、長崎であったのも必然的な理由があるはずである。

Fの（c）について少し書いておきたい。

私が〃おや〃と思ったのは、アメリカのかわりに「グローバル・ヘゲモニィ」という言葉をFが使っている点である。私は原爆に関する本をたくさん読んできた。しかし、どの一冊として原爆投下とグローバル・ヘゲモニィを結びつける本に会ったことはなかったのである。このグローバル・ヘゲモニィをFは「太平洋戦争はどうして起こったか」の中で、陰の政府とか、ニュー・ワールド・オーダーまたは小グループと呼んでいる。私は闇の権力とか闇の支配者とかと呼んできた。ここでは〃陰の政府〃として統一し、この政府について少しだけ解説する。その過程で、原爆投下の謎に迫ることにする。

国際決済銀行（BIS）については幾度も書いてきた。この銀行を設立し、運営する組織がある。この銀行を背後で支えているのが、ロスチャイルド、オッペンハイマー、ウォーバーグのユダヤ財閥であり、また、この財閥の支配下にあるのがアメリカのロックフェラー、モルガンらの財閥である。彼らは国家を背後から動かす力を持っていて、実際に動かしてきた。

あの原子爆弾製造の計画は「マンハッタン計画」という。この計画を立てたのは、イギリスのユダヤ財閥の王ヴィクター・ロスチャイルドである。彼は多くのユダヤ人研究者をルーズヴェルト大統領のもとに送りつけると同時に、秘かに世界中のウラン鉱を買い漁ったのである。

ロスチャイルドは、ルーズヴェルト大統領を背後で操るユダヤ人富豪バーナード・バルークと、こちらもユダヤ人ジェームズ・B・コナントを「マンハッタン計画」を承認させるべく動かす。コナント博士はユダヤ人物理学者を中心に計画を実行に移す。この計画の実質的なリーダーはロスチャイルド一族のチャールズ・ジョンソン・ハンブロー（ハンブローズ銀行会長）。この計画を現実化したのはユダヤ人のアルバート・アインシュタイン、ロバート・オッペンハイマー、エドワード・テラー……。みんなユダヤ人である。

原子爆弾を駆使して、ユダヤ財閥の王ロスチャイルドは世界制覇を狙っていたのである。戦後、アメリカに続いてイギリス、フランス、そしてソ連が原子爆弾の製造に乗り出した。彼らは、世界のウラン鉱のほとんどがロスチャイルド一族の所有下にあるのを知るのである。

アインシュタイン（左）とオッペンハイマー

戦後、国際原子力機関（IAEA）ができた。この機関の主要役員のほとんどはユダヤ人。しかもロスチャイルド一族なのである。

彼らは日本に目標を定めた。そして研究・開発を急いだ。それまでは、なんとしても日本との戦争を長びかさなければならない。彼らは国際決済銀行を使い、戦争をいかに長びかせるかを研究した。その甘い汁のひとつが天皇の貯蓄した金や銀やダイヤ……の貴金属をドルかスイス・フランにかえて、スイスの国際決済銀行かスイス国立銀行（この銀行の役員のほとんどが国際決済銀行の役員を兼任する）の天皇の秘密口座に入れてやることであった。従って、一九四四年から一九四五年にかけて天皇は、自分の財産の移しかえに専心するのである。その過程と原爆製造の過程が見事に一致するのである。

ガー・アルペロビッツの『原爆投下決断の内幕』という本がある。彼は原爆直前のトルーマン大統領、バーンズ国務長官、スティムソン陸軍長官らの動きの中に、その秘密をさぐり出そうとする。この中に「ヘンリー・L・スティムソン陸軍長官、トルーマン大統領との会談についての日記の記述、一九四五年七月二十四日」が入っている。

それから私は、日本人に対して彼らの王朝の継続を保証することの重要性について話した。そして、そのことを公式の警告文書に挿入することが重要で、そのことがまさに彼らの受諾を左右することになるだろうと感じていた。しかし、彼らはそれを挿入したくないとバーンズから聞かされた。また、蔣介石にメッセージを送ってしまったから、今さら変更はできないという。

この解釈として考えられたのが、トルーマンとバーンズがうまく振る舞えば、原爆を投下せずに、降伏を引き出しえたとする説である。しかし、Fも指摘しているように、それでは、ソ連との関係上、日本を占領するアメリカの立場が不利となる。従って、対ソ政策上、日本に原爆を落としたという考えである。

トルーマンはポツダムに行き、イギリス、中国とともにポツダム宣言を出す。この中に天皇制の保証を入れなかったから、日本は無条件降伏を選ばず戦争状態が続いた。だから、原爆が落ちた……と一般には考えられている。

敗戦国ドイツのポツダムで一九四五年七月二十六日（日本時間翌二十七日午前四時二十分）に米・英・中国（国民政府）を代表して（ソ連はこの宣言に加わらなかった）、日本に無条件降伏を求める「ポツダム宣言」が発表された。全文は十三カ条からなる。最終の第十三条を口語訳で記すことにする。

われらは、日本国政府が直ちに全日本国軍隊の無条件降伏を宣言し、かつこの行動における同政府の誠意について適当かつ充分な保障を提供することを同政府に対し要求する。これ以外の日本国の選択には、迅速かつ完全な破滅があるだけである。

このポツダム宣言の中に〝無条件降伏〟という言葉が出てくる。この中に、天皇制護持とか、国体を守るとか、天皇の地位を保障するとかの文字があれば、戦争は終了し、原爆が落ちることもなかった、と一般に考えられている。

下村海南の『終戦秘史』には次のように書かれている。

最後の第十三項目に無条件降伏を宣言し、これに反すれば日本の全的破壊あるのみと結んである。東郷外相は閣議の席に於て、本件につき政府として何等意思表示をしないことを強調したが、軍の方では軍の士気に影響するというので、首相より進んできびしく反撃してほしいという要求が強く、首相としては一面外交の手を打ちつつあるさ中であるから、挑戦的態度はとるべきでなく、一応何等進んで意思表示をなさざることとし、新聞にはただニュースとしてのせるが、これを批判せず、黙殺《もくさつ》することとした。〔略〕

午後の記者団との一問一答中には、首相はポツダム宣言にふれては、

私はあの共同声明はカイロ会談の焼き直しであると考えている。政府としては何ら重大な価値ありとは考えない。ただ黙殺するだけである。我々は戦争完遂にあくまでも邁進《まいしん》するのみである。

という数語に止めた。

さて、仲晃《なかあきら》の『黙殺』という本から引用する。本の題名にあるように、この〝黙殺〟について書いている。

ところで、鈴木首相のいわゆる「黙殺」発言は、海外にはどのようにして広がったのか。

当時、日本政府にごく近い通信社として、内外のニュースの取材と発信の本来業務に加え、海外諸国に日本の立場を広報・宣伝する役割を負い、非公式な日本のスポークスマンと見なされていた社団法人「同盟通信社」（通称「同盟」）が、鈴木首相の発言内容を英文で速報し、その中で「黙殺」を「ignore」（イグノア）と訳した。

この同盟ニュースを傍受した国際通信社の代表格であるアメリカのＡＰ通信社とイギリスのロイター通信社が「ignore」を「reject」（リジェクト、拒否）といい換えて表現し、これが米・英などの新聞に「日本、ポツダム宣言を拒否」といった見出しを付けて掲載された。

これを見た米英の国民世論が激高し、これをうけてトルーマン米大統領が原爆投下を決断する。八月六日に広島、ついで九日には長崎に、史上初の原爆が投下された。また、ソ連もこれを絶好の口実に八日、日本に宣戦を布告し、九日午前零時に、当時日本の支配下にあった満州（現在の中国の東北）などにソ連の大軍がなだれを打って攻め込んだ。これが鈴木首相の「黙殺」言明が招いた悲惨な結果であったとされている。

しかし、仲晃はこの〝黙殺〟が、トルーマンの原爆投下には影響を与えていない、と書いている。正解である。『トルーマン回顧録』を読んでも、彼の日記を読んでも〝黙殺〟の言葉すら出てこない。

しかし、東郷茂徳が巣鴨拘置所の中で書いた『時代の一面』を読むと、この鈴木の「黙殺」発言に対する怒りがはっきりと書かれてい

トルーマン大統領

る。「……米国新聞紙等は日本は同宣言を拒否したと報じ、トルーマン大統領の参戦声明中にも之を理由とすることになったのは誠に不幸且つ不利なことであったと謂はざるを得ない……」と書いている。

私は敗戦にいたる過程を書いた本をたくさん読んできた。東郷茂徳の『時代の一面』を主体として原爆投下を考える本を読んでいるうちに、これらの本の作者たちが、アメリカ側（世界覇権とか、闇の支配者たちとかは別として）から原爆投下を見ていないのに驚いた。彼らは日本の立場から、太平洋戦争の原因を見、敗北も終戦も見ているのである。私はアメリカ、イギリス、ドイツ、ソ連……の状況の中に日本史を追求している。立場がまるっきり違うのである。

私はFと同じように、もっと大きなスケールでこの原爆投下を見たいと思う。〝陰の政府〟がこの原爆投下の主役と見るのである。少しだけ書いたが、ロスチャイルド財閥とそれを取り巻く国際金融財閥が中心となり、この原爆投下も演出したと見るのである。それを、戦後世界の原子爆弾、そして水素爆弾の巨大な軍需産業を支えた〝陰の政府〟の動きの中に見るのである。日本は現在、電力の大部分を原子力発電でまかなっているが、ここにも、その原料の大半をユダヤ財閥のルートで入れていることと大いに関係がある。

しかし、トルーマンの弁明も聞いてみよう。トルーマンは仲晃とはちがい、「黙殺」を別の形で引用している。ガー・アルペロビッツの『原爆投下決断の内幕』からの引用である。

ケイト〔ジェームス・L・ケイト・シカゴ大学教授：引用者注〕がトルーマンに手紙を書いたのは、なによりも情報の矛盾に困惑したからだ。大統領は、原爆に関する最初の声明では「七月二十六日の最後通牒がポツダムで発せられたのは日本国民を徹底的な破壊から救うためだった。彼らの指導者は最後の通牒を言下に拒否した」と述べている。また、公刊された一九四七年二月のカール・T・コンプトン宛ての手紙でも「日本にきちんとした警告を与えた」と書いている。

この二つの発言を読んだかぎりでは、トルーマンは鈴木首相がポツダム宣言を「拒絶した」あとではじめて原子爆弾使用を決断したように思える。だが、ケイト教授、あるいは注意深い編集者が、実際の日本への原爆投下命令は七月二十五日に出されていることに気づいた。ポツダム宣言の発表は七月二十六日である。したがって、「原爆の使用が決定されたのは少なくともポツダム宣言の発表の一日前、また鈴木首相が東京時間七月二十八日に拒絶した二日前ではないか?」という疑問が生じる。

このような解釈は、日本が最後通牒を拒絶したあとではじめて最終決断が下されたという公表されている説明とは正反対です。

ケイト教授はヘンリー・フハップ・アーノルド将軍の回顧録から、七月二十五日の命令は直接大統領が承認していないように思われることを指摘している。

他でのアーノルド将軍の発言「H・H・アーノルド著『グローバル・ミッション』(ニ

ューヨーク、一九四九年、五八九ページ）によれば、この命令は七月二十二日に将軍とスティムソン長官とマーシャル元帥の間で行われた会議の後で特使がワシントンに届けたメモに基づいていました。

ケイト教授は手紙を次のように締めくくっている。

閣下が歴史に興味をおもちであることは、たいへん有名です。それに刺激されて、私も歴史家として元の情報に当たりました。問題を正確に記述したいと願うあまり長い手紙になってしまいました。閣下の多忙なスケジュールのお邪魔をしたことをお許しください。

この中に書かれている「七月二十五日」に注目してほしい。トルーマン大統領に相談することなく、原爆投下の指令書が出ていたのである。その主役はスティムソン陸軍長官。彼は実質的な国防長官であった。

スティムソンはフーヴァー大統領時代は国務長官をしていた。彼の経歴を見ることにしよう。スティムソンはエール大学でスカル・アンド・ボーンズの秘密結社に入会した。卒業後、ウォール街の著名な弁護士となった。彼は弁護士の時代にユダヤ王ロスチャイルドの「ザ・オーダー」の中枢部に入った。このことは、アンソニー・サットンの『スカル・アンド・ボーンズ』（未邦訳）の中に詳細に書かれている。〝隠れた政府〟のアメリカ代表であった。

その隠れた政府から見ると、ルーズヴェルト大統領もトルーマン大統領も格下となるのである。真珠湾攻撃を日本にさせたのも、その最高責任者はルーズヴェルト大統領でなく、スティムソン陸軍長官であった。先にスティムソンの「日記」を紹介した。スティムソンの「日記」は歴史の捏造そのものである。

さて、話を原爆に戻す。アーノルド将軍もマーシャル元帥（当時参謀総長）もスティムソンの配下である。このケイトのトルーマン元大統領宛ての手紙には続きがある。

ケイトはトルーマンへの手紙にワシントンの陸軍省発の七月二十五日付の命令の写しを同封した（ポツダムにいるマーシャルの代わりにトーマス・H・ハンディが署名）。この命令には大統領の直接関与を示すものは何も書かれていない。

一九四五年七月二十五日

アメリカ合衆国戦略空軍司令官

カール・スパーツ将軍殿

一、第二〇航空軍第五〇九航空隊は有視爆撃が可能な天候になり次第、最初の特殊爆弾を以下の内いずれか一つの目標に投下せよ。広島、小倉、新潟、長崎……。

二、追加の爆弾はプロジェクト担当者による準備が整い次第、上記の目標に投下せよ……。

三、日本に対する兵器の使用に関するすべての情報は陸軍長

スティムソン陸軍長官

官と大統領に限定する……。
　四、上述の命令は陸軍長官と合衆国参謀総長の指示と承認によるものである。参考のためマッカーサー将軍とニミッツ元帥に貴殿自身でこの命令の写しを一部ずつ届けることを希望する。

参謀総長代理
参謀幕僚部隊将軍
トーマス・H・ハンディ

　この命令書が〝隠れた政府〟からスティムソン陸軍大臣に渡ったがゆえに、トルーマン大統領は何一つ文句を言えなかったのである。そして、準備が整っていく。バーンズ国務長官しかりである。

　このガー・アルペロビッツの『原爆投下決断の内幕』は、八月六日についても触れている。文中、フリードとはフレット・フリードで、NBCテレビのアンカーである。一九六四年のテレビ番組で、かつての国務長官はフリードのインタヴューに応じている。

　フリードは投下時期について明らかにしようと試みた。


　いえ、私は時間が非常に短いことを言おうとしただけです。……ポツダム宣言から最初の原爆が投下されるまで、一週間少々しかなかったわけですね。

〈これに対するバーンズの答え〉

そうだ。だがそれは本当に……偶然の一致以上のものがあったのか私はわからない。われわれはできるだけ早期に原爆が使用できるように励んでおり、それはまったくの新世界への挑戦だった。その日時は不確定であり、一方で宣言に関しては完全な合意に達していた。ただの偶然だった。

バーンズは「偶然の一致以上のものがあったのか私は知らない」と語っている。そして、その考えを否定し、「ただの偶然だった」と言いのがれをしている。私は、「偶然の一致以上のものがあった」と思うのである。トルーマンもバーンズも関与できない何かがあり、八月六日に広島に原爆が落とされた、と思うのである。

その八月六日必然説を追ってみよう。これはあくまで私の仮説である。確たる証拠はない。しかし、追求してみるだけの価値があるものは追求すべきであろう。

纐纈厚《こうけつあつし》の『日本海軍の終戦工作』からその糸口をさぐっていこうと思う。

宮中グループが本音として終戦工作をどう捉えていたかを知るうえで、どうしても引用しなければならない証言がある。それは岡田や近衛と並び、終戦工作に深い関わりを持ち続けた米内光政の次の発言だ。

私は言葉は不適当と思うが原子爆弾やソ連の参戦が或る意味では天佑だ。国内情勢で戦を止めると云うことを出さなくて済む。私がかねてから時局収拾を主張する理由は敵の攻撃が恐ろしいのでもないし原子爆弾やソ連参戦でもない。一に国内情勢の憂慮すべき事態が主である。従って今日その国内情勢を表面に出さなくて収拾が出来ると云うのは寧ろ幸いである。（「米内海相直話」昭和二〇年八月一二日）

ここには、「聖断」による戦争終結を急いだ宮中グループや鈴木内閣の本音が語られている。しかも、東条内閣打倒工作から戦争終結のシナリオを設定し、リードしてきた海軍穏健派と目されてきた代表的人物の口から発せられた意味はきわめて重大だ。

私はクーデターを書いてきた。あの偽装クーデターは、天皇を中心とする権力機構を敗戦後も温存するために必要だった。ただ、天皇はその温存の方法が、確実に未来へとつながる方法が見つからず、終戦への努力を無為にすごしていた。そこで大きな外圧を受けて、その外圧を利用して国内の終戦工作を有利にしようとした。そこで最大限に利用されたのが原子爆弾であった。米内光政海相はそれを〝天佑〟だと言うのである。原子爆弾が数多くの人々を一瞬のうちに殺してしまったことを！

私がこの『日本のいちばん醜い日』を書こうとし、いろんな本を読んでいるとき、いちばんショックだった言葉は、天皇の「あのものたちは何を考えているのだろうか……」であった。私はそれを「日本でいちばん醜い言葉」と表現した。その次に醜いと思った言葉がこの米内海相の「天佑」発言であった。

原子爆弾が落ちた後、国民の苦しみの状況を嘆く言葉の一つとしてなく、天皇をはじめとする宮中人や鈴木内閣の大臣たちは、これを〝天佑〟として国内の終戦工作を有利にすべく（アメリカやソ連、イギリスに対してでなく）、活発に動きまわるのである。

アメリカ側から見た原爆投下の本を読むと、もし、アメリカが、降伏条件を提出したポツダム宣言の中で、降伏条件の明確化、すなわち天皇制護持を伝えていたら、日本は即座に応じ、戦争は終結し、原子爆弾の投下もなかったとする説が主流を占める。

グルー国務次官（六月十三日）、スティムソン陸軍長官（七月十六日）、チャーチル英首相（七月十八日）、それぞれがトルーマン大統領に降伏条件の明確化を訴えている。しかし、明確化はなされなかった。

その一方でスティムソン陸軍長官、マーシャル参謀長らは独自に七月二十五日に命令を出す。「原爆投下の準備に入れ……」と。

私は元駐日大使グルーとスティムソン陸軍長官が日本のヨハンセン・グループと深く結ばれて、情報の交換をし続けていたとみるのである。ヨハンセン・グループというのは、「吉田反戦」という言葉から作られた、日本とアメリカを結ぶ秘密組織である。このグループの首魁は牧野伸顕、そして吉田茂と樺山愛輔の三人である。三人のほかに少数の人々の姿が見え隠れする。吉田茂は牧野伸顕の娘雪子と結婚した。ここでは、樺山愛輔（伯爵・貴族院議員）に注目してみよう。

秩父宮妃勢津子の『銀のボンボニエール』には樺山家と秩父宮の深い関係が書かれている。秩父宮妃勢津子の父は松平恒雄である。彼は自分から認めたフリーメーソン会員である。

この松平恒雄と樺山愛輔は古い友人である。樺山愛輔の父は樺山資輔（元台湾総督）。ヨハンセン・グループの使者は、グルー元アメリカ大使と商売の面でも結ばれていた。樺山資輔は

J・P・モルガンのラモント（ロスチャイルド財閥からモルガンへ派遣された支配人）と親しく、J・P・モルガンの血族の一人がグルー元大使である。グルーはアメリカ大使であると同時に、隠れた政府の一員であった、というわけである。

さて、樺山愛輔は貞明皇后と深い関係にある。貞明皇后が松平恒雄の娘勢津子を見染め、秩父宮の妃とした。これには深い因縁《いんねん》がある。貞明皇后は自分の過去を知る長州閥を憎悪していた。それゆえ、会津の松平恒雄の娘を秩父宮妃に迎えた。

もう一人、油断のならない人物がいる。樺山愛輔の娘正子は白州《しらす》次郎と結婚している。秩父宮勢津子と樺山愛輔の娘正子は学習院初等科時代からの親友である。白州次郎はかくて必然的にヨハンセン・グループの一員となる。白州次郎は欧米で、どうやって生活していたのか？彼はユダヤ財閥のウォーバーグから生活の糧《かて》をもらって生きてきた過去を隠しに、隠し続けた男だ。モルガンとウォーバーグの手下が、ヨハンセン・グループにいた。

ヨハンセン・グループに近い一人に関屋貞三郎がいる。四一一頁を参照してほしい。島津治子の霊視の中の一つに「大正天皇の侍従の死霊——皇后の御相手——八郎氏。関屋次官の談、九条家より質ねらる云々」とある人物である。

この関屋貞三郎もクリスチャン。樺山愛輔もクリスチャン。彼らは貞明皇后と深く結びついている。

私がいわんとするのは、彼らが、牧野伸顕（元内大臣）、吉田茂（元外務次官）を含めて、ヨハンセン・グループの秘密名で、太平洋戦争開戦の翌年の六月にグルー大使がアメリカに帰国するまで情報を流していたということである。そして、グルーが国務次官になった後も、このルートが守られていた可能性大である。それゆえ、原爆が〝天佑〟となる時にちょうど落ちたのではないか、ということである。太平洋戦争が始まった後に、すでに和平交渉が宮中と重臣たちのルート（ヨハンセン・グループ）により行なわれていた可能性がある。

従って、このグループに参加した人々はすべて、なぜか戦犯に指定されていない。牧野伸顕、吉田茂、樺山愛輔、岡田啓介元首相、米内光政元首相たちである。

さて、もう一度、ガー・アルペロビッツの『原爆投下の決断の内幕』を見ることにする。

実際、六月十八日には、スティムソン陸軍長官、フォレスタル海軍長官、グルー国務長官代行、レイヒ提督、そして、マクロイ陸軍次官補がそろって早期の声明を勧告していた。スティムソンは六月十八日の大統領との会談でこんな言い方をしている。

「日本には知られざる多くの人々がおり、このグループは現在の戦争を支持していないが、その意見と影響力が日の目を見たことがないというのが、彼の意見だった。このグループは自分の足元を攻撃されれば反抗し、粘り強く戦うだろうと、彼は感じていた。彼らと正面からぶつかりあうことが必要になる前に、彼らをたきつけ、持てる影響力を行使させるべく何かをすべきだと彼は考えていた」

この文中の「彼」とはグルー国務長官代行（一般に国務次官）であろう。グルーとヨハンセン・グループが原爆投下を目前にして、活発に意見を交換している姿が見えてくる。グルーとどのような交

グルー国務長官代行

渉をしていたのか？　スティムソンは参考にすべきことを語っているではないか。

「彼らをたきつけ、持てる影響力を行使させる」

トルーマンはルーズヴェルト大統領が突然死去して大統領になって日が浅いので、原爆の存在すら知らされていなかった。このスティムソンの発言の意味するところを理解したかどうかも疑問である。

ヨハンセン・グループは原爆投下の直前まで、グルーを通じてアメリカの最高の実力者の一人、スティムソン陸軍長官と通じていた。七月二十五日、原爆投下の準備に入ったことは間違いのない事実である。しかし、その前に、スティムソン陸軍長官らは前もってヨハンセン・グループに原爆投下の概要を教えていたものと思われる。

それを暗示するものが、『木戸幸一日記』の中に見られる。昭和二十年六月八日の日記は最後に、「以上は余個人の意思にして、固《もと》より余の気持を率直に示し、根本の重大要件のみを掲げたるに過ぎず。交渉条件等は更に各方面の専門家を待って整正するの要あるは勿論とす」と書いている。ある書類がアメリカから送られてきた。それが交渉条件等であろう。ヨハンセン・グループの存在が見え隠れするのである。その一部を引用する。


敵側の所謂《いわゆる》和平攻勢的の諸発表論文により之を見るに、我国の所謂軍閥打倒を以て其の主要目的となすは略確《ママ》実なり。従って軍部より和平を提唱し、政府之によりて策案を決定し、交渉を開始するを正道なりと信ずるも、我国の現状より見て今日の段階に於ては殆ど不可能なるのみならず、此の機運の熟するを俟《ま》たんか……

天皇陛下の御勇断を御願ひ申上げ、右の方針により戦局の収拾に邁進するの外なしと信ず。

この木戸の日記は悲愴感に満ちている。六月の初旬に、ヨハンセン・グループを通じ、スティムソン陸軍長官からの〝原爆投下計画書〟が届いたものと思われる。それを裏付ける資料を提供する。その一つを、河原敏明の『天皇裕仁の昭和史』から引用する。

六月十四日、天皇は皇后とお揃いで赤坂の大宮御所（御文庫）に足を運んだ。〔昭和〕二十年に入ってから、皇后は毎月一度の割で皇太后を訪ねて姑宮を見舞い、疎開をすすめてきたのだが、この日は天皇自身、最後の説得に訪れたのだった。

延々一時間以上言葉をつくしたのだが、相変らず皇太后は頑なに断りつづけた。天皇は還奉後、木戸らに、

「おたかさまは、分って下さらなかった」

とひとこと、肩を落してつぶやいた。これまでも、疎開をすすめられたたび、

「そのあと、大宮さまのご機嫌が大変悪かったものです」（旧側近）

というほどで、なぜにかくまでも疎開を嫌ったのかは謎である。『木戸日記』の「右は極めて機微なる問題ゆえ……」が何を指すのか、これまで私や各社の記者が多くの側近にただしているが、固く口を閉ざすばかりである。〔略〕

天皇の直接説得にもがえんじなかった皇太后が、その数日後に、急転直下、疎開を承諾

するに至ったのは、これまた謎という他はない。

「文藝春秋」（二〇〇五年二月号）の「総力特集一九四五年——昭和天皇ご聖断へ『謎の静養』」を見ることにする。半藤一利、保阪正康、宮沢喜一の三人による座談である。この中で半藤一利は次のように語っている。

半藤　そして六月十四日の午前中、昭和天皇は母の貞明皇太后を訪ねています。いよいよ本土決戦となったときには、東京を離れ、軽井沢に避難していただきたい、とお願いするんですね。ところが貞明皇太后は、東京を離れないと拒否された。これは、昭和天皇にとって相当ショックだったのか、その日の午後から十五日いっぱい、十六年の開戦以来、ただの一日も政務をお休みにならなかった天皇陛下が初めて表御座所から下がられて、床に就いてしまうのです。

十六日に執務に復帰してから先、昭和天皇のご発言は、和平実現推進で一貫しています。二十日、木戸幸一を呼び、終戦ということを考えてはどうか、と言われる。それを聞いた木戸は、大変に結構なお話です、と鈴木首相と東郷茂徳外相を呼びます。しかし、和平に乗り出すとなると、徹底抗戦を決めた八日の御前会議の国策決定を覆さなくてはならない。

〔略〕

保阪　確かに六月に入って、広田弘毅元外相とソ連のマリク駐日大使の会談が行なわれ、二十二日以降は、東郷外相を中心としてソ連を仲介者とする和平工作に取り組むなど、複数の終戦工作が展開されますね。

「謎の静養」とは何かを、半藤一利（作家）も保阪正康（評論家）もまるで追求しない。ただ、静養したとのみ書くだけである。

こんな現代史を読まされていると、読んだ人はみな、考えない人間になってしまう。この二人は、日本現代史が世界史の中の一つのもつれた歴史であることを理解できていない。日本の現代史を知ろうとすれば、どうしても世界の秘密組織に眼をやり、そこから、日本を見る以外にないのである。彼ら二人は、ヨハンセン・グループの動きも、このグループを操るグルーを支えるスティムソン陸軍長官の動きも全く見ていない。否、知ろうとさえしていない。あえて書くなら、その方面の知識も全くないと見た。

ロスチャイルド財閥を中心とする国際金融同盟は、原子力に注目し、これに莫大な資金を投資し、ウラン鉱山の買収を大戦中に始めていた。原爆の実験はそのために是非とも必要だった。日本がその標的にされた。スティムソン陸軍長官が六月八日直前に天皇宛ての文書をヨハンセン・グループのルートで送ったとみられる。昭和二十年六月八日の『木戸幸一日記』はとても長い。長くて引用しきれない。だが、歴史を知ろうとする人々は是非、この日記を読まれるがいい。

天皇は動かざるをえなくなったのだ。たぶん、この中に、彼らの言い分に応じないと、東京に原爆を落とすぞ、という一文が入っていたにちがいない。それで思いあまって天皇は皇太后の元へ行ったにちがいない。原爆投下は別として、皇太后はこの年の一月から、樺山愛輔、関屋貞三郎のルートでアメリカの情報を入れて、高松宮に和平工作にのり出せと主張していた。天皇の疎開説得に応じなかった皇太后がどうして数日後に、急転直下、疎開に応じたのか。答えはいたって簡単である。ヨハンセン・グループから、原爆投下についての話を聞いたからである。

スティムソン陸軍長官がトルーマンに、「彼らをたきつけ、持てる影響力を行使させる」と語った言葉（軍首脳も出席した）の中に、日本の運命が語り尽くされているのである。

次に、外務省編『終戦史録（5）』の中に掲載されている「大井篤手記――天皇制と太平洋戦争」から引用する。

文中の「彼等」とは偽装クーデターを計画、実行した畑中少佐らのことである。

彼等は、天皇は間違っていると考えました。彼等には驚くべきまでに、機微な情報が――その真実性は私には判りませんが――入手されていました。彼等の見るところでは、天皇は弱虫だから終戦をいそがれているのである。原子爆弾が怖いのだ。その弱虫をさらに皇太后が焚きつけている。皇太后は御所内に堅固な防空壕を作ってくれと軍に催促されるが、資材不足でそれが出来ずにいる。そこへ原子爆弾の話が、尾ひれをはやして皇太后の耳に入ってくる。ジッとしておられなくなって天皇に訴える。彼等はこの情報を信じておりましたし、又陸軍では一般に原子爆弾はそう恐しいものでないと信じられておりました。

この文章を読むと、皇太后ははっきりと原子爆弾が投下されること（目標が東京かは別として）を知っていたのだ。それで大本営に、赤坂御所に原子爆弾に耐えられる防空壕を造れ、と命じたのである。結局、皇太后は、八月二十日に軽井沢へ出発すべく準備していたが終戦となった。スティムソン工作が皇太后の防空壕建設の話にまで及んでいた。

この話は別の面から見ると、重大な事件を秘めている。その第一は、天皇が原爆が投下される可能性を全く知らなかったことになっているからである。ヨハンセン・グループの動きが、戦後史の中に見えてこないのである。

もう一つ、若手将校たちが入手したという「機微な情報」とは何か、ということである。たぶん、これは天皇とアメリカとの秘密交渉の情報らしいことは分かる。大井篤は続けて次のように書いている。

> 天皇制の楽屋裏を知っているこれら中枢機関の将校には、こんな臆病風で一国の運命が左右されてなるものかと考えられたようであります。

当時の軍人たち、とくに軍の中枢にいる軍人たちは、私が今まで書いてきた天皇制の楽屋裏、すなわち〝皇室の秘めごと〟を知っていた、と思えてならない。特に、貞明皇太后の〝秘めごと〟を知るがゆえに、彼女に対する非難の声を彼ら将校はあげていたのであろう。

この手記を残した大井篤は、国際検事局の査問官となる。彼は多くの戦犯たちを尋問する。一九五〇年四月十七日、巣鴨拘禁所で、日系人の査問官フランク・Y・ナカムラ（中村雄二）とともに木戸幸一からも聴取している。首題は「終戦時の回想若干」である。その中から引用する。

問　原子爆弾の出現が皇族方を非常に怯えさせ、それが天皇を刺激した為、天皇があれから終戦の即時実現に熱心に動かされたのだと云ふ説があるが、之に対し貴下は如何に思ひますか。

答　それは全くの臆説です。第一原子爆弾攻撃のことに関して皇族方で陛下に何か話しにこられた方たちは一人もありません。勿論私のところにも、原子爆弾がこわいから戦争を早くやめてくれ、と言って来たものは皇族方からも知人からもなかった。

大井篤は木戸幸一を誘導尋問し、見事に罠にかけることに成功している。木戸のもとに「皇族方からも知人からも」、ある要望があったことが分かるのである。続ける。

陛下や私があの原子爆弾に依って得た感じは、待ちに待った終戦断行の好機を茲《ここ》に与へられたと云ふのであった。

木戸幸一も天皇と同じく、数十万の人々が死傷したのに、悲しみの感情を持っていないのである。ただ、ただ、終戦に好都合だと語るのである。終戦に好都合なように、原爆投下を受け入れるべく、天皇と木戸とヨハンセン・グループは七月のあるときから、スティムソン陸軍大臣の手下のグルー国務次官と秘密のルートで動いたにちがいないのである。それが八月六日午前八時十五分の広島の原爆投下となったのである。

私はそれを実証しようと思う。単なる偶然はありえない。偶然を装った必然の中で、終戦工作はなされたのである。

## 広島にどうして原爆が落ちたのか

前項「原爆投下の謎に迫る」の中で書いたが、皇室関係者、一部の重臣たち、そしてヨハンセン・グループの人々は、確実に、敗戦前のあるときに原爆が落ちることを知っていた。それも、遅くとも六月中旬には知っていた。

それでは八月六日、午前八時すぎに広島に原爆が落ちた謎に迫ってみよう。「原子爆弾の投下」という記事が外務省編の『終戦史録（４）』の中にある。

ポツダム宣言発表以来、緊迫した空気のうちに、一途にソ連の回答を鶴首《かくしゅ》していたところ、八月六日午前八時過ぎ広島に侵入したB29一機は、新型爆弾一個を投下し、その一弾のため広島はほとんど壊滅したと伝えられた。七日朝にいたり、米側ラジオは、トルーマン大統領の声明として、「六日広島に投下した原子爆弾は戦争に革命的な変化を与えるものだ。日本が降伏に応じない限り、さらに他の場所にも投下する」と伝えてきた。〔略〕七日、この問題で関係閣僚会議が開かれた。東郷外相は、そこで原子爆弾投下云々のアメリカ放送を詳細報告した。陸軍側は、ともかく調査報告をまって必要措置をとろうと主張し、なるべくその効果を軽視しようとするもののようであった。外相は、またその席上で、原爆の出現は、軍側にも戦争終結の理由を与えることになるので、ポツダム宣言を基礎に終戦を考えては如何《いかが》かとはかったが、その時、外相の提案を議題として議論するには至らなかった。

さて、東郷外相は、原爆に関する米英側放送が引き続き猛烈なので、翌八日朝、鈴木首相と打ち合せたうえ参内した。外相は、天皇に右の趣を詳細申し上げ、もはやポツダム宣言を受諾するより他なしと思う旨内奏した。陛下は、これを聞こし召されて、原爆のような新兵器の出現をみた以上、戦争継続は不可能である。速やかに終戦措置を講ずるようにせよ、なお、その旨を首相に伝えよと仰せになった。

東郷外相は、早速右の思召《おぼしめし》を木戸内府ならびに鈴木首相に伝え、なお首相に対し、至急構成員会議を召集せられたいと申し入れた。首相は、右様取り計らったが、会議は翌九日開かれることになった。然るに、翌九日朝、ソ連の参戦を見、急遽右構成員会議が開催されている最中、さらに第二の原爆が長崎に投下された。

以上は公式的な原爆の記録である。それでは、どうして原爆が落とされたか、を考察する前に、天皇の動きを別の面から見ることにしよう。

二〇〇二年八月十三日、「ジュネーブ発十三日共同電」は、「まやかし日本秘密口座」について報道した。この内容は長く複雑であるので、私がダイジェストした。

――日本は一九四四年九月、赤十字活動の支援を表向きの目的として、スイス国立銀行に横浜正金銀行名義（天皇の銀行）で秘密口座「第一特別勘定」と「第二特別勘定」を開設した。

しかし、横浜正金は入金する一方で、この金には一切手をつけず、赤十字活動のために拠出する金は、横浜正金東京支店に開設された在日スイス公館の口座に振り込んだ。さらに東京から中国への送金の際も円と元の公定レートを強制し利ざやを稼いだ。

日本はこの特別勘定をスイスとの取引決済や武器調達などに使用したほか、特別勘定の資金をスウェーデンなど中立国に移す資金退避を何度か繰り返した。四五年八月の時点で五千八百六十万スイスフランの残高があったが、終戦とともにスイス政府が口座を凍結。その後、英国などへの賠償金やサンフランシスコ講和条約に基づく連合国捕虜への補償金などで没収され、特別勘定は五六年に閉鎖された。——

この記事には解説がついているが、真実を伝えていない。天皇は敗戦が近づくと、自らが戦争その他で貯蓄した大量の金を、日本銀行や横浜正金銀行から、スイスにある国際決済銀行（BIS）の力を借りてスイスに移すのである。

天皇は国際決済銀行とスイス国立銀行に今日でも世界トップクラスの秘密資金を持っている。ポール・マニングの『米従軍記者の見た昭和天皇』にも、シーグレーヴ夫妻の『ゴールド・ウォリアーズ』にもそのことが詳しく明記されている。横浜正金銀行が一九四四年九月にスイス国立銀行に開設した「第一特別勘定」と「第二特別勘定」も、天皇の資産隠しのために使われたとみる。しかし、天皇は、自らの秘密口座と、皇后名義の秘密口座をスイス国立銀行に持っていた。

工藤美代子の『香淳皇后』には次のように書かれている。

日本でも、外面的には、あくまで戦争を続け、本土決戦に臨むという態度ではあったが、その実、敗戦を予測してのそれなりの動きはあったようだ。

木戸幸一をはじめ、当時の日本の首脳部にいた人々の日記は、すでに幾つか刊行されているのだが、不思議なことに、敗戦を予測しての具体的な準備について触れた記述は全く見あたらない。

しかし、実は何者かによって着々と、手は打たれていた。そう思わせる証拠の一端が、ロンドンの公文書館に保存されている。

それはスイスの赤十字国際委員会とイギリスの外務省との間で、昭和二十一年八月から昭和二十三年九月にかけて交わされた一連の外交文書である。(Fo 369/3969, Fo 369/3970)

これらの文書によると、昭和二十年の四月に、日本の皇后が赤十字国際委員会に一千万スイスフランの寄付を申し出たというのである。

一千万スイスフランといえば、現在のレートで換金しても約七億円近い金額である。まして、当時のレートで換算したら、莫大な金額だったはずである。

まず興味深いのは、四月の時点で、すでにこの寄付の申し出がなされていたことである。

これは、日本の敗戦を予測して、皇室の財産を処分しておこうとする動きではなかったかという見方ができる。それ以外に、こんな莫大な金額を寄付する理由はかんがえられないというの

香淳皇后

が、スイス側やイギリス側の見解だ。

この工藤美代子の『香淳皇后』が出版されたのが二〇〇〇年。その翌年の二〇〇一年八月十三日に、「ジュネーブ十三日共同＝藤井靖」で、この内容を追認する記事が出た。

日本が一九四五年八月の終戦直前、スイスの赤十字委員会（ＩＣＲＣ）に対し、昭和天皇の皇后名で一千万スイスフランの巨額寄付を提示。連合国の対日政策決定機関である極東委員会が禁止決定を出したものの、赤十字がこれを覆して戦後の四九年、秘密裏に送金が実行された経過が十三日、スイス政府やＩＣＲＣの公文書で分かった。

寄付は横浜正金銀行（旧東京銀行の前身）がスイス国立銀行に保有し「日本の秘密口座」と呼ばれた「特別勘定」から拠出された。日本が皇后名の寄付を申し出た事実は英公文書で確認されているが、その動機は不明。公文書は米英両国にスイス、ＩＣＲＣを巻き込んだ送金実行までの四年間にわたる「攻防」の詳細を明らかにしている。一千万フランは現在のレートで約七億円。当時と現在のスイスフランの購買力を単純に比較すると約三十三億円に上る。

工藤美代子の『香淳皇后』の内容を補足する記事となっている。この後に驚くべきことが書かれている。東郷茂徳は原爆が投下された翌日に、赤十字の駐日代表に一千万スイスフランの寄付決定を伝達する。駐日代表は九日、受諾すると答えたが、通信事情が悪く、ジュネーブの赤十字本部に伝えたのは終戦直後の八月十七日となった。その前日の十六日、米英はスイス政府と合意し、スイス国内の日本資産を凍結していた。

それでは、結果はどうなったのか。天皇の資産のほとんどは国際決済銀行の秘密口座を通じて運用された。その金は、いかなる政府の干渉も受けないという超法規条項を持っていた。それでほとんど無事であった。天皇はスイス国立銀行（ほとんどの役員が国際決済銀行の役員）に「特別勘定口座」（既述）をつくり、国際的な商取引をしていた。公的な二口座と天皇名と皇后名の二口座が確認されているが、他にもある可能性がある。

工藤美代子が指摘したように、天皇は終戦工作をしていた。ヨハンセン・グループから原爆投下の日を知らせてもらってからは、スイス、アルゼンチン、スウェーデンの各国の秘密口座にも資産を移した。それを〝陰の政府〟が支えたのである。スティムソン陸軍長官はグルー国務次官を通じてヨハンセン・グループに伝えた。そして言った。「グルー、彼らをたきつけ、持てる影響力を行使させよ」

では、ヨハンセン・グループは天皇とその仲間たちに、どんな影響力を行使したのであろうか。私がまず第一に考えたのは、原爆投下によって数十万人が確実に死ぬが、これを国際的にも、国内においても報道するな、という脅迫をグルーから受けて約束したと思う。

あれだけの大惨事を見て、米内海軍大臣は〝天佑〟と叫んだのである。天皇も「終戦の詔書」の中で一回触れたが、それからは一言も非難の声をあげなかった。あの時だけが例外ではない。死ぬまでだ。新聞もヨハンセン一味の脅しに屈したのか、ほとんど報じなかった。スティムソンの思惑どおりである。

日本にとって、天皇にとって都合のよいことが原爆投下によってもたらされた。天皇はこの直後に、アメリカから〝天皇制護持〟の約束を与えられていることだ。そして、御前会議を開き、ポツダム宣言受諾を決定する。間違いなく、原爆投下と交換条件である。アメリカは、アメリカ国内よりも日本での非難を恐れていたと思う。どれだけの人々が、アメリカの蛮行に激怒するかを計りかねていたにちがいない。アメリカの利益、否、国際金融同盟の連中は、「さすが、スティムソン、よくやってくれた!」と快哉《かいさい》をあげたことであろう。「これで日本は、永遠に俺たちの奴隷の国になったぞ」と。

もう一度、「ジュネーブ十三日共同＝藤井靖」に戻ろう。この記事の最後は次のようになっている。

寄付の形で動かすことを阻もうとする米英と、寄付の正当性を主張するスイス政府、ICRCが対立した。

この紛争は四六年六月、極東委員会と連合国軍総司令部(GHQ)にゆだねられた。極東委員会は同年十月「ICRCの主張に根拠はない」として送金禁止を決定。しかしICRCは米国の弁護士を雇い、巻き返しに成功。米国務相は四九年三月、スイス政府の裁量を認めて送金に同意。英国も四九年五月「所有権の主張」を撤回した。

送金は四九年五月末。スイスが横浜正金の資金凍結を解除して実行された。ICRCは英国への配慮から一連のプロセスを「極秘」扱いとし、日本にも細かい経過を知らせなかった。

この文章に見えてくるのは、一千万スイスフランの数十倍か数百倍の金が天皇と皇后の秘密口座の中にあり、凍結されかかっているので赤十字国際委員会（ＩＣＲＣ）に依頼し、凍結を解除し、他の銀行の秘密口座に移そうとする天皇の壮絶なる闘いである。

もう一度、工藤美代子の『香淳天皇』を引用する。

ある時期、日本赤十字社の総裁の座は空席となっていた。四十三年間にわたって総裁を務めていた閑院宮載仁親王《かんいんのみやことひと》が、昭和二十年五月二十日に亡くなっていたのである。その後を承けて総裁になったのは、高松宮だった。第五代総裁に高松宮が就任するのを宮内省が許可したのは、七月一日だった。（『高松宮宣仁親王』）

この日の高松宮の日記には何も記されていないが、七月四日には「速ニ戦争終末ノ仕事ニ準備ヲセネバ間ニ合ハヌ」といった記述が見える。

高松宮も天皇と同じく、戦争を終わらせる方向を見据えていたのがわかる。

さて、もう一度、トーマス・Ｈ・ハンディのカール・スパーツへの命令文書を見てほしい。

「一、……最初の特殊爆弾を以下の内、いずれか一つの目標に投下せよ。広島・小倉・新潟・長崎……」

この文書の日付は七月二十五日である。この手紙から見ると、「どれか一つ」で、まだ広島とはっきりと決定してはいなかった。これはどういうことを意味するのか。私はヨハンセン・

グループが広島と決定し、グルーに報告したとみる。その日時も、八月六日午前八時ごろにしてほしい、と。「そんな馬鹿な！」と思う人も、どうか私の説を最後まで読んでほしい。

林三郎の『太平洋戦争陸戦秘史』には次のような記述がある。

八月七日、大本営は調査団を現地に派遣した。調査団は八日夕広島に到着し、調査の結果、一、特種《ママ》爆弾が使われたこと、二、身体を被覆していれば火傷《やけど》は防ぎうる等の、内容を持つ報告を九日に大本営あてに打電した。

続いて第二総軍は、一、白色の着物をきていたものは火傷の程度が軽かったこと、二、防空壕に入っていたものも火傷の程度が軽かったこと、三、火災の多かったのは朝食準備の最中が狙われたからであること等を報告した。

米戦略空軍は八月九日、第二の原子爆弾を長崎に投下した。

陸軍統帥部は八月十日ごろ、全軍に対し状況を通報すると共に「この種爆弾は恐るべきものでなく、我が方に対策がある」ことを明らかにした。

次に藤田尚徳の『侍従長の回想』を引用する。蓮沼侍従武官長の奏上を聞く場面である。

陛下には蓮沼侍従武官長から奏上したが、〔略〕新型爆弾については、特別な御たずねはなかった様子だったが、広島市全滅の報に、陛下は深い憂愁の色をうかべておられた。〔略〕八日朝、東郷外相が決意の色を浮かべて参内してきた。そして御文庫地下壕の御座所に進んだ外相は、原子爆弾に関する米英の放送を詳細に言上すると、陛下は原子爆弾の惨害をよく知っておられ、次のように、一刻も速やかに和平を実現することが先決問題である点をお示しになった。

天皇は原爆についての知識、投下の日、その場所を前もって知っていたはずである。ヨハンセン・グループはスティムソン陸軍長官の極秘情報をグルーを通じて入手し、そのつど天皇に報告していたからである。

では、どうして八月六日なのか。それは、この日までに、スイスの赤十字経由で天皇の貯蓄が無事処理をつけられる見通しがたったからである。

東郷茂徳も天皇から〝急げ〟と告げられ、赤十字との交渉を急いだ。グルーはヨハンセン経由で天皇に八月六日の原爆投下の予定を告げていた。東郷茂徳は八日、天皇に会い、最初に「無事にスイスの件はうまく処理できました。当分資産は凍結されますが、遅くとも三〜五年後には凍結を解除してくれるとスティムソンが申しています……」と言ったはずである。それから天皇と原爆を〝天佑〟として終戦工作に入るべく相談したにちがいない。

では、どうして広島だったのか。七月二十五日の時点で、スティムソン陸軍長官、マーシャル参謀長たちは爆撃予定地を新潟、広島、小倉、長崎と決めていた。この件について、日本側に最終目的地を決定せよと通知があったと思われる。新潟は長岡市に軍需工場があった。小倉は鉄工業の町だった。長崎は国際金融資本家たち（特にユダヤ人たち）がもっとも嫌うカトリックの、日本の総本山であった。

では、どうして広島か？
有末精三の『終戦秘史　有末機関長の手記』の中に、その謎を解く鍵が見えてくる。有末精三は原爆投下のあった翌日、参謀本部第二部長として、部下十名、理化学研究所の仁科芳雄博士たちと広島に視察に行っている。広島には第二総軍司令部があった。

わたしは直ぐに降り立ったが、誰ひとり出迎えてもいない。飛行場の短かく伸びた芝生は、一斉に一定方向、たぶん東へ向ってなびいており、しかも一様に赤く、真赤ではなく焦茶色といった方が当っているように焼けていたのに驚いたのであった。ものの二、三分たったころ、飛行場の片隅の防空壕から這い上がってきたのは飛行場長と思われる一中佐、左半面顔中火ぶくれに赤く焼けていた。〔略〕
司令部は幸に建物は残っていたが、窓ガラスはメチャメチャに壊れていた。その司令部の前庭に運び出された六尺机の前に立ったわたしは、船舶参謀長官馬場英夫少将の詳細にわたる報告を受けた。〔略〕
飛行場での印象と生々しい火傷の飛行場長の数言、それに馬場少将の報告で二十数万の広島市が、一言で尽せば全滅といった驚くべき特種爆弾の威力に驚いた。

この広島の原爆で、第二総軍の司令部の数々の建物は壊滅し、多数の死傷者が出たのである。八月六日朝八時ごろに、多数の第二総軍の参謀や将校が集まっていた。そこに原爆が落ちたというわけである。有末精三は畑俊六元帥のことを書いている。

山の中腹、松本俊一（外務次官）氏父君の別荘におられる畑元帥（俊六、第12期、元侍従武官長、支那派遣軍総司令官）に敬意を表し、今夕、仁科博士等の到着を俟《まつ》て調査に着手する旨申告した。将軍は被爆当時日課としての朝のお祈りで、神棚に向っておられたため、幸に被害はなかったとのことであった。

私はこの文章を読んでいたときに、ハッと気づいたのである。「どうして広島に……」と長いあいだ思い悩んでいた難問が「ついに解けたぞ」と、ひそかなる声を出したのである。それは一つの仮定ではある。しかし、事実だと確信する。有末精三の次の文章を引用してから謎解きに挑戦してみよう。

十日早朝、双葉山中腹の総司令官宿舎に畑元帥を訪ね挨拶に行った。ソ連参戦のため急ぎ東京へ帰るべく、原爆の調査研究の一切は仁科博士一行に委任する旨報告したところ、元帥は当然至急帰京をすすめられ、独語のように、

「君!!　なるようにしかならんねェ」

と短かい言葉を洩らされた。元来、元帥は昔から頭が俊敏で、先きの見透しのよいことで有名であった。わたしも参謀本部の演習課で勤務の折、隣りの作戦課長だった元帥（畑大佐）の評判をよく聞いていた。「五千メートルしか届かない砲弾を、七千メートルも先きの目標に向って発射するような計画には絶対不賛成」といった性格の方であった。その元

帥の独語を聞いて、わたしは心なしか和平への予感めいたものを感じたのであった。

有末精三は「それぞれ頭や頸元や腕に繃帯をしていた岡崎清三郎参謀長（中将、第26期）、真田穣一郎少将（参謀副長、第31期、前大本営陸軍部作戦部長）、井本熊男作戦主任参謀（大佐、第37期、後の陸将）、同参謀橋本正勝中佐（第45期、後の陸将）などが草の上に胡座《あぐら》をかいたり横になったりして論議しているところへ挨拶否見舞に行った……」と書いている。生き残った第二総軍のトップクラスも全員負傷して、草の上で胡座をかいていたのである。

この日、間違いなく、第二総軍の全員は、八時ごろに集まって会議か、あるいは演習の準備に入っていた。ほとんどの第二総軍の人々は死に、あるいは傷ついていたのである。

ひとり、畑元帥のみが理由はともあれ、この総司令部に行っていないのである。

「山の中腹、松本俊一（外務次官）氏父君の別荘におられる畑元帥」と有末精二は書いている。私は東郷茂徳外相の依頼か、他のヨハンセン・グループの依頼を受けた松本俊一次官が原爆投下前のある日、秘かに畑元帥と会談し、八月六日午前八時すぎごろの広島に原爆を落とす計画を打ち明けたと思う。そのときに松本俊一外務次官は、この日の八時すぎに、第二総軍の全員が集合するようにして欲しいと依頼したとみる。この第二総軍を全滅状態におけば、陸軍の反乱の半分は防げるからである。

畑はヨハンセン・グループの依頼を受けた。「君、これは上の方も承知しているのか。そうか、君、なるようにしかならんねェ……」と言ったにちがいない。この指令がヨハンセン・グループからグルーに報告された……。そして、八月六日午前八時すぎに、広島に原爆が落ちた

のである。
大木操の『大木日記』の八月七日を見ることにしよう。大木操は当時、衆議院書記官長であった。

八月七日（火）　晴
十時半登院、間もなく警報、小型機空襲。
議長、副議長と雑談。
正午過、岡田厚相来訪。広島に原子爆弾を六日午前八時半頃投下。十数万の死傷の報、大塚地方総監爆傷死、畑元帥健在、高野知事は出張中にて助かる。成層圏より落下傘にて投下、地上二、三百メートルにて爆裂、直径四キロ全壊全焼、エラいことなり。
直ちに依光代議士は日政の幹部会にこれを伝える。一座愕然。

では、『広島県史（近代Ⅱ）』の「原爆と敗戦」を見ることにする。

広島地区司令部の強い要請により、中国地区司令部の強い要請により、中国地方総監および広島県知事は八月三日から連日義勇隊約三万人、学徒隊一万五〇〇〇人の出動を命令した。

この二つの本を読んで、私は次のように推論する。

八月初旬に広島県庁に入った畑元帥は、高野源進広島県知事と中国地方総監を説得した。第二総軍を動員し、八月三日から連日、義勇隊三万人、学徒隊一万五〇〇〇人を出動させよと命じた。畑はひそかに、高野知事に真相を打ち明けた。高野知事は広島を去った。こうした中で八月六日の朝八時十五分を迎えた。第二総軍の軍人たち、義勇隊、学徒隊の多くが死んだのである。

私の説を誤謬《ごびゅう》とする人は、これに反論する説を述べられよ。すべてが偶然と言いはるつもりなら、もう何も言うべき言葉はない。

この軍隊を指揮した中国軍管区司令官の藤井洋治中将（広島第五十九軍司令官）も、夫人とともに被曝死している。

一九九七年に国立国会図書館は「政治談話録音」なるものを一般公開した。木戸はその中で「原子爆弾も大変お役に立っているんですよ。ソ連の参戦もお役に立っているんです……」と語っていた。

天皇は原子爆弾の悪口を一生語らず、生涯を終えた。一九七五年十月三十一日、日本記者クラブとの会見のとき、アメリカ軍の広島への原爆投下に関する質問が出た。

天皇「エ……この……エ……エ……投下、された、ことに対しては、エ……エ……こういう戦争中で、あることですから、どうも、エー、広島……市民に対しては、気の毒で、あるが、やむをえないことと私は思っています」

もう一人の記者が戦争責任について質問した。

「そういう言葉のアヤについては、私はそういう文学的方面をあまり研究していないので、よく分かりませんから、そのような問題について答えかねます」

これについては批評の書きようもない。「日本のいちばん醜い言葉」の一つであるとのみ書いておく。

もう一度、米内海相の直話を記す。天皇も木戸も、この米内の話に賛意を示したのである。

私は言葉は不適当と思うが、原子爆弾やソ連の参戦は或る意味では天佑だ。国内情勢で戦を止めると云うことを出さなくて済む。私がかねてから時局収拾を主張する理由は敵の攻撃が恐ろしいのでもないし原子爆弾やソ連参戦でもない。一に国内情勢の憂慮すべき事態が主である。従って今日その国内情勢を表面に出さなくて収拾出来ると云うのが寧ろ幸である。(「米内海相直話」昭和二十年八月十二日)

まさに、米内海相が語るがごとく、数十万人の死者を出した原爆より、ソ連参戦で満州で数十万人の軍人や民間人が死んだことより、国内情勢の憂慮すべき事態が重要であると、天皇や米内たちは考えたのである。その一つが広島にある第二総軍であったというわけである。

その第二総軍は壊滅した。西日本の軍の反乱はこれによって鎮圧された。残るは関東一円となった。その中心の皇居を舞台に、偽装クーデターを起こした、というわけである。

米内光政海軍大臣

そこまでして守らなければならない〝国体護持〟とは何なのか？　読者はこの点を深く考えなければならない。

原爆投下と深く結びついたヨハンセン・グループのすべては、戦後、一人として戦犯とならなかった。アメリカ、そして何よりもこの世界を支配する〝陰の政府〟、それはユダヤを中心とする国際金融同盟のために働いたがゆえに、彼らヨハンセン・グループの人々は、戦後になると地位と名誉と金を手にするのである。ほとんど例外はない。国を売って得たダーティな報酬だった。

東郷茂徳は太平洋戦争そのものに反対した。しかし、敗戦処理内閣の外相になったがために戦犯となった。二十年の禁固刑。獄中死した。どうしてか。

一九四八年十一月十二日、東京裁判の判決が出た。その判決の一部を記す。


被告東郷は、一九四一年十月から東条内閣の外務大臣として、太平洋戦争の勃発まで、かれはその戦争の計画と準備に参加した。かれは閣議や会議に出席し、採用された一切の決定に同意した。〔略〕一九四五年春、かれが再び外務大臣になったときは、抗議が山積していたが、かれはそれを関係当局に回付した。本裁判所の意見では、戦争犯罪に関して、東郷が義務を怠ったということについて、充分な証拠はない。本裁判所は、訴因第一、第二十七、第二十九、第三十一および第三十二について、東郷を有罪と判定する。

これが禁固二十年の判決理由である。

ここで明確にしよう。国際検察局に密告し続けた二つの秘密ルートがあった。一つは天皇ルートであり、もう一つはYルートであった。ヨハンセン・グループは吉田反戦グループである。戦後首相となった吉田茂は多くの人々をこの検察局に売った。東郷は原爆投下の秘密と、天皇の財宝の処理について知りすぎていた。それゆえに消されたのである。

第二総軍司令官畑俊六はどうなったか。

彼も戦犯となり、終身刑の判決を受けた。

彼は広島に原爆を投下させた功労者ではあった。しかし、ヨハンセン・グループと結びついていなかった。戦後、ヨハンセン・グループを脅していたら、あるいは戦犯にならずに済んだのかもしれない。

天皇は、もう一人の知りすぎた男、有末精三を検察局に売ろうとしていたことが後に判明する。「有末精三はどうして戦犯にならんのか」と側近に語っているのである。

朝日新聞東京裁判記者団著の『東京裁判』の中に、「馬上の半生、長夜の夢」のタイトルで、畑俊六陸軍元帥についてのエピソードが書かれている。

陸軍元帥畑俊六。沈痛な、渋い表情のこの人の横顔からは、およそ喜怒哀楽の情をよむことは至難であった。終始寡黙。そして、なにかきびしいものに身を包んでいる様子は、その意志的な類の線によっても知れるが、しいて取りすましているというのでもない。

畑俊六陸軍元帥

同被告の弁護人神崎正義氏は、畑氏が被告控室でしたためた一枚の色紙を持っていた。それには
「馬上之半生　長夜之夢、俊六」

とあった。〔略〕

三日間の審理で召喚された証人は、宇垣一成元陸軍大将、米内光政元海軍大将、米内内閣の外相有田八郎、元参謀次長沢田茂元陸軍中将、元陸軍兵務局長田中隆吉らの諸氏。米内光政の口述書は米内内閣の崩壊の際の畑の行動を弁護したものであるが、米内証人に対し、サットン検事が反対尋問に立ち、

「畑は米内内閣が辞職することに賛成したか」

とききこれに対し米内証人、

「初めは賛成していなかった」

と答えたのに引きつづき、的外《まとはず》れの返事が多く、ついには裁判長たまりかねて、

「かつて首相であった人で、この法廷に出た者の中で一番愚昧《ぐまい》だ」

と、前例のない言葉を口走った。


私は、米内光政が畑俊六元帥（第二総軍司令官）を説得し、広島に原爆を投下させた可能性大と思っている。米内が首相になったとき、畑は陸軍大臣となっている。それで米内は証人として出席した。しかし、心にやましいことがあるゆえに、しどろもどろの答えを繰り返し、ウエッブ裁判長はついに「一番愚昧だ！」と口走ったのであろう。

こんな〝愚昧な〟男が終戦工作の主役の一人となり、天皇のイエスマンとしての行動を取り続けたのである。

畑俊六元帥の判決文を記す。


かれの指揮下の軍隊によって、残虐行為が大規模に、しかも長期間にわたって行なわれた。畑は、これらのことを知っていながら、その発生を防止するために、なんらの措置もとらなかったか、なんらの方法も講じなかったかである。〔以下略〕

私たち日本人は、この米内光政という一番愚昧な海軍大臣（元首相）に一杯喰わされたのだ。天皇という存在は、それほどまでに大きな犠牲を要求して、平成の今日まで生き続けているのである。

この項の最後に、「八月三日から連日義勇隊約三万人、学徒隊一万五〇〇〇人の出動を命令された」ことに関し、原爆遺跡保存運動懇談会編の『広島爆心地中島』から引用する。


当時の県視察官、後に広島一中学校長として動員学徒に深い関係のあった数田猛雄氏は、「動員学徒誌」の「動員学徒をしのぶ座談会」の内で次のように軍部のことを述べている。

私たち教育関係者としては、教育防衛の立場から僅かの時間でも教養を高め、学問の道の指導訓育に心をくだいたものであります。

この間の学徒は国家の危急存亡にあたり、ひたすら勝利を希《ねが》って栄養失調に陥入《おちい》りながら昼夜を分かたず自己を拠ってよく精進努力してくれました。

青雲の志をもちながら入学以来明けても暮れても戦力の増強に死力を尽し、学業を省みる暇もなかったのでこの姿では勝っても負けても将来どうなるかと心配でならなかったものです。

そこで教育防衛のため、無理難題を言う軍部としばしば衝突したことも今に至って感慨無量のものがあります。

原爆のため六千余人の犠牲者が出たので、その善後策は大変なものでした。

学徒を殺し、一般市民を殺し、第二総軍の軍人を殺し、木戸幸一は大井篤の尋問に答えている。

陛下や私があの原子爆弾によって得た感じは、待ちに待った終戦断行の好機を茲に与へられたと云ふのであった。特に皇室や上流階級にも身命の危険が及んで来たからではない。

私は多くの非難を覚悟の上で、この〝涙の項〟を書いている。『広島爆心地中島』の本の最後は以下の文章である。

当時の国家総動員体制下にあって、子どもの健康、安全を第一に考えて、敢て反対の意見を述べ、また自分の責任で行動する教師のあったことは驚きであり、また救いであった。

一方強引におしつけた軍部の横暴は許し難い。

しかも原爆投下は、命じたものも、命じられたものも、そしてすべての命を奪い去った。

さらに許し難い。

私たちは、この事実から何を学ぶべきか、改めて考えさせられることが多い。


私はここで私なりの結論を書くことにする。

原爆投下は完全に避けられた。少なくとも、ポツダム宣言が出たときに、天皇がマイクの前に立ち、国民に詫びの言葉を述べ、「わが身がどうなろうとも、この戦争を敗北と認め終戦としたい。ポツダム宣言を無条件で受け入れる」と言えばよかった。

どうして言えなかったのか。天皇と皇室と上流階級は、その甘い生活をやめられなかった。それで、スティムソン陸軍長官らの〝陰の政府〟と交渉した。天皇制護持を条件に原爆投下を受け入れた。彼らの条件の最大のものは、天皇・皇室、上流階級および重臣たちが、原爆投下の非難の声をあげないこと、および日本国民をそのように誘導することであった。

数々の交渉がヨハンセン・ルートでなされた。天皇と重臣は第一の原爆投下の地を広島と決定した。たぶん米内光政のルートで、畑俊六第二総軍司令官のもとに依頼が入った。八月三日から、学徒、兵隊を入れた大動員がなされた。八月六日、第二総軍は壊滅した。

ここに、終戦反対を叫ぶ最も恐れた第二総軍は消えた。残すのは第一総軍（杉山元司令官）のみとなった。天皇と皇室と上流階級は偽装クーデターを起こし、第一総軍を中心とする反乱を未然に防いだ。かくて鶴の一声が全国津々浦々まで鳴り響き渡る時を迎えることができた。

原爆投下は、天皇・皇室・上流階級にとってまさに〝天佑〟そのものであった。

——私たちはこの事実から何を学ぶべきか。

結論はただ一つ。一人、一人が真実を追求すべく立ち上がるべきである。私の〝結論〟について反論すべき人は、私に立ち向かうべきである。


追記。

終戦直前、海外に二百七十一万九千三百人の陸軍兵士がいた。

内地では二百七万九千三百人。

第一総軍　東京　杉山元元帥
　第十一方面軍　仙台　吉本貞一大将
　第十二方面軍　東京　田中静壱大将
　第十三方面軍　名古屋　岡田資中将
　　計八十一万五千五百人
第二総軍　広島　畑俊六元帥
　第十五方面軍　大阪　内山英太郎中将
　第十六方面軍　福岡　横山勇中将
　　計八十六万五千八百人

小笠原兵団　立花芳夫中将　一万五千人
船舶関係　十二万七千人
飛行団　二十五万六千人
（下村海南『終戦秘史』）より

## かくて、鶴の一声が発せられた

住井すゑ（作家）が書いた「愛する故に戦わず」を紹介したい。この随筆は、葦原邦子他の『女たちの八月十五日』の中に収載されている。

「明《みょう》、十五日正午、重大放送がございます」

一九四五年（昭和二〇）八月十四日正午、ラジオはニュースの冒頭で右のように告げた。もしかしたら、重大放送の件は、朝のニュースで、既に知らされていたのかもしれぬ。けれど私の場合、朝のうちはラジオどころではなかった。三人の子供——十九歳の長女は徴用工、十六歳の次女と十四歳の次男は学徒動員で——を、それぞれの軍需工場に送り出すのに忙しくて。

ところで正午のニュースは、その終りでも繰り返した。

「明、十五日正午、重大放送が……」

心成《こころな》しか、アナウンサーの声が強張《こわば》っている。

「どう？」と、私は今は亡き夫（犬田卯《いぬたしげる》）の顔を見た。多少意地悪な勝利感を胸に秘めて。というのは、この日——つまり無条件降伏を内容とする天皇のラジオ放送が行われる日——の到来を、私は一年以上も前に予言していたからだ。ことの次第は次の通りである。〔略〕

住井すゑは「ことの次第」を書いているがここでは省略したい。確かに彼女はこの一年以上前に、夫や知人のN君にそのことを語っている。間違いのないところである。

私が「鶴の一声、近くて遠し」の項で書いたのがまさしく、この玉音放送であった。

戦争に突入した。敗北に次ぐ敗北だった。多くの史家はこの敗北の模様を書き連ねるが私は一行も書かない。知りたい人は別の本を読んでもらいたい。その敗北の続く日々の中で多くの戦死者が、外地のみならず日本国内でも毎日、毎日、続出したとのみ書く。

「どうして鶴の一声が近くて遠かったのか」

一九四四年六月二十六日、サイパン島攻防戦の最中に、東条内閣の外相重光葵と内大臣木戸幸一が会談する。このとき、木戸幸一は「戦争の見透《みとおし》と外交をいかにするか」と、重光葵に問うている。「時機到来の際は、宮中は内府に於て、政府は外相に於て、天皇は全責任を負い、聖断へ鶴の一声により事を運ぶの外なき……」と重光葵は答えている。

ちょうど住井すゑが夫やN君に語っていた頃である。

日本は敗北し続けていた。鶴の一声を待つ気持ちを、全国民が心のどこかに持つようになっていた。しかし、それから一年間、戦争は続けられた。どうしてか？　私はその答えを書き続けてきた。ただ一つ、天皇制護持の確約がアメリカから送られてこなかったからである。

国際決済銀行は、ちょうどこの六月ごろから、天皇の財宝をスイスの銀行に入れてやるべく協力をするのである。国内にある金・銀・ダイヤモンドまでもが潜水艦や赤十字の船に載せて運び出されるのである。天皇は鶴の一声を出すまでに、なんとしても大室寅之祐以来、蓄めて蓄めて蓄めこんだ資産を海外に運び出さなければ、と思ったのである。その大半が運び出されたのが一九四五年六月ごろであろう。どうしてか。天皇が終戦工作に入るからである。それが六月八日の最高戦争指導会議（御前会議）となるからである。

この会議の後に、木戸幸一は天皇から「大綱」を見せられ、至急に「時局収拾の対策試案」を作成し、翌日天皇に奉上する。このことは『木戸幸一関係文書』の中に書かれている。私は彼の日記の一部を掲載した。

六月初旬であろうと私は推測するのであるが、一部の問題（皇后のスイス国立銀行での件）を除き、ほぼ天皇の財産が海外に移されたのである。とほぼ同じ頃に、ヨハンセン・ルートで天皇に終戦工作に伴う覚え書きが届いたはずである。皇太后への説得や天皇の諸々の動きの中に、それが見え隠れするからである。皇太后が陸軍省に原爆に耐えられる防空壕を造れと難題をもちかけるのは六月中旬以降のことである。皇太后はそれが不可能だと知ると、軽井沢に疎開することを承知するからである。

細川護貞『情報天皇に達せず』の八月一日の日記には次のように書かれている。細川護貞と高松宮の会話である。高松宮が細川護貞に語る場面のみ記す。

「軽井沢に大宮様を御出遊ばすについても、スイスの公使が、米国に軽井沢を爆撃しない様にたのんだと云ふことがわかったので、陸軍の者が三笠宮の所へ押しかけて、大宮様が爆撃を御逃げになる様では面白くないと云って来た由だ。実につまらぬことに気が廻るものだが、注意すべきことではある」と仰せられたり。

『大井篤手記』については触れた。貞明皇太后（大宮様）は原子爆弾の投下のニュースを知り、狼狽《ろうばい》する。天皇は六月十四日、そのニュースを知らない皇太后を説得しにいくのであるが拒否されて、皇居に帰ると寝込むのである。半藤一利や保坂正康は、天皇の苦悩の深さに思いをいたし、天皇の心労に同情するのである。

しかし、ちょっと待て！　と叫びたい。天皇はスイスの公使を使って、軽井沢を爆撃しないよう工作をしていたのである。それを高松宮はちゃんと知っている。

私はこの工作にもヨハンセン・グループが動いているとみている。当時スイス公使とあるのは藤村義明であろう。彼は戦略情報局（ＯＳＳ）長官ドノヴァン配下のアレン・ダレスと和平工作をしていた。そのスイス公使に「皇太后を疎開させるから、軽井沢を爆撃してくれるな」と天皇が依頼し、アレン・ダレスが承諾し、ＯＳＳのドノヴァン長官に連絡する。それを陸軍長官が最終的に認め、爆撃中止を出す……。よって軽井沢に爆弾が落ちるのを防いだ。

高松宮は「陸軍の者が三笠宮の所へ押しかけて、大宮様が爆撃を御逃げになる様では面白くないと云って来た由だ。実につまらぬことに気が廻るもの」だと言うのである。

自分の母親がいとおしさに、天皇はスイス公使を動かして〝軽井沢工作〟をするのである。これが「実につまらぬことに気が廻る」ものなのか。

では最終的にはどうなったのか。貞明皇太后は静かに大宮御所で暮らすのである。そして戦争が終わって八月二十日、軽井沢に疎開（？）するのである。

これはどういうことを意味しているのか。軽井沢への疎開が陸軍の連中にばれたので、天皇や高松宮が交渉し、東京に爆弾が落ちようと、大宮様の御殿には落とさないと交渉した結果であろう。また、東京には原爆が落ちないようになったことを、天皇か誰かが、懇々と説明申し上げたからであろう。従って大宮様は七月のあるとき以降、疎開の話も原爆の話もしなくなるのである。なんと優しい天皇ではないか。天皇のこの優しさを、半藤一利や保坂正康に説明してやりたくなってきた。

この『情報天皇に達せず』の「八月八日」に原爆の記事が出ている。一般の国民は全く知らされていないときに、皇室の人々は全貌を知っていたのである。それはそうであろう。文中、公とは近衛文麿である。

然もその時、西部軍司令部は殆ど全滅したらしいとのことで、公と二人、是こそポツダム宣言に、独乙《ドイツ》以上に徹底且完全に日本を破壊すると彼らが称した根拠であつたらうと語り、或は、此の為戦争は早期に終結するかも知れぬと語り合つた。五時入生田出発、七時東京、直に木戸内府を訪問せらる。内府も、一日も速かに終結すべきを述べ、御上も御決心なる由を伝ふと。又内府の話によれば、広島は人口四十七万中十二三万が死傷、大塚総監一家死亡、西部軍司令部は、畑元帥を除き全滅、午前八時B29一機にて一個を投下せりと。敵側ではトルーマンが新爆弾につき演説し、
「対独戦の際英国にて発明、一九四〇年、チャーチル、ルーズヴェルトの話にて、予算二十九億ドル、十二万人の労働者を使用して、メキシコ近くに製作に着手、現在六万人を使用せり」と。

天皇は木戸に全貌を知らせる。近衛は木戸からそれを聞き取っている。ほぼ正確である。見事と言うべきか、「西部軍司令部は、畑元帥を除き全滅」となった。

近衛は細川に、「(陸軍を抑えるには)天佑であるかも知れん」(八月九日の日記)と語っている。この〝天佑〟という言葉は、原爆投下作戦の「暗号」であった可能性がある。

八月九日に御前会議が開かれた。

八月九日の木戸幸一の『日記』の最後の部分を引用する。

> 鈴木首相拝謁、御前会議開催並に右会議に平沼枢相と《ママ》参列を御許し願ふ。
> 十一時二十五分より十一時三十七分迄、拝謁。
> 十一時五十分より翌二時二十分迄、御文庫附属室にて御前会議開催せられ、聖断により外務大臣案たる皇室、天皇統治大権の確認のみを条件とし、ポツダム宣言受諾の旨決定す。

この会議はポツダム宣言を受諾するために開かれた。午前十時半に重臣たちを集めた最高戦争会議では意見が分かれた。それで平沼騏一郎枢密院議長を加えることになった。受諾賛成派は、米内海軍大臣と東郷外相。反対派は阿南陸軍大臣、梅津参謀総長、豊田軍令部総長。二対三なので平沼枢府議長を賛成派に入れて三対三にして、天皇の御聖断を仰ごうとするのである。

鶴の一声はここでやっと聴くことができるのである。

この日、長崎にも原爆が落ちている。長崎市の被害は死者十万人、負傷者七万五〇〇〇人、被災者十三万八九三〇人、焼失家屋一万八六二〇戸、焼失率四〇%。その他の地方都市もB29の爆撃にあって毎日のように死者が出ている。

この長崎原爆の投下による被害を知りながら、天皇も大臣たちも一言の発言もない。全く国民は馬鹿にされ尽くされている。

天皇がこの御前会議で語った模様を下村海南の『終戦秘史』から引用する。

大東亜戦は予定と実際とその間に大きな相違がある。

本土決戦といっても防備の見るべきものがない。

このままでは日本民族も日本も亡びてしまう。国民を思い、軍隊を思い、戦死者や遺族をしのべば断腸《だんちょう》の思いである。

しかし忍びがたきを忍び、万世のため平和の道を開きたい。

自分一身のことや皇室のことなど心配しなくともよい。

以上はただその要旨をあげただけであるが、大東亜戦は予定と実際との間に相違があるといわれし内容には、

九十九里浜の防備について、参謀総長の話したところと侍従武官の視察せるところと、非常な差があり、予定の十分の一もできていない。また決戦師団の装備についても、装備は本年の六月に完成するという報告をうけていたが、侍従武官査閲の結果では、今日に至るも装備はまったくできていない。かくのごとき状況にて本土決戦とならば、日本国民の多くは死なければならない。いかにして日本国を後世に伝えうるのか。

という、今までにまったくためしのない隠忍沈黙《いんにんちんもく》の型を破った陛下自らの思いのままを直言《ちょくげん》されたのであった。満場ただ嗚咽《おえつ》の声のみである。首相は立った、会議は終りました。ただ、今の思召を拝し、会議の結論といたしますといった。聖断《せいだん》とはいわない、思召を拝して会議の決議とし、第二回の会議は閉じられたのである。首相の車は官邸へ急いだ。時計の針は、はや八月十日午前三時を指している。

これが世に言う「御聖断」である。私が言う「鶴の一声」である。『大漢和辞典』によれば、中国宋代の張端義撰の『貴耳集』にも見える、有難きお言葉である。

天皇はどうして広島・長崎の被害について語らず、どうでもよいような（私にはそう思える）九十九里浜の防備について語るのか、まったく理解に苦しむのである。

「自分一身のことや皇室のことなど心配しなくてもよい」は、真っ赤な嘘である。このポツダム宣言受諾の条件が「国体護持」であることを見ても理解できる。「満場ただ嗚咽の声のみである」も私の理解をはるかに超える。どうして、大臣たちは泣いていたのであろうか。彼ら大臣や重臣たちは、これ以降の御前会議で

東京大空襲の被災地を視察する昭和天皇

天皇の御言葉を聞くと泣き出すのである。
さて、この同じ場面を、鈴木貫太郎首相の書記官長として出席した迫水久常の『終戦の真相』から見てみよう。

陛下は先《ま》づ「それならば自分の意見を言おう」と仰せられて「自分の意見は外務大臣の意見に同意である」と仰せられました。

その一瞬を皆様、御想像下さいませ。場所は地下十米の地下室、しかも陛下の御前。静寂と申してこれ以上の静寂な所はございません。

陛下のお言葉の終った瞬間、私は胸がつまって涙がはらはらと前に置いてあった書類にしたたり落ちました。私の隣は梅津大将でありましたが、これまた書類の上に涙がにじみました。私は一瞬各人の涙が書類の上に落ちる音が聞えたような気がしました。

次の瞬間はすすり泣きであります。そして次の瞬間は号泣であります。

涙の中に陛下を拝しますと始めは白い手袋をはめられたまま親指を以ってしきりに眼鏡をぬぐって居られましたが、ついに両方の頬をしきりにお手を以ってお拭いになりました。陛下もお泣きになったのであります。

建国二千六百年日本の始めて敗れた日であります。日本の天皇陛下が始めてお泣きになった日であります。

名文である。私はこの名文を幾度も読み返し読んでみて、ふと思った言葉がある。〝恋闕《れんけつ》〟

という言葉である。恋闕とは天皇を恋することである。天皇の言葉に号泣する軍人たちは確かに天皇に恋していたにちがいない。どうして、このような感情が生まれてきたのであろうか。その一つの理由は、正木ひろしの『近きより』（昭和二十一年再刊号）の中に見出せると思う。

高級職業軍人や憲兵や検事の大部分、その他の戦犯らが戦争の継続を必死になって望んだのは、敗戦になれば、戦勝国の手による刑罰の必至であったため、それを恐れて一日も長く自分の寿命を延長するため、また絞殺されるよりは、国を焦土と化し、全国民と無理心中するため、一億戦死を叫んだもので、その残忍酷薄非人道は、地獄の悪魔の心と少しも変はるところがない。

しかし、正木ひろしは恋闕の半分しか答えていない。正木ひろしは戦争継続を叫ぶ軍人たちが敗北を覚悟で徹底抗戦を叫んだのを、生活基盤の面から見ている。もう一つの理由があると私は思っている。彼ら老いた高級職業軍人たちは言葉が悪いが、他に表現方法がないのだが、女形《おやま》の天皇にぞっこん惚れこんでいたと思えてならない。女形が持つ無機的な闇の部分に惚れこんでいたのである。あの号泣の場所は、恋のぬれ場であったと思う。犯したいが犯しえぬ一人の女形を前にして、彼らはその恋情がやがて終わりとなることを意識したのである。

天皇に直接会える政治家や軍人はごく少数である。天皇に直接会えるということは、正木ひろしではないが、その女形の魅力ゆえに残忍酷薄非人道、地獄の悪魔の心を持って出世の階段を一歩一歩登りつめた結果なのであった。

多くの「高級職業軍人や憲兵や検事の大部分」の者たちは、犯すに犯しえぬ恋情＝恋闕に憧れたのである。だから、戦争をするという行為に何ら疑問を感ずることなく、天皇の意のままに動くロボットのような人間集団と化したのである。

敗北が近づくにつれて、その女形のもつ、いとあやしき魅力にかげりが見えてきた。日本劇場の幕切れが近づいてきた。女形は、古い恋人たちを捨てて、廻り舞台の上で乗りかえようとしていたのである。そこで、女形はあらためて、自分の魅力とは何だろうと思うようになった。この小男で、猫背で、体をいつも小きざみにふるわせている女形の魅力とは何であったのか。天皇ヒロヒトは絶えずそれを考えていた。女形を権威づけてきたものは……と天皇ヒロヒトは考え続けたにちがいない。

それは大室寅之祐以来、隠しに隠してきた出自を、完璧に隠蔽できるものであった。彼は自分が大室寅之祐の血さえひいていないのを知り尽くしていた。皇統は完全に絶えていた。しかし、裕仁は連綿と続く皇統の唯一の存在者であると確信していた。それが大いなる誤謬であれ、裕仁は確実にそのように信じていた。

『昭和天皇独白録』を見ることにしよう。

当時私の決心は第一に、このまゝでは日本民族は滅びて終《しま》ふ、私は赤子《せきし》を保護する事が出来ない。

第二には国体護持の事で木戸も仝意見であつたが、敵が伊勢湾付近に上陸すれば、伊勢熱田両神宮は直ちに敵の制圧下に入り、神器の移動の餘裕はなく、その確保の見込が立たない、これでは国体護持は難しい、故にこの際、私の一身は犠牲にしても講和をせねばならぬと思つた。

この本の中に「注」がついている。たぶん、半藤一利の解説である。

また、国体護持のためには三種の神器を確保せねばならない、とする天皇の考えは、二十年夏ごろにしばしば側近に洩らされている。たとえば、七月二十五日、前日の伊勢神宮爆撃について語ったとき。

「もし本土決戦となれば、敵は空挺部隊を東京に降下させ、大本営そのものが捕虜となることも考えられる。そうなれば、皇祖皇宗よりお預りしている三種の神器も奪われることも予想される。それでは皇室も国体も護持しえないことになる。もはや難を忍んで和を講ずるほかはないのではないか」

あるいは七月三十一日に、

「伊勢と熱田の神器は結局自分の身近に御移して御守りするのが一番よいと思う。……万一の場合には自分が御守りして運命をともにするしかない」と語っているのである。

この解説者の書いている通り、『木戸日記』を読むと、三種の神器にこだわる天皇の姿がたくさん書かれている。木戸関係文書の中にもたびたび登場する。阿南陸相が戦争継続を木戸に訴えているとき、「それでは三種の神器はどうなるのですか」と木戸が反対する場面が、その文書の中に登場する。木戸は天皇の話を聞いているうちに天皇に感化されているのが分かるのである。

この『昭和天皇独白録』について、痛烈なる批評をなしている本があるので紹介する。小森陽一の『天皇の玉音放送』である。

「第一」の「理由」は、迫水の語ったところと一致している。これ以上死者を出してしまうと「日本民族」が「滅びて終ふ」、「天皇」を支える「赤子」が死に絶えてしまうことに、ヒロヒトはまず恐怖したのである。

しかし「第二」に固執しているのは「国体護持」、しかも七月二五日や三一日と同じように神器が置いてある伊勢神宮と熱田神宮が「敵の制圧下」に入ったらどうするのか、ということなのである。ヒロヒトが「聖断」を下したのは、本土決戦になれば「神器の移動の餘裕はなく、その確保の見込が立たない」からなのだ。広島、長崎への原爆投下の後も、ヒロヒトの頭の中に変化は起こらなかったのである。

「私の一身を犠牲にしても」と、あたかも決死の覚悟であったかのように語ってはいるが、ヒロヒトの頭の中にあったのは要するに自分が戦争に敗北した大元帥になったとしても、「三種の神器」の保全を優先して「国体」を「護持」する、という神話的妄想にほかならない。

「聖断」は、国民ではなく、「三種の神器」の安全を守るために下されたのだ。この一点を私たちは忘却してはならない。

私は「三種の神器」についてはは書かないことにするが、一言だけ書くとすればこれはレプリカであるとのみ書く。

私は天皇の「独白録」を読み、「注」を読み、そして小森陽一の説に接しつつ、思ったことがあるので正直に書いてみよう。

伊勢神宮と天皇家は本来、関係がないのである。天皇家は仏教を信じていた。伊勢神宮は仏教を信じない人々の心の拠り所であった。

幕末、この伊勢神宮を参った人々（お伊勢まいり）は、「えゝじゃないか」の旗を立てて、革命を煽る集団と化した。この「えゝじゃないか」の旗の中に「エタでもえゝじゃないか」の旗が見えるのである。ここから明治維新の波が起こってきた。だから、大室寅之祐こと明治天皇は、この伊勢神宮に参ったのである。

簡単な表現をするならば、部落解放運動が明治維新となったのである。あの天皇も重臣の多くも部落出身者であった。彼らは自分たちを権威づけるために「三種の神器」という伝説を創造したのである。ヒロヒトがこの「三種の神器」にこだわる理由がそこにある。

もう一つ考えられる。ヒロヒトは、スイスに入れた金と「三種の神器」をごったにして考えているふしが見え隠れする。最下層の生活から一変して大金を手にした人間は、擬《まが》い物の芸術作品や偽作の血統書を手に入れて、自分の出自を隠そうとする。自分の子供たちを高貴な血統（?）と結びつけようとする傾向がある。これと同じである。ヒロヒトは「三種の神器」を口にするたびに、心の中では「大室寅之祐以来、蓄めに蓄めた金」をどうして占領軍アメリカに渡されようか、と考えていたはずである。

だから、原爆をアメリカに都合よく投下してもらい、あとは国体護持を維持することに専念する。その第一歩が「鶴の一声」であったのだ。

そういえば、ここまで書いてきてふと思いついた。明治神宮があるのに、大正神宮はどうしてないのか、と。自分の祖父を祭るのならば、自分の父親も祭ればいいではないか。そうか、大正天皇に子種がなかったからか、と。

小森陽一は東京大学教授である。しかし、彼の論は普通の大学教授の論よりもはるかに鋭い。その鋭い文章を紹介する。


昭和天皇ヒロヒトとその側近が「終戦」＝ポツダム宣言受諾をめぐって、原爆投下を誘引してまでも引き延ばしをはかった「国体護持」の、その「国体」観念それ自体が、「満洲」をめぐる一連の大元帥ヒロヒトの判断と結合しながら形成されていった事実を私たちはここで思い起こしておかねばならない。


「原爆投下を誘引してまでも」に注目してほしい。天皇は国体護持を確実にするために、原爆を誘引したのである。

私は女形の持つ恐怖を読者に訴えかけた。天皇ヒロヒトは、男でもなく、女でもなく、その恋は下から上への恋闘である。これ以上に恐ろしき恋情がこの世にあろうか。

この女形の持つ恐怖ゆえに、日本人だけでなく、韓国の人々も、中国の人々も死んでいったのである。小森陽一が書いているように「国体」観念それ自体、すなわち、神聖天皇の誕生は「満州国」建設と大きく結びついている。

私は、満州国の建設は「満業」だと書いた。岸信介、松岡洋右、鮎川義介たちは田布施一族である。彼らが「満業」の創立者たちであると書いてきた。

小森陽一の本を続けて読んでみよう。

特別高等警察が自らを「天皇の警察」として自負し、過剰なまでに「非国民」と「国賊」の摘発に血道をあげたように、ポツダム宣言を受諾するか否かの最終局面で、ヒロヒトが自らの「万世一系」の「統治権」を証明する唯一（唯三？）のものである、「三種の神器」を、どう守れるのか、ということだけしか考えることができなかった、という権力者自身が自らの生み出した神話的妄想にからめとられてしまう事態が生じていた。

小森陽一の書いている「神話的妄想」が、私の言う女形の恐怖と繋がっている。ヒロヒトの妄想的なる世界の演出により、満州国もできたし、ノモンハン事件も起こったのである。そして必然的敗戦の時を迎え、その妄想は神話と結ばれていくのである。

戦争犯罪を問う面からヒロヒトを追及しても、ヒロヒトはするりと身をかわすのである。従って、ヒロヒトを追及するために、私は彼の出自を洗いなおし、それからその神話がもつ仮面を剥がす努力をしてきたのである。ヒロヒトが西園寺八郎の息子ではないのか、と執拗に追跡したのも、そのゆえなのである。

天皇ヒロヒトが誰の子であろうと、問題ないのかもしれない。ただ、連綿と皇統が続きさえすればいいのかもしれない。

「皇室の一番大きな使命は、皇室そのものを存続させることである。その皇室の中核体をなしているのが天皇である」と大宅壮一は『実録・天皇紀』の中で書いている。続けばいいのか？

私は大森実の『戦後秘史』をたびたび紹介した。九〇頁に、大森実が阿南陸軍大臣夫人の阿南綾さんから八月十一日の出来事を聞く場面について書いた。このとき阿南は天皇に個人拝謁する。天皇は阿南に、「阿南、心配せんでいいよ、確証を得ているんだ」と言っている。天皇は重臣たちの知らない（東郷外相と米内海相は知っていたかもしれない）情報を、アメリカ側からすでに与えられていたことを示している。あの九日〜十日にかけての御前会議のときには、すでに天皇の身分は保証されていたことになる。ヨハンセン・グループとスティムソン陸軍長官のルートの中で、原爆投下と天皇制護持がセットになっていることが分かるのである。

なにはともあれ、八月十日午前七時、鈴木貫太郎首相はポツダム宣言受諾の用意のあることを打電した。これが第一回目の「聖断」すなわち、鶴の一声である。

そして八月十三日、連合国からの正式回答が到着した。この中に、天皇と日本国政府は連合国司令官に「subject to」するという一句が入っていた。この英語の熟語をどう解釈するかでもめ出した。その間にもB29爆撃機は地方都市に爆弾を投下し続けるのだが、大臣、重臣たちは、天皇のことが心配でならなかったのである。彼らはそのほとんどが、天皇の身分も地位も完全に保証されているのを知らないために、この英熟語を「隷属する」と訳して、「終戦してはならぬ」と騒ぐのである。この一件は書くのにさえ疲れる。

『昭和天皇独白録』を見ることにしよう。

八月十日の重臣会議

十日には重臣を呼んで意見を聞いた、近衛、平沼、岡田、広田の四人は無条件降伏も亦已むを得ないといふ意見、東条、小磯の二人は已に聖断が下つた以上已（む）を得ないが、この決定は良くないといふ事を暗々裡に表はしてゐる戦争継続論であつた。

十二日の皇族会議

十二日、皇族の参集を求め私の意見を述べて大体賛成を得たが、最も強硬論者である朝香宮が、講和は賛成だが、国体護持が出来なければ、戦争を継続するか（と）質問したから、私は勿論だと答へた。

賀陽宮、東久邇宮、久邇宮は終始一貫、弱い意見であつたが、賀陽宮は松平恒雄を排斥したり白鳥敏夫や徳富猪一郎〔蘇峰：引用者注〕を推薦したりする様な時には、本人自身の気持と違つた事を口にした。

秩父宮は日独同盟を主張したが、その后病気となったので意見は判らぬ。

高松宮はいつでも当局者の意見には余り賛成せられず、周囲の同年輩の者や、出入の者の意見に左右され、日独同盟以来、戦争を謳歌し乍ら、東条内閣では戦争防止の意見となり、其后は海軍の意見に従はれた、開戦后は悲観論で、陸軍に対する反感が強かつた。

東久邇宮と朝香宮は兄弟であり乍ら、終始反対の意見を持つてゐた。

この集会はお茶の后散会した。

秩父宮は御殿場で静養中ということにし、出席するよう言われなかった。天皇は秩父宮を恐れていた。同じ兄弟でありながら、高松宮への批評は鋭い。天皇が高松宮と口論する場面はたくさんあるが、すべて省略した。敗戦が近づくにつれ、高松宮は天皇に終戦を迫ったのである。天皇は貯蓄した財産隠しを敗戦前の一九四四年から開始していたから、敗戦の準備どころではなかった。そのメドがたってから敗戦の準備工作に入るのである。それが敗戦前の六月初旬だった。このことはすでに書いた。この兄弟仲の悪さを見ても、天皇と秩父宮と高松宮の父親が異なっているのが見えてこよう。

ここに三笠宮がいるのに、彼の評が一行もない。それはすでに書いたのだが、三笠宮が天皇から依頼を受けて、宮中での偽装クーデター工作に入っていたからである。兄弟の中で唯一の味方が三笠宮であったことの証が、ここにも見えてくるのである。

八月十日の重臣会議へと戻ろう。

主戦派とか戦争継続派とかいわれるグループと、穏健派とか和平派とかいわれるグループがそれぞれ意見を述べあった。しかし、彼らは「国体護持」の点では完全に一致していた。要するに、天皇が無事でいてくれさえすれば……後は何も申すことがありません……というわけである。天皇はそれを確認すればよかったのである。

すべては、女形の天皇に一任するというドラマが進行していったのである。天皇と木戸と宮中の人々は、重臣（かつての首相たちが主）たちに喋りたいだけ喋らせ、そこで、ご聖断を仰ぐしかないであろうというシナリオを作成していたのである。

十二日の皇族会議も同じシナリオが出来ていたのである。こうして大臣や重臣たちは自分の意見を吐露した後で、自分が何らの力もなく、空しい存在であるかを知ったはずである。そして彼らは、天皇の身の安全のみを祈りつつ、己が身のよるべなさを知らされたのである。

ここに、得体の知れぬ魔力を秘めた、いと怪しき女形の天皇がひらりと身をかわす時、すなわち、大元帥の軍服を脱ぎ捨て、背広に着替える時を迎えるのである。

『昭和天皇独白録』を続ける。

豊田軍令部総長、梅津参謀総長、阿南陸軍大臣の三人は、之では国体護持ができぬといひ、東郷外務大臣は出来ると云ふ。鈴木総理は平沼枢府議長と会つた結果、之では国体護持は出来ぬのではないかと云ふ様な心境の変化を見せて来た、そこで私は東郷をして鈴木と話合ひをさせて、鈴木の気持を固めさした。

事態斯くの如しで、閣議も、最高戦争指導会議も各々意見が分裂した、安倍内相、阿南陸相、松阪法相等六人は護持出来ぬと云ふ説だつた。

阿南は陸軍を代表して木戸と激論した。田中隆吉の記事に依ると、阿南は私の処に哀願に来たことはないと云つてゐるが、事実は間接に木戸の処に哀願に来て、議論の末、物別れとなつたのである。

東条も木戸の処に議論に来た、愈々《いよいよ》となれば陸軍士官学校の生徒隊で、天皇をお守りすると云ふので、木戸はそれでは皆玉砕する結果となるのではないかと云つたそうだ。

話は遡るが、九日の御前会議で、私が外務大臣の案に賛成して、受諾の決心を表明する前に木戸を通じて、平沼と近衛とに私の決心を打明けさして置いた。

「subject to」を外務省は「制限の下に置かる」と訳した。陸軍側は「隷属する」と訳した。これから問題が生じてこじれた。

天皇および政府の国家統治権が連合国最高司令官の制限の下に置かれる、のか、連合国最高司令官に隷属する、のかという問題であった。そこで『昭和天皇独白録』を続ける。

かように意見が分裂してゐる間に、米国は飛行機から宣伝ビラを撒き始めた。日本が「ポツダム」宣言受諾の申入をなしつゝあることを日本一般に知らせる「ビラ」である。

このビラが軍隊一般の手に入ると「クーデタ」の起るのは必然である。

そこで私は、何を置いても、廟儀の決定を少しでも早くしなければならぬと決心し、十四日午前八時半頃鈴木総理を呼んで、速急《ママ》に会議を開くべきを命じた。陸軍は午后一時なら都合がいゝと云ふ、海軍は時刻は明瞭でなかつた、遅れてはならぬのでこちらの方から時刻を指定して召集することとし午前十時としたが、色々な都合で十一時ときめた。

陸海軍では、会議開催に先だち、元帥に会って欲しいと云ふから、私は皇族を除く永野、杉山、畑の三元帥を呼んで意見を聞いた。三人とも色々な理由を付けて、戦争継続を主張した。

私が今若し受諾しなければ、日本は一旦受諾を申入れて又之を否定する事になり、国際信義を失ふ事になるではないかと彼等を諭してゐる中に会議開催の時刻が迫つたので、そのまゝ別れた。

午前十一時、最高戦争指導会議と閣議との合同御前会議が開かれ、私はこの席上、最后の引導を渡した訳である、この会議の事は迫水の手記に出てゐる。

『鈴木貫太郎自伝』から引用する。迫水の手記もよく似ている。涙、涙の世界である。私がいう「女形天皇」の最後の場面である。

純白のお手袋にてお眼鏡をお拭《ふ》き遊ばされていたが、陛下は一段と声を励まされ、

「このような状態において戦争を終結することについては、さぞ、皇軍将兵、戦歿者、その遺家族、戦災者らの心中はいかがであろうと思えば胸奥の張り裂くる心地がする。しかも時運の赴くところいかんともなし難い。よって、われらは耐え難きを堪え忍び難きを忍び……」

と仰せられたかと思うと、玉音は暫し途切れたのである。仰ぎ見れば、おお、おいたわしや、陛下はお泣き遊ばされているではないか……

列席者一同は今度の再度のご聖断を給わるについては非常に緊張し、いう者も聞く者も涙で終始したのであるが、この陛下の、

「耐え難きを堪え……」

の玉音を拝するや、たまり兼ねた一同は御前もはばからず、ドット泣き伏したのである。なかには身もだえ号泣する者もあったのである……。

私はこの場面と八月九日の場面を読み、ただ唖然とするのである。「あんたたちゃ、なぜ泣くのか」と叫びたくなるのである。終戦工作をどのようにするのか、軍人たちの今後をどのようにするのか、戦死者の扱いをどのようにすべきか、泣いている場合か、である。

開高健の小説『日本三文オペラ』を読む。

さいごの決定的壊滅は昭和二十年八月十四日、終戦宣言発布の一日前、しかも白昼、すさまじい攻撃によって全滅した。公開された多くの記録によればポツダム宣言受諾はすでに一週間以前に決定されていたのだから、この三十五万坪の巨大な廃墟は軍閥政治家や天皇の、面子《メンツ》意識と優柔不断そのものをさらけだしているといえよう。七万人の労働部隊のうち、何人が助かったのかわからない。しかし、八月十四日の夕方に帰るべき人間が帰らなかった家は、大阪市内とその近郊に無数にあったはずだということは想像に苦しくない。無数の父と夫と兄と娘は狂気の馬鹿の虚栄心のためにまったくむだに四散した。

開高健が見事に描写しているごとく、「狂気の馬鹿の虚栄心」ゆえに、八月十四日も多数の人々が、無数の父と夫と兄と娘が、死んだのである。

# 八月十五日、日本のいちばん醜い日

八月十四日、最高戦争指導会議と閣議が天皇の召集のもとに開かれたのが午前十一時五十分。ここで二回目のご聖断（「鶴の一声」）が出た。

午後八時、天皇は終戦の詔書に署名した。この詔書をめぐって、阿南陸相と米内海相が激しく言い争った。このことは省略する。御用学者たちも部分的に筆を入れたが、これらもすべて省略したい。

各国務大臣が副署を終えたのが十四日午後十一時頃である。たいがいの本にはただちに外務省から連合国への回答公電が出されたとするが、私は阿南陸相の抗議により二時間ほど遅れたとの説を立てた（二九一頁参照）。そして枢密院での東郷外相の説明による十五日午前一時を正式の回答時間とした。

回答公電はスイスとスウェーデンに向けて発信された。加瀬俊一公使がスイス外務省に受諾文を手渡し、その受諾文がただちにホワイトハウスのトルーマン大統領執務室に届いたのが十四日午後四時五分（東部現地時間）。ジェームス・バーンズ国務長官はイギリス、ソ連、中国（国民政府）の首相らに電話し、十四日午後七時（日本時間十五日午前八時）に同時発表することを申し入れた。従って、この同時発表を終戦（敗戦）の日時とする説が一般的ではあるが、異論もある。ここではすべて省略する。

日本では、十五日正午、録音された終戦の詔書がラジオ放送された正午を終戦の日時とする説が多い。いずれにしても、八月十五日、国民は初めて日本の敗北を知らされたのである。

ここでは、「終戦の詔書」の原文と読売新聞社編『昭和史の天皇』（第三十巻）の口語訳の両方を記載し、解説は口語訳でする。この原文が難解すぎるからである。対比して読んでいただきたいと思う。そうすれば、原文の意味も自ずから理解できると思う。

朕《チン》深ク世界ノ大勢ト帝国ノ現状トニ鑑《カンガ》ミ非常ノ措置ヲ以テ時局ヲ収拾セムト欲シ茲《ココ》ニ忠良ナル爾《ナンジ》臣民ニ告ク
朕ハ帝國政府ヲシテ米英支蘇四国ニ對《タイ》シ其ノ共同宣言ヲ受諾スル旨通告セシメタリ
抑々《ソモソモ》帝国臣民ノ康寧ヲ図リ万邦共栄ノ楽《タノシミ》ヲ偕《トモ》ニスルハ皇祖皇宗ノ遺範ニシテ朕ノ拳々《ケンケン》措《オ》カサル所曩《サキ》ニ米英二國ニ宣戦セル所以《ユエン》モ亦《マタ》実ニ帝國ノ自存ト東亜ノ安定トヲ庶幾《ショキ》スルニ出テ他國ノ主権ヲ排シ領土ヲ侵スカ如キハ固《モト》ヨリ朕カ志ニアラス然ルニ交戦已《スデ》ニ四歳ヲ閲《ケミ》シ朕カ陸海将兵ノ勇戦朕カ百僚有司ノ励精朕カ一億衆庶ノ奉公各々《オノオノ》最善ヲ尽セルニ拘ラス戰局必スシモ好転セス世界ノ大勢亦我ニ利アラス加之《シカノミナラズ》敵ハ新ニ残虐ナル爆弾ヲ使用シテ頻《シキリ》ニ無辜《ムコ》ヲ殺傷シ惨害ノ及フ所真《マコト》ニ測ルヘカラサルニ至ル而モ尚《ナオ》交戰ヲ継続セムカ終ニ我カ民族ノ滅亡ヲ招来スルノミナラス延《ヒイ》テ人類ノ文明ヲモ破却スヘシ斯《カク》ノ如クムハ朕何ヲ以テカ億兆ノ赤子《セキシ》ヲ保シ皇祖皇宗ノ神霊ニ謝セムヤ是レ朕カ帝国政府ヲシテ共同宣言ニ応セシムルニ至レル所以ナリ

朕ハ帝国ト共ニ終始東亜ノ解放ニ協力セル諸盟邦ニ対シ遺憾ノ意ヲ表セサルヲ得ス帝国臣民ニシテ戦陣ニ死シ職域ニ殉シ非命ニ斃《タオ》レタル者及其ノ遺族ニ想《オモイ》ヲ致セハ五内《ゴダイ》為ニ裂ク且《カツ》戦傷ヲ負ヒ災禍ヲ蒙《カウム》リ家業ヲ失ヒタル者ノ厚生ニ至リテハ朕ノ深ク軫念《シンネン》スル所ナリ惟《オモ》フニ今後帝国ノ受クヘキ苦難ハ固ヨリ尋常ニアラス爾臣民ノ衷情モ朕善ク之ヲ知ル然レトモ朕ハ時運ノ趨《オモム》ク所堪ヘ難キヲ堪ヘ忍ヒ難キヲ忍ヒ以テ万世ノ為ニ太平ヲ開カムト欲ス

朕ハ茲ニ国体ヲ護持シ得テ忠良ナル爾臣民ノ赤誠ニ信倚《シンイ》シ常ニ爾臣民ト共ニ在リ若シ夫レ情ノ激スル所濫《ミダリ》ニ事端ヲ滋《シゲ》クシ或ハ同胞排擠《ハイセイ》互ニ時局ヲ乱リ為ニ大道ヲ誤リ信義ヲ世界ニ失フカ如キハ朕最モ之ヲ戒ム宜シク挙国一家子孫相伝ヘ確《カタ》ク神州ノ不滅ヲ信シ任重クシテ道遠キヲ念ヒ総力ヲ将来ノ建設ニ傾ケ道義ヲ篤クシ志操ヲ鞏《カタ》クシ誓テ国体ノ精華ヲ発揚シ世界ノ進運ニ後レサラムコトヲ期スヘシ爾臣民其レ克《ヨ》ク朕カ意ヲ体セヨ

御名　御璽

では、「終戦の詔書」なるものを検討してみよう。驕《おご》れる日本の今日の姿が見えてくる。

この詔書が出来上がる過程についてはその一部を記した。この終戦の詔書についても、最終段階でもめにもめた。その過程は一切省略する。また、この詔書はとても読みづらい。口語体で書くべきところを難解な言葉をつかい、わざと難しくしている。それで私は、読売新聞社編『昭和史の天皇』（第三十巻）に掲載されている現代語訳を使用する。タイトルは私が勝手につけた。読みやすくするためである（一部割愛）。

（一）戦争の大義

さきに米英二国に戦いを宣した理由もまた実に、わが国の自存とアジアの安定を心から願ったためであって、いやしくも他国の主権を押しのけたり、その領土を侵略するようなことはもちろん、わたしの志とは全く異なる。

天皇ヒロヒトが戦争を開始した、と見事に宣言している文章である。誰が始めた戦争でもなかったのである。「アジアの安定」も偽りであることは、すでに書いた。朝鮮や中国の領土を侵略した。特に満州国の創立はアヘンによる「満業」であった。その満州国の維持費の半分以上はアヘン密売からの収入であった。

（二）原爆投下による終戦

戦局は必ずしもわが方に有利に展開したとはいえず、世界の情勢もまたわれに不利である。それればかりでなく敵は新たに残虐な爆弾を広島、長崎に投下し、多くの罪なき人々を殺傷し、その惨害はどこまで広がるかはかり知れないものがある。このような状況下にあってもなお戦争を続けるなら、ついにわが日本民族の滅亡をきたすようなことにもなり、ひいては人類が築きあげた文明をもうちこわすことになるだろう。それではどうしてわが子どもにもひとしい国民大衆を保護し、歴代天皇のみたまにおわび出来ようか。これこそわたしがポツダム宣言を受諾するようにした理由である。

私は大井篤の「手記」などを引用し、皇太后が六月中旬ごろに原爆投下を知っていたことを書いた。八月六日午前八時十五分の広島の原爆投下についても具体的に論じた。この詔書の内容は欺瞞以外のなにものでもない。

（三）人類永遠の真理と平和の実現

ポツダム宣言の受諾にあたってわたくしは、わが国とともに終始アジアの解放に協力した友邦諸国に遺憾の意を表明しないわけにはいかない。また、わが国のうち戦死したり、職場に殉ずるなど不幸な運命に亡くなった人々や、その遺族に思いをはせると、まことに悲しみにたえない。かつ戦傷を負い、空襲などの災害をうけて家業をなくした人々の厚生を考えると、わたしの胸は傷む。思えば、今後わが国が受けるであろう苦難は、筆舌に尽くし難いものであろう。わたくしは国民の心中もよくわかるが、時世の移り変わりはやむを得ないことで、ただ、ただ堪え難いこともあえて堪え、忍び難いことも忍んで、人類永遠の真理である平和の実現をはかろうと思う。

まことに勝手気ままな文章である。天皇ヒロヒトが、国家予算（平成の今日においても）を上回る秘密資金をスイスの秘密口座に残していることは外国人の多くの学者たちが書いている。日本人はこのことを知らされないようになっている。まことに「朕」ヒロヒトが語るように、「今後わが国が受けるであろう苦難は筆舌に尽くし難い」ものとなったのである。

どうしてこんな天皇ヒロヒトが、「人類永遠の真理である平和の実現」をはかることができようか。結果は歴然たる事実である。日本は、アメリカと国際金融同盟の配下におかれたままである。

（四）かくて私は国体を護持した

わたくしはいまここに、国体を護持し得たとともに、国民のまことの心に信頼しながら、いつも国民といっしょにいる。もし感情の激するままに、みだりに問題を起こしたり、同胞がおたがいに相手をけなし、おとしいれたりして時局を混乱させ、そのために人間の行なうべき大道をあやまって、世界から信義を失うようなことがあってはならない。このような心がけを、全国民はあたかも一つの家族のように仲良く分かち合い、長く子孫に伝え、わが国の不滅であることを信じ、国家の再建と繁栄への任務は重く、そこへ到達する道の遠いことを心にきざみ、国民の持てる力のすべてをそのためにそそぎ込もう。そうした構えをいよいよ正しく専一にし、志を強固にして誓って世界にたぐいないわが国の美点を発揮して、世界の進歩に遅れないよう努力しなければならない。国民よ、わたしの意のあるところを十分くみ取って身につけてほしい。

この中の「国体を護持し得たとともに」に注目したい。この終戦の詔書は、敗北宣言ではなく、「国体護持宣言書」なのである。この詔書の中のどこにも、日本は敗北したとは書いていない。まことに調子のよい文章に出来上がっている。

あの玉音放送は天皇ヒロヒトの発案である。小森陽一の『天皇の玉音放送』をもう一度引用する。

鈴木貫太郎は「宮内次官だった大金益次郎によると、玉音放送という考えは、そもそも宮内省の発議であった。終戦ということを国民全体に知らしめるために、陛下が直接お声で国民に語られるのがいいのではないか、と考え、内閣の方へ諮ったところ、内閣の方もそれを認めた。が詔書そのものを放送されるという考えは初めはなかったらしい。終戦の御前会議で、自らマイクの前に立ってもと仰せられたので、内閣の方も、ぜひ玉音放送ということになったのである」と語っている。

「自らマイクの前に」立つということは、ヒロヒト自身の提案だったことがうかがえる。玉音放送は、ぎりぎりのところまで追いつめられたヒロヒトが、自らの延命と「国体護持」を実現するための必死の国家イヴェントであり、電波仕掛けのスペクタクルであったのだ。

録音は、八月一四日深夜二度にわたって行われた。陸軍の一部には「玉音放送」を阻止する動きもあったが、宮内省に保管されていた録音盤は無事であった。

八月一五日正午、「終戦の詔書」は「玉音放送」として大日本帝国臣民の耳にとどいた。しかし、その後全文が問題化されることはなく、「堪ヘ難キヲ堪ヘ忍ヒ難キヲ忍ヒ」の部分だけが毎年反復されることになったのである。

かくて「鶴の一声」は全国津々浦々のみならず、海外にまで流れ、日本人は戦争の終わったことを知らされたのである。一般の人々の八月十五日の記録はたくさんの本に書かれているから、ここでは触れないことにする。

『目撃者が語る昭和史』（第八巻）の中に、迫水久常（元鈴木内閣書記官長）の「ポツダム宣言受諾の苦悶」が記載されている。この最後の文章は以下のごとくである。


終戦の最終段階は、八月九日夜半と八月十四日午前の前後両度の御前会議である。陛下が白い手袋をはめた御手でしきりに両頬をおぬぐいになりながら、終戦の御決意をお示しになったお姿は今も、私の眼底にはっきりやきついている。今日の日本国民は、実際においてことごとく、その際における陛下の自らをお捨てになって、これ以上の国民の苦難を救うとされた御仁徳によって生きているのである、と思うのである。（人物往来／S・31・2）

「天皇が日本を救った」という神話が戦後になって登場する。その神話を実現するために『日本のいちばん長い日』も創作され、映画化された。この本の欺瞞性を私は徹底的にあばいた。半藤一利に個人的な恨みなど少しもない。そして、多くの神話が今日でも創作され続けている。私は「聖断」そのもの自体が虚構であると主張したい。天皇は国体護持のためにのみ拘《こだ》わり続け、戦争を長びかせたのである。戦争を長びかせたもう一つの理由を、私は天皇の財宝のスイスへの移しかえの中に見た。

松浦総三の『天皇裕仁と地方都市空襲』を紹介したい。「詭弁・すり替えの『終戦の詔書』」の中の一文である。

「終戦の詔書」は全文が詐欺の文章である。筆者はさいきん一〇回以上、この文章を読んだが、恐るべき文章である。「全文が詐欺の文章」と書いたが、けっしていい過ぎではない。それは、詭弁、すり替え、頬被りの連続で、国体・天皇制を「死守」するためのグロテスクな文章である。

「終戦の詔書」はポツダム宣言受諾・無条件降伏の文書である。裕仁らが無条件降伏をなぜ「終戦」といい替えたのか。降伏や敗戦ならば、裕仁らは戦争責任や敗戦責任を負わねばならぬ。しかし「終戦」にするとその辺はアイマイになる。戦争責任をのがれるためである。

裕仁はNHKの記者会見（一九七五年一〇月三一日）で、「戦争責任は？」と質問されて「そういう文学方面はあまり研究していません」とにべもなく答えている。しかし「終戦」という言葉を発明して、戦争責任をのがれたあたりは相当の「文学方面」に詳しいといわざるをえないのだ。

この文中の一九七五年十月三十一日、日本記者クラブでの会見の模様は五三〇頁にすでに書いた。このときに原爆投下の質問が出た。あの時の「エ……」という文章は、松浦総三の『松浦総三の仕事』の中から引用した。

私は「エ……エ……エ……投下された、ことに対しては、エ……エ……」の中に、直感的に、天皇が八月六日午前八時十五分の広島への原爆投下の件を知っていると思った。この考えに私は拘泥し続け、この考えの正しさを証明しようと追求し続けたのである。

さて、続きを読んでみよう。

そしてつぎに、十五年戦争をはじめたのは「帝国臣民の康寧を図り万邦共栄の楽をともにする」ことであり「帝国の自存と東亜の安定とを庶幾する」ための防衛戦争だというのだ。なんと図々しい言葉であろうか。

この部分の「裕仁理論」の最大の弱点は、日本人ならば『朝日新聞』とＮＨＫの応援でゴマ化すことはできても、中国や朝鮮やフィリピン、マレーシア、インドネシアなど軍靴でふみにじられたアジア諸国にとって、裕仁が始めた十五年戦争が「侵略戦争でない」などということはとんでもないことであろう。

裕仁を東京裁判の法廷へ引きずり出せなかった東京裁判の裁判長ウェッブでさえつぎのように言っている。

「……天皇をも裁かないようなら戦争犯罪人はだれも死刑にすべきではなかったというのが著者バーガミニの意見であるが、私もまた同感である」（バーガミニ『天皇の隠謀』）

松浦総三は一九一四年生まれである。この本は一九九五年に出版された。彼は八十歳を超えて、この本を書き上げたのである。

「裕仁理論」を見事に打破している。続けてこの人の文章を読んでみよう。これほど読みごたえのある文章に、そうはお目にかかれないものだ。

裕仁理論＝「終戦の詔書」によれば、アジア諸国に対する〝侵略〟も〝防衛戦争〟の一環となる。裕仁らはこの〝理論〟を盾にとって、南京大虐殺、シンガポール虐殺、重慶大爆撃、朝鮮人強制連行、慰安婦問題などを黙殺しようとするのだ。

そのような「防衛戦争」つまり〝正義の戦争〟も「敵は新に残虐なる爆弾を使用して頻に無辜を殺傷す……」というわけで原子爆弾によって「終戦」にせざるをえなくなる。この部分は、裕仁の『昭和天皇独白録』で「ソビエトはすでに満州で火蓋を切った。これではどうしてもポツダム宣言を受諾せねばならぬ」と本音を言っていることと完全に矛盾する。

歴史的事実としては裕仁がポツダム宣言を受諾したのはソ連参戦によって、ソ連の発言権が強まれば国体・天皇制が危うくなるからである。原子爆弾を投下された八月六日や八月九日には、裕仁は「なるべく早く講和を」といっている。それが「ソ連参戦」で即時御前会議が開かれるのだ。

というわけで、「正義の戦争」は終戦となる。では戦死者、戦災者、その遺族はどうなるのか。それを思うと朕は「五内為に裂く」とオーバーなことをいう。が、「時運のおもむくところ」「堪え難きを堪え忍び難きを忍び」というのだ。「五内為に裂く」といっているが、その内容は、被爆者援護法や空襲の補償はしないぞ、ということであろう。

米内海軍大臣が言っている「原子爆弾やソ連の参戦は或る意味では天佑だ」の意味をもう一

度考えなおしてみないといけないかもしれない。

ヤルタ会談の秘密条項の中に、ドイツ敗北の三カ月後にソヴィエトは日本に参戦するというのがあった。ちょうどその予定日が八月九日であった。天皇と側近たちはスティムソン陸軍長官から、この八月九日のソヴィエト進攻の日を教えられていたのかもしれない。それは極秘情報とされ、近衛文麿にも重光葵や広田弘毅にも知らされていなかった。彼らは天皇の命を受けソヴィエトへの和平工作を持ちかけているからである。

松浦総三の鋭い直感力が私の鈍い頭脳に強力に働きかけてくる。

あの極秘情報を当時知っていたのは、ルーズヴェルト大統領、ハリマン駐ソ大使、スティムソン陸軍長官ぐらいで、ステテニアス国務長官（ハル国務長官の後任）も知らなかったのである。原爆とソ連の対日戦参入はたぶん、ワンセットだったにちがいない。原爆投下だけでは日本が戦争をあきらめないと知っていたスティムソン陸軍長官は、長崎の原爆投下とソヴィエトの参戦を同時にセットしたのであろう。そうすれば、確実に日本は戦争をやめると計算したのである。

ヨハンセン・グループの極秘ルートで、天皇はその日、八月九日の出来事をスティムソン陸軍長官から知らされていたにちがいない。だから、八月九日に御前会議を開いて、「鶴の一声」を初めて発したのであろう。天皇とごく少数の側近がソヴィエトの参戦と長崎への原爆投下の八月九日の同時性を知っていたと見る。だから天皇はあまりの恐ろしさに声をふるわし、頰に涙を伝わらせて終戦の決意を語ったのであろう。

八十歳をすぎてなお、瑞々しき若さをもつ松浦総三の本を読み続けようではないか。

そしてつぎに「終戦の詔書」の一番肝心な「朕はここに国体を護持しえて」という「天皇制継続宣言」（千本秀樹『天皇制の侵略責任と戦後責任』）になるのだ。そして最後に「国体の精華を発揚して世界の進運に後れるな」となって終わるのだ。

「終戦の詔書」の本質をもっとも鋭く分析したのはマクマホン・ボール（マッカーサーの諮問機関である対日理事会のオーストラリア代表・メルボルン大学教授）である。彼はいう。

「敗戦が決定してから、天皇と日本政府の真の態度を示す最も意味深い文書である。占領期間中とるべき戦術と戦略であると私は確信する。（中略）一つは占領者の命令にたいする完全な外面上の服従であり、もう一つは占領者の意志にたいする持続的精神的抵抗である」（マクマホン・ボール『日本、敵か味方か』以下同じ）。

つづけて彼は、

「この詔書は降伏という言葉をつかっていない。天皇はただ『時局を収拾する』と決意したにすぎない。そして、日本の侵略を正当化する奇妙なまでに厚かましい試みがなされる。天皇は、『帝国の自存と東亜の安定を庶幾する』誠実な願いで戦争を宣言した」というのだ。そして、

「日本が無条件降伏に至ったことは何も示唆されていない。むしろ『戦局は好転せず』だった。天皇は日本との同盟を強要された東南アジア諸国にたいしては『帝国と共に終始東亜の解放に協力』してきたが故に、彼らに遺憾の意を表しているのである。そして、最後

にポツダム宣言の受諾が、日本に『国体護持』することを得せしめたという」

この意見は、前出の千田夏光の「終戦の詔書」観にかなり近い。ここまで言えるということは、相当に勉強しなくては言えないと思う。しかし、こんな意見もイギリスやアメリカにつぶされてしまうのだ。

こんな、詭弁、ウソ八百、すり替えに満ちた文書は、世界史の中にもそうザラにはないだろう。しかも、一九九〇年代という五〇年後にも、この理不尽な「裕仁理論」はハッラツと生きているのだ。それは敗戦後に温存された宮廷勢力や大資本、自衛隊、財界や高級官僚や、彼らが握っている「番犬階級」（正木ひろし）であるマスコミによって体系的に報道操作されている。

「終戦の詔書」の「裕仁理論」は、安保闘争後に「大東亜戦争肯定論」と教科書裁判などでむきをかえる。そして裕仁誕生七〇年祝典、大阪万博をへて、一九七五年の裕仁夫妻訪米、七六年の裕仁在位五〇年祝典などで完全に復活して、八九年の「昭和Xデー報道」でピークに達する。そのご明仁即位、徳仁・雅子結婚などがつづく。

この文章に解説は何もいらない。私たちは過去を忘れさせようとする勢力の範囲内で生かされている。「大東亜戦争肯定論」の本が氾濫するなかで生きている。

私はロベール・ギランの『日本人と戦争』を紹介したい。彼は一九三八年から一九四六年までアヴァス通信社の特派員として滞在した。戦後もながく日本での記者活動を続けた。

この詔勅の中で、敗戦という言葉はいちども発せられておらず、もちろん降伏という言葉も使われなかった。残忍な原子爆弾がこの戦争の終結の理由だとされた。そして詔勅が別のところで述べているように、「曩《サキ》ニ米英二国ニ宣戦セル所以モ亦実ニ帝国ノ自存ト東亜ノ安定トヲ庶幾スル」だけがこの戦争の目的だとされた。そこでもし、旧軍人が将来自分たちの好き勝手に歴史を書き直す機会を得るならば、彼らはこの詔勅のテキストを基盤にして次のように言うこともできよう。われわれが戦争をやめたのは、われわれの敵の非人間的行動にのみ依るものであった。わが天皇は麾下《きか》の軍隊が深手を受けていないにもかかわらず、殺戮を止めることに同意されたのである。なぜなら、天皇は日本国の救世主であるばかりでなく、いかなる残虐行為にも反対する、人間文明の防衛者たらんと欲せられたからだ、と。

このロバート・ギランの物の考え方と松浦総三の考え方は、ほぼ一致する。「天皇は日本の救世主であるばかりでなく、いかなる残虐行為にも反対する、人間文明の防衛者たらんと欲せられたからだ……」の中に、私は、天皇とアメリカとの間にあったであろう密約を連想する。

天皇はたった一度だけの原爆批判を、終戦の詔書の中でのみ赦《ゆる》された。しかし、天皇は死ぬまで一度も原爆投下の批判をしなかった。天皇と深く結びついたヨハンセン・グループも同様であった。

天皇とヨハンセン・グループは原爆投下の残虐行為を追及しないことによって、原爆を中心とする、米・ソの見せかけの冷戦に協力し続けたのである。それこそがロスチャイルドを中心とするユダヤ国際資本家たちが狙っていた戦略だった。原子力発電への傾斜もそのような戦略の中で推進されていった。

ロバート・ギランの本を続けて読む。

日本人の性格は、悲劇の幕が閉じた際にもわれわれに最後の驚きを与えた。七千五百万の日本人は、最後の一人まで死ぬはずだった。一介の職人に到るまで、日本人たちは自分たちは降伏するくらいなら切腹すると言い、疑いもなくその言葉を自ら信じていた。ところが、涙を流すためにその顔を隠した日本が再びわれわれにその面《おもて》を示したとき、日本は落ち着いて敗戦を迎えたのである。彼らが敗戦を受け入れた態度には意表をつく容易さがあったように思われた。日本人は明らかな葛藤を示すことなくページをめくり、久しい間見ることがなかった輝きを顔に浮かべさえしたのである。あの日本人の微笑だ。

ロベール・ギランは日本人の微笑の場面を数々紹介する。「まず、われわれの運命の主人だった警官たちが微笑を見せた。長い間、われわれに対する憎悪をむき出しにし、下劣な迫害を行ってきた黒い制服のあの人物たちが、三日もたたぬうちに、一人一人外人を訪れ、ぺこぺこお辞儀をして……」と書いている。

決して、断じて、と言いたい。日本人は泣かなかったのである。木戸幸一が見た八月十五日の正午すぎの光景を、もう一度思い出してほしい。あの宮城広場で人々が「万歳！」「万歳！」

と手を空につきあげて喜びあっていたのである。松浦総三が見事に喝破しているごとく、「マスコミによって体系的に報道操作されている」その好例が、保阪正康の『敗戦前後の日本人』に書かれている。

八月十五日に、はたして人びとは泣いたのであろうか。

〈八月十五日〉を思うとき、わたしはいつも一枚の写真を思い浮かべてしまう。すぐにわたしの世代のことをもちだすのは気がひけるが、わたしの同年代の友人たちも、意外にこの写真を〈八月十五日〉に結びつけているのである。敗戦の日を具体的な絵柄としてあらわすには、これがもっともふさわしいからかもしれない。

この写真とは、宮城前で正座し、号泣している国民の姿である。学生がいる。若い婦人がいる。老人がいる。兵隊と覚しき人たちもいる。彼らは、皆一様に同じポーズでうつむいている。なかには、地べたに顔を伏せている者もいる。写真説明には、「〝忠誠足らざる〟を詫び奉る」と書かれていたりする。

私はこの写真が完全な偽物であることを立証したし、あの八月十五日の「朝日新聞」の記事の欺瞞性も追及した。しかし、天皇教を奉じてたてまつる現代史家たちは、ただ、ただ、天皇崇拝のために本を書き続けるのである。これはまさしく一つの神話である。消しても決して消えることのできない神話である。この神話の源泉を辿ってみたい。

佐藤卓巳は『八月十五日の神話』の中で、「終戦の詔書」の意味を追求した。

単なる「降伏の告知」ではなく、「儀式への参加」であったことが重要である。この場合、昭和天皇が行使したのは、国家元首としての統治権でも大元帥の統帥権でもなく、古来から続いた祭司王としての祭祀大権であった。日本文学の起源を祝詞に求めた折口信夫は『上世日本の文学』（一九三五年）で、次のように論じている。それは、あたかも玉音放送の威力を予言するかのごとくである。

天子が祝詞を下される。すると世の中が一転して元の世の中に戻り、何もかも初めの世界に返って了ふ。此が古代人の考へ方であった。〔略〕かうして春秋冬が先、考へられて後に夏が出て来る。夏は一年の中の身体を洗ひ潔める時節である。此四つを三ケ月づつに切って分けたのはまた後の事である。初め、暦を定め、春の立つ日を定めるのは天子であらせられた。天子は、暦を自由にする御力で人民に臨んで居られる。此が日本古代人の宮廷に対する信仰であった。天子の御言葉で世の中の統べてのものが元に戻り、新たなる第一歩を踏むのである。

この折口信夫の文章の中に、「終戦の詔書」の持つ〝魔力〟が見事に表現されている。天皇族は朝鮮半島から、中国大陸からやって来た。そして平安時代まで権力を維持した。平安時代に武士（原日本人）が台頭し、鎌倉時代には、その実質的権力は武士に移った。しかし、天皇家は残った。男のイメージである武士に対し、女形のイメージである無機的な恐怖を温存しえて、この世に天皇家は残った。

「天子は、暦を自由にする御力で人民に臨んで居られる」という信仰を古代から原日本人が持たされ続け、実際に持つにいたった。私が天皇が女形であると書いてきたのはそれゆえである。男のイメージの軍人たちや政治家が、天皇の前で号泣するのは、「天子の御言葉で世の中の統べてのものが元に戻り、新たなる第一歩を踏むのである」の中で明らかにされている。古代人が持った、無機的な闇の深さが、天皇の玉音の中で蘇生されたのである。天皇の側に仕え、出世し、生活の糧を与えられた者たちは、無意識の領域の中で、祭司王の魔力に打ちのめされていた。

しかし、その魔力に敗けじと我慢していた原日本人たちがいた。彼らが祭司王の祭場である皇居前広場に無意識のうちに集合し、「万歳!」「万歳!」の大声を発したのであった。その大声は祭司王の玉音を消し去り、日本人の心に共鳴運動をもたらし、微笑となったのである。

祭司王を支える組織はその微笑を封印・抹殺すべく、あの写真をでっち上げ、号泣場面を創造し続けている。そして毎年毎年、八月十五日が近づくと、「堪へ難キヲ堪へ忍ヒ難キヲ忍ヒ」とあの部分を繰り返し、再び原日本人の脳髄深くに、女形のもつ無機の闇の恐怖を植えつけようとするのだ。

こうした観点から見ると、天皇が敗戦前に、三種の神器を自分の手元に置きたいと願った意味も解けてくる。

さて、本書は終わりに近づいた。この終戦の詔書こそは、戦争の何たるかを私たちに示してくれた。結論を書かねばならない。

一度引用した纐纈厚の『日本海軍の終戦工作』に、この終戦の詔書が出来た意味が書かれているので引用することにする。

そうした意味からすれば、「国体護持」を目的とした終戦工作とは、要するに戦後保守勢力の温存という、きわめて高度な政治工作として歴史に位置づけられるべきものであった。同時に終戦工作とは、天皇制の存続を究極の目標としたように、戦前と戦後とを遮断せず、その連続性を保つための試みとしてあったともいえる。

そのためには、戦争責任を担ってきた天皇制支配機構や、それに連なる人脈を温存するために、いわば大義名分として終戦工作が企画されたと考えられる。終戦工作とは天皇を頂点とする保守勢力の温存が目的であり、戦争終結はそのための手段にすぎなかった。

それゆえ国土を戦場とした沖縄戦の悲劇や原爆投下による甚大な犠牲を強いられても、なおも「国体護持」＝天皇制存続が保証されることを確信できるまでは、ポツダム宣言の受諾を躊躇せざるを得なかったのだ。

私が今まで書いてきたことが、この文章の中に書かれている。

沖縄戦の悲劇も、原爆投下も、天皇制と保守勢力（ヨハンセン・グループのことをさす）の温存のために必要であったのである。日本の国家なんぞは、天皇と保守勢力にとっては、どうでもいいことであった。彼らはぬくぬくとした心地よい生活が保証されれば、国を売ることに良心の呵責《かしゃく》なんぞは持ち合わせない種族であった。

田布施に源を発する一族はついに、この国を支配することに成功した。「美しい国づくり」とは、今までの「うるわしき大和」にかえて異質の日本の創造を目指す試みである。平成の今日でも、列島改造計画は続けられているのである。

歴代首相の多くが田布施と関係するこの日本はどうなっているのだと私は訴えたい。それゆえにこそ、私は皇室の〝秘めごと〟の中に真実があるのではと、幕末から終戦までの天皇家の人々の出自を書いてきた。鹿児島県の田布施出身の首相の後に、山口県の田布施の出身の首相が登場してきたのは偶然ではないと書いてきたのである。

日本人をたぶらかす勢力が海の彼方にいることを私は追求した。彼らが、〝秘めごと〟をネタにして脅迫している事実について私は書いてきたつもりだ。

この本の最後に徳富蘇峰の『徳富蘇峰終戦後日記—頑蘇夢物語』を引用して結びとする。

それから殊《こと》に驚ろくべき事は、国体擁護という一件である。実は国体護持という文句が、最近各新聞の第一面に、特筆大書せられているから、これは何かの魂胆《こんたん》であろうと考えさせられた。日本国民が、今日に於て、改めて国体護持などという事を、仰々しく言い立つべき、必要もなければ、理由もない。しかるにかく藪《やぶ》から棒に、繰り返し巻き返し、書き立てる事は、敗戦論者等が、何か仕組んだ筋書であろうと睨んでいたが、果然《かぜん》その通りであった。即ち敗北論者は、トルーマンに向かって、彼等が日本に降伏を指定したる条件中には、日本主権者の位地については、何等関与する所なきものと、認めて差支なきやと、質問したところ、向うからその通りとの返事を得たとて、宛《あた》かも鬼の首を取ったる如く、これを天下に広告し、無条件降伏をしたればこそ、皇室の御安泰を維持する事が出来たという事を吹聴し、皇室の御安泰を保持する為めには、何物を失うても差支ないという剣幕《けんまく》で、我等こそ日本国家の一大忠臣であると言わんばかりに、手柄顔《てがらがお》に吹聴している。即ち連日新聞に揚げられる国体云々は、畢竟如上《ひっきょうじょうじょう》の筋書によって出来たものである。

（昭和二十年八月十九日午前双宣荘にて）

〔終〕

## 【主要参考文献一覧】


### 悲の章 …………

『ある情報将校の記録』塚本誠／中公文庫／一九九八＊『天皇の陰謀』デイヴィッド・バーガミニ／いいだ・もも訳／れおぽーる書房／一九七三＊『終戦秘話』レスター・ブルークス／井上勇訳／時事通信社／一九六八＊『木戸幸一日記（上・下）』木戸日記研究会校訂／東京大学出版会／一九六六＊『木戸幸一関係文書』木戸日記研究会編／東京大学出版会／一九六六＊『木戸幸一尋問調書』粟屋憲太郎他編／岡田信弘訳／大月書店／一九八七＊『日本のいちばん長い日』大宅壮一編／文芸春秋新社／一九六五＊『日本のいちばん長い日』大宅壮一編／角川文庫／一九七三＊『日本のいちばん長い日』半藤一利／文藝春秋／一九九五＊『昭和史が面白い』半藤一利編著／文藝春秋／一九九七＊『終戦史録（1－6＋別巻）』外務省編／北洋社／一九七七－八〇＊『昭和期の皇室と政治外交』柴田紳一／原書房／一九九五＊『東久邇日記』東久邇稔彦／徳間書店／一九六八＊『大本営機密日誌』種村佐孝／芙蓉書房出版／一九九五＊『資料日本現代史（2）』粟屋憲太郎編／大月書店／一九八〇＊『第二次世界大戦』軍事史学会編／錦正社／一九九〇＊「別冊歴史読本　日本帝国最後の日」椎野八束編集／新人物往来社／一九九一＊『終戦秘史　有末機関長の手記』有末精三／芙蓉書房／一九七六＊『戦後秘史（2）』大森実／講談社／一九七五＊『昭和史への証言』安藤良雄編著／原書房／一九九三＊『終戦秘史』下村海南／講談社学術文庫／一九八五＊『天皇？』里見岸雄／北辰社／一九五三＊『皇居前広場』原武史／光文社新書／二〇〇三＊『天皇の終戦』読売新聞社編／讀賣新聞社／一九八八＊『敗戦の記録』（『終戦機密日誌』を含む）参謀本部編／原書房／一九八九＊『第二次世界大戦終戦史録』外務省編纂／山手書房新社／一九九〇＊『責任は死よりも重し』吉田鈞／蓬左書房／二〇〇三＊『昭和20年　慟哭の大分の群像』清原芳治／大分合同新聞社／二〇〇五

### 惨の章 …………

『日本陸海軍騒動史』松下芳男／土屋書店／一九六五＊『天皇ヒロヒト』レナード・モズレー／高田市太郎訳／毎日新聞社／一九六六＊『終戦外史』ロバート・J・C・ビュートー／大井篤訳／時事通信社／一九五八＊『証言・私の昭和史（5）』東京12チャンネル報道部／学藝書林／一九六九＊『日本帝国の悲劇』トーマス・M・コッフィ／佐藤剛・木下秀夫訳／時事通信社／一九七一＊『帝国陸軍の最後』伊藤正徳／

文芸春秋新社／一九五九＊『天皇家の戦い』加瀬英明／新潮社／一九七五＊『自決』飯尾憲士／集英社／一九八二＊『天皇』児島襄／文春文庫／一九八一＊『一死、大罪を謝す』角田房子／新潮社／一九八〇＊『ドキュメント昭和天皇（1－8）』田中伸尚／緑風出版／一九八四－九三＊『昭和史の謎を追う（上・下）』秦郁彦／文藝春秋／一九九三＊『みかどの朝』北川愼治郎編著／彩流社／二〇〇五＊『日本終戦史』林茂他編／讀賣新聞社／一九六二＊『雄誥』岩田正孝／日本工業新聞社／一九八二＊『ゆがめられた昭和天皇像』森山尚美、ピーター・ウエッツラー共著／原書房／二〇〇六＊『裕仁天皇』エドワード・ベア／駐文館編集部訳／駐文館／一九九二＊『ヤマト・ダイナスティ *The Yamato Dynasty*』スターリング＆ペギー・シーグレーヴ／Broadway Books／一九九九＊『ゴールド・ウォリアーズ *Gold Warriors*』スターリング＆ペギー・シーグレーヴ／Verso Books／二〇〇一＊『悲劇と希望 *Tragedy and Hope*』キャロル・キグリー／Angriff Press／一九六六＊『さらば昭和の近衛兵』絵内正久／光人社／一九九二＊『語りつぐ戦中・戦後（1）近衛兵反乱セリ』歴史教育者協議会編／労働旬報社／一九九五＊『洗脳原論』苫米地英人／春秋社／二〇〇〇

## 空の章……………

『昭和天皇独白録』寺崎英成、マリコ・テラサキ・ミラー／文春文庫／一九九五＊『或る近衛聯隊長の記録』近歩二会編著・発行／一九九五＊『徹底検証・昭和天皇「独白録」』藤原彰、山田朗、吉田裕、粟屋憲太郎著／大月書店／一九九一＊『証言記録太平洋戦争　終戦への決断』サンケイ新聞出版局編著／サンケイ新聞出版局／一九七五＊『侍従長の回想』藤田尚徳／中公文庫／一九八七＊『終戦の表情（日本の自伝12）』鈴木貫太郎／平凡社／一九八一＊『終戦の真相』迫水久常／出版者明記なし／一九六八＊『阿南惟幾伝』沖修二／講談社／一九七〇＊『自死の日本史』モーリス・パンゲ／竹内信夫訳／ちくま学芸文庫／一九九二

## 玉の章…………

『密室の終戦詔勅』茶園義男／雄松堂出版／一九八九＊『昭和天皇と私』永積寅彦／学習研究社／一九九二＊『徳川義寛終戦日記』徳川義寛／朝日新聞社／一九九九＊『侍従長の遺言』徳川義寛、岩井克己／朝日新聞社／一九九七＊『日本の歴史（7）』家永三郎編／ほるぷ出版／一九七七＊『侍従長の昭和史』岸田英夫／朝日新聞社／一九八二＊『敗戦』左近允尚敏／光人社／二〇〇五＊『侍従とパイプ』入江相政／中公文庫／一九七九＊『グラフィックカラー昭和史（8）終戦の悲劇』池田一秀編／研秀出版／一九七七＊『放送五〇年史』日本放送出版協会編／日本放送出版協会／一九七七＊『天皇の玉音放送』小森陽一／

五月書房／二〇〇三＊『聖断 虚構と昭和天皇』纐纈厚／新日本出版社／二〇〇六＊『八月十五日の神話』佐藤卓己／ちくま新書／二〇〇五＊『昭和二十年夏の日記』河邑厚徳編著／博文館新社／一九八五＊『女たちの八月十五日』葦原邦子他／小学館／一九八五＊『欲シガリマセン欲しがります』井上ひさし編／新潮社／一九八六＊『ヤマザキ、天皇を撃て！』奥崎謙三／三一書房／一九七二

## 秘の章…………

『瀬戸内の被差別部落』沖浦和光／岩波新書／一九九八＊『地名苗字読み解き事典』丹羽基二／柏書房／二〇〇二＊『東郷茂徳　伝記と解説』萩原延壽／原書房／一九九四＊『歴史の流れの中に　最後の内大臣安倍源基』安倍基雄／原書房／一九九〇＊『昭和動乱の真相』安倍源基／原書房／一九七七＊『閨閥』佐藤朝泰／立風書房／一九八九＊『宮中五十年』坊城俊良／明徳出版社／一九六〇＊『山岡荘八全集（45）明治天皇』山岡荘八／講談社／一九八四＊『昭和の劇　映画脚本家・笠原和夫』笠原和夫・荒井晴彦・絓秀実／太田出版／二〇〇二＊『皇族』広岡裕児／讀賣新聞社／一九九八＊『西園寺公と政局（1－8）』原田熊雄記述／岩波書店／一九五〇－五二＊『昭和の皇室をゆるがせた女性たち』河原敏明／講談社／二〇〇四＊『明治・大正・昭和華族事件録』千田稔／新人物往来社／二〇〇二＊『二人で一人の明治天皇』松重楊江／たま出版／二〇〇七＊『小説天皇』長田幹彦／光文社／一九四九＊『女官』山川三千子／実業之日本社／一九六〇＊『宮中某重大事件』大野芳／講談社／一九九三＊『昭和天皇の妹君』河原敏明／ダイナミックセラーズ／一九九一＊『昭和人名辞典』谷元三／帝国秘密探偵社／一九四二＊『大正天皇』原武史／朝日新聞社／二〇〇〇＊『西園寺公一回顧録「過ぎ去りし、昭和」』西園寺公一／アイペックプレス／一九九一＊『原敬日記』原敬／原奎一郎編／福村出版／一九六五＊『侍従武官長奈良武次「日記・回顧録」』奈良武次／柏書房／二〇〇〇＊『平和の失速』児島襄／文藝春秋／一九九四＊『裕仁皇太子ヨーロッパ外遊記』波多野勝／草思社／一九九八＊『宮中見聞録』木下道雄／日本教文社／一九九八＊『侍従次長河井弥八日記－昭和初期の天皇と宮中』河井弥八／岩波書店／一九九三＊『牧野伸顕日記』牧野伸顕／伊藤隆、広瀬順晧編／中央公論社／一九九〇＊『昭和天皇と治安体制』荻野富士夫／新日本出版社／一九九三＊『ある侍従の回想記』岡部長章／朝日ソノラマ／一九九〇＊『岡部長章日記－昭和初期華族官僚の記録』岡部長章／尚友倶楽部編／柏書房／一九九三＊『西園寺公望伝』立命館大学西園寺公望伝編纂委員会編／岩波書店／一九九六＊『高松宮日記（1－6）』高松宮宣仁／中央公論社／一九九六－九七＊『ユダヤは日本に何をしたか』渡部悌治／成甲書房／二〇〇三＊『米従軍記者の見た昭和天皇』ポール・マニング／近現代史研究会監訳／マルジュ社／二〇〇五＊『実録野坂參三』近現代史研究会編著／マルジュ社／一九九七＊『天皇昭和紀（上）大日本帝国の崩壊』ねずまさし／至誠堂／一九六一＊『背広の天皇』

甘露寺受長／東西文明社／一九五七＊『大東亜戦争回顧録』佐藤賢了／徳間書店／一九六六＊『国際金融同盟』チャールズ・ハイアム／青木洋一訳／マルジュ社／二〇〇二＊『昭和帝国の暗殺政治』ヒュー・バイアス／内山秀夫・増田修代訳／刀水書房／二〇〇四＊『敵国日本』ヒュー・バイアス／内山秀夫・増田修代訳／刀水書房／二〇〇一＊『情報天皇に達せず（上・下）』細川護貞／同光社磯部書房／一九五三＊『昭和の動乱』重光葵／中公文庫／二〇〇一＊『危機の外相・東郷茂徳』阿部牧郎／新潮文庫／一九九五＊『ニッポン日記』マーク・ゲイン／井本威夫訳／筑摩書房／一九五一＊『敗因を衝く』田中隆吉／中公文庫／一九八八＊『昭和の妖怪岸信介』岩見隆夫／朝日ソノラマ／一九九四

## 醜の章……………

『原爆投下決断の内幕』ガー・アルペロビッツ／岩本正恵・米内裕子・鈴木俊彦訳／ほるぷ出版／一九九五＊『黙殺（上・下）』仲晃／日本放送出版協会／二〇〇〇＊『時代の一面』東郷茂徳／改造社／一九五二＊『日本海軍の終戦工作』纐纈厚／中公新書／一九九六＊『銀のボンボニエール』雍仁親王妃勢津子／主婦の友社／一九九一＊『天皇裕仁の昭和史』河原敏明／文藝春秋／一九八三＊『香淳皇后』工藤美代子／中央公論新社／二〇〇〇＊『「毎日」の3世紀』毎日新聞130年史刊行委員会／毎日新聞社／二〇〇二＊『太平洋戦争陸戦概史』林三郎／岩波新書／一九五一＊『大木日記』大木操／朝日新聞社／一九六九＊『原爆を投下するまで日本を降伏させるな』鳥居民／草思社／二〇〇五＊『広島県史（近代Ⅱ）』広島県（著及び出版）／一九七五＊『広島爆心地中島』原爆遺跡保存運動懇談会編／新日本出版社／二〇〇六＊『東京裁判（上・下）』朝日新聞東京裁判記者団／講談社／一九八三＊『聖断の歴史学』信夫清三郎／勁草書房／一九九二＊『日本三文オペラ』開高健／新潮社／一九七一＊『目撃者が語る昭和史（第八巻）』猪瀬直樹監修／新人物往来社／一九八九＊『天皇裕仁と地方都市空襲』松浦総三／大月書店／一九九五＊『天皇制の侵略責任と戦後責任』千本秀樹／青木書店／一九九〇＊『日本、敵か味方か』マクマホン・ボール／中山立平・内山健吉訳／筑摩書房／一九五三＊『日本人と戦争』ロベール・ギラン／榎本長兵衛・天野恒雄訳／朝日文庫／一九九〇＊『敗戦前後の日本人』保阪正康／朝日文庫／一九八九＊『徳富蘇峰終戦後日記－頑蘇夢物語（Ⅰ・Ⅱ）』徳富蘇峰／講談社／二〇〇六

## その他…………

『天皇ご在位六十年』朝日新聞社編／朝日新聞社／一九八六＊『昭和天皇史』牧野喜久男編／毎日新聞社／一九八〇＊『明治・大正・昭和天皇の生涯』別冊歴史読本／新人物往来社／二〇〇一

◉著者について

鬼塚英昭（おにづか　ひであき）

1938年大分県別府市生まれ。別府鶴見ケ丘高校卒業後、上京。中央大学法学部で学びながら数多くの職に就く。学費未納で中退後、故郷・別府にて家業の竹細工職人となる。生業の傍ら国内外の膨大な数の関連書を渉猟・読破、関係者にも精力的に取材を重ね、郷土史家として私家版の歴史書、『海の門』『石井一郎の生涯』『豊の国の竹の文化史』『20世紀のファウスト』を書き上げる。その研究の途次の1995年、昭和天皇九州巡幸時の「別府事件」を偶然に発見、以来10余年にわたる歳月をついやして上梓した前作『天皇のロザリオ』（上下、小社刊）につづき、明治期から現在までの多彩な史料を縦横に駆使して「日本の隠し事」を暴いたのが本書である。

現住所：別府市実相寺1-4　B-2

# 日本《にほん》のいちばん醜《みにく》い日《ひ》

## 8・15宮城事件《きゅうじょうじけん》は偽装《ぎそう》クーデターだった


◉著者

鬼塚英昭《おにづかひであき》

◉発行日

初版第1刷　2007年8月5日
初版第6刷　2016年6月20日

◉発行者

田中亮介

◉発行所

株式会社 成甲書房

郵便番号101-0051
東京都千代田区神田神保町1-42
振替00160-9-85784
電話03(3295)1687
E-MAIL　mail@seikoshobo.co.jp
URL　http://www.seikoshobo.co.jp

◉印刷・製本

中央精版印刷 株式会社





Printed in Japan, 2007
ISBN978-4-88086-216-3